本土化与
中国学术转型 （第二辑）

《济南大学学报》 （社会科学版） 编辑部 编

山东人民出版社·济南
国家一级出版社 全国百佳图书出版单位

图书在版编目（CIP）数据

本土化与中国学术转型. 第二辑 /《济南大学学报》（社会科学版）编辑部编. — 济南 : 山东人民出版社, 2023.5
ISBN 978-7-209-13421-7

Ⅰ.①本… Ⅱ.①济… Ⅲ.①哲学社会科学 – 学术研究 – 中国 Ⅳ.①C12

中国国家版本馆CIP数据核字（2023）第052007号

本土化与中国学术转型（第二辑）
BENTUHUA YU ZHONGGUO XUESHU ZHUANXING（DI-ER JI）
《济南大学学报》（社会科学版）编辑部　编

主管单位　山东出版传媒股份有限公司
出版发行　山东人民出版社
出 版 人　胡长青
社　　址　济南市市中区舜耕路517号
邮　　编　250003
电　　话　总编室（0531）82098914
　　　　　市场部（0531）82098027
网　　址　http://www.sd-book.com.cn
印　　装　山东省东营市新华印刷厂
经　　销　新华书店

规　　格　16开（169mm×239mm）
印　　张　31
字　　数　430千字
版　　次　2023年5月第1版
印　　次　2023年5月第1次
ISBN 978-7-209-13421-7
定　　价　78.00元
　　　　　如有印装质量问题，请与出版社总编室联系调换。

编辑工作委员会

序　言

王学典[*]

习近平总书记2016年5月17日"在哲学社会科学工作座谈会上的讲话"，全面总结了近百年来哲学社会科学发展历程中的经验教训，吹响了中国哲学社会科学事业在新时代再出发的号角，规划了构建中国特色哲学社会科学的顶层蓝图、方向路径、行动方略，是一百多年来中国哲学社会科学发展史上的重要文献之一。

其中特别重要的，是这一文献归纳概括了一百多年来特别是"五四"以来整个中国哲学社会科学发展史上的深刻教训。习近平总书记说："当代中国的伟大社会变革，不是简单延续我国历史文化的母版，不是简单套用马克思主义经典作家设想的模板，不是其他国家社会主义实践的再版，也不是国外现代化发展的翻版。"这一概括十分精彩。套用当年马克思恩格斯设想的模板，把中国的实践当作其他社会主义的再版，这两版的问题和局限早已被人们充分认识到了，但

---

[*]　王学典，山东大学儒学高等研究院执行院长，《文史哲》主编，教授，博士生导师。

对另外两版，即把传统文化当作可以继续使用的母版，把中国的现代化看作西方现代化的翻版，学术理论界尚有许多糊涂认识有待澄清。我个人认为，"5·17讲话"的要义和重点，就是针对在这两个问题上之糊涂认识而来的。

中国特色哲学社会科学命题的提出，基于一个宏大的思想文化背景，就是本土化与西方化、传统与现代之间长达一个多世纪的严重失衡。如何平衡、兼顾传统与现代、本土与西方，成为20世纪给我们留下的一大难题。中国特色哲学社会科学体系命题的提出，正是希望能在传统与现代、本土与西方之间走出一条平衡之路，找到一个坚实的平衡点。是继续在"西化"的道路上搞所谓的学科建设，还是基于本土经验或中国经验进行学科转型学科调整？如何回答这一严峻问题，关乎下一阶段中国特色哲学社会科学体系建构的目标和走向。

应该看到，我们目前所遭遇的最大困境，是西方的政治经济模型难以解释中国四十年来的高速发展，更难以概括和呈现中国经验。当经验事实与理论模型发生碰撞或难以兼容之时，是修正模型还是放弃经验？这应该是不言而喻的。但当下的人文社会科学界对中国经验的漠视、轻视和无视，对西方社会科学许多结论的迷信，已经达到令人很难接受的程度。没有把社会科学界的主要生产力集中到对中国经验的研究上，这是导致当下中国学界迷茫徘徊的一个非常重要的因素。

总之，如何对待西方社会科学，仍是当下中国学界所面临的主要挑战。"五四"虽然已经过去一百周年，但我们至今仍笼罩在"五四"命题之下。如何对待西方？如何对待传统？正是"五四"所提出的两大命题，我们迄今并未走出这两大命题。

当下哲学社会科学领域所面临的一个主要任务：就是对本土与西方、传统与现代的关系进行再平衡、再斟酌、再调节，使过头了的东西荡回来。"5·17讲话"，包括2019年3月4日在政协文艺界社科界联组会议上的讲话，核心内容就是在哲学社会科学领域进行这种再平衡工作。

提出构建中国特色哲学社会科学学科体系、学术体系、话语体系这一使命，就是要对"五四"之后一百多年来从西方移植过来的哲学社会科学体系，进行本土化、中国化的处理与过滤，最终目的是"把中国中国化"，改变一百多年来一直"把中国西方化"这种主流趋势。

在这个问题上，我们当前所面临的一个重大矛盾，就是材料过剩和理论贫困之间的尖锐冲突。改革开放四十多年所积累的经验、案例、数据、事实已经足够多了，但我们事实上并没有从这些足够多的案例当中提炼出能够反映经验本身的概念。从认识论角度看，这当然是排斥理论概括的倾向长期占主流地位所致。当前在哲学社会科学领域，特别是在这一领域的一线学者那里，存在着比较严重的"去意识形态化""去现实化""去理论化""去思想化"等倾向，与此同时，哲学社会科学领域越来越"学院化"，越来越"象牙塔化"，越来越"不食人间烟火"。这个问题如不予以解决，我们就无法对西方社会科学的许多基本结论予以修正，就无法形成哲学社会科学的中国范式，我们与西方学术界的关系，就永远只能是学术小工和思想老板的关系。我们现在需要一个能够最大限度地容纳和尊重中国经验、中国事实、中国材料、中国案例的哲学社会科学体系，这应是当前和今后一段时间内学界最大的追求。

这是问题的一个方面，问题的另一个方面是，就像我们不能照搬西方一样，毫无疑问，我们也不能照搬传统。从"与世界接轨"转变到"与传统接轨"，是近几年思想文化领域的一个重大变迁，但我们必须看到：本土化、中国化绝不意味着是向传统的简单复归，是儒学的简单复兴。党的十八大之后，对以儒学为代表的中华优秀传统文化的弘扬确实进入了一个更加自觉、更为有力的新阶段，思想文化上可以说早已进入了一个新时代。但与此同时，习近平总书记也特别提出了对中华文明对儒学进行创造性转化、创新性发展的任务。"两创"命题所提出的一个重大问题是：传统的人文思想、人文主张、人文理念、人文追求，能否直接指导一个现代国家的治理？换句话说，治理一个现代化国家，究竟要更多地依靠现代社会科学，还是主要依靠一些古老的人文思想与理念？这是需要我们认真思考的。"两创"的提出毫无疑问极其重要，但"两创"究竟如何进行？几年过去了，学界迄今并未给出令人满意的答案，甚至没进行认真的思考，只是把这一要求当作口号到处吆喝！在我看来，所谓创造性转化创新性发展，就是对中华文明对儒家思想进行社会科学化处理和冶炼。作为一种社会发展理论的儒家学说，只有经过这样一番升华和处理之后，其精华才能进入现代知识体系和现代思想体系中，才能对治国理政具有更加直接的指导意义。

今天，"半部《论语》治天下"的时代早已过去，治国理政的基本思路和具体措施，必须依赖现代社会科学，而不是简单地依赖传统人文理念。必须按照现代社会科学的样态,将传统文化重新理论化,重新概念化,重新体系化,而要实现这一目标,就需要我们依托现代社会科学的实证手段和分析技术,赋予它们全新的现代学术品格。如此,则可实现一箭三雕,即既能让传统文化焕发出勃勃生机,还有利于构建本土化的社会科学体系,更能为与世界学术界的交流提供便利。近来,刘笑敢采用现代儿童心理学的实验结果,论证了孟子"性善说"的有效性。贝淡宁则以政治学为工具,将中国古代的"选贤任能"凝练成"贤能政治"这样一个现代社会科学的概念,使之能与西方的现代"民主政治"相对照,这些都为儒学的社会科学化提供了可以借鉴的范例。

从西方移植过来的社会科学必须本土化,中国本土固有的儒家思想必须社会科学化,我认为,这两个方面构成了中国特色哲学社会科学体系的两翼。换句话说,西方社会科学的中国化、儒家思想的现代化构成了中国特色哲学社会科学体系两条对称的形成之路。

而中国特色哲学社会科学的本质,则是形成一种崭新的国家叙事或中国话语,而现有的国家叙事,完全不能反映中国崛起这一当今世界最为重大的变动。中国四十多年走过的道路取得了巨大的成功,但这个成功用西方理论无法解释,中国自己也没创造出自己的理论对此向世人作出透彻的说明,所以一直被视为奇迹。如何向世界讲好中国崛起的故事,改革开放的故事,中华人民共和国七十年经历的故事,中国共产党一百年奋斗的故事,近二百年中华民族求解放的故事,近五千年中华文明连续演变的故事,是当前哲学社会科学领域的一个迫在眉睫的任务。一个国家的学术、学科、话语体系,本质上是一种国家叙事，最近几年，中国人文社会科学的总目标，就是构筑和形成这一叙事体系。

在我看来，构建中国特色哲学社会科学体系的追求和初衷在此，中国哲学社会科学事业整装再出发的重大时刻已经到来！

［原文《中国话语形成之路：西方社会科学的本土化和儒家思想的社会科学化》发表于《济南大学学报》（社会科学版）2019年第6期，《新华文摘》2020年第6期、人大复印报刊资料《社会科学总论》2020年第1期全文转载］

目　录

综　合

哲　学

历史学

文　化

社会学

法　学

综 合

古史重建迎来了黄金时代

——建构中国特色文史学科理论体系浅议之二

江林昌*

　　五千多年绵延发展的中华文明史，是当今中国人民坚定不移地走中国特色社会主义道路的最深厚的历史依据。正如习近平总书记所指出："当代中国是历史中国的延续和发展。"①然而，学术界对五千多年中华文明史的前二千多年的年代及其内涵的认识，有一个不断求证与求真的过程，这就是古史重建的工作。自孔子整理"六经"到司马迁著《史记》，从王国维的《古史新证》到郭沫若的《中国史稿》、范文澜的《中国通史》、翦伯赞的《中国史纲要》，再到21世纪初袁行霈等人主编的《中华文明史》，以及20世纪90年代实施的国家"夏商周断代工程"与21世纪初实施的国家"中华古文明探源工程"，历代学者从事古史重建的工作亦已历经二千多年，重建古史已成为历代学人不懈追求的民族大课题了。

　　五千多年文明史的前二千多年，即从五帝时代到夏商两代，离我们毕竟太遥远了。要证明其具体的年代与真实的历史，并非易事。早在战国时

---

　　* 江林昌，山东师范大学齐鲁文化研究院教授、院长，山东大学历史文化学院特聘教授。
　　① 新华社：《习近平致中国社会科学院中国历史研究院成立的贺信》，2019年1月3日。

代的荀子即已感叹："五帝之外无传人，非无贤人也，久故也。五帝之中无传政，非无善政也，久故也。汤、禹有传政，而不若周之察也，非无善政也，久故也。传者久，则论略。近，则论详。略则举大，详则举小。"（《荀子·非相》）正因为这样的原因，前人的古史重建工作虽有不断推进，但始终未能达到令世人信服的程度。古史重建工作仍然在路上，任重而道远。

然而，近一百年来的中国现代考古学所带来的大发现，以及古文字学、历史学、天文学、文化人类学、科技测年等相关学科的相继发展，给古史重建工作带来了前所未有的新机遇。党中央、国务院对中华文明史、对中国传统文化的高度重视，更为古史重建工作创造了十分有利的新条件。我们的国家在进入习近平新时代中国特色社会主义现代化建设的进程中，"更加需要系统研究中国历史和文化，更加需要深刻把握人类发展历史规律"[1]。古史重建工作已经成为时代的新需要。这新机遇、新条件、新需要三方面的结合，正所谓天时、地利、人和。我们可以满怀信心地展望：古史重建工作迎来了黄金时代。

一、审查史料是古史重建的基础

历史学是一门实证学科。历史研究的第一步应该是审查史料；第二步是在马克思主义唯物史观指导下分析史料，尽可能复原历史本相；第三步是在这近真的历史本相中总结成功经验与失败教训，并上升为理论体系；第四步便是经世致用，借鉴历史规律，指导现实社会。在中国现代考古学全面展开之前，历代学者在审查史料方面做了大量有效工作，为古史重建工作清理了地基，值得回顾总结。

司马迁著《史记》时所遵循的"考信于六艺，折中于夫子"之原则，对后代史学产生了深远影响。一方面，司马迁将"六经"作为史料，剪裁熔铸进《史记》，建立了从五帝至夏商周三代的历史发展框架，从而奠定了"六

---

① 新华社：《习近平致中国社会科学院中国历史研究院成立的贺信》，2019年1月3日。

经"的史学地位。另一方面，司马迁本着严谨实录精神，以"六经"为依据，以百家杂语和亲历见闻为验证，真正做到"多闻阙疑，慎言其余"，在史料考辨方面树立了一种实事求是的良好作风。

但同时，秦汉以后，六艺经传以及史书、子书也出现了一些复杂现象。由于秦始皇焚书坑儒、项羽火烧阿房宫、汉末董卓之乱、西晋永嘉之乱等灾难，书籍屡遭破坏。每当社会稳定，统治者重视经史书籍之时，便有人做补佚工作。这本是好事，但其间也出现添伪现象。如东晋豫章内史梅赜向朝廷所献孔安国的《孔传古文尚书》计五十八篇，其中三十三篇内容同于伏生传授的今文《尚书》二十八篇，而另多出的二十五篇，后称"晚书"，据宋代以后学者考证，实际是伪造的。此为书之伪。另一方面，有些好事者，或嗜古成癖，或有意抬高自己的学说，便刻意铺张上古传说。如三国谯周著《古史考》，对《史记》讲五帝仍觉不满足，便在"五帝"之前加上了燧人、伏羲、神农为"三皇"。是为史之伪。

对于古书、古史的真伪问题，早在春秋战国时代就有学者注意了。孔子曾对子贡说："纣之不善，不如是之甚也。"（《论语·子张》）孟子也说："尽信书不如无书，吾于《武成》取二三策而已矣。"（《孟子·尽心下》）汉代王充著《论衡》，其中有《语增》《儒增》《艺增》《书虚》诸篇，专论有关史实真伪问题。唐代刘知几著《史通》，有《疑古》《惑经》等章，强调古书不可坚信。赵匡、啖助等人疑《春秋》之真，柳宗元斥《鹖冠子》《鬼谷子》之伪。宋代辨伪之风更盛。欧阳修辨《易系辞》、司马光疑《孟子》、王安石考《春秋》、郑樵考《诗序》，而朱熹则对古文《尚书》《周礼》和先秦诸子提出了一系列疑问。这些工作大大推进了辨伪工作。至明代，宋濂作《诸子辨》，胡应麟作《四部正讹》，开始对古书作系统考辨。

清初，一批学者以实证精神、考据方法来辨析古书，名家辈出，成绩斐然。阎若璩著《尚书古文疏证》，将梅赜所献的二十五篇"晚书"逐一考证，最后宣布全伪。同时惠栋著《古文尚书考》，结论与阎书同。从此，《尚书》疑案有了定论。胡渭著《易图明辨》，考定宋儒所谓"河图""洛书"之误。又有万斯同著《群书疑辨》，姚际恒著《古今伪书考》，对伪书的大概与辨别的方法均有论述。

到了乾隆年间，辨伪之风继续深入。有孙志祖著《家语疏证》、范家相著《家语证讹》。而更重要的是，出了一个崔述。他以毕生精力著成《考信录》，表示要实践司马迁"考信于六艺"之意，以儒家经书为标准，对于战国秦汉以后的古书作了系统的考辨，其结论为：旧的古史体系，自战国开始越往后，上古史越长，离儒家经典越远，因而越不可信。

以上种种辨伪，概括起来都是在相信六经的基础上，对古书的考辨。到了清代嘉庆以后，辨伪学出现了新变化，这就是以今文经学反对古文经学。其学始创于庄存与，奠基于刘逢禄。因两人均为常州人，故名常州学派。常州学派以发挥今文经"公羊学"为基点，故又名"公羊学派"。庄存与著有《春秋正辞》，刘逢禄著有《春秋公羊何氏释例》等，均发挥今文"微言大义"。段玉裁的外孙龚自珍，既受训诂学于段，又好今文经，崇尚庄存与、刘逢禄学说，往往引《公羊》学讥切时政，对晚清疑古思潮影响很大。其学散见于《定庵文集》。此后，又有魏源著《诗古微》，不信毛诗，而宗齐、鲁、韩三家今文诗。邵懿辰撰《礼经通论》，揭古文《逸礼》为伪书。梁启超《清代学术概论》总结这一时期常州学派的影响说："盖自刘书出而《左传》真伪成问题，自魏书出而《毛诗》真伪成问题，自邵书出而《逸礼》真伪成问题。若《周礼》真伪，则自宋以来成问题久矣。"

常州学派发展到晚清，则有廖平和康有为两位代表人物。廖平专攻今文，撰《今古学考》，详论汉代今文经与古文经的异同，主张古文经乃刘歆所伪造，而今文经乃孔子所创的真学。康有为受廖平启发，著《新学伪经考》，认为《周礼》《逸礼》《左传》《毛诗》等古文经均为刘歆所伪造，故称"伪经"；又作《孔子改制考》，认为"六经"乃孔子所"作"，尧舜禹等都是孔子改制假托的圣王。

从庄存与、刘逢禄至廖平、康有为的今文学派，对20世纪二三十年代以顾颉刚为首的疑古辨伪运动产生了直接影响。如果说崔述以前的辨伪学给顾颉刚等疑古辨伪学者以方法上的启发的话，那么常州派今文学则给顾颉刚等人以思想上的影响。

顾颉刚先生在胡适之、钱玄同等著名学者的支持下，大胆提倡疑古辨伪，并吸引了一批学者参加。1926年，顾颉刚先生将相关的讨论文章结集成《古史辨》第一册出版，以后又相继出版第二册、第三册，直到1941年出版了第七册。这场讨论先后持续了十五年光景，在学术界产生了巨大而深远的影响，人称"疑古思潮"。疑古思潮动摇了人们对中国上古史的自信，同时又刺激了学术界对中国上古史的探索，因而值得专门总结。

疑古思潮的出现，有历史和现实背景。传统辨伪学是其学术基础，清代的今文学是其思想基础，而五四新文化运动是其直接导因。其以今文学角度否定古文经的存在，打破经学的神圣偶像地位，与五四运动的反封建思想是一致的。

"疑古"的"古"实包含两层含义，一是指古籍，二是指古史。顾先生首先是辨别周秦古书的真伪，其辨别的结果是周秦经传与诸子大多不可信；其二是辨古史之真伪，其结果是对中国上古史不敢轻信。以今天的眼光看，疑古学者以古书论古书，在辨别古书真伪时造成了一些"冤假错案"。又以某些判错了的古书论古史，造成了对中国上古文明史的许多误解。这是其局限性。但疑古运动在当时确有许多积极的意义，其中突出的有两个方面。

其一是打破了经学的独尊地位与孔子的偶像地位，对传统经学展开了猛烈进攻，摧毁了旧的古史体系，在学术思想界掀起了一场革命，这与五四新文化运动所倡导的"民主科学"精神是相一致的。

其二是刺激了中国考古学的发展。疑古派摧毁了传统古史这一坚固的堡垒，那么，又如何在楼台拆毁后的空地上构建新的史学楼台呢？疑古学者已认识到考古的重要性。顾先生的导师胡适先生虽然认为"东周以上无史"，主张"先把古史缩短二三千年"，但他同时也明白地认识到，"将来等到金石学、考古学发达上了科学轨道以后，然后用地底下掘出的史料，慢慢地拉长东周以前的古史"①。

总之，疑古重在破，考古重在立。胡适、顾颉刚先生倡导疑古辨伪运动，旨在重建古史。为了重建古史，他们先审查史料，审查的结果是可用的史料太少，这更激发了学术界对考古资料的探求，因而推动了中国考古学的发展。

二、考古发现改变了传统先秦史的时空观念

李学勤先生曾在多个场合称20世纪下半叶是中国考古的"大发现时代"，以对应于王国维先生1927年提出的那个"发现的时代"。考古发现的材料可分为两大类。一类是文字资料，即所谓出土文献。包括甲骨文、青铜铭文、简牍帛书、封泥、石刻、碑文等，夏商以前的陶器刻文也应归入此类。另一类是遗址遗物。包括都邑、墓葬、宗教礼仪中心，以及其中所见的石器、陶器、玉器、青铜器等等。由遗址的等级及其布局，与遗物的数量、规格、排列等，又共同组成了不同的区系类型与不同的聚落形态，这成为研究古史的重要基础。以上两类，都是我们研究古史的重要资料。

这里有必要对"古史"略作说明。中国的历史十分悠长，有五千多年文明史。而一般所谓的"古代"，是相对于"近代""当代"而言的。很久以来，学术界以1840年鸦片战争作为"近代"的开端，之前为"古代"，1949年新中国成立以后为"当代"。近10余年来，随着时间的推移，有学者提出应该以1911年辛亥革命为"近代"的起点，辛亥革命以前作为"古代"，而1978年改革开放后作为"当代"。这种划分是有道理的。正如战国时期的《韩非子·五蠹》将原始时期称为"上古"，炎黄唐虞为"中古"，夏商西周为"近古"，而《周易·系辞传》则以殷周之际为"中古"。这些都是因作者所处时代不同而做出的不同划分，符合唯物发展史观。

整个古代又由于时间久远，可分为上古史、中古史、近古史。学术界

---

① 胡适：《自述古史观书》，见《古史辨》第一册，上海古籍出版社1982年版，第22页。

的一般意见是秦代以前为"上古史"，也就是平常所说的"先秦史"。两汉至隋唐为"中古史"，宋元明清为"近古史"。20世纪的"古史辨""疑古运动""古史新证""走出疑古"等等，所用的"古""古史"等概念，实际上都是指秦代以前的"上古史"。将上古史简称"古史"，约定俗成，大家都明白。我们这里讨论的"新出文献与古史重建"之"古史"，也是指"上古史"而言，即"先秦史"。

司马迁《史记》将秦代以前的古史分为五帝时代、夏、商、西周、东周等几个阶段。过去，由于"五帝时代"无法证明，只能称其为"传说时代"。疑古学派则将夏商两代也列为怀疑对象，"先秦史"只能追溯到西周了。正是由于考古大发现所提供的资料，经过学者们一个世纪的努力，尤其是20世纪末的国家"夏商周断代工程"，和21世纪初的"中华古文明探源工程"，采用多学科联合攻关，已经证明了中华古文明早在五千多年以前即已起源了。所以从五帝至夏商周都已进入历史时期了。过去，讨论秦汉以前的古史，一般只推到商周之际，或夏商周，现在则可以推到五帝时代了。

如果再细分，也可将商代后期至东周称为"历史时期"。因为从商王武丁开始，我们已有丰富的甲骨文，西周有甲骨文、青铜铭文，东周则有青铜铭文、简牍帛书，同时还有"六经"《左传》《逸周书》以及"诸子"等传世典籍。而五帝时代至商代前期，虽也有相关文字追记，但终究不够直接、系统、完整，特别需要考古材料的补充印证。我们可将这个时期称为"原史时期"。在五帝时代以前，即中华文明起源以前，自然是"史前时期"了。"新出文献与古史新证"所要讨论的正是五帝至夏、商前期的"原史时期"与商后期至东周的"历史时期"。这两个时段加起来，总共有3000多年。这应该就是我们所认识的"先秦史"即"上古史"的时间范围，比过去所认识的先秦史要长远多了。

再从空间范围来看考古学对先秦史的新拓展。《左传》《国语》《逸周书》等先秦典籍均载黄帝、炎帝活动范围在黄河流域，《史记·五帝本纪》

据此将其中心定在中原。以后的夏商周三代政治中心也在中原。《史记·货殖列传》："昔唐人都河东，殷人都河内，周人都河南。夫三河在天下之中若鼎足，王者所更居也，建国各数百千岁。"因此之故，以往学术界讨论先秦史总是将目光局限在中原地区，形成了所谓"中原中心论"。

这其实是一种误解。近一百年来的中国现代考古学，以大量遗址与遗物表明，早在距今五千多年前，中华各部族先民已在长江南北、黄河上下、燕山内外，差不多同时步入了文明门槛。考古区系类型学的文化历史分析，与考古聚落形态学的社会历史分析，已将这些多源头独立并起的古文明，从时间与空间两方面做了梳理，最终将距今5300年至距今4000年间的中华古文明起源发展分为六大区域：

黄河流域：河洛文化区，海岱文化区，甘青文化区；

长江流域：江汉文化区，江浙文化区；

燕山以北：辽西文化区。

这六个区域文化，有各具特色的文化发展序列。如，海岱文化区，先由后李文化发展为北辛文化；在此基础上，发展出表明文明起源的大汶口文化，至山东龙山文化。河洛文化区，先是有三支考古学文化：从临潼、渭南，到华阴、潼关等沿渭河下游一线分布的老官台文化。河南中部、西部，沿嵩山四周扩散的裴李岗文化。以邢台、邯郸到安阳、鹤壁、新乡，由北往南发展的磁山文化。在这三支文化基础上，发展出代表河洛地区文明起源的仰韶文化及后续的河南龙山文化。长江中游的江汉文化区则是在大溪文化基础上，发展出进入文明状态的屈家岭文化到石家河文化。

这些区域文化，不仅在纵向上自成体系，前后相继发展，而且在横向上又往往相互碰撞，彼此交流。这种纵横交错的考古学文化动态布局，为我们从历史学上讨论五帝时代的氏族、部落、部落联盟的分布及其流动，提供了客观的地域坐标。这也是我们今天研究先秦史所应当充分注意的。

总之，当今的"古史重建"工作，无论是在时间长度上，还是在空间广度上，都必须在20世纪王国维、傅斯年、徐中舒、李济、郭沫若、范文澜等先生研究的基础上而有所发展、有所拓展。"古史重建"工作必须与时俱进。这是学科发展的必然。

三、新出文献揭开了许多古史新图景

古史重建工作既需要考古遗址遗物的证明，更需要出土文献的印证。相对而言，出土文献更直接。1917年，王国维先生作《殷卜辞所见先公先王考》，继而又作《殷卜辞所见先公先王续考》。1925年，王国维先生在清华国学院任导师，发表《近二三十年中中国新发见之学问》，并作讲义《古史新证》。在这些论著中，王国维先生以殷墟甲骨卜辞印证《史记·殷本纪》，发现《殷本纪》所载殷商王室世系大致可信，先商及商代的存在不容置疑，同时又纠正了其中一些世系的讹误。以此为基础，王国维先生批评当时史学界盛行的"疑古之过"，同时，提出了他著名的"二重证据法"：

> 吾辈生于今日，幸于纸上之材料外更得地下之材料。由此种材料，我辈固得据以补正纸上之材料，亦得证明古书之某部分全为实录，即百家不雅驯之言亦不无表示一面之事实。此二重证据法，惟在今日始得为之。

"二重证据法"的提出，在中国学术研究史上产生了巨大影响。正如陈寅恪先生在《王静安先生遗书序》所指出，这种方法，可以"转移一时之风气，而示来者以规则"。

"二重证据法"成了整个20世纪文史研究的主要方法，学界称之为"新证派"，与"疑古派"相对照。在此基础上，傅斯年、李济等先生又提出了古史重建工作。此后，徐中舒、杨向奎、饶宗颐等先生又作了进一步发展。从研究方法看，"古史新证"主要是以地下出土文字资料与传世文献的互证，而"古史重建"则在此基础上增加了考古遗址遗物、中国域内少数民族资料以及域外异邦古史资料等，即所谓"五重证据法"。由此看来，"古史重

建"在方法和途径上更为宽广了。限于篇幅，我们以下仅以出土文献为范围，对古史重建工作略做讨论。

出土文献有广义与狭义之分。广义的出土文献包括所有出土文字资料。狭义的出土文献专指成章成篇的简牍帛书，以及长篇青铜铭文、石刻文字等。我们这里指的是广义的出土文献。

（一）新出文献对传世文本的新证与补充

如前所述，王国维的《殷卜辞中所见先公先王考》，开创了利用出土文献印证传世文献的先例。1942年，湖南长沙子弹库出土战国中晚期帛书，内有文字三篇，可与《山海经》《楚辞》等传世文献印证。1957年，河南信阳长台关出土战国中期偏早简书，内容为《墨子》佚篇。1987年，湖南慈利石板村出土战国中期偏早简书，内容与《国语》《吴越春秋》等有关。1993年，湖北荆门郭店出土800多枚竹简，时代为战国中期偏晚，内容有道家文献《老子》《太一生水》等，和儒家文献《缁衣》《五行》《子思子》《性自命出》等8篇。1994年，上海博物馆从香港购回战国竹简1200多支，内容有《周易》《诗经》《楚辞》等儒道法等方面的文献。至于秦代、西汉早期的出土文献，就更多了。他们的内容既有关于《汉书·艺文志》所分类的典籍，也有朝廷及地方政府的文件、档案、簿籍等文书，还有豪门贵族及百姓日常使用的遣册、遗嘱、书札等等。这些丰富的文献资料，不仅可以印证传世文献的正误，弥补传世文献的不足，还可证明传世文献形成与流传的具体年代。这些都可以纠正疑古学派所造成的诸多误解。

上述出土文献已引起了学术界的广泛讨论，并取得了许多丰硕成果。如李学勤先生的《简帛佚籍与学术史》、裘锡圭先生的《出土古文献十讲》、李零先生的《简帛佚籍与学术源流》等，就是其中的代表。近年来，由于战国简帛的新出，使得相关研究进入一个新境界。这可以2008年入藏后逐年公布的清华简为例。清华简内容以经史类为主，其中有《尚书》及相类似的文献20篇，是至今为止有关《尚书》的重要发现。如传本今文《尚书》有《金滕》一篇，而清华简中有内容相同的一篇，只不过题目叫《周武王有疾周公所自以代王之志》。清华简《尚书》中还有篇题与伪古文《尚书》相同而内容不同者。如清华简有《咸有一德》，伪古文《尚书》也有这一篇，但两者的内容不一样，说明伪古文《尚书·咸有一德》是古人伪作。又如清华简有《傅说之命》三篇，伪古文《尚书》的《书序》里也有《说命》三篇，但两者内容不同。这再次证明，伪古文《尚书》是后人所拟作。清华简里还有一些文献如《皇门》《祭公》《程寤》等，属于《逸周书》的内容。《汉书·艺文志》称《逸周书》为《周书》，共71篇。这71篇加上伏生所传的29篇今文《尚书》，刚好是100篇。清华简相关篇章的出现，可以为孔子编《尚书》有关问题的讨论提供重要线索。

又如关于《诗经》。今传《诗经·唐风》有《蟋蟀》一篇，《诗序》说《蟋蟀》篇是为了"刺晋僖公"而作。晋僖公的在位年代在西周共和二年至宣王五年，即公元前840年—前823年，属于西周晚期了。而清华简《耆夜》篇记载周公作有《蟋蟀》篇，时代早在西周初年。这说明传本《唐风·蟋蟀》实际是由周初传下来的，而《诗序》所说的年代有误。不仅如此，清华简《蟋蟀》还可以纠正《诗序》关于《蟋蟀》主题的误解。另外，清华简里面还有类似《周颂》的《周公之琴舞》和类似《大雅》的《芮良夫毖》。《周公之琴舞》对于我们认识《诗经》以前的诗、乐、舞三位一体的传统以及《周颂》之《敬之》篇，提供了重要资料。今传《诗经·大雅》有《桑柔》篇，相传为芮良夫所作。清华简《芮良夫毖》分上下两部分，共180多句，是迄今所见西周篇幅最长并有作者的诗篇。这些都极大地开拓了我们对《诗经》的认识。

（二）新出文献对三代世系的新证与补充

商代的世系经王国维先生的考证已基本得到证明。而西周的世系则是由1976年陕西扶风庄白村出土的《史墙盘》铭文而得到初步印证。《史墙盘》铭文列举文王、武王、成王、康王、昭王、穆王等称号，而作器者属恭王时。其铭文世系印证了西周王室世系的前半段。2003年陕西眉县杨家村新出土的《逨盘》铭文则又在文王至恭王世系的基础上补上了懿王、孝王、夷王、厉王，作器者属宣王世，刚好补上了西周王室世系的后半段。西周青铜铭文提供的西周王室世系与《史记·周本纪》所载完全一致，这说明《史记》的记载越往后越可靠。

王国维《古史新证》已指出："由殷周世系之确实，因之推想夏后氏世系之确实，是又当然之事也。"在《古史新证》第一章，王国维先生即以秦公簋、齐侯钟证明夏禹的存在。此后，郭沫若《中国古代社会研究》附有《夏禹的问题》一文，就此两器做进一步证明，指出铭文中的"鬲伐夏祀"与"处禹之都"相条贯，而"春秋时代一般人之信念中，确实承认商之前有夏，而禹为夏之先祖"。

王国维、郭沫若用于证明夏禹存在的两件青铜器，属于春秋时代。从证明的角度看，时代稍晚。2002年新出土的遂公盨铭文，改变了这一局面。因为遂公盨的年代为西周中期，而且其铭文不仅记载夏禹名字，并且有关于夏禹历史的详细记载，相关内容可以与传世文献《尚书》《诗经》《山海经》《天问》相互印证。

《尚书·皋陶谟》说："禹娶于涂山，辛壬癸甲，启呱呱而泣。"连续记着四个天干：辛、壬、癸、甲。"癸"与"甲"周而复始，古代称为天干十日。商代王号大多以天干十日命名。而夏代末年的王号也以天干十日命名，有"辛甲""孔甲""履癸"，饶宗颐先生指出："胤训为嗣，孔为甲，履和礼二字互训，诸帝号皆在天干上加以美名。这和殷王名号的戋甲、阳甲、沃甲等完全一样，可以看出商人在王号制度上有因循夏代的迹象。"[1]

殷墟甲骨文记载商王成汤之前的先公先王名号与《史记·殷本纪》所记大致对应，而自上甲开始，均以天干十日为号，上甲以前虽不以天干，但也与太阳崇拜有关。商族先公的历史属于先商时期，在整个夏代的时间范围内。所以甲骨文所记载的商族先公世系，"可以看作是商人对于夏代情况

---

① 饶宗颐：《饶宗颐二十世纪学术文集》卷一，中国人民大学出版社2009年版，第9—12页。

的实录，比起一般传世文献来要可靠和重要得多，我们必须而且可以从甲骨文中揭示夏代文化某些内容。这是探索夏文化的一项有意义的工作"①。

关于五帝时代的名号也有许多出土文字资料可供印证。战国时代的陈侯因敦有"邵申高祖黄帝"之句。长沙马王堆汉墓所出帛书有《黄帝书》，称"昔者黄帝，质始好信，作自为像，方四面，傅一心"。马王堆帛书《十六经》则有"黄帝伐蚩尤"的记载。湖北江陵王家台所出秦简《归藏》则有黄帝、炎帝、蚩尤、共工等名号。上博简《容成氏》《子羔》两篇，记载自容成氏到尧舜共21个古帝王名号。郭店楚简《穷达以时》与清华简《保训》则详记舜的事迹。王国维《古史新证》指出，五帝虽然属于传说时代，但"传说之中亦往往有史实为之素地，二者不易区别，是世界各国之所同也。"以上出土文献证明，五帝时代是有历史依据的，王国维所论不诬。

（三）新出文献对于古代史事的新证与补充

这方面的材料特别丰富，前景尤其广阔。如关于商代，继殷墟卜辞发现之后，又有小屯南地甲骨和花园庄东地甲骨相继发现，极大丰富了我们对商代后期历史文化的认识。花园庄东地甲骨为我们提供了殷周之际礼制前后延续的新资料。王国维《殷周制度论》中的有关观点因此需要重新审视。花园庄东地甲骨中"学商""奏商""舞商"的记载，可与《小屯》《合集》相关记载联系起来考虑，从而为《诗经·商颂》的作期、作者以及性质提供完全不同于传统的新认识。

近些年来，学术界对商代甲骨文分期取得了新进展，在将卜辞分为王卜辞与非王卜辞的基础上，再把王卜辞划分为小屯村北与村中南两系。其中小屯村北系的黄组卜辞与村中南系的无名组晚期卜辞，数量较多，内容涉及征夷方、征盂方等重要历史事件。由于这些新材料的出现，学术界关

---

① 饶宗颐：《饶宗颐二十世纪学术文集》卷一，中国人民大学出版社2009年版，第9—12页。

于征夷方的讨论终于取得了一致的看法；并因此还提出了商代晚期的狩猎中心不在传统所认为的河南沁阳，而是在山东泰沂山脉的新认识。

关于周代。武王伐纣的牧野之战，有利簋铭文可证。武王平定三监之乱，有大保簋铭文。周公东征，有禽簋铭文。周初封康叔于卫，有沬司徒疑簋铭文。封伯禽于鲁，有索氏铜器、卣人戈铭文、徐子鼎铭文。成王营建洛邑，有何尊铭文及北京琉璃河燕都遗址所出的甲骨"成周"刻辞。这些都可以与《尚书》《左传》《史记》等传世文献相印证。

值得一提的是，2016年新公布的陕西岐山周公庙遗址所出的"薄姑"腹甲卜辞，提供了武王伐商、周公东征之前，东方薄姑国与周王室曾经友好的一段历史，弥补了传世文献记载之空白。

关于昭王伐楚，则有令簋、京师畯尊、胡应姬鼎等，昭王南巡则有静方鼎、中方鼎、析尊等。关于厉王的史事，则有宗周钟、𩽹生盨、鄂侯驭方鼎、禹鼎等，其中有南夷、东夷入侵等史事，为传世文献所不载。周宣王时对东方夷人、北方严狁的征战，则有不其簋、虢季子白盘、兮甲盘等。关于宣王中兴，则有驹父盨，二十三年文盨等等。

至于简牍帛书方面，提供的信息更多。上博简《容成氏》有虞迥的世系，为夷夏两大联盟集团的禅让制提供了新认识。上博简《子羔》篇中"舜敏学诗"的资料，又为我们认识东夷族的"韶"乐及相关史诗打开了新的窗口。清华简《楚居》揭开了一段楚国的上古史。清华简《系年》为我们重新审视东周时期的有关史事提供了全新的资料。如此等等，无法详述。

四、建构古史发展三大体系，实现马克思主义史学理论中国化

古史新证的工作，其意义不仅在于推进学科本身的发展，更重要的在于传承民族文化，总结古史发展规律，建构中国史学理论，实现马克思主义史学理论的中国化，从而为当今中国道路、文化建设服务。

以习近平同志为核心的党中央反复强调，当我们国家的经济总量已经跃居世界第二的新形势下，我们更加需要增强道路自信、理论自信、制度自信、文化自信。这四个自信都需要从中华优秀传统文化、中华五千多年文明史中寻求资源，汲取智慧。正如党的十九大报告指出："中国特色社会主义文化，源自于中华民族五千多年文明历史所孕育的中华优秀传统文化。"我们应该站在时代的高度，认识古史重建的深远意义。

众所周知，秦始皇兼并六国后，曾在政治上实行"焚书坑儒"，颁布《挟书律》（前213年），"偶语《诗》《书》者，弃市"。因为汉承秦制，《挟书律》直到汉惠帝四年（前191年）才正式废除。就这一时段的考古发现所出墓葬可以看出，《挟书律》的影响遍及全国。可见，对"《诗》、《书》、百家语"的禁止，曾经造成了中国文化的一时断流。我们现在所看到的所谓先秦传本古书，实际上大都是西汉文、景以后重新整理的。汉人在整理先秦古书的过程中，不免会打上其时代的烙印。有学者因此提出"先秦学术汉代生成论"。所以先秦时期埋入地下的文字资料，尤其是简牍帛书，以整篇、整本典籍的形式出土，对我们重新认识先秦文献原貌自然是具有十分重大的意义。

中国学术史上，先秦文献的出土在古代曾有过两次。一次是西汉景帝末年（前141年）的"孔壁古书"，一次是西晋咸宁五年（279年）的"汲冢古书"。王国维曾指出，这两次重大发现对中国学术的发展产生了极其深广的影响。

而最近二三十年战国简帛的发现，可以说是中国学术史上的第三次重大发现。郭店简、上博简、清华简的相继出现，令国内外学术界振奋不已。这些简帛的内容一次比一次丰富，而它们的下葬年代都是在战国中期前后。这些文献的出土，可以从总体上改变我们从传世文献所得到的传统认识。例如《汉书·艺文志》分先秦古书为六艺、诸子、诗赋、兵书、数术、方技，其排列的先后次序表示主次的关系，而我们从出土文献看，先秦早期的典籍出现的顺序应该是先有数术、方技、兵书，再有诗赋、六艺、诸子，这一顺序与中华文明起源与早期发展阶段的农耕生产、血缘管理、宗教巫术、部族争战等等特征有关。

李零先生曾经指出："简帛古书的发现，不仅是数量的补充，品种的补充，文本年代的提前，个别字句的修正。在我看来，更重要的是，它使我们对古书，年代最早的古书，开始有了直接的感受，可以从中归纳很多一般性的原理。"①饶宗颐先生也曾指出，若干年来出土简册的丰富，便使得"21世纪应该是重新整理古籍的时代"，通过这些出土文献与传世文献的综合整理与研究，重新认识中国古代文明，从而"使我们国家踏上一个'文艺复兴'的时代"②。

如前所述，通过新出文献对先秦民族经典作新证与补充，恢复其时代原貌，这对于我们正确把握民族文化，理解其中的民族精神，对于我们今天的文化建设，都具有十分积极的意义。再通过新出文献印证的先秦古籍，去研究认识更真实的上古历史文化。以此为基础，我们可以更好地总结中国古史的发展规律，揭示中华文明起源、发展的自身特点。

这方面我们有大量的工作要做，例如，先秦古籍中有关"天人合一"思想的记载，有关玉器礼仪的记载，有关甲骨文礼仪的记载，有关青铜器礼仪的记载，有关血缘管理的记载，有关多民族交流融合的记载，有关儒家、道家、法家等诸子思想的记载，等等，都是我们中华民族所特有的。我们应该对这些内涵丰富而有民族特色的历史文化作出全面梳理总结，从而建构我们中国古史发展的理论体系。我们还应该与世界古文明相比照，展示中国文明起源、发展的特殊规律，实现马克思主义史学理论的中国化。所有这些，都将为今天中国的道路自信，提供坚定的历史依据；为今天中国的文化自信，提供丰富的思想资源，意义深远而广大。

［原文发表于《济南大学学报》（社会科学版）2019年第3期］

---

① 李零：《简帛古书与学术源流》，生活·读书·新知三联书店2004年版，第6—8页。

② 饶宗颐：《饶宗颐二十世纪学术文集》卷四，中国人民大学出版社2009年版，第5—9页。

五帝时代与中华文明起源

——建构中国特色文史学科理论体系浅议之三

江林昌*

大约从公元前三千多年到公元前二千年之间，也就是五千多年文明史的最前面一千多年，是我国历史上的五帝时代。从考古学角度观察，这一时期正是陶器刻画文字、青铜冶炼技术等文明因素的发生期，玉器、城市、宗教礼仪中心等文明因素的兴盛期。从社会学角度考察，这是一个由部族、部族集团向早期国家发展的过渡期。著名考古学家苏秉琦先生称这个发展过程为"由古文化，而古城，而古国"三部曲[1]。我们概称这一阶段为中华文明的起源时期。五帝时代是中华民族文化的源头。研究中华文明，首先要研究五帝时代。

一、考古学视野里的五帝时代

清代著名历史哲学家章学诚在其《文史通义》里提出一个著名论断，即

---

* 江林昌，山东师范大学齐鲁文化研究院教授、院长，山东大学历史文化学院特聘教授。
① 苏秉琦：《中国文明起源新探》，生活·读书·新知三联书店2019年版，第115—152页。

先秦时期经孔子整理的《诗》《书》《礼》《易》《乐》《春秋》"六经"，实际上都是认识中国上古历史文化的史书："六经皆史也。古人不著书，古人未尝离事而言理。六经皆先王之政典也。"司马迁作《史记》正是以先秦"六经"为主要依据。他在《伯夷列传》的赞序里明确指出："夫学者载籍极博，尤考信于六艺。"在《太史公自序》里，又指出，"厥协六经异传，整齐百家杂语"，而"为《太史公书》"。在《报任安书》里，司马迁进一步指出，他作《史记》的目的是希望以先秦六经及百家杂语等材料为依据，而"究天人之际，通古今之变"；在此基础上，"述往事，思来者"，"成一家之言"。

《史记》开篇为《五帝本纪》，继之以《夏本纪》《殷本纪》《周本纪》。在这四大本纪中，贯穿一条主线，即以黄帝为始祖，以中原为核心，从五帝开始，直至夏商周三代，前后相因，多元一体，绵延发展。这充分体现了五千多年文明史的前面三千多年历史是一脉相承的。此后的历代史书，凡论及先秦史，基本上都以《史记》的"五帝本纪"与"三代本纪"为基础而有所增益。

自晚清以来，在今文学派思想的影响下，一些学者开始怀疑先秦秦汉古籍的可信性，进而对五帝及夏商的历史也产生怀疑。这样就涉及对《五帝本纪》《夏本纪》《殷本纪》的评价问题。

另一方面，随着19世纪末殷墟甲骨文的发现，20世纪20年代以来现代考古学在中国的系统展开，更多的甲骨文、青铜铭文、简牍帛书以及陶器刻文、石刻文、封泥印文等等出土文字资料的出土，学者们在王国维二重证据法研究方法的引导下，展开了一系列的古书新证工作。其中对《五帝本纪》《夏本纪》《殷本纪》《周本纪》所作的相关印证结果表明，司马迁的记载大致可信，但也有许多地方需要补证。

新中国成立以来，考古发掘在全国各地普遍展开，揭开了大量遗址与遗物，开拓了我们认识五帝时代的新视野，取得了许多新认识。事实表明，五帝时代是中华文明的起点，也是中华民族精神形成与中华民族优秀文化生成的基因所在；而先秦六经、诸子百家以及汉代司马迁《史记》等对五帝时代的文献记载，既不能完全肯定，也不能完全否定，需要对其作综合分析、辨证认定。

（一）考古材料证明五帝时代是真实存在的

在先秦秦汉文献里，常常提到五帝时代。如《左传》《国语》《战国策》《尚书》《逸周书》古本《竹书纪年》《五帝德》《帝系姓》《世本》等史书，以及《论语》《孟子》《荀子》《墨子》《韩非子》等诸子书中，均有相关记载。这说明五帝时代的存在在先秦已成共识。而且，在一些出土文献中，也有五帝的一些名号。如关于黄帝，战国时代的铜器陈侯因次敦铭文里，有"绍申高祖黄帝"之说。先秦文献多处记载"黄帝伐蚩尤"故事，而现藏辽宁博物馆的属于春秋战国之交的鱼鼎匕铭文也有"参蚩尤命"的记录，长沙马王堆汉墓出土的帛书《十六经》则有"黄帝于是出其锵钺，……以遇蚩尤，因而擒之"的叙述。长沙子弹库战国楚帛书、湖北江陵包山战国楚简和河南新蔡葛陵战国楚简则有炎帝、共工、祝融、老童、陆终等名号。1993年，在湖北江陵王家台出土的秦简《归藏》里涉及的古族名号则有黄帝、炎帝、蚩尤、共工等。2002年开始陆续出版的《上海博物馆藏战国楚竹书》，有《容成氏》《唐虞之道》《子羔》等篇，其所记所论有从容成氏到尧舜禹等数十个帝王名号及其史事。这一系列出土文献资料进一步说明，五帝时代作为夏商周之前的一个重要历史时期，是可以肯定的。

（二）考古研究表明，传世文献对五帝时代的记载有相当片面性

近一百年来的中国现代考古学所取得的一项重大成果是，对相当于五帝时代的新石器时代晚期，在广泛开展科学发掘、占有大量考古材料的基础上，进一步进行了考古学区系类型学的文化历史分析与聚落形态学的社会历史分析，最终，获得的一个总体认识是，中华文明在五千多年前即已于燕山内外、黄河上下、长江南北多个地点同时并起；在相当于五帝时代的一千多年时间里，这些多点起源的文明，各自独立并行发展，而又相互影响。直到五帝时代晚期，才出现融会到中原的迹象；到了夏商周三代，才逐步完成了以中原文化为核心的中华文明发展的多元一体格局。

关于五帝时代中华文明多点同时起源、多元并行发展的认识，实际上经过了以苏秉琦、夏鼐等为代表的老一代考古学家，以严文明、张忠培、俞伟超、李伯谦等为代表的第二代考古学家，以赵辉、栾丰实、王巍、陈星灿等为代表的第三代考古学家的长期探索，而逐步完善的。在这期间，考古学与历史学还经历了以20世纪80年代的重估中华古文明讨论、90年代的夏商周断代工程、21世纪初的中华古文明探源工程为代表的集体努力，最终，学术界将五帝时代的文明起源的分布，概括为七大区域：

对这七大文明区域，学术界还有不同意见，如栾丰实先生根据文明程度与发展系列的不同，将这七大区域区分为5+2，即北方地区、中原地区、海岱地区、江汉地区、江浙地区为较先进的5，而甘青地区、成渝地区为次一等的2。

考古学上关于中华文明起源发展分为七大区域的认识，对历史学、文献学是一个重大挑战。因为这七大区域内成系统有特色的考古遗址与遗存，都是先民们所创造的文明成果。这说明在五千多年前开始贯穿整个五帝时代的一千多年时间里，是有许许多多的远古部族先民在这七大区域里生存发展的。《左传·昭公七年》载："禹合诸侯于涂山，执玉帛者万国。"《吕氏春秋·用民》："当禹之时，天下万国。"由此推测，夏代以前的五帝时代应该是部族如林，即有众多的千国万国遍布在这七大文明区域内的。

然而，现在我们所能搜集到的先秦秦汉典籍关于五帝时代的记载，不仅信息少，而且仅有的少量信息也只局限在中原地区、海岱地区和江汉地区，此外的几个区域相当于五帝时代的资料几付阙如。这种历史文献记载的片面性造成了与考古七大文明区域的不对称现象，严重妨碍了我们对五帝时代文明起源的认识。相关问题需要我们展开深入研究。

二、历史文献学里的五帝时代

（一）文献学上对五帝时代的记载既稀少又片面的原因分析

那么，是什么原因造成了先秦秦汉文献对五帝时代的记载既稀少又片面呢？这是需要特别研究的。到目前为止，我们的分析认为，这有客观与主观两个方面的原因。

1.时间上的客观原因

客观方面的原因主要是五帝时代离我们太遥远了。《荀子·非相》说：

> 五帝之外无传人，非无贤人也，久故也。五帝之中无传政，非无善政也，久故也。禹、汤有传政而不若周之察也，非无善政也，久故也。传者久则论略，近则论详。略则举大，详则举小。

《韩诗外传》卷三第二十八章：

> 夫五帝之前无传人，非无贤人，久故也。五帝之中无传政，非无善政，久故也。虞、夏有传政，不如殷、周之察也，非无善政，久故也。夫传者久则愈略，近则愈详。略则举大，详则举细。

以上材料说明，在五帝之前已有贤人存在，只因时代久远，没能传下来。五帝时代，已有相关的贤人记载了，但是有关这些贤人的具体史事，则没有传下来，也是因为时代久远的缘故。到了虞、夏两代，贤人与史事都有流传了，只不过其具体情况不如殷、周两代详细而已。这也是时代早晚的缘故。所以，其结论说，时代越久远，文献记载就越简略。时代越临近，文献记载就越详细。因为简略，所以只能记些重要人物与事件；因为详细，所以记载更为具体的人物与事件。这样的认识是比较符合历史事实的。司马迁的《史记》，由《五帝本纪》而《夏本纪》《殷本纪》《周本纪》，正是越往前越简略，而越往后越详尽。

五帝时代各自独立的血缘部族遍布于黄河上下、长江南北、燕山内外各地，其有名号的部族酋长数，也当以万千计。然而，现在我们所看到的五帝时代的部族名号只有寥寥一二十个而已。这正是由于时代久远这一客观原因造成的。此正如司马迁在《史记·五帝本纪》文末"太史公曰"中所感叹的：

> 学者多称五帝，尚矣。然《尚书》独载尧以来，而百家言黄帝，其文不雅驯，荐绅先生难言之。孔子所传《宰予问五帝德》及《帝系姓》，儒者或不传。……予观《春秋》《国语》，其发明《五帝德》《帝系姓》章矣，顾弟弗深考，其所表见皆不虚。《书》缺有间矣，其轶乃时时见于他说。非好学深思，心知其意，固难为浅见寡闻道也。

2.空间上的客观原因

造成先秦文献记载五帝时代名号史事相对稀少的主观原因主要体现在政治方面。

五帝时代的部族帝号流传下来的不仅数量少，而且，从空间角度看，这些仅存的少数部族帝号的存在范围还主要集中在中原地区、海岱地区和江汉地区，至于其他地区几乎是空白。这是不正常的。

既然黄河流域有关五帝时代的古族名号虽因时代久远而仍在文献中有所留存，那么，其他区域有关五帝时代的古族帝号也应该在文献上有所反映。然而却没有。造成这种文献记载在空间上不平衡的原因是，商周以来因政治需要，在"华夷之辨"观念支配下，对中原以外部族文化作了有意的淡化甚至删除。这一点在以往的学术研究中被忽略了，所以需要特别揭示。

远古时代，每个氏族部族都有他们自己的族名称号，有他们部族的起源、发展、迁徙、战争、生产以及相应的宗教礼仪、伦理制度等。在部族酋长兼巫师主持的部族全体族民进行的祭祀活动中，先民们用载歌载舞的形式、口耳相传的方式，将他们的部族称号、历史文化世代流传下来。这传唱的内容便是口传文本。当文字发明之后，又将这些口传文本记录下来，传之后世，便是书面文本。这些口传文本与书面文本，都是部族史诗。各远古部族都有他们由口传到书面的史诗。这在古今中外都是相同的。如，中国的少数民族有纳西族的《东巴经》、瑶族的《密洛驼》、苗族的《亚鲁王》、蒙古族的《江格尔》、藏族的《哥萨尔王》；在国外则有古希腊的荷马史诗《伊利亚特》《奥德赛》、古巴比伦的《吉尔伽美什》、古印度的《摩诃婆罗多》《罗摩衍那》等。由此例推，则在中国上古三千多年的五帝时代文明起源与夏商周三代早期文明发展过程中，数以千万计的部族，应该就有数以千万计的史诗的。

　　当然，原来吟唱的史诗，到了文明时代，是可以发展成散文形式流传的。如在中国，到了商周早期文明时期，由于政事繁杂，原来兼任巫师的酋长，已变成为方国联盟之共主，封国联盟之君主。共主与君主虽仍为群巫之领袖，而作为巫史的具体职责则已分解给各种具体的职位来管理。

　　　　《礼记·礼运》：王前巫而后史，卜、筮、瞽、侑，皆在左右。

　　　　《国语·周语上》：天子听政，使公卿至于列士献诗，瞽献曲，史献书，师箴，瞍赋，矇诵，百工谏，庶人传语，近臣尽规，亲戚补察，瞽、史教诲，耆、艾修之，而后王斟酌焉，是以事行而不悖。

这些"卜""筮""祝""瞽""史""师""瞍""矇"等职，原来即由酋长兼巫师一人承担，后来则是分工细密，各守其职了。陈梦家先生说："由巫而史，而为王者的行政官吏；王者自己虽为政治领袖，同时仍为群巫之长。"[①]这些行政管理体系随着国家机构的扩大而更加分工细密化、系统化。如《周礼》一书记载相关的官职，在《天官》《地官》《春官》《冬官》《秋官》《夏商》六大类基础上，再细分为三百六十余职，形成了一个十分完备的管理网络。《周礼》因此又称为《周官》。

　　这些宗教历史文化职官，所记当各有侧重，于是到了周代以后，在远

---

　　① 陈梦家：《陈梦家学术论文集》，中华书局2016年版，第91页。

古部族吟唱史诗基础上进一步出现了散文式的历史文化典籍的繁荣。《国语·楚语上》记载申叔时为楚国王室贵族公子开列的教科书有：

> 教之《春秋》……教之《世》……教之《诗》……教之《礼》……
> 教之《乐》……教之《令》……教之《语》……教之《故志》……教之
> 《训典》。

这里提到的古籍有九种之多。其中，《春秋》《世》《礼》《语》《故志》等等，都是散文式的史诗。这是楚部族的情况。其他部族情况亦当如此。如在中原，到了春秋时代，孔子即整理为《诗》《书》《易》《礼》《乐》《春秋》六经。这六经实际上都是相关的部族史诗，所以有"六经皆诗""六经皆史"的说法。

总之，先秦时期有关五帝时代的历史文化典籍本应该是很普遍，很丰富的。五帝时代各部族都有他们的口传史诗，这些口传史诗到了周代以后，都应该发展为文本史诗，或演化为他们各自的《语》《志》《书》《春秋》等等历史文化典籍。然而，一个令人遗憾的文化现象是，这些丰富的历史文化典籍，因为政治的原因，除中原地区还有较多保留外，其他地区则大多被淡化删除了。

近一百年的现代中国考古发现与研究表明，相当于五帝时代的从距今五千多年开始至距今四千年共一千多年的新石器时代晚期，中华文明在前述的七大区域内差不多同时起源，然后各自独立发展。各区域之间虽有相互影响，但并没有改变各支文化的主体性。这是一个无中心的多元并行发展的文明起源状态。总体上看，这些多元文明还有两个现象：一是如栾丰实先生等所总结的，中原地区与海岱地区两支文明表现出较多的"世俗"模式，而江浙地区与北方地区两支文明则表现为较多的"宗教"模式[1]；二是

---

[1] 栾丰实：《中国古代社会的文明化进程和相关问题》，《东方考古》第1集，科学出版社2004年版。

如俞伟超先生等所总结的，北方地区、海岱地区、江浙地区较之其他地区则更具有先进性，如果不是当时自然气候环境等因素发生了意外，实际上应该是这东部的三大区域文化最先进入早期国家阶段的[①]。

然而，在距今四千之前，北方地区、江浙地区、海岱地区、江汉地区的几支文化都先后衰落，乃至中断。唯独中原地区持续发展，终于从距今四千年开始，在夏禹与夏启等部族酋长的努力下，夏部族率先建立以部族联盟共主世袭制为特征的早期文明国家。继夏代之后，中原地区又先后有以商族为方国联盟共主的商代、以周族为封国联盟共主的周代相继兴起。由于夏商周三代都以中原地区为活动中心，前后持续发展又达一千多年之久，因此，中华文明的发展模式出现了以中原文化为中心的多元一体发展格局，这相对于五帝时代无中心的多元文化并行发展的文明模式来说，是一种根本性的转变。这一转变深刻影响了以后中华文明的发展走向。

这种以中原为核心的多元一体发展模式，便是以中原部族为核心不断融合周边部族而逐渐华夏化的过程。这个过程到了西周以后，在政治上，因为以分封建侯为手段的姬、姜两姓文化繁荣扩展而出现了质的飞跃。在文化上，周公"制礼作乐"，孔子编定《六经》，司马迁撰著《史记》，均强调中原文化的核心地位，倡导"华夷之辨"。其结果便是，在进一步确定并弘扬中原文化的同时，淡化乃至淹没了中原以外广大地区丰富多彩的各部族各邦国文化。这就是五帝时代数以千万计的部族文化只留下中原地区以及海岱地区、江汉地区部族文化部分资料的原因。

总之，由于时间上的久远客观性，造成了有关五帝时代文献记载稀少；由于空间上的政治主观性，造成了有关五帝时代的文献记载只重视中原"华夏"部族历史文化而淡化"四夷"部族历史文化的片面性。这两点，是我们研究五帝时代所需要特别注意的。不仅如此，即使对于现在所仅存的有关五帝时代中原"华夏"部族历史文化的文献记载，也需要注意考辨。此

---

① 俞伟超：《龙山文化与良渚文化衰变的奥秘》，《文物天地》1992年第3期。

可以"后羿代夏四十年"这一历史事实的文献记载为例。《山海经》与《楚辞》站在海岱东夷部族的角度叙述这一段历史，所以既赞美后羿，又记录详细；《尚书》《史记》因站在中原华夏文化角度考虑，所以就完全删去了这一段历史；《左传·襄公四年》《左传·哀公元年》虽然采用了楚地传说保留了这一段历史，但其叙述立场却是站在中原，因而把后羿作为历史反面人物看待。傅斯年、童书业、姜亮夫先生都已注意到了这一事实，我们也曾经就此有所讨论①，此不赘述。

（二）对文献所见五帝时代部族活动的时间分期与空间分区

在以上认识的基础上，我们再来看以中原为核心的五帝时代文献资料，一个值得庆幸的事实就是，黄帝作为黄河流域实力最强大的部族，相关文献对他的记录还算是最系统最全面的。有关黄帝部族的文献，虽然因为黄帝时代久远而有神话色彩，但因为黄帝对后世影响巨大而有仙话色彩，其相关的历史内核还是可以经过考辨而印证的。

考古资料及相关研究表明，在五帝时代，黄河流域的中原文化与海岱文化由于区域相近，两者一直保持互动联系，苏秉琦称其为兄弟关系。作为兄弟文化，有交流也有争锋。具体表现便是，新石器时代晚期的前段，中原文化影响海岱文化多一些，后段则反之。另一现象是，相对于江浙地区与北方地区两支文化"宗教"色彩较浓而言，中原文化与海岱文化则表现为较多的"世俗"色彩。这表明中原文化与海岱文化有趋同的一面。正是由于这些原因，在五帝时代晚期，出现了中国历史上夷夏两大部族集团的大联盟，这就是禅让共政的所谓"夷夏东西说"，后代史学家称之为中国历史上的第一个"黄金时代"。也正因为这样的原因，后世文献中除对五帝时代的中原部族有较多记录外，对海岱部族也有相应的记载。

---

① 详见傅斯年《夷夏东西说》、童书业《春秋左传研究》、姜亮夫《古史学论文集》、江林昌《书写中国文明史》等。

在五帝时代早期，江汉地区的部族文化由于与中原关系不密切，因而相关文献记载较少。后来，由于中原地区炎帝部族与黄帝部族先融合再冲突之后，从五帝时代中期开始，炎帝部族偏居秦岭淮河以南，对江汉地区有重大影响。而到了五帝时代晚期的尧舜禹时代，由于中原各族与江汉地区的三苗部族有过长期的拉锯战，因而在后世文献中，因记载中原部族、海岱部族的需要而自然联系到江汉部族，所以对江汉地区的远古部族文化也有相应记载。

总之，在先秦秦汉文献里，对中原、海岱、江汉三区域的五帝时代部族文化都有所反映，但关于五帝的名号仍然集中在五六个以内，而且还有些出入：

《左传·文公十八年》：黄帝、颛顼、帝喾、少昊、太昊
《左传·昭公十七年》：黄帝、炎帝、共工、太昊、少昊
《国语·鲁语上》：黄帝、颛顼、帝喾、尧、舜、禹
《大戴礼记·五帝德》：黄帝、颛顼、帝喾、尧、舜、禹
《周易·系辞下》：包羲、神农、黄帝、尧、舜
《史记·五帝本纪》：黄帝、颛顼、帝喾、尧、舜

以上六说，各家对黄帝、颛顼有共同的认识，其他帝号则各有选择。黄帝属于中原华夏文化，颛顼属于海岱东夷文化。这与上述考古学文化与历史文献记载所反映的情况基本一致。

大约在五帝时代，文献记载较集中的中原地区、海岱地区和江汉地区各部族，一直处于迁徙征战、或胜或否、时强时弱的状态，情况是比较复杂的。其称帝号者既非一族一姓可以长期占有，其势力所涉及的时间长度与空间广度也是动态变化的。这些情况，与其后的夏商周三代前后交替、持续直线发展仍有不同。现综合先秦秦汉文献，将五帝时代有影响的各部族帝号分为时间上的前后四期与空间上的东西南三区。

	西系：中原地区	东系：海岱地区	南系：江汉地区
第一期	黄帝、炎帝	蚩尤、少皞、太皞	
第二期	黄帝、炎帝、共工、相繇	颛顼、重、黎、虞幕	
第三期	黄帝、朱明、颛顼、祝融	烈山氏、夔	炎帝、驩兜、梼杌
第四期	黄帝、尧、禹、契、后稷、四岳	舜、后羿、皋陶、伯益、涂山	炎帝、祝融、三苗

以上分期，只是大致划分，其实每个帝号都是可以跨期的，这里将其列入某期，是就其繁盛期而言。如黄帝、炎帝、蚩尤、少皞在五帝时代之初，都已成为影响较大的部族首领，所以列在第一期，而其影响实际是贯穿了整个五帝时代。如古文献所谓"黄帝二十五子"，实际是说黄帝部族集团强大，分支众多，空间布局广阔。又说"黄帝八百岁"，是指黄帝部族集团在中原地区生存发展八百年以上，表明其活跃时间跨度长。所以我们将黄帝列在第一、二、三期的中原系里。又因为部族的势力范围有些变动较大，如炎帝族在五帝时代第一、二期的中心在中原，到第三期第四期便南移了，所以将其划在江汉系。

恩格斯在《家庭、私有制和国家的起源》中指出，人类社会到了野蛮时代的高级阶段时，"一切文化民族都在这个时期经历了自己的英雄时代"。从文明史角度看，英雄时代正是人类社会由氏族部族解体走向国家建立的一个过渡时期。这个过渡时期经历了较长的历史过程，我们称为文明起源阶段。五帝时代，正是中华文明起源的"英雄时代"，而黄帝是这个英雄时代出现最早、影响最大的部族集团。

三、五帝时代三大部族集团的形成与中华文明起源的动态观察

在一千多年漫长的五帝英雄时代，数以千万计的氏族部族风起云涌，此起彼落，或西坡举旗，或东山称号，最后逐渐融合为几个较大集团。有关这些部族大集团的情况，便以某某英雄故事的形式流传了下来。如黄帝与炎帝、颛顼与共工之类。起初，这些英雄故事在黄河上下、长江南北、

燕山内外都应该是到处流传的。只是因为夏商周以后政治文化的中心在黄河流域，故谓之"华夏"；而长江、辽河等地则被视为落后文化、边远地区，故谓之"四夷"。于是黄河流域有关五帝时代的部族英雄故事，流传下来较多；而长江流域、辽河流域等地有关五帝时代的部族英雄故事，传下来就很少。这是历史的遗憾。现在，我们只能根据存世的文献资料，结合考古资料的印证，对黄河流域历史文化的相关情况，作出分析。

（一）黄帝族与炎帝族的起源及东移

据有关文献记载可知，黄帝、炎帝两大部族发源于西部黄土高原。《国语·晋语四》：

> 昔少典娶于有虫乔氏，生黄帝、炎帝。黄帝以姬水成，炎帝以姜水成。成而异德，故黄帝为姬，炎帝为姜。

远古时代，部落首领的名字就是该部落的名字。说少典氏娶于有虫乔氏，说明这两个氏族互为通婚。而少典氏生黄帝、炎帝，则是说黄、炎两族由少典部族分化而来。至于其具体地望，应由姜水和姬水推知。《水经注》"渭水"条下说："岐水又东，经姜氏城南为姜水。"岐水在岐山的南面。今天的陕西岐山县东面，就有一条西出岐山、东过武功、南入渭水的小河。另，在宝鸡市境内有个姜城堡，又有一条源自秦岭的清姜河，北流入渭水。在姜城堡与清姜河之间，还有一座炎帝神农庙。这些也应该与炎帝"以姜水成"有关。总之，炎帝族的发祥地大概就在陕西省西部的渭水上游，今宝鸡市境内。

《晋语》说"黄帝以姬水成"。《说文》也称"黄帝居姬水，因水为姓"。姬水的具体地望不可考。但据黄帝族的其他踪迹考察可知，其氏族的起源及早期活动范围大致是在甘肃东部的平凉、庆阳至陕北地区，相当于流经甘、陕的泾水中上游与洛河中上游一带。《史记·五帝本纪》称："黄帝，葬桥山。"今陕北洛水中游洛川县南有黄陵县，境内有黄帝陵。桥山，据张大可《史记今注》："桥山，又名子午山，在今陕西黄陵县北，上有黄帝冢。"《庄子·在宥》说："黄帝闻广成子在于空同之山，故往见之。"《史记·五帝本纪》称："黄帝西至于空桐，登鸡头。"《汉书·武帝本纪》说武帝于元鼎五年"逾陇，登空同"。这次出游，司马迁随同。"空同""空桐"即"崆峒"。《新唐书·地理志》"原周平高县"条下有"崆峒山"。平高县在今天的甘肃平凉市东北的镇原县境内，正在泾水上游，离庆阳市不远。

根据以上分析，徐旭生先生在《中国古史的传说时代》中推测"黄帝氏族的发祥地大约在今陕西的北部。它与发祥在陕西西部偏南的炎帝氏族的居住地相距并不很远"①。因为黄帝与炎帝同为少典部族的分支，属于兄弟氏族，在其生发阶段应该相近。徐旭生先生的分析是合理的。

就现在考古材料分析可知，在新石器时代晚期，黄河流域的东部因地理气候条件优越，率先得到发展。也许正是这个原因，黄帝部族与炎帝部族的一部分开始向东拓展。这与考古学上所显示的距今五千年左右甘陕地区以彩陶文化为标志的仰韶文化大规模地向东部、东北、东南扩展相一致。根据徐旭生先生的分析："黄帝氏族东迁的路线大约偏北，他们大约顺北洛水南下，到了大荔、朝邑一带东渡黄河。"今陕西东部的大荔市，正是泾水与北洛水相汇后注入黄河的地方。黄帝氏族东渡黄河，即到了晋南、豫西地区。而炎帝氏族向东迁移的线路"大约顺渭水东下，再顺黄河南岸向东。因为路线偏南，所以他们的建国有同苗蛮集团犬牙交错的地方"②。

（二）三场战争与五帝时代三大部族集团板块的形成

黄帝部族、炎帝部族在向东发展过程中，自然会与中原地区、海岱地区原有氏族部落有冲突、有融合。其中有三次大的战争最为有名：涿鹿之战、中冀之战、阪泉之战。这三次战争使得五帝时代前期各自独立发展而整体杂乱无序的一大批氏族部族得到重新调整合并，形成了有序统一的几个较大的部族集团。这实际上是中国历史上第一次初具规模的部族融合，所以影响巨大。

---

① 徐旭生：《中国古史的传说时代》，广西师范大学出版社2003年版，第49页。
② 徐旭生：《中国古史的传说时代》，广西师范大学出版社2003年版，第48—51页。

1.炎帝族与蚩尤族的涿鹿之战

炎帝族的东进，曾一度到达山东西部直至东北部，与当地的东夷部族先是融合，后有冲突。炎帝部族与东夷集团的联系是从与蚩尤部族发生关系开始的。当炎帝部族初到东夷之地时，曾与蚩尤部族和睦相处了一段时期。《逸周书·尝麦解》：

> 昔天之初，□作二后，乃设建典，命赤帝分正二卿，命蚩尤宇于少暤，以临四方。

赤帝即炎帝。"二后"指炎帝与蚩尤，他们同时被称为"后"，可见当时影响之大。蚩尤居于后来的少暤族范围内，而少暤之墟即在鲁国曲阜一带（详后）。又，《史记·五帝本纪》集解谓：

> 蚩尤冢在东平郡寿张县阚乡城中，高七丈，民常十月祀之。有赤气出，如匹绛帛，名为"蚩尤旗"。肩髀冢在山阴郡巨野县重聚，大小与阚冢等。

"寿张"在今山东东平县，"巨野"在东平西南向的济宁与菏泽之间，均在鲁西。由此可见，蚩尤族的活动范围就在鲁西南一带。

后来，蚩尤族与炎帝、黄帝两部族都发生了冲突，即《史记·五帝本纪》所谓"蚩尤最为暴，莫能伐。""蚩尤作乱，不用帝命"。在这个过程中，先有了蚩尤族与炎帝族的涿鹿之战。《逸周书·尝麦解》：

> 蚩尤乃逐帝，争于涿鹿之河，九隅无遗。赤帝大慑。

涿鹿的地望说法不一。吕思勉《先秦史》据《帝王世纪》引《世本》云："涿鹿在彭城南"，而推测在徐州境内。联系炎帝的居地"陈"（淮阳）在徐州之西，而蚩尤冢（郓城、巨野）居徐州北。他们的方位连在豫东南、苏西北、鲁西南一线。可见，涿鹿在徐州说较合理，蚩尤与炎帝的"涿鹿之战"应该就发生在这里。

2.黄帝族与蚩尤族的中冀之战

涿鹿之战以蚩尤获胜、炎帝挫败而告终。但炎帝族并不甘心，于是又求助于黄帝族。《逸周书·尝麦解》说赤（炎）帝：

> 乃说于黄帝，执蚩尤，杀之于中冀。

"中冀"当"冀中"之倒。有关这场黄帝与蚩尤的战争，又见于《山海经·大荒北经》：

> 蚩尤作兵伐黄帝，黄帝乃令应龙攻之冀州之野。应龙畜水。蚩尤请风伯雨师，纵大风雨。黄帝乃下天女曰"魃"。雨止，遂杀蚩尤。

这里的"冀州之野"即上文的"中冀"。古时冀州在东西黄河之间，即在陕西与山西交界处的由北向南流的西黄河，与由河南开封向北流往天津的东黄河之间，包括今天的山西全境、河南中北部、河北西部。"冀中之战"大概是在今河北的中西部与河南北部一带进行的，大约在今石家庄到安阳之间。这场战争说明，东夷人西进中原的势头遭到了黄帝部族的遏制，蚩尤部族最后只能退回鲁西一带。

3.黄帝族与炎帝族的阪泉之战

黄帝族打败了东夷族的蚩尤之后，控制了中原地区。但不久，炎帝族在今安徽西部的淮河上游与河南东南部的汝水、颍水流域，恢复整顿之后，又北上与黄帝族争夺中原。于是有黄帝族与炎帝族的阪泉之战。

> 《列子·黄帝篇》：黄帝与炎帝战于阪泉之野，帅熊、罴、狼、豹、

貔、虎为前驱，雕、鶡、鹰、鸢为旗帜。

《大戴礼·五帝德》：黄帝与赤帝战于阪泉之野，三战，然后得行其志。

《史记·五帝本纪》：黄帝教熊、罴、貔、虎，以与炎帝战于阪泉之野，三战，然后得其志。

《论衡·率性》：黄帝与炎帝争为天子……以战于阪泉之野，三战，得志，炎帝败绩。

阪泉之战的地点，学术界还没有定论。学者或考证在河北中部保定境内，或在河北南部磁县一带。大致可信。这场战争打得很艰难，黄帝族率领以熊、罴、雕、鶡等为图腾的各联盟部落，与炎帝"三战"，最后终于取得了成功。于是黄帝族奠定了在中原地区的统治地位。

涿鹿之战，蚩尤战胜了炎帝。中冀之战，黄帝战胜了蚩尤。阪泉之战，黄帝战胜了炎帝。各部落联合体经过角力较量后而逐步稳定下来，最后出现了黄帝联盟集团居于中原、蚩尤联盟集团居于海岱、炎帝联盟集团退居长江中游的三足鼎立局面，从而奠定了五帝时代英雄部落分布的大致框架。徐旭生先生在《中国古史的传说时代》中所说的华夏集团、东夷集团、苗蛮集团，蒙文通先生在《古史甄微》中所说的河洛民族、海岱民族、江汉民族，即以此为基础。综合徐、蒙两说，便是形成河洛地区的华夏集团、海岱地区的东夷集团、江汉地区的苗蛮集团。这三大集团的形成过程实际上是众多氏族部族重新调整融合的过程。这是中国历史上的第一次部族大融合，在中华文明史上有重要意义。

三大集团形成后，在中原地区的华夏集团，继黄帝族之后，有共工、相繇、帝喾、帝尧、夏禹、周弃等著名部族；海岱地区的东夷集团继蚩尤之后，有少暤、颛顼、帝舜、后羿、皋陶、伯益等著名部族；江汉地区的苗蛮集团，继炎帝之后，有祝融、三苗、驩兜、梼杌等著名部族。

五帝时代前期，成千上万的氏族部族，经过迁徙、交流、冲突，到了五帝时代中期逐步整合为三大部族集团的大致统一格局。到了五帝时代后期，这三大集团基本稳定发展，形成各具特色的较大范围的区域文化，这在考古学区系类型学的文化历史分析与聚落形态说的社会历史分析中，已经得到了证明。中原地区与华夏集团相对应的考古学文化有仰韶文化后期至中原龙山文化，海岱地区与东夷集团相对应的考古学文化有大汶口文化晚期到山东龙山文化，江汉地区与苗蛮集团相对应的考古学文化有屈家岭文化到石家河文化。此外，考古学上，长江下游还有良渚文化，燕辽地区有红山文化，甘青地区有齐家文化等，在当时也都相当发达了。但由于文献上缺乏相关记载，相应的讨论无法展开。

四、黄帝部族在中原的发展壮大与中华文明绵延发展基础的奠定

（一）黄帝部族集团的活动范围以中原地区为核心

当黄帝部族集团、东夷部族集团、苗蛮部族集团三足鼎立、稳定发展之后，黄帝部族集团在中原的活动范围大致以河南新郑、新密一带为核心而全面展开。《史记集解》引徐广曰："黄帝号有熊。"皇甫谧《帝王世纪》曰："有熊，今河南新郑是也。"《元和郡县志》："郑州新郑县，本有熊之墟。"前引《庄子·在宥》篇说，黄帝曾经到崆峒山上向广成子问道。崆峒山原在泾水上游，甘肃东部的平凉市镇原县，应该是黄帝部族早期活动时期的地域。当黄帝部族迁徙到中原之后，"崆峒山"的地名连同"广成子"的名字也都带到了河南新郑地区，形成新的地名。这是古代部族迁徙文化的常例。《嘉庆一统志》"汝州条"："崆峒山，在州西南六十里。"汝州还有"广成泽水"。《水经注》"汝州"条："广成泽水出狼皋山北泽中，东南入汝水。"顾炎武《天下郡国利病书》卷五十三："崆峒山在汝、禹二州境……上有广成子庙及崆峒观。下有广成墓及城，即黄帝问道处。"汝州与禹州均在今新郑市西南方向的汝水、颍水上游，是当时黄帝部族的活动中心地区。又《庄子·徐无鬼》：

黄帝将见大隗乎具茨之山……至于襄城之野……无所问途。

襄城在河南禹州稍南，属于汝水上游。而大騩山、具茨山在禹州城稍北的嵩山山脉东部。《嘉庆一统志》"开封府"：

> 大隗山在禹州北，亦曰具茨山。《国语》史伯谓郑桓公曰：主芣隗而食溱洧。注：芣隗，山名，即大騩也。……《汉书·地理志》：密县有大騩山。《水经注》：大騩山即具茨山也。黄帝登具茨山，又有大騩镇，在密山东南大騩山下。

大騩山又见于《山海经》之"中山经"：

> 又东三十里，曰大騩之山，其阴多铁、美玉。（《中次七经》）
> 凡苦山之首，自休与之山，至于大騩之山……苦山，少室，太室，皆冢也。（《中次七经》）
> 又东五十里，曰大騩之山，其阳多赤金，其阴多砥石。（《中次七经》）

综
合

就其中提到的少室山、太室山可知，其地望在河南登封、新密、新郑一带的嵩山山脉。徐旭生先生说："中山七经载十九山，而少室、太室为最著。……最东至敏山、大騩之山，当今密县境而山势尽。"[1]

从此以后，黄帝部族即以中原为核心而团结融合了更大范围更为众多的氏族部族。司马迁《五帝本纪》叙述黄帝族即以中原为中心而将其势力范围扩大至东西南北四方："东至于海，登丸山，及岱宗；西至于空桐，登鸡头；南至于江，登熊、湘；北逐荤粥，合符釜山。"这虽然是以汉人的天下观为依据而略有扩大，但当时黄帝集团影响所至大致也不差。经过涿鹿、中冀、阪泉三场战争之后，黄帝部族结束了迁徙不定的游牧生活，在中原地区开始了聚族定居的农耕畜牧生活，并逐步迈向早期国家形态。对此，

---

① 徐旭生：《中国古史的传说时代》，广西师范大学出版社2003年版，第350页。

《五帝本纪》有所描述：

> （黄帝）置左右大监，监于万国。万国和，而鬼神山川封禅与为多焉。获宝鼎，迎日推筴。举风后、力牧、常先、大鸿以治民。顺天地之纪，幽明之占，死生之说，存亡之难。时播百谷草木，淳化鸟兽虫蛾，旁罗日月星辰水波土石金玉，劳勤心力耳目，节用水火材物。有土德之瑞，故号黄帝。

这段话主要提供了两个信息。其一，黄帝族的管理机构初步形成，如"置左右大监"，又"举风后"等贤人"以治民"，这些都是国家公共权力的象征。其二，发展农业、畜牧业，所谓"顺天地之纪""时播百谷""淳化鸟兽""节用材物"等。司马迁的叙述虽有夸张，但大致上还是反映了当时的相关情况。

（二）从姬、姜两姓的分支后裔分布看黄帝部族文化在中原地区的绵延发展

中原地区既有黄河主流，又有许多山陵支流。如，由内蒙古包头折向南流的黄河西边的陕西境内有延河、北洛河、渭河、泾河等，黄河东边的山西境内有汾河、涑水河等。河南境内，在东西走向的黄河两岸，南面有伊河、洛河，北面有沁河、淇水、漳河等。在嵩山山脉以南，则有汝水、颍水、贾鲁河、涡河、惠济河、大沙河、东沙河等，这些河流都东南向注入淮河。鲁西地区则有泗水、济水等等。这些支河的上游为茂密的山林，有丰富的动物资源，可供游猎。下游则是黄河主流或淮河主流共同冲积而成的一片一片肥沃的土地，宜于农业耕作。山林与河流正是发展农业与畜牧业的天然有利条件。再加上黄河流域地处北纬35度的温带气候，极适宜于人类的生存与农牧业的发展。黄帝部族与炎帝部族到了中原地区之后，正是利用这样的地理气候水利条件而发展农业与畜牧业，从而壮大了部族。他们的分支后裔也都在中原地区的黄河两岸继续发展壮大，《国语·周语下》有一段有关黄、炎二大部族后裔的世系传说：

昔共工弃此道也，虞于湛乐，淫失其身。欲壅防百川，堕高埋庳，以害天下。皇天弗福，庶民弗助。祸乱并兴，共工用灭。

其在有虞，有崇伯鲧播其淫心，称遂共工之过。尧用殛之于羽山。其后伯禹念前之非度，釐改制量，象物天地，比类百则，仪之于民，而度之于群生。共之从孙四岳佐之，高高下下，疏川导滞，钟水丰物。……

皇天嘉之，祚以天下，赐姓曰"姒"，氏曰有"夏"：谓其能以嘉祉殷富生物也。祚四岳国，命以侯伯，赐姓曰"姜"，氏曰有"吕"：谓其能为禹股肱心膂，以养物丰民人也。……

有夏虽衰，杞鄫犹在。申、吕虽衰，齐、许犹在。惟有嘉功，以命姓受祀，迄于天下。……皆黄、炎之后也。

《国语》韦昭注："鲧，黄帝之后也。共工，炎帝之后也。"这样，我们可得黄、炎两族的后裔世系如下：

少典氏＋有蟜氏 { 黄帝（姬）——鲧——禹（姒）——杞、鄫
　　　　　　　　炎帝（姜）——共工——四岳——申、吕、齐、许

这里，黄帝的后裔为夏族鲧、禹，赐姓为姒。鲧、禹的后代则为杞、鄫两族。他们都在中原。其中鲧、禹在河南嵩山南北，考古发现的登封王城岗遗址、禹县瓦店遗址、新密新砦遗址，都在淮河支流的汝水、颍水上游。学者们推测，这些遗址就是鲧、禹时期夏部族的活动中心。杞即今天的杞县一带。《史记·周本纪》载武王封"大禹之后于杞"，《史记正义》引《括地志》："汴州雍丘县，古杞国。"鄫在杞县东向的睢县。《春秋经·襄公元年》："曹人、邾人、杞人次于鄫。"杜预注："郑地，在陈留襄邑县东南。"总之，杞国与鄫国都在今开封市与商丘市之间，在淮河的支流惠济河、大沙河、东沙河中上游。

而炎帝、共工的后代如四岳、申、吕、许等，则偏往河南的南面。四

岳即太岳，也就是今天的嵩山。"申"在今河南唐河县境内，"吕"在南阳县境内，"许"在许昌县境内，他们都在河南的西南或正南。所以传说河南东南部的淮阳曾经是炎帝族的中心。《史记·五帝本纪》正义引《帝王世纪》："炎帝，初都陈。"陈即在今淮阳境内。

如前所述，黄帝族与炎帝族经过阪泉之战后，得胜的黄帝族便在中原地区进一步扩大势力范围，而失败的炎帝族则逐渐退向汝水、淮河以南，直至长江流域。在中原地区，黄帝族的分支后裔除以上所述的夏、杞、鄫之外，其实还有很多。《国语·晋语四》说：

> 黄帝之子二十五人，其同姓者二人而已。唯青阳与夷鼓皆为己姓。青阳，方雷氏之甥也。夷鼓，彤鱼氏之甥也。其同生而异姓者，四母之子别为十二姓。凡黄帝之子，二十五宗，其得姓者十四人，为十二姓：姬、酉、祁、己、滕、箴、任、荀、僖、姞、儇、依是也。唯青阳与苍林氏同于黄帝，故皆为姬姓。

这段话涉及较多的有关氏族社会婚姻制度、继承制度、氏族命名制度等问题。限于篇幅，此不展开。我们只就黄帝之子二十五人成为二十五宗，后来又分为十二姓来考察，即可明了黄帝族的后裔发展是多分支多线条的。这些多线条的多分支发展，又当各有世系。但时代久远，已不可全部考索。从地理分布看，这得姓的十二支大多在中原地区。据董立章《国语译注辨析》考证，"滕"在鲁西滕州，"箴"在河南濮阳，"任"在鲁西济宁，"僖"在河洛地区，"儇"在河南罗山县，"依"在安阳地区。至于"姬"姓，既是黄帝族的本姓，也是周族的始封之姓。《史记·周本纪》：

> 周后稷，名弃。……帝舜曰："弃，黎民始饥，尔后稷播时百谷。"封弃于邰，号曰后稷，别姓姬氏。

据有关文献可知，周弃初始所封的"邰"地，实际上是在晋南汾河流域。而陕西渭河流域的"有邰氏"，是后来才迁徙过去的新地名。《左传·昭公元年》：

> 昔高辛氏有二子，伯曰阏伯，季曰实沈，居于旷林，不相能也。……迁实沈于大夏，主参。唐人是因，以服事夏、商。其季世曰唐叔虞。当武王邑姜方震大叔，梦帝谓己："余命而子曰虞，将与之唐，属诸参，其蕃育其子孙。"及生，有文在其手曰："虞"，遂以命之。及成王灭唐而封大叔焉，故参为晋星。由是观之，则实沈，参神也。

> 昔金天氏有裔子曰昧，为玄冥师，生允格、台骀。台骀能业其官，宣汾、洮，障大泽，以处大原。帝用嘉之，封诸汾川。沈、姒、蓐、黄，实守其祀。今晋主汾而灭之矣。由是观之，则台骀，汾神也。

这里说"台骀氏"被"封诸汾河"，成为"汾神"。原因是台骀氏能"宣（疏通）汾、洮"二水，"处大原"。而周弃被封于"邰"，是因为他"好耕农"，"相地之宜谷稼穑"。也就是说，周弃能考察选择适合农作物的地方而从事稼穑。台骀氏疏导汾、洮之水，以处晋南广大肥沃的大原，也是为了农业生产。可见，这汾神"台骀氏"与周弃所封的"邰"所指的是同一件事。

因为周族与黄帝族同为"姬"姓，说明周族是黄帝族的嫡系本支。因此，到了西周初年，周王朝分封时，出于政治、经济、军事、文化等方面的考虑，就先在中原地区广泛建立姬姓据点。先营建洛邑成周，又封唐叔虞于晋，封周康叔于卫，封周公旦于鲁。这样，成周、晋、卫、鲁就沿黄河形成了东西主轴。同时，又封召公于燕，封虞叔于宜，形成南北两翼。周公、召公、康叔是武王兄弟，唐叔是成王兄弟，虞叔是康王兄弟，他们都是姬姓王室成员，是西周王室政权的重要支撑，所以分封地都在关键位置。在此基础上，再封五十余个姬姓国，分布在这东西主轴与南北两翼这一骨架的周围。

《左传·僖公二十四年》：昔周公吊二叔之不咸，故封建亲戚以蕃屏周。管、蔡、郕、霍、鲁、卫、毛、聃、郜、雍、曹、滕、毕、原、酆、郇，文之昭也。邘、晋、应、韩，武之穆也。凡、蒋、邢、茅、胙、祭，周公之胤也。

《左传·襄公二十九年》：虞、虢、焦、滑、霍、扬、韩、魏，皆姬姓也。

此外，见于《左传》的姬姓国还有芮（《桓公三年》）、荀、贾（《桓公九年》）、狐（《庄公二十八年》）、耿（《闵公元年》），见于《国语》的还有魏（《郑语》）。这些姬姓国，基本上都在中原地区的黄河两岸。现结合相关文献及有关研究成果，将以上姬姓国的分布情况列表如下：

黄河北岸	黄河南岸
霍：山西霍县	焦：河南陕县
杨：山西洪洞	北虢：河南陕县
荀：山西新绛	东虢：河南荥阳
晋：山西翼城	毛：河南宜阳
贾：山西襄汾	祭：河南郑州
耿：山西河津	聃：河南开封
魏：山西芮城	㑛：河南罗山
韩：山西韩城	应：河南汝山
虞：山西平陆	将：河南上蔡
原：河南济源	息：河南息县
单：河南孟县	偪：河洛地区
邢：河南沁阳	曹：山东定陶
雍：河南焦作	郜：山东成武
凡：河南辉县	茅：山东金乡

黄河北岸	黄河南岸
共：河南辉县	郕：山东宁阳
胙：河南延津	滕：山东滕县
箴：河南濮阳	任：山东济宁
依：河南安阳	
邢：河北邢台	

至于这种分封的原因，相关文献有所分析：

《左传·昭公九年》：文武成康之建母弟，以蕃屏周。

《左传·昭公二十六年》：昔武王克殷，成王靖四方，康王息民，并建母弟以蕃屏周。

《左传·昭公二十八年》：武王克商，光有天下，其兄弟之国者十有五人，姬姓之国者四十人，皆举亲也。

《荀子·儒效》：（周公）杀管叔，虚殷国，而天下不称戾焉；兼制天下，立七十一国，姬姓独居五十三人。

《史记·汉兴以来诸侯王年表》：武王、成、康所封数百，而同姓五十五。地，上不过百里，下三十里，以辅卫王室。

由此可见，西周王室将姬姓分支分封在中原地区的黄河两岸，既有政治、经济、军事等目的，也有血缘、地缘等文化的背景。而正是这种多方面的因素，保证了中原地区自黄帝以来，一直保持文化绵延发展，不断裂，不转型。夏商周三代在此基础上，形成了以中原华夏文化为核心的多元一体格局，秦汉以后则形成了以汉民族为主体的多民族统一体与统一的多民族国家。这些都已在五帝时代的黄帝部族在中原的发展壮大奠定了基础。这也是中华文明的重要特点，值得注意。

五、余论：五帝时代与中华文明起源的几个相关问题

前面四个部分，我们主要是从文献学角度，就黄帝、五帝时代与文明起源的有关问题作了考辨梳理。本文的讨论，可以就此结束了。然而，由于黄帝与五帝时代影响了整个中华文明五千多年，是中华民族精神、中华优秀传统文化的根系基因，所以，上述讨论实际还仅仅是开始。以此为基点，还有一些重要问题值得思考。作为余论，兹列要点如下。

（一）关于部族神话人物分合转化的梳理认定问题

前面我们根据相关文献资料，将五帝时代分为时间发展的前后四期与空间布局的东西南三区。这就为整体把握五帝时代建立了定点框架。以这个定点框架为基础，我们可以将相关的部族神话传说人物分合转化的错综复杂关系，从文献学上作出合理的梳理，并从历史学角度作出合理解释。

1.颛顼与少昊

颛顼本是东夷部族的酋长名。《山海经·大荒东经》："东海之外大壑，少昊之国。少昊孺帝颛顼于此，弃其琴瑟。"少昊是五帝时代第一期海岱地区的部族酋长名。据《帝王世纪》等文献可知，少昊部族的活动中心在"穷桑"，即今曲阜一带。而"少昊孺帝颛顼于此"，说明颛顼部族是在少昊部族的扶持下，在穷桑之地发展起来的。

《国语·楚语下》说，"及少昊之衰"的时候，出现了"九黎乱德"事件，颛顼因此作出整顿，命"重"与"黎"将原始巫术变革为原始宗教，这就是有名的"绝地天之通"事件。已有学者指出，"九黎"即"九夷"，而"重"又是少昊氏的"四叔"之一（《左传·昭公二十九年》）。由此可见，颛顼部族及其支族"重""黎"都属于东夷集团，而"绝天地通"事件最早也发生在海岱地区。因此，我们将颛顼部族列为五帝时代第二期的海岱系。

2.颛顼与黄帝

颛顼部族强大之后，便往西向中原地区发展。先到了河南东部的濮阳

一带。《左传·昭公十七年》："卫，颛顼之墟也，故为帝丘。"杨伯峻注："帝丘，即今河南濮阳西南之颛顼城。"考古学上发掘的濮阳西水坡仰韶文化遗址，学者们推测即为颛顼部族当时活动所留下的遗址。

颛顼族再西进，便到了河南新乡、辉县一带。《列子·汤问》："共工氏与颛顼争为帝，怒而触不周之山。"共工部族属于中原华夏集团，其活动中心在新乡市的辉县一带。《左传·隐公元年》："大叔出奔共。"《史记·周本纪》正义："卫州共城县，本周伯之国也。""共""共城"即《汉书·地理志》"河内郡共县"，也就是今天的河南新乡辉县。共工部族还与洪水有关。《左传·昭公十七年》："共工氏以水纪，故以水师而水名。"《淮南子·本经训》："共工振滔洪水。"《史记·律书》："颛顼有共工之陈，以平水害。"考古学上有孟庄龙山文化城址的发现。孟庄城址有城墙、城壕以及南北城墙被洪水冲垮的现象。主持发掘的袁广阔先生综合考证分析认为，这就是当时的共工城及其治水失败的遗迹[①]。共工部族的活动中心既然在辉县，那么颛顼与共工争为帝的事件当发生在此。

颛顼先在濮阳留下帝丘，又到辉县与共工氏争为帝，说明颛顼族到了中原后，不仅时间长，而且影响大。也正因为这样的原因，文献记载的神话资料里又将颛顼与中原地区的黄帝部族挂上了钩。《山海经·海内经》：

> 黄帝……生昌意。昌意……生韩流。韩流……生颛顼。

《大戴礼记·帝系》：

> 黄帝产昌意。昌意产高阳，是为帝颛顼。颛顼产鲧，鲧即文命，是为禹。

---

① 袁广阔：《孟庄龙山文化遗存研究》，《考古》2000年第3期。

就这样，五帝时代第二期海岱地区东夷集团少昊系的颛顼，到了第三期便又归入中原地区华夏集团黄帝系了。

3.颛顼与炎帝

不仅如此，颛顼部族到了中原之后，有一支重要后裔为祝融族。《山海经·大荒西经》："颛顼生老童，老童生祝融。"而据《国语·郑语》可知，祝融之后又发展出八个族姓。这八姓中，部分在中原，另一部分则在淮河、长江流域。在长江流域者，以先楚芈姓族最为有名，即《郑语》所说"融之兴者，其在芈姓乎"。因此之故，颛顼之后的祝融族又与炎帝族挂上了钩。《山海经·海内经》：

> 炎帝……生炎居。炎居生节并。节并生戏器。戏器生祝融。

长沙子弹库战国楚帛书《宇宙》篇也说："炎帝乃命祝融，以四神降。"就这样，五帝时代第三期中原地区的华夏黄帝系的颛顼、祝融，到了第四期又归入江汉地区炎帝苗蛮系里去了。

在20世纪，学者们研究神话的一大进步是揭示了神话传说人物的分合转化现象。但如何分合转化，其原因背景是什么？由于缺乏一个客观统一的标准，以致众说纷纭。现在以海岱东夷少昊颛顼——中原黄帝颛顼、祝融——江汉炎帝祝融的分合转化为例，说明分析神话传说人物的分合转化，必须以文献资料与考古资料互证的二重证据法为手段，从部族起源——迁徙——融合——转化——发展为线索，把握其随时间的动态发展而有空间的布局转化这一规律，相关问题便可作出合理解释。五帝时代其他神话人物的情况，均当以此类推。

（二）关于历史学上的部族活动中心与考古学上的都邑聚落中心如何对应问题

在20世纪，历史学界与考古学界一直在探索考古学文化的族属问题。安阳殷墟甲骨文的发现，使得《史记·殷本纪》所载商史得到确定无疑的证明，这是文献资料与考古资料互证的成功案例。但商代以前的夏代以及上至五帝时代的历史族属，如何用考古资料来证明，情况就复杂多了。由于相当于这个时期的考古资料，缺乏出土文字资料，有关族属问题，不能得到明确答案，只能作一种合理推测。当然，推测的合理程度，可以随历史文献解析的深入与考古发掘资料的增多而提高。前述颛顼部族在河南濮阳、新乡辉县一带活动的历史文献证据清晰与濮阳西水坡遗址、辉县孟庄遗址的发掘研究又比较深入，两方面都获得较多可信的信息，因此其结论便比较可靠。

又如，前文我们已从文献学角度推论黄帝部族来到中原后，其活动中心当在嵩山山脉以南的新乡新密一带，此即所谓"有熊之居"。而考古工作者于20世纪末、21世纪初在新密发掘的龙山文化古城寨遗址，恰好为此提供了有力佐证。该城址已有用板筑夯土建成的城垣，城外有护城河，城内则有大型宫殿区。整个城址面积达17.6万平方米。联系同时期在新密市西侧有登封王城岗城址以及城内灰坑里发现的青铜器残片，北侧有郑州牛寨城址及熔铜炉壁、青铜块。此外，还有十余个同期遗址布局在新密、新郑周围。学者们经过综合分析，认为新密古城寨遗址就是一处都邑聚落中心，周边的一些城址则围绕古城寨这个最大的中心城而构成一个范围较广的聚落群。

以上例证说明，文献学上的历史地理探索，如何与考古学上的都邑聚落中心发掘作出有机对应结合，是研究五帝时代历史及探索中华文明起源的一个重要方向。历史学与考古学的对话融合，越来越成为学界共识。

（三）关于"夷夏东西说"与文字起源不同体系问题

有关五帝时代的文献历史地理研究与考古学区系类型研究、聚落形态研究都表明，五帝时代的文明起源，主要表现为多区域文明差不多同时起源、无中心多元并行发展的态势。

这种态势在黄河流域则表现为中原地区华夏部族集团与海岱地区东夷部族集团之间实行联盟禅让两头共政制，即所谓"夷夏东西说"。学者们进一步研究表明，此"夷夏东西说"在文字起源方面也有不同体系的具体反映。

20世纪，考古工作者在海岱地区的多个地点发现了史前文字资料。如，在山东邹平丁公村龙山文化城址内发现了丁公陶文，在江苏高邮龙虬庄南荡村发现了龙山时代的南荡陶文，在莱阳市的前河前镇则征集到西周中晚期的陶盉刻文。学者们通过研究认为，这些陶文属于海岱地区独有的自成体系的古夷文。

而中原地区则发现了另一系统的文字资料。如，在陶寺遗址龙山时代的一个扁陶壶上发现了"文尧"（或"易""命"等）两字，在登封王城岗龙山文化黑陶平底器上发现了一个"共"字，在河南偃师商城与河北藁城台西发现了二里岗时期的陶文"目""止""刀""大""巳"等刻文，在郑州商城还发现两片二里岗时期的有字甲骨。这些刻文与殷墟甲骨文前后相因，自成体系。学者们认为这是中原地区的汉字系统，与东夷古文字应该加以区别。

2002年，冯时先生发表《文字起源与夷夏东西》一文，指出："陶寺文化的朱书文字明确显示了其与商代甲骨文属于同一体系的文字，因此它无疑应是以商代甲骨文为代表的汉字的直接祖先。这个事实明确证明了中国文字的起源至少具有两个独立的系统。即以山东丁公龙山时代文字为代表的东方夷（彝）文字系统和以山西陶寺文化文字为代表的西方夏文字系统。由于殷承夏制，周承殷制，夏文字随着夏商周三代政治势力的强大，逐渐作为华夏民族的正统文字而得到强劲的发展。"[①]冯时先生的观点无疑是合理的，并进一步证明了我们前文关于五帝时代"四期三系"框架建立的可信性。

但问题并没有结束，具体情况还要复杂得多。在海岱地区，龙山文化丁公陶文之前，还有大汶口文化大陶尊上的象形刻文。这些象形刻文有三个共同特点使学者们相信，其应该与文字起源有关。其一，这些象形刻文是可以作结构分析的，学者们据此将大陶尊上的象形刻文隶定为"炅""炅山""（钺）""斤""封""豊（礼）""皇""凡"等字。其二，这些象形刻文都刻在大型陶尊上，而这些大陶尊在当时是重要的礼器，都出土于贵族酋长级墓葬里。其三，这些相同的象形刻文同时见于泰安宁阳、莒县陵阳河、大

---

① 冯时：《文字起源与夷夏东西》，《中国社会科学院古代文明研究中心通讯》2002年第3期。

朱村、诸城前寨、安徽北部蒙城尉迟寺等不同地点。其中的"炅"字还见于长江流域的良渚文化玉器、陶器与石家河文化陶器上。这些特点说明：其一，刻文与汉字的象形文字、指示文字、会意文字有关。其二，这些象形刻文已跨越空间与时间，成为广大地区共同认可的象征标志，这正是文字的功能特征。其三，说明这些象形刻文用于宗教祭祀场合，是神权、族权、政权的象征。这是中国文字不同于西方文字的特点。因为这三个特点，学者相信这是中国最早的文字源头，而且直接影响了中原地区的陶器刻文甚至甲骨文。

在海岱地区可以与大汶口文化陶文联系起来的另一重要文字资料是济南大辛庄殷墟期甲骨文。大辛庄甲骨文是到目前为止除安阳殷墟甲骨文之外唯一的同时期异地文字。大辛庄甲骨文也是用于祭祀的，即"御"祭。正卜："御四母，羲、豕、豕"，反卜："弜（勿）御"。这种正反卜问的特点，与安阳殷墟甲骨文相同。但是大辛庄卜辞没有如同殷墟卜辞的前辞、贞辞、验辞，体现了明显的自身特点。李学勤先生曾从多个角度分析，认为"唯一合理判断，是（大辛庄）这些甲骨文属于当地"[①]。据此，我们认为，大辛庄卜辞虽然在商王朝统治下受到了安阳王都殷墟卜辞的影响，但也同时保留了东夷当地的特点。这一特点是否也与大汶口文化陶文有渊源关系呢？

如果有内在关系，我们就可以作出一个大胆设想，即海岱地区的东夷文字有两个系统：一个系统是从大汶口文化陶文到济南商代方国都邑大辛庄甲骨文，这是一个官学系统文字，是部族酋长、方国权贵用于宗教祭祀、统治族民的巫术法典，是神权、族权、政权的象征。而中原地区的汉字系统也是用于宗教祭祀，也是神权、族权、政权的象征。两者有相同性。而在年代上，大汶口文化陶文早于中原陶寺龙山文化陶文。我们有理由推测，东夷官学陶文既影响了中原官学陶文，又在海岱地区继续发展。这就是大辛庄甲骨文既保持东夷自身特点，又受中原安阳王都殷墟卜辞影响的原因。

东夷古文字的另一系统就是前文讨论的丁公陶文、龙虬庄陶文、前河

---

① 李学勤：《大辛庄甲骨卜辞的初步考察》，《文史哲》2003年第4期。

前陶文。这些陶文成句成短文，更接近世俗口语，而没有宗教祭祀气氛。这一系统应该是民间的通俗文字。在理论上，这些通俗文字，符合西方语言学所定义的"文字是口头语言的记录符号"这一范畴。大汶口文化陶文至大辛庄甲骨卜辞用于宗教祭祀的部族权贵官学文字，与丁公陶文等民间通俗文字，分别在海岱地区东夷部族的社会上层与下层并行发展使用数千年，而且其中的部族权贵官学文字还影响了中原汉字的起源与发展。这是一个重大的历史文化现象，应当引起我们的高度重视。

（四）关于中华文明绵延发展、从未间断的中原文化的依据问题

五帝时代，虽然从考古学上表现为多点同时并起、多元并行发展的状态，但一个重要事实是，当中原华夏部族集团、海岱东夷部族集团、江汉苗蛮部族集团成三足鼎立局势之后，只有中原文化在黄帝华夏部族集团的努力下，一直保持持续稳定发展趋势，并不断融合周边文化而扩大空间势力范围，这为以后中华文明多元一体格局的形成奠定了基础。

到了五帝时代晚期，海岱文化、江汉文化均出现衰落间断现象，而中原文化在以夏禹、夏启为酋长的夏部族领导下，变革原先夷夏联盟禅让二头共政的民主制，建立了夏族父子世袭的一头专政的专权制。中华文明从夏代开始进入多元一体格局。中华文明持续发展、绵延发展的特点，只有在中原文化中得到了体现。其他区域文明则表现为断而再续的特点。

以上这些特点，文献学上所见黄帝部族在中原的发展已经体现得十分明显了。司马迁《史记》开篇为《五帝本纪》，并以黄帝为核心，充分体现了司马迁对中华文明起源的全局性认识与主体性把握的超人识见。而这一识见又得到了考古学的证明，即"中原地区考古学文化承袭了黄河中游地区仰韶文化，直接发展为公元前2500年至前2000年的中原龙山文化。它又是中国历史上开启王国时代的夏文化的源头，从庙底沟文化到中原龙山文化、夏文化，也就是中华五千年不断裂文明的起点"[1]。这个起点就是五帝时代的黄帝。所

---

① 刘庆柱：《中华文明五千年不断裂特点的考古学阐释》，《中国社会科学》2019年第12期。

以，黄帝成为历代王朝都认可的共主，对黄帝的祭祀也成为历代王朝沿袭遵循的国家行为。研究中华五千多年文明绵延不断发展的特点，应该到中原文化中去寻找依据，这是历史学与考古学相关研究的最新认识。

（五）关于中原黄土农耕青铜文化与欧亚草原游牧青铜文化的交流互进问题

仰韶文化北至河套，南括秦岭，西达兰州，东囊太行。在这样的大背景下，黄帝与炎帝两大部族文化由陕西泾渭流域为起点，而随着仰韶文化的东扩步伐而东迁，最后以黄帝部族为核心定居中原，发展黄土农耕生产，而影响海岱地区与江汉地区。夏商周三代、西汉、东汉进一步在中原地区从事农耕青铜文化与农耕铁器文化，使中华文明得以持续繁荣发展。

以往对中华文明的研究，从司马迁《史记·五帝本纪》开始，直到20世纪前半叶，基本上是围绕中原文化这个核心而展开。这虽然是抓住了核心文化，但没有从更广阔的背景下去分析这个核心文化之所以形成的深层次原因，即忽略了促使中原文化发展的一个十分重要的西北方向的欧亚草原游牧青铜文化的影响问题。仰韶文化圈的北线与西线，恰好在童恩正先生早年所指出的龙山时代至夏商周时期从东北至西南连成的一条狭长的半月形青铜文化带的中间发达地带上。正是这个狭长成半月形的中间地段，连接了欧亚草原游牧青铜文化与中原黄土农耕青铜文化，使两种不同质的文化在这里交流、融合、转化成新的发展生机。黄帝部族与炎帝部族起源于这两种文化的交流地段，同时吸收了两种文化的优势。到了中原之后，虽然以黄河农耕青铜文化为主，但同时充分吸收欧亚草原游牧文化的优势（这在考古学的陶器类型上有明确反映），因而得以率先发展。而东部海岱文化、东南良渚文化、南部江汉文化由于空间上离半月形青铜文化带太远，再加上其他客观原因，而失去了其持续发展的动力。

夏部族的起源在晋南。商部族的起源在太行山东麓。周部族在晋南起源后，西迁至在夏末至商代前中期窜入河套地区的戎狄之间，最后又到了泾渭流域黄帝族与炎帝族的起源地。也就是说，夏商周三族都处于这条半月形青铜文化带的核心地区。李零先生讲，夏商周三族"都大有胡气"。西汉建都西安，乃在这条半月形文化带的近边。也就是说，中华文明从五帝时代黄帝族奠基，夏商周秦汉完成的多元一体、多民族融合特点形成，既有中原内部的有利条件，也有西北半月形青铜文化带诸多先进因素的影响。对于这一重要现象，张弛先生曾有很精彩的分析："欧亚草原与中国半月形地带存在长期而稳定的文化交流，形成了相似的生活方式。因此，青铜时代全球化也应当是甘青、北方和燕辽地区农业、手工业经济体系形成的一大原因，为这一地区社会文化的繁荣和人口的大量增加奠定了基础，半月形地带从此才有了重要的战略地位。""从地缘关系看，龙山至二里头文化时期是中国历史乃至东亚历史的一个关键时段，此前和此后的中国乃是两个世界。此前中国的世界体系在东亚。""此后中国的世界体系一变而成了欧亚，……处于欧亚接触地带的半月形地带兴起，在与豫西和晋南这一唯一没有衰落并保存了新石器时代以来复杂社会的区域互动中，形成了随后中原地区的青铜时代文明新格局。"[1]

过去，我们常常说三代王庭所在的中原为"天下之中"，大家理解的重点是以中原王朝所在的政治之"中"与中原处于东西南北交通枢纽的地理之"中"，实际上"天下之中"的"天下"观更需要关注。因为"天下"概念已超越了"国家"的狭隘范围，而具有更广阔的世界视野。先秦时期的"天下"观，是包括半月形文化带为纽带的中国的欧亚世界体系与此前的东亚体系的。儒家文化所凝练提升的"包容性与同化力""坚韧性与生命力"等等中华民族精神，都应该在这个大背景下去理解。

[原文发表于《济南大学学报》（社会科学版）2020年第4期，《中国社会科学文摘》2020年第2期、《新华文摘》2020年第20期全文转载]

---

[1] 张弛：《龙山至二里头》，《文物》2017年第6期。

在挑战中创新

——历史视野中的马克思主义新闻观进阶

张涛甫*

人类是社会实践的动物，在人类社会实践中所创造的社会事实，成为人类自身认知的对象。社会科学的使命就是认知人类的社会活动，依据的材料就是人类实践活动生发的社会事实。社会学家布迪厄曾提出过"总体性社会事实"（total social facts）概念，他认为社会科学研究的对象就是"总体性社会事实"，在此基础上建立总体性社会科学。"总体性社会事实"所涉及的人类实践兼跨各种支离破碎的学科片段、经验领域和观察分析技术，涉及多个社会学科分工，这些各自独立的社会学科和知识领域从不同方位观照、考量不同领域、维度的社会事实。新闻传播学科作为社会科学中的一个分支，主要关注人类的新闻和交往活动。在社会科学群落中，新闻传播学科是一个后发的学科领域，虽说它所关注和研究的新闻现象和传播活动，早在人类成为社会性动物之日起就已开始了，但这些现象和活动包含在"总体性社会事实"中，被其他先行学科纳入其认知范畴之内。及至大众媒介的崛起，经由媒介生产、传播的社会事实大量扩张，媒介对于人类社会活动的介入日渐深广，

---

* 张涛甫，复旦大学新闻学院教授、执行院长，西藏大学特聘教授。

相关的社会事实开始丰富起来，继而催动新闻学和传播学的产生发展，新闻学和传播学从"总体性社会事实"中，将关乎新闻活动和人类交往的"事实"剥离出来，进行专门化的研究，进而形成体系化的知识谱系和方法论逻辑。

"新闻观"是关于新闻（广义）"是什么"特别是"应是什么"以及"应该如何做新闻"的根本性和系统性的看法。新闻观是新闻主体的新闻信念，是指导新闻实践根本性和总体性的思想，是建设新闻共同体的灵魂，是新闻主体进行自我维护及与他者展开论辩的观念工具。"在不同的视野中，新闻观有不同的具体构成方式，但每一种新闻观的核心都是它的新闻价值观。主导当前中国新闻业的新闻观是具有本土当代特色的马克思主义新闻观。"[1]

马克思主义新闻观具有两大功能：一是解释功能；二是批判、辩护功能。所谓解释功能，意指新闻观是为人们提供关于新闻传播问题、现象、活动的认知框架。在一个开放多元的认知语境中，存在不同认知框架的竞争，马克思主义新闻观是其中的一种。面对多种新闻观的竞争，马克思主义新闻观若要胜出，需要靠其解释力和说服力说话。马克思主义新闻观以其雄辩的逻辑和过硬的理论强度为人们认知新闻传播问题和现象提供了一个极具说服力的解释框架。所谓批判、辩护功能，是指马克思主义新闻观以极具锋芒的战斗性，旗帜鲜明地为人民立言，为无产阶级辩护。马克思主义新闻思想从不讳言自己的立场，它站在人民和无产阶级的立场上发声，揭示在扭曲的资本主义社会与意识形态场域中被遮蔽的力量和本质，真正为那些在政治、经济以及思想上受侮辱受奴役的"沉默的大多数"代言。

一、马克思、恩格斯：为马克思主义新闻观奠基

马克思主义新闻观起源于19世纪中期，由马克思、恩格斯创建。马克思恩格斯有关新闻传播思想的论述是被嵌入在他们整体性思想体系中的，即被渗透在其哲学、政治经济学、历史等思想体系中的，这些后来被称之

---

① 杨保军：《论"新闻观"》，《国际新闻界》2017年第3期。

为马克思主义思想的知识理论，就是布迪厄所说的"总体性社会科学"。马克思和恩格斯的新闻观不是独立的体系，而是内嵌在马克思恩格斯的整体性社会理论框架中。马克思、恩格斯的新闻思想是时代的产物，也是马克思、恩格斯独特的理论发现。马克思、恩格斯新闻传播思想产生的重要背景，一是资本主义的世界性崛起。随着资本主义体系的扩张，人类社会进入"世界交往"时代，世界交往实践颠覆传统交往的时间体验和空间体验，改变了社会结构的连接方式。世界交往延伸了人类的交往半径，对外部环境的感知空间也空前拓展，人的"世界观"因世界边界的拓展出现了结构性的变化。二是大众媒介的普及。大众媒介的兴起，意味着人们对于世界感知的体验和经验不再依附于个人化的经验和感知，而是依靠媒介的中介作用，经由大众媒介建构，形成对于周遭世界的感知和价值判断，形塑社会认知网络。三是资本主义意识形态对社会价值观念的遮蔽和扭曲。资本主义体系的崛起，与之伴随的是一整套为其辩护的意识形态的出场。资产阶级走上历史舞台，需有一套意识形态系统，为其提供合法性证明。诸如自由、平等、民主之类的口号和说辞，进入社会公共领域，进而成为高频的公共语词。基于上述背景，马克思、恩格斯的强劲出场，揭开了处于权力上升期的资产阶级意识形态障眼术。在《德意志意识形态》一书中，他们指出：统治阶级的思想在每一个时代都是占统治地位的思想。这就是说，一个阶级是社会上占统治地位的物质力量，同时也是社会上占统治地位的精神力量。支配着物质生产资料的阶级，同时也支配着精神生产。因此，那些没有精神生产资料的人的思想，一般是隶属于这个阶级的[①]。马克思、恩格斯的新闻思想揭示了资本主义社会的不平等，包括精神资料生产和分配的不平等。作为支配阶级的资产阶级，不仅是社会中占统治地位的物质力量，同时也是占统治地位的精神力量。马克思主义新闻思想基于对资本主义物质力量和精神力量不平等尤其是精神力量不平等的深刻洞见，揭示了

---

① 马克思、恩格斯：《德意志意识形态》（节选本），人民出版社2019年版。

资本主义意识形态的欺骗性以及工人阶级受精神奴役和蒙蔽的本质。马克思自由报刊思想、人民报刊思想、工人报刊思想即是从社会解放和精神解放的高度，为人民立言，为万世开太平。马克思从源头上确立了马克思主义新闻思想的人民性基调。

二、列宁：推动马克思主义新闻思想苏俄化

列宁领导的布尔什维克工人阶级政党，在俄国发动了一场刷新人类历史记录的红色革命，开启了人类历史新纪元。马克思、恩格斯新闻思想从欧洲出发，波及资本主义刚刚启程的俄国。列宁利用报刊建党，凭借报刊的宣传功能将革命党组织凝聚起来，完成了一场开天辟地的政治革命。源自欧洲的马克思主义新闻思想，经由列宁的创造性转化，成为指导俄国革命的思想武器。在政治意识和革命力量甚为薄弱的俄国，列宁发现，要在全球资本主义发展的薄弱环节提前发动一场社会主义革命，没有革命的报纸，绝不可能广泛地组织整个工人运动。要把组织有效凝聚起来，思想统一是必要的条件。事实上，早期工人运动和党组织活动存在严重的"小组习气"以及小集团、宗派习气，当时党报的工作方式是"手工业方式"。为此，列宁提出要办"全俄机关报"。办"全俄机关报"，要求党报要坚持自己的立场，须有党性，不能把党报办成一个形形色色观点简单堆砌的场所。确定党的观点和反党观点的界限是：党纲、党章和党的策略决议。列宁指出，对于社会主义无产阶级，写作事业不能是个人或集团的赚钱工具，而且根本不能是与无产阶级整个事业无关的个人事业。无党性的写作滚开！超人的写作滚开！写作事业应当成为无产阶级整个事业的一部分，成为由整个工人阶级的整个觉悟的先锋队所开动的一部巨大社会民主主义机器的"齿轮和螺丝钉。"写作事业应当成为社会民主党有组织的、有计划的、统一的党的工作的一个组成部分。在革命活动中，党报的角色是集体的宣传者、鼓动者和组织者。在革命活动中，列宁强调党报的党性担当，但并不意味着党报一味追求整齐划一、强调组织上的步调一致；以牺

牲言论自由和个人权利为代价，追求表面上的"一律"。列宁指出，绝不否认现存的分歧，绝不掩饰或抹杀这些分歧；公开的斗争可以一百倍促成牢固的统一。提倡机关报上"同志式的论战"。针对个人的言论自由和党的组织性之间的关系，列宁作了清晰的界定：为了言论自由，我应该给你权利让你随心所欲地叫喊、扯谎和写作。但是，为了结社的自由，你必须给我权利同那些说这说那的人结成联盟或分手。党是自愿的联盟，假如不清洗那些宣传反党观点的党员，党组织就不可避免地会瓦解，首先是思想上的瓦解，然后是物质上的瓦解。因此，列宁批评那些在党的组织内部呼吁"自由"、反对组织"束缚"的那些人。党的组织在他们那里是可怕的工厂；部分服从整体或者少数服从多数在他们看来是农奴制，他们一听在中央领导下进行分工，就发出可悲又可笑的嚎叫，反对人们变成小齿轮和小螺丝钉。在那些过惯了穿着宽大睡衣、趿拉着拖鞋的奥勃洛摩夫式的家庭式小组生活的人们看来，正式章程是太狭隘、太累赘、太低级、太官僚主义化、太农奴制度化了，太约束思想斗争的自由过程了。列宁指出，言论自由是一回事，而党的组织纪律性是另外一回事。尤其在革命斗争最为激烈的时期，列宁强调党报的党性原则，强调党报的政治鼓动和宣传功能，强调党报在无产阶级夺权斗争中的战斗性，无疑是具有历史合理性的。

及至十月革命之后，红色苏维埃政权建立，无产阶级走上历史舞台。苏共领导的苏维埃政权面临建设社会主义国家的重任。这一时期，党报面临新的宣传使命：一是为新国家、新政权讴歌，为苏联社会主义建设鼓与呼。为此，党报探索宣传苏联经济建设的方法和模式。二是为社会主义国家提供新的思想和价值框架。在社会主义政权根基未稳的情势下，苏联面临着国外以及国内敌对力量的颠覆和诋毁，为此，需要有强有力的意识形态框架为其辩护。苏联党报体制借助国家政权的护佑，发展成为一整套新闻宣传制度和意识形态体系。但是，后来的斯大林体制，将由列宁发展的马克思主义新闻思想引向了极端。

三、马克思主义新闻观的中国化

马克思主义新闻观在中国发展演化经历了四个阶段：革命时代（1921—1949）、建设时代（1949—1976）、改革时代（1978—2012）、新时代（2012至今）。

在革命时代，中国共产党基于中国革命实践，创造性地对从苏联输入的马克思主义、列宁主义新闻思想进行转化和发展，使之成为指导中国革命实践的理论指南和方法论，形成了毛泽东新闻宣传思想。

毛泽东的新闻宣传思想，从宏观结构上看，可分为两个阶段：一是革命时期的新闻宣传思想；二是新中国成立后的新闻宣传思想。革命时期的毛泽东新闻宣传思想具有鲜明的目标导向、问题导向和效果导向。革命需要合法性，也需要发动群众，鼓舞士气，更需要针对敌人的宣传进行反宣传。在这方面，共产党无论在思想上还是在行动上，无论是在战略上还是在战术上，无论是对内宣传还是对外宣传，都很成功。毛泽东作为中国共产党的卓越领导人，在新闻宣传方面具有无与伦比的雄才大略，在长期的实践中，孕育并逐步形成了既具中国特色又富个性色彩的马列主义新闻观和党报理论[1]。毛泽东提出了一整套新闻宣传理论和战略战术，无论是革命早期，还是在延安时期，毛泽东的新闻宣传思想都具有强烈的目标导向和问题导向，具有极强的指导性，效果特别显著。在峥嵘战争岁月，革命斗争极为残酷，激烈的敌我矛盾决定了革命时期的新闻宣传，容不得半点战略偏失和方向偏差。无论是对敌斗争，对群众的思想动员，还是组织内部的团结鼓劲，都容不得有丝毫懈怠和疏忽。在这方面，毛泽东表现出杰出的理论才能以及高超的宣传技巧。革命时期的新闻宣传，毛泽东的新闻宣传思想是全员动员式的。"什么是宣传家？不但教员是宣传家，新闻记者是

---

[1]　钱诚一：《毛泽东的新闻思想和党报理论》，见吴飞主编：《马克思主义新闻传播思想经典文本导读》，浙江大学出版社2005年版，第250页。

宣传家，文艺作者是宣传家，我们的一切工作干部也都是宣传家。"①共产党发动一切可以动员的力量，把宣传的作用发挥到极致。与此同时，共产党特别注重宣传效果，所有的宣传务求实效。在延安时期，发动整风运动，整治党风和文风，反对"党八股"和教条主义，一个重要的原因，就是这类文风严重影响宣传效果。再好的思想和主张，如果不能紧贴群众感受，缺乏有效的表达形式，效果就会大打折扣。"共产党员如果真想做宣传，就要看对象，就要想一想自己的文章、演说、谈话、写字是给什么人看、给什么人听的，否则就等于下决心不要人看，不要人听。"②关于党报理论，毛泽东的重要贡献就是通过改造《解放日报》，把"不完全的党报"改造成"完全的党报"，把党报的宣传功能打磨得特别锐利，让宣传更富有成效。

革命时期的毛泽东新闻宣传思想，是马列主义新闻宣传思想与中国革命的具体实践结合的产物，是毛泽东带领中国共产党人基于中国革命实践的理论创新和战略发见，毛泽东没有教条主义地套用马克思主义理论，而是从中国具体情境出发，在严峻的斗争环境中，以鲜血和生命为代价，淬炼出中国特色的战时新闻宣传思想。马克思主义的新闻宣传思想，其中包括列宁的党报理论，有力地指导了中国革命，这离不开毛泽东等老一代中国共产党人对马克思主义理论的创造性转化和发展。革命时期的毛泽东新闻宣传思想正是马克思主义理论厚植于中国革命实践的产物，实现了外力和内因的完美互动。

新中国成立以后，革命时期的新闻宣传思想理应有所调整，以顺应与革命时期全然不同的社会语境。解构一个旧世界，建构一个新世界，建设一个崭新的社会主义新中国，意味着硬件系统和软件系统的全新打造，其中尤为重要的是建构全新的意识形态和价值系统。在这一时期，毛泽东带着强烈的乌托邦理想，在建构整合整个国家和社会系统的意识形态系统的过程中，选择了极端理想主义的新闻宣传策略，将所有差异予以格式化，

---

①② 《毛泽东选集》第3卷，人民出版社1991年版，第839页、第837页。

在舆论上强调"一律"，将所有小写的"一"变为大写的"一"，将个性化的思想、意识同化为集体化的思想意识。强化国家意识形态，弱化社会意识形态，将所有的宣传舆论和意识形态资源高度整合，集约成为由金字塔尖可以绝对控制的闭合意义系统。对外重新回到闭关锁国状态，尤其关闭面向资本主义世界的窗口，在一个高度封闭的内部世界，进行群体态度管理和意识形态控制，以求得国家的稳定和意识形态的安全。

改革开放让中国的新闻宣传进入另一个大周期。对内改革，对外开放，打开了人们封闭已久的视野，解放了禁锢多时的思想。总设计师邓小平站在时代的瞭望塔上，用他卓越的智慧和胆识，为中国改革领航。

改革开放初期的中国，形势远比现在复杂、严峻。物质生活极度贫乏，精神生活处处雷区。要结束这种极端社会状态，唯有改革。但改革是一步险棋，稍有不慎，满盘皆输。究其原因，除了体制风险之外，还有思想禁锢引致的风险。邓小平以其超人的胆魄与智慧，大胆、审慎地告别"非常态"，让走偏的社会和思想回归于常态，其中，告别极端思想、回归思维常态尤为紧要。邓小平大胆推动思想解放，超越"左""右"争论，突破一个又一个思想禁区，为改革清理思想路障。同时，把握思想解放的尺度，控制思想解放可能带来的风险，既不极端，也不保守，保持思想的活力与张力。

邓小平对于马克思主义新闻观的一大重要贡献，是将人民和媒体该有的权利返还给人民。这个权利包括表达的权利和监督的权利。"一个革命政党，就怕听不到人民的声音，最可怕的是鸦雀无声。"如何倾听人民的声音？需要不失时机地开放媒体表达的空间，让人民的声音在媒体管道中得到最大程度的表达，实现新闻党性原则与人民性原则的统一。通过改革，邓小平让走失的人民性重新回归到党性原则，从而让人民性和党性合二为一。媒体在见证、纪录、推动中国改革进程的同时，其自身也成为改革的受益者。在火热的改革实践中，媒体的表达和监督功能也得到了张扬，最终催生了媒体多样化的格局。

邓小平的新闻传播思想是时代的产物，即是中国从"非常态"时代转向"常态"时代的产物。他的新闻传播思想充满辩证智慧：一方面，他强调思想解放，突破形形色色的禁区，还权利于媒体；另一方面，他时刻防范思想解放与舆论开放带来的风险，把控解放与开放的节奏和节点。比如，强调传媒的党性原则，注重传媒的社会效益，要求传媒为改革保驾护航，为经济发展创造良好的舆论环境。这些要求，意为媒体改革划定底线。

邓小平之后，江泽民、胡锦涛、习近平带领中国共产党人在中国改革道路上锐意进取，披荆斩棘，不断推进改革时期的马克思主义新闻观，丰富了马克思主义新闻观的理论内涵，深化了马克思主义新闻观的理论逻辑。

四、新时代中国马克思主义新闻观的创新性发展

在互联网全面崛起之前，马克思主义新闻观与中国的舆论格局、媒体格局以及意识形态格局整体上是匹配的，执政党针对宣传舆论、媒体管理、意识形态领导有一整套的理念、制度、机制设计和安排，而且，这种设计安排是有效的。既保持一定的刚性，也具有一定的弹性。由于中国的社会转型、媒体格局变化是渐进的，不是剧变、激进的，执政党关于宣传舆论、媒体管理、意识形态领导的理念、制度和机制的调适也是渐进的。但是，新媒体技术的突飞猛进，引发中国舆论格局、媒体格局以及意识形态生态的深刻变化。正如习近平总书记所指出，全媒体不断发展，出现了全程媒体、全息媒体、全员媒体、全效媒体，信息无处不在、无所不及、无人不用，导致舆论生态、媒体格局、传播方式发生深刻变化，新闻舆论工作面临新的挑战[①]。舆论生态、媒体格局、传播方式发生深刻变化，势必要求执政党的媒体执政理念和执政方式作出相应的调适。执政党应该成为也有能力成为中国意识形态的领导者、社会心态的引导者、社会情绪的疏导者、

综
合

———

① 2019年1月25日，中央政治局第12次集体学习，把学习"课堂"前移到人民日报社。在这次集体学习会上，习近平发表重要讲话。

中国话语的主导者。习近平在 8·19 讲话中指出，我们正在进行具有许多新的历史特点的伟大斗争，面临的挑战和困难前所未有。今天，宣传思想工作的社会条件已大不一样了，我们有些做法过去有效，现在未必有效；有些过去不合时宜，现在却势在必行；有些过去不可逾越，现在则需要突破。"不日新者必日退。""明者因时而变，知者随事而制。"做好宣传思想工作，比以往任何时候都更加需要创新。

在全面对外开放的条件下做宣传思想工作，一项重要任务是引导人们更加全面客观地认识当代中国和看待外部世界。如何在全面开放条件下进行群体态度的管理？如何在互联网成为当下中国社会最大变量的语境下，有效对 8 亿网民进行思想舆论导流？如何在全球化界面被空前打开的语境下，有效把握全球舆论和话语流向？如何在多元价值和意识形态格局下，凝聚"叠加共识"？这一系列的挑战，无不挑战执政党的执政能力和智慧。

党的十八大以来，执政党从顶层设计的高度，在马克思主义新闻观时代化、中国化、大众化方面不断创新，赋予马克思主义新闻观以新的内涵，丰富并发展了马克思主义新闻观，为中国特色社会主义宣传舆论实践提供基本遵循和行动方略。新时代马克思主义新闻观的理论创新主要表现在以下诸个方面：

其一，"以人民为中心"的理念。习近平指出："把人民放在心中最高位置"，"把人民拥护不拥护、赞成不赞成、高兴不高兴、答应不答应作为衡量一切工作得失的根本标准，是我们党始终拥有不竭的力量源泉"。

其二，党性和人民性的统一。习近平指出，"坚持人民性，就是要把实现好、维护好、发展好最广大人民根本利益作为出发点和落脚点，坚持以民为本、以人为本。"基于"人民性"这一大前提，逻辑地、历史地演绎新闻舆论的党性问题。新闻舆论的党性原则基于党的"全心全意为人民服务"根本宗旨，人民的认可是党的合法性基础。中国共产党的革命、建设和改革合法性均来自人民的认同。党的新闻舆论工作关乎"民心所向"，关乎政治合法性。新闻舆论工作把民意与党的意志密切勾连起来，这就不难理解，为什么中国共产党高度强调对新闻舆论工作的领导权。

其三，坚持党的领导。习近平指出："党的新闻舆论工作坚持党性原则，最根本的是坚持党对新闻舆论工作的领导。党和政府主办的媒体是党和政府的宣传阵地，必须姓党。党的新闻舆论媒体的所有工作，都要体现党的意志、反映党的主张，维护党中央权威、维护党的团结。"在全面开放条件下，坚持党的领导，则需要把握舆论生态、传媒格局以及社会心态的演变趋势，因势而谋，应势而动，顺势而为。增强政治家办报意识，在围绕中心、服务大局中找准坐标定位，牢记社会责任，不断解决好"为了谁、依靠谁、我是谁"这个根本问题。

其四，坚持正确的导向。坚持正确的政治方向、舆论导向、价值取向。坚持正面宣传为主，强调主旋律，传播正能量。通过理念、内容、形式、方法、手段等创新，使正面宣传质量和水平有一个明显提高，使全体人民在理想信念、价值理念、道德观念上紧紧团结在一起，让正能量更强劲、主旋律更高昂。

其五，打造新型主流媒体。在传媒格局出现深刻转型的语境下，主流媒体也不能以不变应万变，主流媒体在激烈的竞争中，要位居主流，保持主场优势，就必须与时俱进，顺势而变，就需要打造一批形态多样、手段先进、具有竞争力的新型主流媒体，建成几家拥有强大实力和传播力、公信力、影响力的新型媒体集团，形成立体多样、融合发展的现代传播体系，扩大主流价值影响力版图，掌握舆论场主动权和主导权，让执政党的声音传得更开、传得更广、传得更深入。

其六，尊重传播规律，提升传播的时、度、效。提高新闻宣传工作的质量和水平，把握好时、度、效，增强吸引力和感染力，让群众爱听爱看、产生共鸣，充分发挥正面宣传鼓舞人、激励人的作用。要抓住时机、把握节奏、讲究策略，从时、度、效着力，体现时、度、效要求。

其七，加强网络治理。必须科学认识网络传播规律，提高用网治网水平，使互联网这个最大变量变成事业发展的最大增量。全面提升技术治网能力和水平，规范数据资源利用，防范大数据等新技术带来的风险。

其八，加强国际传播能力建设，增强国际话语权。精心做好对外宣传工作，创新对外宣传方式，着力打造融通中外的新概念、新范畴、新表述，讲好中国故事，传播好中国声音，同时优化战略布局，着力打造具有较强国际影响的外宣旗舰媒体。加强国际传播能力建设，精心构建对外话语体系，发挥好新兴媒体作用，增强对外话语的创造力、感召力、公信力，讲好中国故事，传播好中国声音，阐释好中国特色。

五、余论

总之，马克思主义新闻观是一个语境化的理论谱系，它经由数代理论家和政治家的接续努力，完成了一次又一次与时代、实践对接的创新发展。马克思主义新闻观进入中国，经由革命时代、建设时代、改革时代、新时代四个时代，每个时代的马克思主义新闻观都在努力构建与时代相适应的理论话语体系。进入新时代，面对全面开放条件下的新传播格局，执政党赋予马克思主义新闻观以新的内涵，推进马克思主义新闻观的时代化、中国化和大众化，创造性地发展了马克思主义新闻观理论体系。当然，这个理论创新过程，不是一蹴而就的，也不是某一个人的力量和智慧所能成就，需要执政党长期、集体的努力。

[原文发表于《济南大学学报》（社会科学版）2019年第2期，人大复印报刊资料《新闻与传播》2019年第6期、《中国社会科学文摘》2019年第8期、《新华文摘》2019年第11期全文转载]

哲　学

"圣之时者"与历史地思

——马克思与儒家在运思方式上的契合

何中华*

儒家思想有其强烈的时间意识和历史感,这是它同马克思主义能够相契合的一个重要缘由。因为马克思所特有的运思方式,就在于在西方哲学史上恢复了对时间性的信赖,开辟了"历史地思"的独特路径。

《周易·象传》释随卦曰:"大亨贞,无咎,而天下随时,随时之义大矣哉。"王弼注曰:"得时,则天下随之矣。随之所施,唯在于时也;时异而不随,否之道也。"(《周易注·上经·随》)王弼均以"时"来释《易经》的卦爻,例如他说:"夫卦者,时也;爻者,适时之变者也。"(《周易略例·明卦适变通爻》)又曰:"夫爻者,言乎变者也。"(《周易略例·明爻通变》)顺天而应时,乃是儒学的基本取向。孟子说:"孔子圣之时者也。"(《孟子·万章下》)有学者认为,"孟子提出这个'时'字,真正抓住了孔子思想中一个本质特点"[1]。那么,对于孔子来说,"时"字何以如此重要呢?

孔子曰:"殷因于夏礼,所损益可知也。周因于殷礼,所损益可知也。

* 何中华,山东大学哲学与社会发展学院教授。

[1] 金景芳:《孔子思想述略》,《古史论集》,齐鲁书社1981年版,第292页。

其或继周也，虽百世可知也。"（《论语·为政》）这段话很鲜明地表达出孔子的自觉的历史意识。钱穆认为，"其言因言继，即言其传统。其言损益，即其当时之现代化"①。这也就是说，孔子在他所属的那个时代，也有一个由传统到现代的转变问题。对此一转变的自觉把握，无疑是历史感觉醒的表现。所以，正如《礼记》所说的："礼，时为大。……尧授舜、舜授禹、汤放桀、武王伐纣，时也。"（《礼记·礼器》）程颐亦曰："礼，时为大，须当损益。"（《河南程氏遗书》卷十五）

据《论语》记载，"子在川上曰：'逝者如斯夫，不舍昼夜！'"（《论语·子罕》）孔子有着自觉而强烈的时间意识和历史感。李泽厚认为，"儒家哲学重实践重行动，以动为体，并及宇宙"。正是基于此种判断，他认为："'逝者如斯夫'正在于'动'。其中，特别涉及时间在情感中才能与本体相关涉。这是对时间的咏叹调，是人的内时间。"②孔子的这句话，反映了儒家的历史感及其自觉。这种时间意识和历史感，在马克思那里，是以反思的形式被捕捉到并被体现出来的；在孔子那里，则是以情感的方式实现的。按照李泽厚的解释，在孔子的有关说法中，"作为时间现象的历史，只有在情感体验中才成为本体。这亦是情感本体不同于工具本体的所在：工具本体以历史进展的外在时间为尺度，因为工具本体是人类群体实践所制造、所规范、所制约"③。真正的时间性（它是历史性而非历时性的）从始源的和本然的意义上，植根于人的实践活动之中，亦即人的"亲在"中。这一点，无论是在马克思的哲学那里，还是在孔子的思想那里，都不例外。另据《论语》记载，子曰："予欲无言。"子贡曰："子如不言，则小子何述焉？"子曰："天何言哉？四时行焉，百物生焉，天何言哉？"（《论语·阳货》）朱熹注曰："四时行，百物生，莫非天理发见流行之实，不待言而可见。圣人一动一静，莫非妙道精义之发，亦天而已，岂待言而显哉？"这段

---

① 钱穆：《中国现代学术论衡》，生活·读书·新知三联书店2001年版，第157页。

②③ 李泽厚：《论语今读》，生活·读书·新知三联书店2004年版，第259页。

话，既可解作对自然而然的推崇，亦可解作对时间性的敏感。

《易传》曰："蒙，亨。以亨行，时中也。"(《周易·彖传》)一般认为，所谓"时中"有两层含义：一是合乎时宜，一是随时变通。《彖传》还曰："小过，小者过而亨也。过以利贞，与时行也。""与时行"意味着不是在任何情况下都可以这样做的，只有在小有所过而矫其过的时候才是合适的①。《周易·彖传》曰："艮，止也。时止则止，时行则行，动静不失时，其道光明。"《周易·系辞下》曰："夫《易》彰往而察来"，还曰："《易》之为书也，原始要终以为质也。"所谓的"彰往察来"或"原始要终"，也就是对本然性和始源性的追溯，以及对未来可能性的预期，这无疑透显出强烈的时间意识和历史感。《易传》特别强调"变通"，而"变通"需要"趋时"。关于变通，《周易·系辞上》曰："化而裁之谓之变，推而行之谓之通"；"化而裁之存乎变，推而行之存乎通"；"一阖一辟谓之变，往来不穷谓之通"。而《周易·系辞下》曰："变通者，趣时者也。"所谓"趣时"，亦即"趋时"。

《中庸》曰："君子之中庸也，君子而时中。"荀子说："与时屈伸，柔从若蒲苇，非慑怯也。"(《荀子·不苟》)他还认为："与时迁徙，与世偃仰，千举万变，其道一也。"(《荀子·儒效》)《中庸》曰："成己，仁也；成物，知也；性之德也，合外内之道也。故时措之宜也。"郑玄注曰："时措，言得其时而用也。"孔颖达疏曰："措犹用也。言至诚者成万物之性，合天地之道，故得时而用之，则无往而不宜。"由此可见，所谓"时措"，就是要因时制宜。

宋儒程颐则曰："推革之道，极乎天地变易，时运终始也。天地阴阳推迁改易而成四时，万物于是生长成终，各得其宜，革而后四时成也。时运既终，必有革而新之者。"(《周易程氏传》卷第四)他认为，"时极道穷，理当必变也"(《周易程氏传》卷第四)；"君子之道，随时而动，从宜适变"(《周易程氏传》卷第二)。他还指出："易，变易也，随时变易以从道也。"(《周易程氏传》

---

① 参见徐志锐：《周易大传新注》，齐鲁书社1986年版，第534页。

"易传序"）朱熹重申并引申道："易，变易也，随时变易以从道也。易也，时也，道也，皆一也。自其流行不息而言之，则谓之易；自其推迁无常而言之，则谓之时；而其所以然之理，则谓之道。时之古今乃道之古今，时之盛衰乃道之盛衰。人徒见其变动之无穷，而不知其时之运也，而不知其道之为也。"（朱熹：《晦庵集》卷三十九"答范伯崇"）而王阳明同样注重"变"，他认为："义理无定在，无穷尽。"（《传习录》卷上）关于持"中"，他强调道："中只是天理，只是易，随时变易如何执得，须是因时制宜"（《传习录》卷上），而不可拘泥并执着于"一"。所谓"因时制宜"，凸显了"时"的本质意义。

明清之际的王夫之提出了"知时""因时""趣时""乘时""随时""治时""先时"等措辞，他强调说："时者，圣人之所不能违也。"（王夫之：《读通鉴论》卷二十）王夫之还认为："难得而易失者，时也"；故需"知时以审势，因势而求合于理"（王夫之：《宋论》卷四）。他还强调："得天之时则不逆，应人以其时则志定"，此乃"圣人之所不能违也"（王夫之：《读通鉴论》卷二十）。他还说过："夫天下之万变时而已矣，君子之贞一时而已矣。变以万，与变俱万而要之以时。故曰：'随时之大义矣哉，大无不括，斯一也。'"（王夫之：《周易内传》卷六）这种"时"的观念，在很大程度上，规定了王夫之的历史观。例如，他强调说："天下有定理而无定法……无定法者，一兴一废、一繁一简之间，因乎时而不可执也。"（王夫之：《读通鉴论》卷六）

明末清初的儒学思潮，有一种强烈的历史意识的回归趋向。黄宗羲主张"不为迂儒必兼读史，读史不多无以证理之变化，多而不求于心则为俗学"（《清史稿·列传二百六十七》），并指出："学必原本于经术而后不为蹈虚，必证明于史籍而后足以应务。"（参见全祖望：《鲒埼亭集》外编十六《甬上证人书院记》）顾炎武认为："舍经学无理学。"他批评道："古之所谓理学，经学也"；而"今之所谓理学，禅学也"（顾炎武：《与施愚山书》，载《亭林文集》卷三）。儒学的历史意识的重兴，无疑是对宋明儒学过于强调玄理之偏向所作的矫正。章学诚也提出了"六经皆史"的观点，他说："六经皆史也。古人不著书，古人未尝离事而言理，六经皆先王之政典也。"（章学诚：《文史通义·内篇·易教上》）在章学诚看来，"事有实据，而理无定形。故夫子之述六经，皆取先王典章，未尝离事而著理"（章学诚：《文史通义·内篇·经解中》）。历代典章制度的革故鼎新，历代王朝的兴替代谢，其本身即表征为实际的历史。孔子有言："我欲托之空言，不如见诸行事之深切著明也。"（司马迁：《史记·太史公自序》）章氏引孔子此言，指出："故善言天人性命，未有不切于人事者。"他批评宋儒说："儒者欲尊德性，而空言义理以为功，此宋学之所以见讥于大雅也。"（章学诚：《文史通义·内篇·浙东学术》）诚然，宋儒内部也有"尊德性"与"道问学"之别，理学侧重于"道问学"，心学侧重于"尊德性"。但从总体上说，宋儒终究偏于心性一途。正如余英时所言："朱、陆之间的一个主要分野自来便有'道问学'与'尊德性'而判……但在宋、明时期，儒学的基调是'尊德性'，所以朱子的'道问学'仍然是'尊德性'中的'道问学'"[①]而已。因此，由宋明儒向清儒的过渡，在总体上可以说意味着从"尊德性"到"道问学"的历史性转折。这一转变，本质上仍然应被视作儒学的一种内部调整。

其实，特别强调知行合一的王阳明已经提出了"经"与"史"的内在一致性的问题。例如，王阳明同弟子徐爱的讨论："爱曰：先儒论六经，以《春秋》为史。史专记事，恐与五经事体终或稍异。先生曰：以事言谓之史，以道言谓之经，事即道，道即事。《春秋》亦经，五经亦史。《易》是包牺氏之史，《书》是尧舜以下史，《礼》《乐》是三代史，其事同，其道同，安有所谓异？"（王阳明：《传习录》上）事不离道，道不离事，道寓于事，事彰显道。所以，从作为反思性的把握的学术本身而言，经学既是理学，又是史学，只是角度不同而已。顾炎武所谓的"经学即理学"与章学诚所谓的"六经皆史"是正相反对的两个命题，体现了各自的研究范式的分野[②]。但对于经

---

① 余英时：《论戴震与章学诚：清代中期学术思想史研究》，生活·读书·新知三联书店2000年版，第74—75页。

② 参见余英时：《论戴震与章学诚：清代中期学术思想史研究》，生活·读书·新知三联书店2000年版，第49—61页。

学与史学二者关系的辨析，无疑有助于把逻辑的东西同历史的东西统一起来。这种统一，其实是融摄了内在的历史意识和历史感。这是就清儒内部的紧张而言的。事实上，从更为宏大的视野着眼，我们不难看出，明清之际发生的儒学的内部调整和转向，乃是对于宋明儒学所作的某种意义上的反拨，即不满意于宋儒的空疏学风，即只谈玄虚的义理而缺乏经世功夫的偏颇。从历史的长时段看，这些都应被视作儒学通过自身在历史上的辩证展开所体现出来的运思方式上的突出特征。

　　章学诚所谓的"六经皆史"说，不是一个偶然的说法，而是带有纲领性。正如日本学者岛田虔次所言："章学诚的'六经皆史'可与孔子的'仁'、孟子的'性善'、老子的'自然'、庄子的'齐物'、墨子的'兼爱'、董仲舒的'天人之际'、朱子的'性即理'、王阳明的'心即理'和清朝考证学的'实事求是'相提并论，称之为中国学术史上最著名的口号之一也不为过。"①当然，"六经皆史"所传达的历史意识及其优先性，并非自章学诚始，而是儒家传统中的一以贯之的重要观念，只是由章学诚在一种游离历史感的特定语境下自觉地把它重新揭橥出来罢了。章学诚在《文史通义》中一上来就开宗明义地强调说："六经皆史也。古人不著书，古人未尝离事而言理，六经皆先王之政典也。"（章学诚：《文史通义·内篇·易教上》）所谓的"未尝离事而言理"，隐含着一个否定的判断，即若"离事而言理"，则"理"必因空疏而无益。这同马克思所说的"抽象本身离开了现实的历史就没有任何价值"，是有着某种很显著的相似性的。王阳明说过："以言事谓之史，以言道谓之经，事即道，道即事。"（王阳明：《传习录》上）岛田虔次据此认为，"'六经皆史'可以推断为'道即事'"②。

　　到了晚清，康有为则提出所谓的"通变因时"的见解，他强调说："礼

---

　　① ［日］岛田虔次：《六经皆史说》，见刘俊文主编：《日本学者研究中国史论著选译》第7卷，许洋主等译，中华书局1993年版，第184页。

　　② ［日］岛田虔次：《六经皆史说》，见刘俊文主编：《日本学者研究中国史论著选译》第7卷，许洋主等译，中华书局1993年版，第184页。

以时为大"；因为它是"因时因地而制，非能永定"（康有为：《礼记·礼运》注）。他认为："孔子之道无定，但以仁民为主，而各因其时。"（康有为：《春秋笔削大义微言考》卷一）在康有为看来，"孔子之道有三统三世焉，其统异，其世异，则其道亦异，固君子当因其所处之时，观其会通，以行其典礼，上下无常，惟变所适"（康有为：《中庸注》）。他批评道："后进承流守旧，画地自甘，不知孔子三重之道通变因时、并行不悖之妙。"（康有为：《中庸注》）之所以要"因时通变"，归根到底乃是因为"万理无定，而在与时消息"（康有为：《论语注》卷三）。

中国文化具有悠久的重史的传统。毋宁说，史学的兴盛乃是"通古今之变"的历史意识发达的学术表现。梁启超指出："中国于各种学问中，惟史学为最发达；史学在世界各国中，惟中国为最发达。"[①]他强调说："于今日泰西通行诸学科中，为中国所固有者，惟史学。"[②]在中国，史学的发达必赖历史意识的自觉和强化；反过来说也一样，历史意识的自觉和强化也必然促成史学的发达。儒学在其中无疑扮演着非常重要的角色。

与儒家的这种格外重视"时"与"变"的致思取向相类似，马克思主义也同样高度重视历史感，并把它作为运思方式的基本特征予以肯定和确认。在思想上自觉地实现从永恒必然性到暂时必然性的过渡，使马克思不仅发现了古典政治经济学和庸俗政治经济学在立场和视野上的狭隘性和历史局限性，而且揭示了他的哲学的独特立场和视野，成就了他所特有的批判方式。正因此，马克思才能够超越资产阶级的狭隘眼界的束缚，从而以一种超然的态度去看待人类社会及其历史发展。这也正是马克思的学说所固有的彻底的批判性之所在。到了马克思哲学那里，"历史感"不再像在黑格尔哲学那里仅仅是一种从属于逻辑的附庸和工具，而是变成了基于哲学的原初基础而确立起来的具有根本性意义的固有属性。在马克思哲学视野中，人是一种历史性的存

① 梁启超：《中国历史研究法》，上海古籍出版社1998年版，第10页。

② 梁启超：《梁启超史学论著三种》，三联书店（香港）有限公司1980年版，第3页。

在。人的存在是要由他自己的活动建构起来的，人是宇宙中唯一的一种自己把自己"在"出来的存在者。因此，对于人而言，"存在"是动词性的，而不是名词性的。真正的时间性唯一地属于人及其特有的存在方式。

马克思是坚决反对那种超历史的看待方式的，他强调指出："这些抽象本身（指"从对人类历史发展的考察中抽象出来的最一般结果的概括"——引者注）离开了现实的历史就没有任何价值。"①从一定意义上说，正是马克思所特有的这种"历史地思"的运思方式，才使他获得了对于资本主义制度安排及其辩护士的批判能力。马克思在《资本论》第1卷第2版跋中写道：资产阶级政治经济学"把资本主义制度不是看作历史上过渡的发展阶段，而是看作社会生产的绝对的最后的形式"②。而早在《哲学的贫困》中，马克思就已经尖锐地揭露道："经济学家所以说现存的关系（资产阶级生产关系）是天然的，是想以此说明，这些关系正是使生产财富和发展生产力得以按照自然规律进行的那些关系。因此，这些关系是不受时间影响的自然规律。这是应当永远支配社会的永恒规律。"③从思维方式上看，资产阶级政治经济学的这种保守性立场，恰恰是源自其非历史的看待方式。

马克思在《资本论》第1卷的一个重要脚注中，曾援引意大利近代思想家维柯的话说："人类史是我们自己创造的，而自然史不是我们自己创造的。"④马克思指出："一旦人已经存在，人，作为人类历史的经常前提，也是人类历史的经常的产物和结果，而人只有作为自己本身的产物和结果才成为前提。"⑤斯宾诺莎曾说："凡是仅仅由自身本性的必然性而存在、其行为仅仅由它自身决定的东西叫作自由（libera）。反之，凡一物的存在及其行为均按一定的方式为他物所决定，便叫做必然（necessaria）或受制

---

① 《马克思恩格斯选集》第1卷，人民出版社1995年版，第73—74页。
② 《马克思恩格斯全集》第23卷，人民出版社1972年版，第16页。
③ 《马克思恩格斯选集》第1卷，人民出版社1995年版，第151页。
④ 《马克思恩格斯全集》第23卷，人民出版社1972年版，第410页。
⑤ 《马克思恩格斯全集》第26卷第3分册，人民出版社1974年版，第545页。

（coata）。"①在马克思的意义上，人的存在只有作为自己的产物时才是可能的，这种存在方式属于斯宾诺莎所谓的"自由"状态。按照马克思的观点，人的历史无非是人通过自己的感性活动实现的自我建构的过程。正因此，它才是创造性的亦即生成性的。这也就从人的存在方式的独特性角度，规定了历史性的真实内涵。而这也正是辩证法的历史表征。自我决定作为辩证法的突出特征，构成生命原则的实质。正是在此意义上，我们才可以理解，马克思何以从来不谈什么"自然辩证法"。恰恰是人的存在的这种特质，才使得"历时性"变成了"历史性"，它赋予时间性以不可逆的性质。这一切构成马克思"历史地思"的运思方式的存在论基础。

马克思为什么要把政治经济学批判作为自己终其一生的事业？归根到底就是因为"政治经济学的一切论断都以私有制为前提"②，所以它看不到私有制的历史暂时性，而是将其视作生产资料所有制的永远无法被超越的最后形式。按照恩格斯的说法，就是现代私有制被这些"经济学家们当作最高的历史成就"③。这显然是一种僵化的非历史的观点，其致命缺陷在于它把暂时的必然性误当作永恒的必然性，从而不能不陷入极端的保守立场。

马克思主义与儒学在运思方式上的一致，才是两者实现其可能之会通的根本前提。因为它从哲学意义上保证了会通双方在元问题（meta-problem）层面上的契合。

［原文发表于《济南大学学报》（社会科学版）2020年第5期，《新华文摘》2021年第2期全文转载］

---

① ［荷兰］斯宾诺莎：《伦理学》，贺麟译，商务印书馆1983年版，第4页。
② 《马克思恩格斯全集》第2卷，人民出版社1957年版，第38页。
③ 《马克思恩格斯选集》第4卷，人民出版社1995年版，第275页。

关于"生生美学"的几个问题

曾繁仁 *

　　什么是美学？我们上学的时候把这个美学弄得很拗口，马克思在《手稿》中讲过"人的本质力量的对象化"问题，但只是一种泛指，并非专门谈美。实际上，黑格尔讲"美是人的本质力量对象化"，人通过劳动，把人的本质力量对象化在这个物体上，反过头来人再进行欣赏，这就是美。后来发展到我国最著名的美学概念——"美是人化的自然"，这是具有明显时代性与历史性的一个理论概念。那么美学到底是什么？我个人的回答：审美就是人与世界的一种关系，没有实体性的美。所谓美是客观的、美是主观的，都是不存在的，审美是人与对象的一种特殊的关系，这种关系实际上是一种经验，一种体验，是肯定性的情感体验。这里边有两个关键词：一个是情感体验，是情感性的体验。第二个是肯定性的，不是否定性的。我们再通俗一点讲，审美实际上是一种生活方式，是一种艺术的生活方式。从这个角度来讲，全人类都有美学，所有的国家、所有的民族都有美学，因为它们都有艺术的生活方式。

---

　　* 曾繁仁，山东大学原校长，山东大学教授、博士生导师。

为什么叫"生生美学"？它的提出对应的就是中国到底有没有美学的问题。我刚才说了美学是人的本质力量的对象化，这是我们上学的时候学的。鲍姆加登认为美学是"感性认识的完善"，英文词是"aesthetic"。黑格尔认为美学是"理念的感性显现"。按照这样的标准，中国没有美学，因为中国古代没有这样明确的表述。德里达是解构主义的代表，著名理论家。当时他对中国是很友好的，但是80年代到中国社科院做演讲的时候，他认为中国没有哲学，也没有美学。我体会他的意思是中国没有西方那样的哲学，没有西方那样的美学。但是我们中国肯定有自己的艺术的生存方式，有人和对象的审美的关系，也就是说中国有自己的美学。那么我们怎么概括？这是和西方有差异的，我们曾经把它概括成"和谐论美学"，也曾经概括成"中和论美学"。今天我们做了一个概括叫"生生美学"，所以把这个给大家做一个介绍，然后大家有什么问题我们再讨论。

　　一共讲五个问题，第一个问题是"生生美学"的提出，第二个问题是"生生美学"的酝酿过程，第三个问题是"生生"之内涵，第四个问题是"生生美学"之产生，第五个问题是"生生美学"的文化特点。

　　第一个问题是提出"生生美学"的动因，这个动因就是试图在欧陆现象学生态美学与英美分析哲学环境美学之外提出一种中国自己的生态美学，"包含中国古代生态审美智慧、资源与话语的具有中国气派与中国风格的生态美学体系"。这里边有两个概念，一个欧陆现象学，还有一个是英美分析哲学。西方哲学和美学分两个流派，一个大陆派，大陆就是欧洲大陆，是理性派，理性派的代表就是欧洲现象学。而分析哲学与美学则主要从英国发源，然后发展到美国，这个是科学主义的哲学。国际上的美学就是这两个主要流派。欧陆现象学的美学倾向于人文主义，英美的分析哲学的美学倾向于科学主义。人文和科学的对话，相互之间可以是一种补充。

　　我们中国学者试图在人文主义的欧陆现象学和科学主义的英美分析哲学的美学之外，创造一种中国自己的美学，这个美学我们把它叫作"生生美学"。这种探索和努力在过去具有很大的难度。因为，"aesthetic"这个词是鲍姆加登在1735年提出的，当时鲍姆加登只有二十岁，他将美学界定为感性学。"生态"这个概念是海克尔提出的，他曾经得到毛主席的高度赞赏。他提出"生态"的概念，认为生态是人和植物群种之间的关系。他们两人都是德国人，都属于西方话语。西方有些学者一直质疑中国古代没有自己的哲学、美学与生态理论。我们中国有些学者也没有自信，只敢讲中国传统文化中的生态审美智慧。中国古代到底有没有美学？有没有美学理论？有没有生态美学？这的确是个问题。追溯到我们的前辈，从王国维开始到朱光潜甚至到鲁迅等等，也没有敢讲中国自己有一个什么理论形态的美学，所以我们只敢讲审美智慧，不敢讲美学。中国只有智慧，没有美学。如果讲中国美学，我们也是用西方的东西来解释中国，这就叫"以西释中"。但是自1978年以来，情况有了变化，我们在邓小平同志的领导下，开始改革开放，中华民族走向伟大复兴。一个民族要真正走向复兴，如果我们的文化、我们的理论没有复兴，我们中华民族是不可能复兴的。撒切尔夫人有一句话很刺激我们，她说中国这个国家只输出电视机，不输出思想。的确，我们回顾一下，1840年以后，近代以来或者20世纪以来，国际的各个学科、人文学科各个领域，中国人自己提的理论概念的确很少。当然这里不包括中国特色马克思主义，例如毛泽东思想、邓小平理论等。

王国维先生《人间词话》提出了"境界说"，借用了德国人叔本华的理念论，提出有我之境与无我之境等等，应该很有创意。但王国维的"境界说"被学者广为诟病和批评，因为它吸收了一些西方的东西和中国传统文化嫁接在一起。我个人认为这是一种很好的探索。我们过去没有自信，但是我们的民族要复兴，所以我们的文化一定要复兴，这就给我们的美学，包括我们的生态美学和"生生美学"的提出提供了可能性。特别是党的十八大以来，习近平总书记明确提出了四个自信，第一个自信就是文化自信，如果文化不自信，我们民族如何才能自信？再就是提出"坚守中华文化立场"，一个中国人、一个美国人和一个英国人，说话的立场是不一样的。这两个概念，一个文化自信，中华民族有五千年的文明史，我们肯定有我们的美学。第二个我们要坚守我们的中华文化立场,这样就给了我们探索的勇气和探索的空间。

现在回顾1994年以来我国生态美学的发展历程。李欣福等学者在先期发表的生态美学的论文中就已经引用了"道法自然"与"返璞归真"等传统生态思想,但他也是说智慧,而不是说美学。2001年在西安举办了第一届中国生态美学大会,程相占教授率先提出中国"生生美学"论题,表现出理论的勇气。我本人在研究生态美学的过程中,长期以来一直关注中国传统道家、儒家、佛家等的生态审美智慧,但当时因缺乏必要的文化自信而未能明确提出"生生美学"这样的论题。2017年,在习近平2016年"七一讲话"中有关"文化自信"论述的感召下,才正式提出"生生美学"论题。"生生"中的第一个"生"是动词,第二个"生"是名词,是一个动名结构。我在2017年5月,在参加上海昆山杜克大学召开的生态伦理会议上作了有关中国传统"生生美学"的发言,希望西方的同行能够"同情地理解和逐步地接受"这一理论,我用了这么一个调子。"同情地理解"是陈寅恪先生审读冯友兰的《中国哲学史》用的一句话,"同情地理解",首先就要求我们取同情的态度来理解,而不是挑刺。这是第一次提出来。2017年8月,在青海师范大学召开的"鲁青论坛"上,相继发表了有关"生生美学"的看法。2018年1月,我将近两年的相关思考整理成文,在《光明日报》正式发表。这是我本人提出"生生美学"的历程。

第二个是关于"生生美学"的酝酿过程。我们可以追溯一下,1921年,梁漱溟在《东西文化及其哲学》中将孔子学术之要旨概括为"生",指出:"这一个'生'字是最重要的观念,知道这个就知道所有孔家的话。"牟宗三在《中国哲学的特质》一书中认为,"中国哲学以'生命'为中心,儒道两家是中国所固有的,后来加上佛教,亦还是如此"。这就是儒家之爱生——仁者爱人,道家之养生,佛家之护生。方东美认为,《周易》是中国哲学思想源头,《易经》和《易传》结合使《周易》成为一本哲学之书、文化之书和美学之书。他认为"生生"之德转化为"生生"之美,《周易》中有"生生之谓德也"。最高的道德是什么？是"生生"。"天地之大德曰生"，天地给予人类的最大的恩赐是什么？是"生"。将"生生之德"转化为"生生之美"，将"生"字重言，使其具有了"生命的创生"之意，中国的美学是生命创生的美学，是创造生命的美学，这样就使"生生"具有了本体论的内涵。而生命直抵艺术之深处，所有感动人的艺术，都是具有蓬勃生命的艺术，具有美的内涵和美的含义。具有生命的艺术才是美的艺术。宗白华在1944年《中国艺术意境之诞生》一文中提出："中国哲学是就'生命本身'体悟'道'的节奏"，意境即是生命的节奏和有节奏的生命。

生命是什么？生命就是时间，生命就是节奏。"生命的节奏和有节奏的生命"把意境和生命紧密联系在一起了。刘纲纪在《周易美学》一书中将《周易》的美学归结为生命美学。我认为他最重要的一本书就是《周易美学》，作为宗白华先生的学生，他将他老师的生命哲学和生命美学继承下来了；另一方面，他将中国美学和西方美学划清了界限。近代以后西方有生命美学、生命哲学，但西方生命哲学是科学的，中国的生命美学是人文的，并提出中国美学常常在没有美字的地方有美。鲍姆加登的"感性学"，经过日本人翻译后变为了"美学"，后经过王国维先生的认可传到中国。"美学"这里面有"美"字——"beautiful"，但原本它并没有漂亮的意思，起码主要不是漂亮。所以刘纲纪先生说"中国美学常常在没有美字的地方有美"。

第三个问题是"生生"的内涵。蒙培元认为，"中国哲学就是'生'的哲学。从孔子老子开始，直到宋明时期的哲学，以致明清时期的主要哲学家，都是在'生'的观念中或者围绕'生'的问题建立哲学体系并展开其哲学论说的"。所有重要的理论家都围绕着"生"来开展他们的哲学体系。总而言之，"生生"在中国传统文化，特别在儒家学术中具有本体性的价值意义。

"生生"之起源在《易传》，宋明理学最重要的开创者和代表人物朱熹说："变易、生生遂成为易学第一义。"易学的第一义是"生生"，中国哲学的第一义也是"生生"。另外，《周易·易传》云：万物化生。此乃"生生"之基本内涵。《周易·易传》云：乾生万物并包含"元亨利贞"四德，扩大了"生生"的内涵，将之由生命诞育延伸到道德的层次。所谓"元者善之长，亨者嘉之会，利者义之和，贞者事之干"，这四德包含在"生生"之中。《周易·易传》的《大畜》篇提出："刚健笃实，辉光日新"，提出"日新其德"，阐明了"生生"乃不断创新，是一个生生不息、新新不已的过程。《周易·易传》："大哉乾元，万物资始""保合太和，乃利贞"，所倡乃"中和"精神。《老子》云："一生二，二生三，三生万物。""一"就是"生"。"天人合一"中的"一"也是"生"。天人相和，万物繁茂，生命才能诞生。《易》又云："至哉坤元，万物滋生"，"黄中通理，正位居体，美在其中"。所谓"正位居体"即阴阳各在其位，由此风调雨顺万物繁茂，这就是美的景象。由此，生生包含了美。王阳明在《传习录》上卷中指出：仁是造化生生不息之理，揭示了"生生"的仁爱精神。

以上回答了"生生"之内涵，也回答了"生生"何以为美，"生生"比西方传统的美包含更为丰富的内容，而且是一种交融性的概念，区别于西方区分性的概念。中国人认为蓬勃的生命就是美，并从广义和狭义的角度阐明了"生生美学"的内涵。中国古代哲学是交融性的概念，中国哲学中真善美是交融的，真善美是真里面包含着善和美，美里面包括真和善；西方的概念是区分性的概念，西方把真善美区分得很清楚。真就是知识和科学，善就是道德，美是一种情感的判断。真与善需要通过美作为中介将之联系。

第四个问题是"生生美学"的产生。首先，"生生美学"产生于中西文化的比较中。在人类文化发展和中西文化关系上，有基于不同生活方式的"类型说"，还有基于生产力水平之"线性说"。"线性说"认为文化是生产力水平。生产力水平高的，文化发展在前。生产力水平低的，文化发展在后。将生产力作为标准，是线性的发展。而主张"类型说"的学者不同意"线性说"观点，认为文化是生活方式，不是生产力。正是因为有不同的生活方式，所以中国文化和其他民族的文化是类型的差别。东西文化是两峰对峙，双水分流。"类型说"是"生生美学"产生的理论基础。第二个是原生性与后生性。"生生美学"的产生借助于文化人类学的族群原生性理论，中国传统文化建立在农业经济背景之下，是一种原生性的自然生态文化艺术形态，中国传统文化中的生生美学具有族群原生性特点。西方古代文化总体上是一种凭借航海与计算的科技文化。第三个是气本论与实体论。"生生美学"的哲学根据是中国传统哲学之"气本论"，有别于西方传统哲学之"实体论"。从哲学角度讲，中国文化认为万物的起源是"气"。"气"不是一个客观的、具体的物体，而是一个过程。在西方，无论是精神的实体，还是物质的实体，都是实体性的概念。但中国古代的这个"气"本身就带有浓郁的生态意味，它是万物化生的根源，也是万物化生的过程。第四个是前现代性与后现代性。"生生美学"来源于前现代，经过诸多前辈学者的阐释与改造，注入新的时代内容并使之体系化，成为中国新的生态文明时代（后现代）的哲学与美学话语，也在一定程度上被西方后现代生态文化所接受。

第五个问题是"生生美学"的文化特点。"生生美学"具有中国气派和中国风格，那么，它的文化特点到底是什么？第一个文化特点是"天人合一"的文化传统。"天人合一"是中国古代具有本源性的文化传统与文化立场，此成为生生美学生成的主要文化背景，决定其明德敬天、以德配天的文化传统。"天人合一"是一个有争论的概念，既有讲"天人合一"的，也有讲"天人相分"的。儒家重"人"，道家重"天"。当代著名哲学家刘笑敢先生曾经专门撰写文章探讨"天人合一"的概念。但是，我们这里讲"天人合一"，并不是将其作为一种哲学理论，而是作为一种文化传统，从总体而言，中国文化是主张"天人合一"的。第二个文化特点是"阴阳相生"的生命美学。"一阴一阳之谓道"之阴阳相互生成宇宙万物的根本规律，也是艺术与审美的根本规律。中国艺术通过笔墨、虚实、留白等形成阴阳对比，诞育生命，也诞育无穷的艺术意蕴，这是儒道交融"气论哲学"的艺术体现。"一阴一阳之谓道也。"西方近代以来也有相应的表述，那就是著名的康德的审美的"二律背反"理论，"感性"和"理性"的二律背反，"感性"和"理性"同时都有价值，但又相悖，这就形成一种审美。"这种美具有无比强大的张力与魅力。"黑格尔认为这是康德讲的有关审美的"第一句合理的话"。康德在18世纪后期提出这个概念，而我们中国"一阴一阳之谓道"是在公元前《易传》中提出的。第三个文化特点是"太极图示"的艺术思维模式。"太极图示"是东方形态的古典现象学，所谓"无极乃太极，太极动而生阳，一动一静，互为本根"，是一种东方式的富有无穷生命力量的圆形美学，我列举了汉画像虎牛相斗图，就蕴含着无穷的力量。中国的"太极图示"是西方很多理念，包括辩证法都难以完全解释清楚的一种模式。我用《汉像画传》中"虎牛相斗"的一幅图来解释——"牛"与"虎"两个动物的背部都呈圆形，因此，有人说"太极图示"是一个圆形模式，"虎"和"牛"要斗而未斗，弓背相向，积蓄了无限的力量。所以，中国的传统艺术模式是"太极图示"。第四个文化特点是总体透视的艺术特征。毕加索以前的西方古典艺术，比如俄罗斯的油画等，它们都是焦点透视，用一个人的视点看物体。中国是总体透视，就是用一个总的意境、总的理想、总的精神、总的神采把整个画统摄住。方东美说道，中国画得着一个"总的透视"。这就是说，中国画不同于西方传统画的焦点透视，而是一种以理想与生命精神加以统摄的"总的透视"，是多角度的以体现理想与生命精神为目的的透视。这就是中国艺术的"神采为上，意在笔先"。《清明上河图》就是以"繁荣祥和"统摄整个画面，形成"景随人迁，人随景移，步步可观"。第五个文化特点是"意在言外"的意境审美模式。这里面提出一个问题，就是中国的美学和艺术有没有自己的逻辑性和艺术理性？学术界，包括西方理论界有些人认为中国古代美学与艺术理论没有理性逻辑，但我们认为，"生生美学"虽没有西方传统的工具理性逻辑，却具有"意在言外"的意境式审美逻辑，是一种对于看不见的意蕴的追寻，是更高更深的艺术逻辑。牟宗三等对于这种逻辑方式的特点有专门的论述，认为这是一种"更高的对道的追寻"。另外，宗白华等前辈理论家认为，中国美学区别于西方之处是西方美学理论主要在美学论著之中，包括从古希腊的《对话集》开始，一直到黑格尔的《美学》，以及杜威的《艺术的经验》等等。而中国美学理论则主要存在于艺术与艺术理论之中。因此，对于"生生美学"的研究，需要进一步深入具体传统艺术及其理论之中，包括音乐、书法、绘画、园林、建筑、汉画像、戏曲、民间艺术等等。我们若想了解中国的美学、中国的"生生美学"，就要到艺术中去追寻。而这些传统艺术现在仍然是活的，所以我们也可以断言，中国的"生生美学"也是活的，是活在当下的，需要我们去概括和研究，把这些话语进行创造性的转化，转换成现在中西方都能听得懂的语言，这个过程是很艰难的。

（本文为曾繁仁先生于2019年7月8日在一次学术研讨会上的演讲，由冯明肖、于欣琪根据录音整理）

［原文发表于《济南大学学报》（社会科学版）2019年第6期］

道一风同

——试比较实践存在论美学与生态美学

张　弓 *

一、相通的存在论思想

经过20世纪五六十年代的美学大讨论，实践美学确立了在当代中国美学界的主流地位。然而到了20世纪90年代，实践美学的权威性受到质疑，中国美学发展处于一个百家争鸣的时期，一种新的希望突破实践美学影响的努力在酝酿之中。不少当时还很年轻的学者从各自的理论角度向实践美学发起挑战，越来越多的学者开始意识到必须改变或者超越现有的美学研究模式，才有可能使中国的美学发展获得一个大的突破，并且他们也为此开始做了一些尝试性的工作。比如早在20世纪80年代后期刘晓波就从"感性—个体反对理性—集体"的角度展开对以李泽厚先生为主要代表的实践美学主流派进行批评；在90年代初陈炎先生又开始诘问李泽厚的"积淀说"；接着，杨春时先生也提出超越实践美学，吹响了走向"后实践美学"号角；潘知常教授、张弘教授等人则提出了"生命美学""生存论美学"等来反对实践美学，也加入"后实践美学"的行列。与此同时，也有

---

　　* 张弓，华东政法大学传播学院教授，马克思主义理论研究中心兼职研究员。

一批学者在承认实践美学主流派的观点存在局限，需要改进和发展的同时，仍然坚持实践美学的观点，对处于变化之中的实践美学作了更加具体的分析，从各个方面为实践美学中的合理因素辩护。张玉能先生认为，必须阐发实践活动本身的特性，只有阐释实践本身的非物质性才可以解决实践美学把美理性化、物质化、现实化的弊病，进而重建实践美学话语威信。朱立元先生认为，实践美学仍有改革、更新的可能。总体看来，实践美学虽有不足，但它并没有完全过时，特别是非主流派的蒋孔阳先生以实践论为基础、以创造论为核心的审美关系说，实际上已经开始寻找存在论的根基，尝试超越主客二元对立的思维方式，为我们树立了创造性地发展和建设实践美学的范例。如果我们能沿着这一思路前进，树立起"美"是当下生成的"人生在世"的一种状态、而不是现成的认识对象的观念，从而不把美作为一个在人以外早已存在的客体去认识，而是将实践论与存在论结合起来作为哲学基础，以此走向实践存在论的生成性美学，或许能作为当今美学突破的一条尝试之途[①]。据此实践存在论美学这个提法也就得到朱立元先生的认可，而提了出来。

朱立元所提倡的实践存在论的生成性美学的思想来源，并不是李泽厚前期的实践美学，而是蒋孔阳先生所创立的非主流派的实践美学，也有研究者把他的美学思想称作"创造美学"[②]或者"人生论美学"[③]。关于这一点，朱立元自己在论文中也专门指出过："人们常常把蒋孔阳、李泽厚的美学思想一道纳入'实践美学'的大范围之中，我自己在很长时间内也是如此，其结果是，人们对李泽厚先生为代表的实践美学无论是批评还是辩护，

---

① 朱立元：《走向实践存在论美学——实践美学突破之途初探》，《湖南师范大学社会科学学报》2004年第4期。

② 朱立元编：《当代中国美学新学派——蒋孔阳美学思想研究》，复旦大学出版社1992年版，第19页。

③ 参见郑元者：《美的探寻与人生觉醒——蒋孔阳人生论美学思想述评》，《文学评论》1999年第1期。

也都常常连带到蒋先生。其实，两位先生的美学思想还是有着重大区别的，尤其在哲学根基上，我认为，李先生的实践论尚未跳出认识论的框架，而蒋先生的实践论则已开始超越认识论而向存在论深入，即走向实践论与存在论的结合。"①

早在20世纪90年代初，朱立元就已经看到，蒋先生的实践美学思想不同于其他实践美学的地方。他把蒋先生的实践美学理论概括为："以实践论为基础、以创造论为核心的审美关系说。总的说来，蒋先生的美学思想是以马克思的实践论为基础的，但并不像实践派那样，直接从实践概念来界定美，而是以马克思《1844年经济学——哲学手稿》中'人的本质力量的对象化'和'自然的人化'的思想为立论的主要依据，从人与现实（自然）的审美关系的历史形成入手来揭示美和美感的诞生和本质的。"②进入21世纪以来，朱立元对于蒋先生的美学思想有了新的更为深刻的认识。他认为："蒋先生思想中实际上包含着一些极富现代性的思想，在为美学寻找存在论的哲学根基方面，取得了重大进展，从而为我国美学理论在新世纪的创新和突破之途指出了方向。"③具体来说，就是"蒋先生的实践论则已开始超越认识论而向存在论深入，即走向实践论与存在论的结合"。最近十多年里朱立元不断对蒋先生的美学思想进行现代的解读，把实践论与存在论结合起来，为实践美学确立更为稳固的基础。

实践存在论美学的思想中已经包含存在论的合理思想，突破了传统的主客二分的思维模式。朱立元指出，"没有一个客观固定的美先在地存在于世界某个地方。美是在人的审美活动中现时、当下生成的。美只存在于正

---

① 朱立元：《寻找存在论的根基——蒋孔阳美学思想新论探之二》，《学术月刊》2003年第12期。

② 朱立元编：《当代中国美学新学派——蒋孔阳美学思想研究》，复旦大学出版社1992年版，第2页。

③ 朱立元：《寻找存在论的根基——蒋孔阳美学思想新论探之二》，《学术月刊》2003年第12期。

在进行的审美活动之中，只有形成了人与世界的审美关系，美才存在"①。而且"审美客体""审美主体"也不是从来就有的，而是从无到有、在人类生产生活的长期实践中一步一步、历史地形成的。作为审美主体的人的存在状态也不是独立于世界、自然之外的存在，而是一种"在世界之中存在"（In-der-Welt-sein）。

而这一存在论的思想在生态美学中同样是存在的。曾繁仁先生认为："对于生态美学的界定应该提到存在观的高度。生态美学实际上是一种在新时代经济与文化背景下产生的有关人类的崭新的存在观，是一种人与自然、社会达到动态平衡、和谐一致的处于生态审美状态的存在观，是一种新时代的理想的审美的人生，一种'绿色的人生'。"②作为生态美学的哲学基础的生态哲学，是一种新的存在观，是突破了笛卡儿绝对主客二分的存在观。人与自然的关系不应该只是单纯的认识被认识的关系，而是以自然为中介，人与自然、人与人之间"共在"的复合型关系。在这样一种复合型的生态关系中，不再强调人的绝对主体地位，而是突出一个活的、有生命的整体世界，人与自然应该和谐相处，他们是相互作用、相互关联的整体。在这样一个生态系统中，人不再是唯一的主体，生物个体、种群和群落都可以成为生态主体。客体也不是固定不变的，而是在关系之中动态生成的。自然界和其他生命体也可以成为主体，这个时候人相对于它们而言也可以变成客体。就算是相对于人而言成为客体，它们也可以有自己的主动性、自主性、创造性。

二、生态美学为实践存在论美学提供了一个重要的研究维度

实践美学的代表人物之一的著名美学家蒋孔阳先生指出，美学应该以

---

① 朱立元：《走向实践存在论美学——实践美学突破之途初探》，《湖南师范大学社会科学学报》2004年第4期。

② 曾繁仁：《试论生态美学》，《文艺研究》2002年第5期。

审美关系作为出发点来进行美学学科的建构，把美学的研究范围主要规定为三大方面：审美主体研究，审美客体研究，审美创造研究，因而美学就相应由美感论、美论、艺术论、审美教育论等分支学科建构。朱立元在此基础上作了一些改进。在他主编的《美学》教材中把美学分为：审美活动论、审美形态论、审美经验论、艺术审美论、审美教育论。朱立元把蒋先生的思想概括为："蒋先生的全部美学思想就是人对现实的审美关系的历史地、全面地展开。他的美论是对审美关系中客体方面的探讨，他的美感论则是对审美关系中主体方面的研究，而无论哪一方面，他都是在主客体的对象化关系中加以研讨的。我以为这种思考、研究问题的方式是符合辩证法的。"① 而从人对现实的审美关系的"现实"构成的维度来看，那么我们就可以看到，这个"现实"主要包括三个维度：人对自然的审美关系，人对他人（社会）的审美关系，人对自身的审美关系。这样一来，美学学科的建构就可以派生出一些新的美学分支学科：人体美学、服饰美学等，研究人对自身的审美关系；交际美学、伦理美学等，研究人对社会（他人）的审美关系；生态美学，则主要研究人对自然的审美关系。

过去美学界一直存在对于自然美和人对自然的审美关系的研究不够重视的现象，诸如生态美学等一些美学分支学科就被遮蔽和忽视了。现在，随着全球化和工业化的历史进程不断深入，生态环境等问题日益凸现出来，成为直接影响人类生存和发展的重大问题，因此，对自然生态问题的研究就顺理成章地进入人文科学和社会科学以及哲学理论工作者视野，成为他们研究的重要课题。正是在这种全球化的背景下，美学界和美学家们呼吁建构一门生态美学或者说从生态的角度来研究美学问题，无疑是非常有必要的，也是对实践美学（包括实践存在论美学）中不可或缺的一个研究维度的彰显。

---

① 朱立元编：《当代中国美学新学派——蒋孔阳美学思想研究》，复旦大学出版社1992年版，第3页。

现在我们从生态美学的维度进行研究的时候，不能满足于浅生态学的方式，而应该采取深生态学的方法。"深生态学"这一术语主要指由奈斯、比尔·德维及乔治·塞申斯的作品中提出的解决环境问题的方法。阿恩·奈斯于1973年首先介绍了"深""浅"环境观点的区别。他将浅生态运动总结为旨在"反对污染和资源消耗"，其中心主题在于保护"发达国家人民的健康和财富"。相比而言，深生态学则采取"理性的、全景"的观点，它抛弃了人类中心主义的"人处于环境的中心的形象"，而采用更整体的和非人类中心的方法。浅理论主要考虑如污染和能源消耗问题，它只注重环境危机的短期效应，而不去考察其社会和人文因素也是错误的①。而"深生态学"则弥补了这方面的缺失。

实践存在论美学思想同样是非人类中心的，与"深生态学"的方法有不谋而合之处。朱立元敏锐地指出，蒋孔阳的"人是世界的美"的观点所包含的正是非人类中心主义的立场。"强调人是美的中心，并非鼓吹'人类中心主义'。所谓'人类中心主义'，我认为主要是指在对待、处理人与自然界的关系时，把自然界纯然当作手段、工具、无休止征服和剥夺的对象而仅服务于人的眼前短暂的利益的那种粗暴倾向。而'人是美的中心'与之完全不同，它丝毫不贬低自然，而是在存在论基础上力主超越人与世界（含自然）、主体与客体的二元对立，达成两者的和谐共处。"②

从生态美学的维度进行研究面对的首要的问题，就是人对（作为人的生存环境的）自然的审美关系。而这其中涉及"人的自然化"和"自然的人化"是一个无法回避的问题。"人的自然化"本来是人类实践的双向对象化过程中的一个不可或缺的方面，但是以前实践美学注意了"自然的人化"而忽视了"人的自然化"。所谓"自然的人化"就是指，在长期的社会实践

① ［美］戴斯·贾丁奇：《环境伦理学》，林官明、杨爱民译，北京大学出版社2002年版，第240页。

② 朱立元：《寻找存在论的根基——蒋孔阳美学思想新论探之二》，《学术月刊》2003年第12期。

中"自在的自然"逐步变成了与人关系密切的、能够确证人的本质力量的"为人的自然",这个过程就是自然的人化,这个过程的结果就是"人化的自然"。这是就自然界而言的,如果就人而言,这个过程就是"人的自然化",其结果就是"自然化的人"。所谓"人的自然化"就是指,在长期的社会实践中"天人相分的人"逐步变成了与自然关系密切的、能够与自然相协调统一的"天人合一的人",这个过程就是"人的自然化",这个过程的结果就是"自然化的人"。这个过程原本是同一个过程,不过,我们从自然和人的不同角度来揭示这个过程就有了"自然的人化"和"人的自然化"的两个不同的维度与内涵。然而,如果从人的这一个维度来看,社会实践的双向对象化也可以说是"自然的人化"与"人的人化",也就是,一方面,自然具有了属人的性质,与人的关系发生了根本的改变,成为"为人的自然"。另一方面,人也具有了属人的性质,与自然的关系发生了根本的变化,成为"天人合一的人",或者说是真正的人——自由全面发展的人,即在大自然之中与自然和谐协调发展的人[①]。

三、实践存在论美学追求的是天人和谐的生态文明下人的全面自由发展

生态环境是实践的外部前提和自然基础。人的实践活动的展开和实现,发生对象化,"人的自然化"和"自然的人化"的双向实现,不仅需要行为的主体有实践的意识、手段、目的、对象等要素一起构成内部的条件,还无法离开他所依存的外部生态环境作为外在的自然基础。马克思就指出,人永远不可能脱离自然界,"无论是在人那里还是在动物那里,类生活从肉体方面说来就在于:人(和动物一样)靠无机界生活,而人比动物越有普遍性,人赖以生活的无机界的范围就越广阔。从理论领域说来,植物、动物、石头、空气、光等等,一方面作为自然科学的对象,一方面作为艺术的对

---

① 关于自然的人化和人化的自然的论述参阅了张玉能先生的文章《论人的自然化与审美》(《福建论坛》2005年第8期),基本上采用了他的观点。

象，都是人的意识的一部分，是人的精神的无机界，是人必须事先进行加工以便享用和消化的精神食粮；同样，从实践领域说来，这些东西也是人的生活和人的活动的一部分"①。马克思这里所说的"人的自然化"——人是自然的一个部分。动物当然是自然界的一个部分，但是动物是自然的一个极其有限的、无意识的、不自由的部分，而人由于社会实践而成为具有"普遍性"的、有意识的、自由自觉的部分，所以，人就可以把自然界作为科学、艺术的对象，在自己的意识之中来把握从而成为"人的精神的无机界"，也就是"人的自然化"，这时人就成为不同于动物的自然存在物，这就是"人的人化"。而正是在社会实践中"事先进行加工"的自然界对于已经"人化"或"人的自然化"的人就成为科学和艺术的对象，即可以"享用和消化的精神食粮"——人对现实的认知关系和审美关系的对象。所以，只有人真正地"自然化"成为真正的人，自然界成为属人的"人化的自然"，这才有人对现实的审美关系，也才有了美和美感以及艺术。由此我们可以看到，生态环境的影响，贯穿在人的实践活动和审美活动全部过程中，一直是起着基础性的重要作用。这种影响作用又不是静止的，而是历史发展的，在不同的时代有各自独特的历史特征。在环境问题日益严重的今天，人与自然和谐统一的生态环境，不仅是实践活动的必要前提，而且还是可持续发展的不能忽视的目标。

人与自然的和谐统一是指人真正成为自然界的一个组成部分，而不是一个对立的或外在的部分，这是一种自然与人的理想境界，也是一个不断地由必然王国到自由王国的过程。当人过分地"征服"自然界的时候，由于忽视了自然界的规律（尺度）的内化，从而自觉或不自觉地自外于自然界或与大自然处于对立的地位，就必然地要遭到自然界的报复。诚如恩格斯所说："一句话，动物仅仅利用外部自然界，简单地通过自身的存在在自然界中引起变化；而人则通过他所作出的改变来使自然界为自己的目的服务，

---

① 《马克思恩格斯全集》第42卷，人民出版社1979年版，第95页。

来支配自然界。这便是人同其他动物的最终的本质的差别，而造成这一差别的又是劳动。""但是我们不要过分陶醉于我们人类对自然界的胜利。对于每一次这样的胜利，自然界都对我们进行报复。……我们连同我们的肉、血和头脑都是属于自然界和存在于自然之中的；我们对自然界的全部统治力量，就在于我们比其他一切生物强，能够认识和正确运用自然规律。"（《自然辩证法·自然界与社会·劳动在从猿到人的转变中的作用》）①

实践存在论美学尝试把境界论运用到美学上，提出广义的美是一种人生境界。人是一种境界性的生存，人的生存也只有人的生存才讲境界。而人生境界是有层次的，审美活动极大扩展了人的生存世界，提升了人生境界。在这样的人生境界中，我们追求的是天人合一的生态文明。这种天人合一不同于远古蒙昧时期的天人合一，而是经过了原始社会混沌难分的天人合一，近代社会天人对立、人本天末之后，在现代高科技和新型文明的基础之上，天人和谐的合一，这是一种更高层面上的天人合一。这时，人才真正成为自由全面发展的人，也就是真正的人——天人合一的人。当然要创造这样的天人合一的和谐的新型文明，是一个极为复杂、极为艰巨的系统工程，需要高瞻远瞩的长期规划，还需要锲而不舍的努力。但是，我们必须要有这样的一个明确的目标，也只有有了这个目标我们的实践也才能更加坚实地进行下去。而实践存在论美学和生态美学，正是为我们构建这种天人和谐的新型文明提供理论上的支持，而最终实现人的自由全面地发展。

[原文发表于《济南大学学报》(社会科学版)2019年第6期]

---

① 《马克思恩格斯选集》第4卷，人民出版社1995年版，第382—384页。

中西生态美学的研究分歧浅议

朱　璟*

　　20世纪的工业技术跃进与经济发展，在提升人类物质生活水平的同时，也侵蚀了其赖以生存的自然环境。面临新的威胁与挑战，人类也不得不重新反思自身与整个地球生态的关系。在此背景下，生态问题成为西方学界的一个新议题与研究热点，有关讨论也体现出生态美学思想。中国美学研究者迅速注意到了这一议题与研究方向，对之加以中国视角的解读与分析，并在21世纪初最终形成了颇为可观的生态美学研究成果。在生态美学逐渐本土化的过程中，其视域广度、理论深度不断得到拓展与开掘，同时，其思考起点、精神品格与理论诉求也发生着流变甚至位移。本文试图从这三个方面思考生态美学本土化过程中的相关问题，在中西方研究思路的比照中，管窥中国生态美学的研究侧重与理论特色。

　　一、天人注我与我注天人

　　天人关系是生态美学本土化中的重要话题，亦被视为中西生态美学的

　　* 朱璟，杭州师范大学艺术教育研究院讲师。

重要联结点。虽然"天人相合"可以概述为中西生态美学的普遍追求，但考察双方研究者对天人关系的思考实质，可以发现二者其实有着不同的思考起点，对于天与人有着各自的侧重。

西方生态美学的产生，主要源于生物学基础上的生态学的发展，以及对人类赖以生存的环境问题的反思。其研究对象是由科学技术的发展所催生，研究内容是人所在的自然环境与世界结构，哲学或美学只是提供了观察视角与思考方式。这些特质无不说明西方生态美学的根基与中心都在于人类自身，因为科学技术是极有代表性的以人类为中心去认识与改造世界的方式，而且西方生态美学的研究内容也是人对所在世界的重新阐释。这一研究议题的产生，即在于人类以自身为中心去度量自然世界及企望改天换地的过程中陷入了新的困局，以此来为自身的发展开辟新途。

莱切尔·卡逊出版于1962年的《寂静的春天》对生态美学产生过重要影响，她通过此书呼吁人类关注其他物种的生存及生态圈的平衡，警惕化学制品的滥用及其对地球生态造成的灾难性后果，但其立足点很明确地是从人类的切身利益出发。她写道："现在，我们正站在两条道路的交叉口上。这两条道路完全不一样。……我们长期以来一直行驶的这条道路使人容易错认为是一条舒适的、平坦的超级公路，我们能在上面高速前进。实际上，在这条路的终点却有灾难等待着。这条路的另一条岔路——一条很少有人走的岔路——为我们提供了最后唯一的机会让我们保住我们的地球。"[1]问题的实质在于人类自身能否平安驶过历史发展之路，保住地球，也即保住人类命运的唯一出口。佩西基于生态整体主义所提倡的"新人道主义"，也是"从人的总体性和最终性上来看人，从生活的连续性上来看生活"[2]。至20世纪70年代，西方学者对生态的关注更甚，也是他们"开始意

---

① ［美］R.卡逊：《寂静的春天》，吕瑞兰译，科学出版社1979年版，第292页。

② 徐崇温：《全球问题和"人类困境"——罗马俱乐部的思想与活动》，辽宁人民出版社1986年版，第322—323页。

识到，'生态灭绝'也可以导致人类文明的终结"。这对于他们来说，乃是一场人类自救运动，毕竟，"至少在我们星球上，人类具有最高的内在价值"①。

因此，从根本上说，西方生态美学对自然与人类的思考，即所谓对天人关系的思考，实则仍是一种人类自我的外化，是对人类自我力量的重新分配，使之在新的文明阶段中获得新的发展平衡。于是，其生态美学中的天人关系，仍是对人类自我的注解，可以说是某种形式的"天人注我"。

反观中国对生态美学天人合一理念的阐释，则更多是来自于对古代中国传统天人观的汲取与发挥。生态美学最早进入中国学者的研究视野，即与中国传统的"天人观"相呼应。虽然，1987年鲍昌在《文学艺术新术语词典》中首次提出"文艺生态学"概念，将文艺研究与自然、社会环境进行动态结合，但是，首次明确以中国生态美学视角来思考艺术形式的，却是台湾学者杨英风在1991年发表的《从中国生态美学瞻望中国建筑的未来》一文。其中，杨氏认为中国建筑应从传统的"天人合一"等思想观念中汲取设计智慧，成就"自然、朴实、圆融、健康"的居住环境②。后来的中国生态美学对"天人合一"这一哲学思想的生态学意蕴进行了更深入的阐释，在这样的阐释中，"天"与"道"的地位更见凸显，"人"则消融于天、道的自然大化里。比如就中国"天人合一"思想传统的内部倾向来说，儒家"天人合一"思想侧重于人道，道家"天人合一"思想侧重于天道，而目前的中国生态美学显然更多地取径于道家一派。并且，道家体现"天人合一"哲思的"道法自然"理论，则被认为是"世界上最早的，也是最彻底的深层生态学思想"，而"道家思想更成为人类古代彻底而完备的生态哲学与美学理论的可贵财富"。在此，人的主体性让位于道的本体性，在这一本体中即可

————————

① ［美］大卫·格里芬：《和谐，或者灭绝》，见程相占：《国际生态美学精粹》，《南阳师范学院学报》2012年第5期。

② 参见杨英风：《从中国生态美学瞻望中国建筑的未来》，《建筑学报》1991年第1期。

完成对生态哲学与美学思想的解释："道法自然"之宇宙万物运行规律理论，"道为天下母"之宇宙万物诞育根源理论，"万物齐一"之人与自然万物平等关系理论，"天倪"论之生物环链思想，"心斋"与"坐忘"之古典生态现象学思想，"至德之世"之古典生态社会理想等①。李庆本在论述《周易》与生态美学的关联时，也提道："《周易》所关注的生命是在生态整体论意义上的生命，而不仅仅是人的个体生命意志。或者更准确地说，《周易》是将人的个体生命置于无机物与有机物、植物与动物、自然与社会、天文与人文相统一的整个天地宇宙观的层面来加以审视的。'生生为易'，说的就是使生命得以孕育生长的道理。"②可以看出，在中国传统的天人关系中，人处于一个对天、道进行参赞的地位；不像在西方生态美学中，作为整体的人重估自身在天地间的位置，中国的天人合一是基本消弭了个体意志的人性向天道、道体的皈依。在此，"我"作为生生之道的注脚，去标注"天人"关系。

二、直面现实与承接传统

中西生态美学之精神品格的差异，通过前文所论其各自对天人观的认识即有所折射：西方对生态美学的研究主要是对现实问题作答，直面现实而寻求思想文化方面的解决方案；而中国对生态美学的研究则更多的是从文化传统中寻求理论资源，承上启下地完成学术思想方面的对接与贯通。

美国生态学家奥尔多·利奥波德（Aldo Leopold）1949年出版的《沙郡年记》往往被认为是西方生态美学的起源之作，这部著作正是为了呼吁人们注意当时野生生物与土地资源所面临的危境。作者不仅是一位学者，其社会身份更是一位林业局工作人员，他的希望是"试图用铲子和斧头在这里

---

① 参见曾繁仁：《当代生态文明视野中的生态美学观》，《文学评论》2005年第4期。

② 李庆本：《〈周易〉与生态美学》，《走向跨文化研究的艺术美学》，上海三联书店2019年版，第213页。

重建我们在其他地方失去的东西"①。解决现实问题的属性非常鲜明。国外生态美学的真正开展也伴着对具体现实问题的分析与实证研究。1990年，美国学者理查德·E.切努维斯和保罗·H.高博斯特的《景观审美体验的本质和生态》，即从生态美学的角度对景观审美体验进行了实证研究。随后，高博斯特又连续发表了《生态系统管理实践中的森林美学、生物多样性、感知适应性》《服务于森林景观管理的生态审美》《〈森林与景观：生态、可持续性与美学〉导言》等多篇重要论文，正是这些对生态审美过程中现实问题的考察，使高博斯特成为国外颇有影响力的生态美学家。及至21世纪初，欧美生态美学关注现实问题的倾向仍很明显，往往以具体的个案分析来对生态审美的价值与功用进行发微。如加拿大不列颠哥伦比亚大学森林资源管理学院教授夏庞德（S. R. J. Sheppard）于2001年发表的《超越风景资源管理：正在形成的生态美学理论和可视化管理》，通过分析加拿大不列颠哥伦比亚省的林业管理系统的状况，提出了可视化管理理论。主张以该理论为核心，结合生态审美，探索协调工业生产、人民生活和生态可持续发展的林业管理法则。以此方式可以具体分析生态美学在景观设计和管理中的作用，探讨美学在影响景观变化上的重要性以及美学与生态学的对立和互补，凸显了生态美学的实践品性。另有波兰生态美学研究者马尔塔·泽澳莱克（Marta Ziolek）等人于2005年发表的以《景观美学与生态美学》为题的调查报告，采用田野调查法，以波兰国家公园为案例，利用张贴在互联网上的系列照片，收集了人们对于有关景观感受的大量问卷，证实了景观美学和生态美学是一致的②。

相比而言，中国的研究者更多地把生态美学作为一个新的研究视角，去开掘与阐释中国文化传统中的美学思想与生态智慧。有研究者即把生态

_____

① ［美］奥尔多·利奥波德：《沙郡年记》，王铁铭译，广西师范大学出版社2014年版，初版序言。

② 参见李庆本：《国外生态美学状况》，《中南民族大学学报》（人文社会科学版）2008年第5期。

美学的本源性归为超越主客的"大道性"，体现着本质与现象未分、源泉涌动的大化流行①。相比于西方生态美学鲜明地以解决经济、社会发展中的问题为导向，中国生态美学的一个重要导向是解决当代中国美学与传统哲思的继承与对接问题，并认为生态美学提供了一个融合中国古今美学传统的历史机遇。生态美学批判的是西方工业革命时代的工具理性与逻各斯中心主义，而中国古代的美学思想正与此大相径庭，所以"包括'中和论''生生之美'在内的各种哲学与美学思想将会发挥出弥补工业革命科技文化弊端的重要作用，成为在某种程度上拯救文明危机的良方"②。程相占以《周易》等中国古代典籍为依据，提出了生态美学的"生生论立场"："生生理念可以用生态学的话语来解释——地球生态圈孕育了生命并承载着生命，用中国古代哲学话语来解释就是'天地之大德曰生'（《周易·系辞传》），'生生之谓易'——天地间有一种神秘、神奇的自然力量，正是它化育了万物、养育了万物，它就是中国哲学所推崇的'生生之道'，也就是天地万物的'本体'。"③他以这种思路和观念为基础而构建了"生生美学"，进而搭建起其生态美学的思想体系。还有学者从中国传统文化的根本特点出发，认为中国生态美学建立于作为中国传统文化底色的水文化根基之上，表现为一种植根于水文化而极富水的意蕴的生命活动论生态美学形态，并由此构成其独有的原生性特质。以此考察中国传统艺术形式，认为独具中国特色的山水诗、山水画、山水建筑与山水园林等山水艺术中具体体现着这类特质，呈现出特有的生态智慧与美学魅力，以此作为建设中国美学的传统资源④。

中西生态美学在精神品格方面之所以有此不同，至少有两方面的原因。

---

① 刘恒健：《论生态美学的本源性——生态美学：一种新视域》，《陕西师范大学学报》（哲学社会科学版）2001年第2期。

② 曾繁仁：《中西对话中的中国生态美学》，《西南民族大学学报》（人文社会科学版）2017年第2期。

③ 程相占：《生态美学的中国话语》，《江苏行政学院学报》2016年第3期。

④ 参见李自雄：《论中国生态美学的原生性及其美学形态》，《中州学刊》2014年第1期。

一是中国作为后起的迈向经济现代化的国家，其当下所面临的自然与环境问题，虽然也相当严重，政府亦制订了相关举措，但民族前进与发展的豪情也不可避免地在一定程度上减弱了民众对于生态建设的注意力。所以其对解决现实生态问题的紧迫感，与经过三个世纪工业文明洗礼并经受过生态破坏之痛的西方国家相比，自然不是如此强烈。二是与西方相比，作为具有悠久历史的农业文明国家，中国的传统文化中确实蕴藏着丰富的生态智慧资源，为新时期生态美学的理论建设提供了天然条件。当然，这同时也提醒我们，当代生态美学是经过工业文明与现代化浪潮冲击后的文化反思，与古代中国那种前现代的生态智慧有着时代的鸿沟，所以我们在以古代智慧阐释生态美学的理论话语时，应充分考虑当下的经济、科技现状，真正实现承古接今的有机融合。

三、整体突围与自我破局

就像许多西方生态美学研究者往往同时具有生态学者、景观设计师等多重身份一样，西方的生态美学也直接指向科技、经济甚至政治等领域。其"研究视野从自然和环境扩大到由自然—社会—人构成的整个生态系统"①，思考的着眼点是当代科技、社会与自然作为一个生态整体，体现了怎样的发展趋势以及如何实现人类族群的良性发展。中国目前的生态美学研究，则基本局限于美学领域，主要是对中国美学自身研究的反思与寻求突破。这是中西方生态美学在理论诉求方面的差异。

西方学者认为生态美学的思想应与其他社会领域相联结，才能实现其诉求，如体现于经济运行方面，"人与自然的和谐相处必须反映在我们的经济体系中，否则，我们将会被卷入到无休止的战争之中"②。西方生态美学与

① 李庆本：《国外生态美学状况》，《中南民族大学学报》（人文社会科学版）2008年第5期。

② ［美］大卫·格里芬：《和谐，或者灭绝》，见程相占：《国际生态美学精粹》，《南阳师范学院学报》2012第5期。

科技、社会的联系是如此紧密，使得西方当代科技及人类学领域的一些论著也体现着美学色彩，若以生态美学视之亦不为过。如近些年在民众中影响力颇大的凯文·凯利的《失控》与尤瓦尔·赫拉利的《人类简史》即含有生态学思想，并反映出具有时代特点的美学色彩。

凯文·凯利以信息技术为基础，描述了当代及未来社会生态得以维持的第三种透明介质[①]："后现代人类在成形的第三种透明介质中畅游，即每一种现实都能够数字化，即人类每一次集体活动的测量都可以通过网络传输，即每个个体生命的生活轨迹都可以变形为数字，并且通过线路发送。这个联网的行星，已经变成了比特的洪流，在玻璃纤维、数据库和各种输入设备组成的清澈壳体里流动。"[②]这样的介质催生出前所未有的丰富讯息，也营造出极为丰富的科技生态圈。而这个生态圈的繁衍规则，也存在类似于生命衍生的"进化"。在互联网络的代码世界，一串数字或文字可以相当于一段基因，隐含着一个生命孕育的公式，可以按这个公式用像素点绘出图案。计算机只需要基本的数字字母输入，之后根据几条简单运算法则，甚至没有法则地运转、组合、变异和交配，就能衍化出无穷无尽的图文世界。有了进化的模式，这种无穷尽就突破僵硬的空间，而成为时间上的无穷尽。组合和变异也充满了不定性和流动性，蕴藏着与造化同功的创生力，于是这种创生图文的方式，因为被赋予了生命的灵性，其创生过程也可视为科技生态圈中的审美创造。就像一位计算机专家所说，"我使用进化方法是出于两个目的：一是为了繁育出我不可能想象到的、也不可能凭其他方式发现的东西；二是为了创造出我可能想象到的、但永远没有时间去细化的东西"[③]。当他以此方式来进行创造，何其相似于灵感迸发、逸兴遄飞的艺术家借由造物之力创造出的旷世之作？其实他也本没有刻意创造什么，一切只

---

① 前两种为水和空气，透明介质是生命得以形成的基础（笔者注）。

② ［美］凯文·凯利：《失控》，东西文库译，新星出版社2011年版，第654页。

③ ［美］凯文·凯利：《失控》，东西文库译，新星出版社2011年版，第403页。

能是偶遇而已：这些演化和变异时刻不停地进行着，不同形象在瞬间消逝又诞生。积极地创生，无情地摧毁，这完全是个失去人类控制的自发流变的奇妙空间，日神精神和酒神精神在其中得到直观生动、酣畅淋漓的自由展现，这不啻为一个能以审美视之的生态系统。

对于人类生命的价值与意义，凯利也以科技视角把其置入天地大化的演变中进行了富有美感的论说："关于人工生命，要记住的最重要部分是，所谓人工，不是指生命，而是指材料。……当我们忙于创造一个个超生命的新形式时，我们的脑海中悄然出现了一个令人不安的想法：生命在利用我们。有机的碳基生命只不过是超生命进化为物质形式的第一步而已。生命征服了碳。而如今，在池塘杂草和翠鸟的伪装下，生命骚动着想侵入水晶、电线、生化凝胶，以及神经和硅的组合物。……人造生命正试图来到这个世界，它们在利用我来繁衍和实现它们。……人类的地位——所谓仁者见仁，智者见智——极可能仅仅是超生命匆匆路过的驿站，也可能是通往开放宇宙的必经之门。'随着人工生命的出现，我们也许是第一个创造自己接班人的物种。'"[1]这样的思考当然也突破了人类中心主义，并以宏观生态观审视人类族群的存在意义，在思索与表述中流露出别样的美感甚至崇高感。固然，此类著作很难被视为严格意义上的生态美学论著，但在当代它们正产生着巨大的影响，并且其中蕴含着丰富的生态美学思想，反映出西方生态美学的当代特点，即与其他人类知识领域的紧密联姻，甚至在科技、生物学等领域的研究成果中自然涌现出生态美学的理论风貌。

中国学者也注意到了生态美学背后联结着的广袤知识背景，如曾繁仁早在2001年即提出对于生态美学，有狭义与广义两种理解，"狭义的生态美学着眼于人与自然环境的生态审美关系，提出特殊的生态美范畴。而广义的生态美学则包括人与自然、社会以及自身的生态审美关系，是一种符合

---

[1] ［美］凯文·凯利：《失控》，东西文库译，新星出版社2011年版，第514—519页。

生态规律的存在论美学观"①。但饶是以广义的生态美学来进行的研究，仍是以美学的内在思路去解读人与外界的关系，虽然其研究对象的领域已经大为拓展。这仍将是美学自身的问题，而不是与人类的知识整体相联动并自然涌现出新的审美样态。

中国生态美学更多地在美学的自身语境中展开理论建构，其原因也与当下中国美学的发展需要相关。生态美学本土化需要理论对接的抓手，因为马克思美学在当代中国有着巨大影响力，与其进行关联并对二者关系进行阐明乃是势在必行之举。如曾繁仁倡导"将我们的生态美学观奠定在马克思的唯物实践存在论的哲学基础之上"，并认为"这一点在我国具有特别重要的意义，它可以成为新的生态美学与传统的实践美学相衔接的桥梁。实践美学是新中国成立后美学研究的重要成果，在当时具有重要的理论价值和时代先进性，但随着社会文化与哲学的转型，实践美学必然要随之发展并被新的理论观念所超越。当代生态美学观的提出就是对实践美学的一种超越，但这种超越又不是对实践美学的抛弃，而是建立于对实践美学继承的基础之上"②。刘成纪把生态美学放在实践美学、作为后实践美学之一的生命美学这一序列之后，认为其能够使"人与自然在生命基础上重建和谐共存的关系"③，代表了中国美学的发展趋向。

在此方面，中西方学者对生态审美是否需要强调科学认知这一问题的回答，也大致反映了各自的旨趣。因为西方生态美学注重与人类文化整体的联结，所以多要求审美者有一定的科学素养与生态知识积累。著名环境美学家卡尔松也往往被认为是生态美学的研究者，他倡导人们在对自然环境进行审美观照时，应该具备相应的自然科学知识，方能领会其中真意：

① 曾繁仁：《生态美学：后现代语境下崭新的生态存在论美学观》，《陕西师范大学学报》（哲学社会科学版）2002年第3期。

② 曾繁仁：《当代生态文明视野中的生态美学观》，《文学评论》2005年第4期。

③ 参见刘成纪：《从实践、生命走向生态——新时期中国美学的理论进程》，《陕西师范大学学报》（哲学社会科学版）2001年第2期。

"欣赏自然环境时，此类知识将对我们的审美意义作适当聚焦，对我们所观照的具体自然对象作适当界定。唯此，我们对自然环境的欣赏方可成为审美欣赏。"①

而中国研究者多认为，如果生态美学与生态知识、环境科学等相联甚密，将不免面临"功利性"的质疑，这与中国固有的美学认知相龃龉，所以有国内研究者冀望仍以中国传统的美学话语与审美核心命题来建构中国生态美学的理论体系，如以境界论等命题解释生态美学对科学知识的倚重，以确认"生态美学"的合法性②。这是以传统美学的已有命题解释当下的科学技术的价值与意义，一方面彰显了中国传统美学的巨大生命力，另一方面，也是以中国美学的闭合回路来圈定生态美学的理论范畴，是对真正接纳科学知识成为审美重要组成部分的柔性拒斥。

关于科学知识和审美的关系是生态美学中的重要议题，对科学知识以及其他领域、学科知识的开放与融合程度，虽然大体上能反映中西生态美学的观点差异，但并不能以此对二者进行断然划分。因为国内也有生态美学研究者支持科学认知在审美中的重要地位，如程相占把必要的生态知识作为生态审美的要点之一："生态审美必须借助自然科学知识、特别是生态学知识来引起好奇心和联想，进而激发想象和情感；没有基本的生态知识就无法进行生态审美。"③而西方也有研究者提议不应过分注重科学知识在生态与环境审美中所起的作用，如伯林特虽然认同"科学可以有助于我们理解和欣赏环境体验及其价值。当科学知识使我们对我们的环境交往具有更强的感知力时，它就是与审美相关的，而且能够提高我们的欣赏感受"。但同时，他对科学知识能在审美中获得"具有普适性的诠释模型的大一统

---

① ［加］艾伦·卡尔松：《从自然到人文——艾伦·卡尔松环境美学文选》，薛富兴译，广西师范大学出版社2012年版，第51页。

② 参见张文：《境界论与生态美学的理论建构》，《学习与探索》2017年第12期。

③ 程相占：《论生态审美的四个要点》，《天津社会科学》2013年第5期。

地位"①表示疑问，批评这将导致人们对真实审美体验的忽视。

通过以上三个方面的粗浅梳理与对比，我们能大致看出中西生态美学在各自发展中所展现的不同理论风貌。如果说西方传统哲学与美学存在人类中心主义的痼疾，那么，其生态美学就像人类中心主义中的那个"人类"整体从固有思维困局中迈出脚步，重新审视天地与自身。因此，她不免带有人类中心的精神残痕，仍是以自身为基础去重估天人关系，只是不再停留在以自我为中心的自私自大，而是对自然有了更多的理解与尊敬；她所要解决的问题，也是在自身发展过程中所面临的实际困惑；这一困境是由其所在文化系统的科学、经济等领域的发展共同造成的，因而要消解这一困境，她必然要联合整个文化生态以思考破解之方。但中国生态美学没有人类中心主义的先在羁绊，也缺乏产生类似生存困境的工业、经济与社会等历史肇因，所以其研究的出发点与诉求更集中在中国当代美学的自身建构方面，期望在当代学术与传统智慧的碰撞交织中描绘新的理论蓝图。

［原文发表于《济南大学学报》（社会科学版）2019年第6期］

---

① 参见［美］阿诺德·伯林特、李素杰：《生态美学的几点问题》，《东岳论丛》2016年第4期。

马克思"生产美学"视域下的当代美学重建

王济远　宁秀丽*

　　一反西方文化几千年形而上学的认识论美学传统，马克思把劳动这种人的感性存在作为美学研究的出发点和核心，其"生产美学"标志着现代美学的真正开端："美"不再是传统意义上的某种抽象实体，而是一种为历史和社会实践所规定的存在方式。马克思"生产美学"作为一种直面现代社会发展历史进程的解放力量，它有两个基本向度：一是阐述劳动作为人的第一需要，"自由自觉"是劳动目的，人在劳动中实现自己；二是批判人类文明社会以来的劳动异化尤其是资本主义社会的劳动异化。马克思"生产美学"的批判向度被后来的西方马克思主义者所继承，其思想影响力之大，即使在"消费主义"盛行的今天仍然显示出强大的批判力；而作为"生产美学"核心的"自由自觉"向度则长期以来被忽视，这一美学思想在文化产业艺术化时代的审美价值重建中无疑具有重大理论意义。

---

　　* 王济远，博士，济南大学文化产业研究中心教授；宁秀丽，济南大学历史与文化产业学院副教授。

一、马克思"生产美学"的提出

所谓马克思"生产美学",并不是说马克思曾经在他的著作中提出过"生产美学",而是指其关于美与艺术的很多重要理论与思考,都以人类社会劳动和物质生产实践活动为基点逐步展开,强调生产劳动在其中的基础地位,这一特点在马克思系列著作中一以贯之。在西方美学史上,这既与马克思以前的以本体论为基础的认识论美学区分开来,也是马克思以后的西方马克思主义者一味注重文化分析和文化批判的美学趣味所无法掩盖或是替代的。其实,马克思不是西方传统意义上的美学家,也没有专门的研究美与艺术的学术著作,但是,他在《1844年经济学哲学手稿》《德意志意识形态》《关于费尔巴哈的提纲》和《资本论》等一系列著作中关于劳动生产的美学思考和美学主张,是现代美学史上非常重要的美学理论,为方便表述,本文暂且称之为"生产美学"。由于马克思当年被看作是经济学家或是革命家,其美学理论在那个时代被有意或是无意地忽视了。

在马克思看来,最初的人类"劳动首先是人和自然之间互动的过程,是人以自身的活动来引起、调整和控制人和自然的物质变换的过程。人自身作为一种自然力与自然相对立。为了在对自身生活有用的形式上占有自然物质,人就使他身上的自然力——臂和腿、头和手运动起来。当他通过这种运动作用于他身外的自然并改变自然时,也就同时改变他自身的自然。他使自身的自然中沉睡着的潜力发挥出来,并且使这种力的活动受他自己控制。"①劳动如何使人"自身的自然中沉睡着的潜力发挥出来,并且使这种力的活动受他自己控制",马克思在另一处有更为细致的论述,"人类所特有的那种劳动。蜘蛛结网,颇似织工纺织;蜜蜂用蜡来造蜂房,使许多人类建筑师都感到惭愧。但是,就连最拙劣的建筑师也比最灵巧的蜜蜂要高明。因为建筑师在着手用蜡来建造蜂房之前,就已经在头脑里把那

---

① 《马克思恩格斯全集》第2卷,人民出版社1972年版,第202页。

蜂房构成了。劳动结束时所取得的成果在劳动过程开始时就已存在于劳动者的观念中了，已经以观念的形式存在着了。他不仅造成自然物的一种形态改变，同时还在自然中实现了他所意识到的目的。这个目的就给他的劳动的方式和方法规定了法则（或法律）"①。劳承万先生对此有着极为精到的解释，他认为这段话点明了四个问题：首先，人类所特有的劳动（生产劳动），不同于动物（蜜蜂）的本能行为。其次，人类劳动比动物的本能行为高明之处就在于："劳动结束时所取得的成果在劳动开始时就已存在于劳动者的观念中了"，即"已经以观念的形式存在着了"——劳动成果（产品）作为一种观念，早已存在于劳动活动之前。第三，劳动的结果具有二重性，一方面形成了物质产品（自然物的一种形态改变）。另一方面，就在这产品中实现了"他所意识到的目的"（观念的证成）。最后，由于人类劳动总是有目的的，故为实现这个目的之要求，便"给他的动作的方式和方法规定了法则（或法律）"——劳动之目的展望，引发和规定了实现这个目的方式、方法（目的决定方法）②。

也就是说，劳动首先有物质性和功利性的一面，即通过"自然的物质变换"占有"对自身生活有用的"自然物质。但动物也通过劳动获得物质产品，仅就劳动的物质性和功利性而言并不能把人与动物区别开来。因此，马克思强调人类劳动本身在改变自然时也"改变他自身的自然"，"他使自身的自然中沉睡着的潜力发挥出来，并且使这种力的活动受他自己控制。"人类这种对自身"潜力"的"发挥"和"控制"就是马克思一再强调的人类劳动的"自由自觉性"，人与动物的根本区别在于这种具有"自由自觉性"的"人类特有的劳动"。也就是说，人不仅享受劳动结束后所获得的物质产品，也享受劳动过程中的对自身"潜力"的"发挥"和"控制"的"自由自

① 《马克思恩格斯全集》第3卷，人民出版社1972年版，第262页。
② 劳承万：《马克思美学与艺术观念之溯源与求真》，《马克思主义美学研究》2015年第1期。

觉性"，这种"自由自觉性"是人对自身力量的确证。对于人在劳动中如何发挥和控制自身的潜力，马克思后来又提出人类劳动理应"按照美的规律来构造"的论断。劳动者这种"按照美的规律来构造"的"自由自觉"的劳动在给人带来劳动产品的同时也伴随着生产过程本身所带来的满足和美感。在这个意义上，马克思认为，劳动不单单是人类获取物质财富的手段，"劳动还是人的第一需要"①，劳动使人实现自我，使人真正成为人。所谓"劳动创造了美"，所谓"按照美的规律来构造"，就是说这种实现了自我的生产劳动是美的，同时这种美也是在生产劳动过程中生成和呈现的，是人生产劳动本身的创造。人在劳动中享受劳动的过程，享受劳动生产过程产生的美感。而一旦剥夺劳动的这种自由自觉和创造性，劳动就失去了自由的特征，成为单纯获取财富的手段的动物性的活动，而不再是劳动者对劳动的第一需要了。对此，恩格斯有着更为明晰的解释："生产劳动给每一个人提供全面发展和表现自己全部的体力和脑力的能力的机会……生产劳动就从一种负担变成一种快乐。"②要言之，在马克思看来，真正的人类劳动是劳动者享受生产劳动所带来的人的感觉的全面丰富性，享受生产过程所带来的自我实现的满足和美感，而绝不只是简单地生产人所需要的物质产品，仅仅把生命活动变成维持劳动者生存的手段。这是马克思生产美学的重要观点，亦是本文所指之马克思的"生产美学"。

　　西方传统美学长期以来主要探讨美的本质问题，柏拉图的《对话录》中关于美本质的争论路人皆知。柏拉图说："如果有人对我说，某个特定事物之所以是美的，因为它有绚丽的色彩、形状或其他属性，我都将置之不理。我发现它们全都令我混乱不堪。我要简洁明了地，或者简直是愚蠢地坚持这样一种解释：某事物之所以是美的，乃是因为绝对的美出现于它之上或者该事物与绝对的美有某种联系，而无论这种联系方式是什么。我现在不想追究那些细节，而只想坚持这样一个事实，依靠美本身，美的事物才成

———————

①② 《马克思恩格斯全集》第3卷，人民出版社1972年版，第12页、第333页。

为美的。"①柏拉图的意思是说，人们日常生活中感受到的美的现象，并非真正的"美"，只有那些隐藏在现象背后那个"绝对的美"才是真正的"美本身"，这个"美本身"在柏拉图那儿就是超感性的神，就是"理式"，在中世纪就是"上帝"，到了黑格尔那儿就是"理念"。这种本体论美学对后世的影响是巨大的，怀海特说，西方两千多年的文化不过是柏拉图的注脚，这一点在西方美学领域尤为典型。人对美的认识与人自身的认识有关，从古希腊到中世纪，人始终生活在神的阴影下。因此，人们认为真正的美应该是超越感性世界的"理式""上帝"而非日常的感性现象。文艺复兴以后尤其是启蒙运动以来，科学技术和生产力的飞速发展，人从神的禁锢下解放出来，比如这一时期的以哲学家斯宾诺莎等人为代表的哲学思想就极力表现出把人和自然界从宗教思想的束缚里解放出来；同时，资本主义大工业生产不仅急剧扩大财富，也使人类空前自信，新兴资产阶级需要一种新的艺术、美学思想和新道德。顺应时代需要，康德、黑格尔开启了哲学美学的现代性原则，康德美学的突出处和新颖点即是他第一次在哲学历史里严格、系统地为"审美"划出一个独自的领域，即人类心意里的一个特殊的情绪状态，情绪表现为认识与意志之间的中介体，就像判断力在悟性和理性之间。他在审美领域里强调了"主观能动性"。由此美学研究重心不再关注美本身而是关注审美，美不再是神或是上帝的赋予而是人自身的心理因素。如果说，主体自由是现代性的核心，那么可以说，康德开启了现代美学。但是，尽管如李泽厚所说，整个康德哲学的真正核心、出发点和基础是社会性的"人"，康德要解决自然与社会、认识与伦理、感性与理性的对峙，统一它们的最终办法，是要找出它们之间有一种过渡和实现这种过渡的中介和桥梁。不过康德所找到的这种中介和桥梁，即所谓的"判断力"，只是人的一种特殊心理功能。审美判断只是沟通其《纯粹理性批判》和《实践理性批判》的桥梁，美学只是康德认识论哲学的一个组成部分而已。这

① 《柏拉图全集》，人民出版社2002年版，第109页。

样，康德就把美学完全局限在了心理状态。

马克思的"生产美学"则从现实的人的存在出发，提出"人按照美的规律来创造"，人的自由自觉的劳动是人之所以为人的根本所在。马克思关于美与艺术的思考不再局限于西方美学的理性传统，而是深植于历史唯物主义之中。历史唯物主义是马克思学说的基础，马克思关于美学与艺术的思考，其出发点是人类社会实践的现实存在，即物质生产劳动，正如他本人所说，"过去的一切哲学都是为了解释世界，而问题在于改变世界。"这种强烈的社会实践观念使马克思的"生产美学"达到了一个高度，正是在这个意义上我们说，马克思的"生产美学"是现代美学的真正开端。也正是在这个意义上，朱光潜认为马克思美学是西方美学史上的一次革命，具有重大历史和现实意义。

二、马克思"生产美学"是对资本主义异化劳动的批判

"生产劳动创造了美"，这只是问题的一个方面。另一方面，人类进入文明社会，随着生产力发展、社会化大分工和私有财产的出现，劳动过程逐渐发生变化，劳动本身遭遇异化。"在私有制的前提下我的个性同我自己疏远到这种程度，以致这种活动为我所痛恨，它对我来说是一种痛恨，更正确地说，只是活动的假象。因此劳动在这里也仅仅是一种被迫的活动，它加在我身上仅仅是由于外在的、偶然的需要，而不是由于内在的必然的需要。"[①]而且劳动的这种异化随着资本主义的到来越发严重。在某种意义上可以说，马克思"生产美学"的提出本身就是针对批判资本主义社会严重异化的劳动而提出来的，正是在研究人类劳动的历史发展过程中，马克思发现了"生产美学"；而在研究资本主义生产关系中，马克思发现了异化劳动。关于异化劳动，马克思是这样论述的，"外在劳动（异化劳动），人把自己外化于其中的劳动，是一种自我牺牲、自我折磨的劳动。……他自己

---

① 《马克思恩格斯全集》第4卷，人民出版社1972年版，第38页。

在劳动过程中也不属于他自己，而是属于别人。在宗教中，人的幻想、人的头脑和人的心灵的自己活动是不以个人为转移地作用于个人的……劳动者的活动属于别人，它是劳动者自身的丧失"①。此即是说，人的劳动，按其本义来说，是人的一种生命活动，它是自由活泼的，故有目的之开端，也有其"终极目的"。但异化劳动，则完全剥夺了这种生命活动的特质，成为"自身的丧失"。在此等"非人化"的状况下，人的"主观形式"系统全被摧毁了，人成了"非人"，甚至连动物都不如。

人类进入文明社会以来，劳动遭遇异化已久。文明的发展和私有观念的出现，尤其是阶级社会的来临，劳动逐渐沦为单纯的生产和获取物质财富的方式和手段，劳动也因劳动者失去了"自由自觉"而变得具有强迫性质。劳动不再是原初意义上那种"人的第一需要"，而是成为谋取生存而不得不为之的苦役，这种趋势在进入资本主义社会后更是登峰造极。马克思在考察资本主义社会以前的人类历史时发现，传统社会尽管劳动已经出现异化，但是在某些劳动领域仍然保存了"劳动"原初的意义，劳动本原意义上的"自由自觉"还隐约可见，最为典型的就是传统的手工业劳动。这一点，马克思在《资本论》中作了详尽的说明和论证。比如传统社会（资本主义工场手工业生产之前）手工艺生产，就具有"半艺术"性质，传统的手工业劳动者"只注重质和使用价值……根本没有想到交换价值"。同时他们"每个人都在不同的工作中得到乐趣"②。这一点从"艺术"一词在西方文化中的演变也得到印证，古希腊原本把"艺术"称作"techne"，意即人类有目的的活动，泛指各种手工艺，乃至包括医疗、政治军事管理等活动，现代意义上的"art"逐渐收缩到文学、音乐、绘画等狭隘的"自由的艺术"领域，这从一个侧面反映了近代以来整个社会劳动遭到严重异化的现实。

其实，劳动异化是人类进入文明社会以来普遍的文化现象。文明社会

---

① 《马克思恩格斯全集》第1卷，人民出版社1972年版，第47—48页。
② 《马克思恩格斯全集》第1卷第404页引用《奥德赛》主人公阿喀琉斯语。

以来人们对劳动的排斥，最重要的原因就是劳动越来越远离其"自由自觉"的一面而沦为片面获取物质财富的手段。如果弱化劳动与物质财富的关系，去除劳动的强迫性，那么劳动就显露出其审美的光辉。从先秦孔子的"知之者不如好之者，好之者不如乐之者"的"乐之者"，到庄子寓言"庖丁解牛"中的"庖丁"，从历史上的"一代词人"南唐后主李煜[1]，到"千古画帝"宋徽宗赵佶，再到"木匠皇帝"明熹宗朱由校，都在说明这一道理，"乐之""解牛""咏词""作画"和"做木工"在这里真正成为人们的第一需要。文明社会话语体系里劳动与闲暇的对立原因正在于此，在原初意义上休闲、劳动和闲暇本身就有内在的共通性，但是文明社会的劳动却被片面地看成获取物质财富的方式。相反，我们从儿童的游戏，从游戏者对游戏的痴迷可以看到生产劳动审美的一面。在这个意义上，马克思的生产美学与当代西方休闲文化哲学在某种程度上具有共通性：休闲是一种观念和态度，休闲不是什么都不做，而是做你想做的事情，而这与劳动的自由自觉具有内在的共通性。从生产劳动中获得满足和愉悦与文化哲学意义上的休闲有共通之处，关于马克思生产美学与休闲的问题另文论述，此处不赘。

不仅如此，马克思通过从人类发展的历史和美学的角度考察劳动，从文化观念的角度深刻阐明文明社会以来尤其是私有制和阶级社会对人类劳动的异化，指出在将来的共产主义社会，劳动将回归它本来的面目。马克思在《资本论》中通过解剖资本主义社会必要劳动、剩余劳动和剩余价值的关系来揭示资本家利用资本对工人及其剩余劳动的无偿占有和剥削，号召工人组织起来通过谈判和罢工等方式和手段维护自身利益，要求资本家合理增加工资，反对资本家随意解雇工人、延长工作时间和提高劳动强度，以此维护自己的权利。马克思所处的19世纪中后期是批判现实主义艺术最发达的时代，马克思常常以19世纪现实主义艺术创作作品来论证和说明资

113

哲
学

---

① 孟祥才：《李煜终局：才位错置的悲剧》，《济南大学学报》（社会科学版）2017年第6期。

本主义金钱和资本对劳动的异化，他甚至评价法国现实主义作家巴尔扎克的小说创作比许多历史学家的著作还要重要。的确，19世纪的西方批判现实主义作家可谓灿若星河，艺术创作更是汗牛充栋，从雨果的《悲惨世界》到巴尔扎克的《人间喜剧》，从狄更斯的《艰难时世》到哈代《德伯家的苔丝》，从陀思妥耶夫斯基的《卡拉马佐夫兄弟》到托尔斯泰的《复活》，19世纪是西方资本主义经济大发展的时代，却也是资本主义社会"饥饿的时代"，高速发展并没有给农民、工人和小资产阶级带来生活和劳动条件的改善，而是极度的贫困和破产，劳资矛盾的加剧和社会的动荡不安。从19世纪法国作家福楼拜笔下的领奖台上感恩戴德的老农妇《包法利夫人》①到20世纪卓别林扮演的在机器前停不下来的工人查理，展示给我们的不仅仅是劳苦大众的饥饿与贫穷，更有劳动观念的异化，深入骨髓。我们看到了资本主义之劳动观念对普通人的毒害。而马克思在其以《资本论》为代表的一系列著作中，善于利用文学艺术典故，从古希腊神话到文艺复兴，从启蒙运动到19世纪文艺思潮，从但丁、塞万提斯到莎士比亚，从席勒、歌德到巴尔扎克等，其著作用典所涉几乎囊括作家本人所能见到的欧洲文学艺术史上所有代表性作家的作品。可以说，就是在当代历经现代主义和后现代主义洗礼的西方社会，与现代主义和后现代主义对异化劳动的批判和反省而言，马克思生产美学仍然有重要意义和价值。马克思生产美学既是对19世纪以来以批判现实主义为代表的西方文化艺术反对劳动异化的理论总结，也是对西方资本主义反对异化的美学升华。

三、当代"消费社会"的消费与生产

"消费社会"是对后工业社会或是后现代社会的另一种指称。在"消费社会"里，一方面科学技术和生产能力的巨大发展使得生产劳动和传统资本

---

① 《包法利夫人》描写市政府一个表彰大会上的一位老妇因终身勤奋被表彰，她表现出诚恐诚惶、感恩戴德的样子。见福楼拜《包法利夫人》，第361页。

主义社会有了很大差异；另一方面由于物质的丰裕和产品的过剩使得"消费"在整个生产、流通和消费环节中占据主导地位，进而影响整个社会生活和文化领域。

在"消费社会"里，传统意义上为满足生存必需的生产之主导地位已经不再，消费在整个社会生产和生活中占据主导位置。一般认为消费社会始于二战后的欧美等发达国家，但其实早在20世纪30年代前后的资本主义世界的经济危机，就已经预示着消费社会的到来。由于科技发展和劳动生产率提高导致资本主义生产过剩，在德国、意大利、日本等资本主义国家到处开拓市场和倾销产品的同时，在美国，罗斯福新政则大力推行旨在提高工人工资和促进社会消费能力的一系列经济政治改革，就已经标志着西方消费社会的到来。二战后，整个西方资本主义社会逐渐进入后工业时代，资本主义国家和政府加速改革，通过提高普通工人工资和全民福利等改革措施促进消费，依此来带动和促进整个社会的再生产。传统资本主义生产观念总是与匮乏联系在一起，而后工业时代的资本主义生产，生产率的提高和生产规模的扩张带来的直接后果就是生产过剩，因此，消费和市场的观念日益重要。二战结束后，美国、欧洲和日本等发达资本主义国家相继进入"消费社会"。当然，"消费社会"及其文化在今天并不仅仅限于欧美等发达国家，它早已在西方文化全球化的过程中渗入世界许许多多的经济较发达的国家和地区，"跨国传媒的意识形态化造成的东方对西方'文化霸权'的潜移默化的认同，意味着消费主义的一元性正在排斥其他生活方式和存在方式。"[①]我们国家以东部沿海为代表的发达地区也在不同程度上有着消费社会文化的影子。当前我们国家念兹在兹的"工匠精神""品牌战略""一带一路"就体现出当前的生产已经走出早期产品供给匮乏的阶段，出现注重消费和市场等消费社会的一系列特征。

---

① 王岳川：《消费社会中的精神生态困境——博德里亚后现代消费社会理论研究》，《北京大学学报》(哲学社会科学版) 2002年第4期。

　　消费社会的消费文化与传统社会迥然不同。传统社会由于可供消费的产品匮乏，整个社会以生产为主导，生存和生活所需促使人们更加关注产品的实用和使用价值。在消费社会中，产品的极大丰富和物质的丰裕使得人们的基本生存和生活所需得到解决，消费者的关注点主要集中在产品的形象、文化精神和符号价值层面。在《消费社会》一书中，鲍德里亚向人们揭示了消费社会的消费逻辑和消费秩序。在鲍德里亚看来，消费社会时代的资本主义，其基本的问题是潜在的无限生产力与生产产品销售的必要性之间的矛盾，因此这一阶段的社会体制就必须既能够控制机器生产又能够控制消费需求，结果就是要么在生产行为之前做好充足的市场调查和研究，要么通过市场营销、产品包装和广告手段从潜在的消费者那里褫夺购买决定权，然后转让给生产企业。事实上，当代消费社会的体制在这一点上取得了巨大的成功。鲍德里亚说，当代社会通过广告和大众传媒缔造一种虚假的伪欲望情景，在镜像他者中激起每一个人对物化社会产生欲望，制造个人对其认同的物化社会的神话情境：消费品的差异所体现的等级区划（别墅、宝马）和社会地位暗示让每一个想"成功"的人都怦然心动。人们在消费活动中并非一味关注消费品的使用价值，他们总是把它当作能够突出自己的符号以期能够加入自己渴望的群体，或是能够摆脱一个团体。消费社会的社会体制通过以下两个方面来控制消费者。

　　首先是消费控制关系中的暗示链，"橱窗、广告、生产的商号和商标在这里起着重要作用，并且强加着一种一致的集体观念，好似一条链子、一个无法分离的整体，它们不再是一串简单的商品，而是一种意义，因为它们相互暗示着更复杂的高档商品，并使消费者产生一系列更为复杂的动机"①。正如你购买了一套名牌西装，而它就暗示着你必须购买某一款高级品牌的衬衣乃至皮鞋与之匹配，而你在买这双皮鞋的时候，就意味着需要某一高档品牌的领带甚或手提皮包与之匹配……总之，这里是一个强制性的

---

① ［法］让·鲍德里亚：《消费社会》，刘成富等译，南京大学出版社2000年版，第4页。

无限的消费意义链环系列。其次是消费过程中的符码操控，鲍德里亚认为，消费社会的消费品系列，说白了就是由符号话语所制造的具有暗示意义的符号价值（权力、地位、威信、豪华和风格），在现实的消费关系中，与其说消费者的需求看重的是消费品的使用价值，不如说他更需求具有附着价值的意义，即某种被制造出来的具有象征功能的符码。

在这里，消费者与产品的关系居然不再是人与物品的使用功能之间的关系，消费作为一种符码控制着当代人的生活，人们处在消费控制着整个生活的境地。消费社会中，消费成为身份和地位的有序符码，作为社会阶层区划的有序符码，没有谁能够孤立和纯粹购买和使用消费品。鲍德里亚发现，在消费社会中，大众不仅为生存之需的劳动所迫，还要被交换符号差异之需的想法和欲望所操控。个人从他者的角度获取自己的身份，其首要来源不再是传统意义上的工作类型，而是他们所展示和消费的符号和意义。消费社会的消费作为一种符码从环境和文化上控制消费者的需求心理，使得消费者的消费不再是一种自主的选择，而是完全变异为一种被动的行为，"消费的真相在于它并非一种享受功能，而是一种生产功能。"因此，人们总是把物（广义的角度）用来当作能够突出你的符号，或让你加入视为理想的团体，或参考一个地位更高的团体来摆脱本团体①。在这个意义上，产品的富足和物的丰裕并没有为消费社会的人们带来真正的幸福和内心的平静，相反，消费社会的人越来越受到"物的包围和围困"，成为一种"官能性的人"。

消费社会占据"主导地位"的消费并没有给消费者带来真正的满足和幸福，相反，它使得消费文化笼罩下的生产劳动异化更加严重。首先，在发达资本主义社会中，收入、购买奢侈品和超工作量形成了疯狂的恶性循环。原因是由资本控制的企业要获得利润，它就要使消费者不停地消费；消费者为获得消费社会某种特定文化的认可，就要不停消费，展示自己的消费

① ［法］让·鲍德里亚:《消费社会》，刘成富等译，南京大学出版社2000年版，第69页。

能力。而消费者为了获得和提高自己的消费能力，同样就必须卖力地工作，获得更多薪水，以便使自己具备更高的消费能力，然后才能够消费更多奢侈消费品。而要提升自己的消费能力，就需要付出更多的工作来获取更高的收入。由此看来，当代消费社会的生产劳动仍然是单一与物质财富紧密联系的苦役，而非劳动者自觉自愿的自由劳动。只不过这里的物质财富已经不再是传统社会为生存和生活的必需品，而是一系列具有符号和文化意义的消费品。某种意义上，消费社会的劳动生产观念，就是如果一个人能够不劳动或少劳动就可以获得同样的财富，那他就选择不劳动或少劳动，不劳而获成了绝大多数人的理想。消费社会的现实就是社会、政府和个人都推动人们要求越来越少的工作时间。人与劳动的关系是排斥的，尽管越来越多的人意识到，生产劳动并不完全是异己的事情，据专家推测，在不远的将来，智能机器人普遍进入劳动领域，只有极少数富有的人才有机会劳动，绝大部分人变成"无用阶级"，终日生活在虚拟世界和毒品中。其次，伴随着科技发展和生产力提高的是生产的机械化、自动化和智能化水平越来越高，"消费社会"的社会分工越来越细。分工与竞争是市场经济的基本规则，为了提高整个社会生产效率，市场经济将每个生产者的分工做的越来越细。对于众多生产者来说，越来越多的生产劳动过程单调而又高度紧张，每一个劳动者都自觉逼迫自己训练成合格的螺丝钉。在社会物质生产领域如此，在对创新要求高的科技和文化生产领域同样如此。全球化与跨国企业经营使得国家与国家之间、企业与企业之间乃至人与人之间竞争越来越激烈，以当代文化生产为代表的现代企业在满足消费者无尽的消费欲望的同时还要负责制造大众新的欲望，生产新的产品，周而复始，劳动者自己把自己逼入恶性循环之中而不能自拔。再者，过度疲劳是当代消费社会的通病。一方面科技发展和生产力提高史无前例，物质财富极大丰富，当代人在享受富足的物质生活；另一方面囿于当代消费社会和消费文化的观念，人们的工作和生活压力越来越大，过度疲劳乃至"过劳死"在发达经济体非常突出。相较于早期资本主义通过延长工时和增加劳动强度来促进生产，消费社会的现实情况发生了很大变化，消费社会通过消费能力等级划分的文化观念诱使劳动者"自愿"加班加点工作以增加收入。广告和大众传媒的力量强大而且无孔不入，从一个人的孩提时就接受某种程度的竞争观念，越是经济发达社会和地区的学生，甚至是中小学学生，学习压力就越大，焦虑、记忆力下降是常见现象。职场中大中城市白领阶层中失眠、抑郁乃至腰酸背痛者占有很大比率。公开资料显示，早在20世纪80年代晚期，美国疾控中心就提出"慢性劳累综合征"并拟定了相应的流行病诊断标准。据调查，美国至少有四百万人患有慢性劳累综合征。其中1987年至1989年，因为长期身体负担过重或用脑过度以至身体极端劳累、过度衰竭而引发的死亡，在美国仅有报道的病案就已达到1800例，而这种被称作"过劳死"的现象在西方日益严重，引起人们的震惊。公布的最新调查结果表明，慢性劳累综合征在城市新兴行业人群中的发病率超过10%—20%，在某些行业中更高达50%。劳累作为一种危害现代人的隐形"杀手"，已严重影响了人的工作和生活，成为影响人类健康的主要问题之一。

四、"消费文化"全球化时代的美学重建

当今时代，世界早已进入了产能过剩时代，"消费文化"也不再单是欧美等发达国家和地区独有的社会现象。就我们国家而言，尽管人均GDP与发达国家相比还有很大距离，但是消费主导市场和生产已经成为国家经济发展的现实，"供给侧结构性改革""一带一路"等诸多国家和政府的重大举措都显示出我们国家已经进入产能过剩的时代，上海"进博会""中美贸易战"也在显示中国不仅是全球第二大经济体，更是全球最重要的消费市场之一。在某种意义上我们国家或者说我们国家的某些发达地区已经进入"消费社会"，成为"消费文化"全球化时代的一部分。当代社会，技术的发展和生产率的提高使得产能过剩，从资本和市场的角度讲，消费决定生产依然成为趋势，并且这一趋势和过程所引发的自然生态危机和社会问题将越来越严重。当代西方生态哲学、生态美学、环境美学和中国本土的生态美

学，以及中国学人提出的"生生美学"等，就是对这一全球性问题的回应。当代意义上的消费社会及其消费文化，无论从地球自然资源开发的可持续性还是从当代人的精神和价值关怀考量，片面强调消费都是不可持续的。重建"消费文化"时代的审美价值观念，促进人类社会与自然的和谐发展，是当代美学建设的重要命题，这其中，在学习、借鉴当代西方哲学、美学，从中国传统美学和传统智慧中汲取养分和灵感的同时，还要重视马克思美学的指导作用，而马克思"生产美学"在"消费文化"时代的美学重建中应当大有作为。

"自由自觉"的劳动作为人的"第一需求"是劳动的应有之义，不应完全淹没在人类对物质财富的追求中。重读马克思"生产美学"，犹如黄钟大吕振聋发聩。马克思生产美学尽管是在研究和批判资本主义社会异化劳动的基础上提出的，但是至今没有过时。在当今消费文化全球化的时代，资本仍然控制着生产，正如资本控制着消费一样，都是为资本追逐利润的最大化服务的。正如上文提到，消费社会的劳动者，不仅要为生存之需去工作，还要被消费文化幕后为资本刻意制造的交换符号差异之需操控。承受着双重压迫的当代生产劳动，距离劳动者自由自觉的生产劳动有着极大的距离，因此消费社会的劳动仍然是一种异化劳动，一种单纯为获得更多的物质和金钱的手段和苦役。其实，在马克思之后，无论是西方马克思主义，还是现代主义和后现代主义，都认识到资本主义的严重异化的社会现实，并不遗余力地加以揭露和批判，但是他们仅仅局限在文化批判的范围内批判、解构乃至妥协而已。只有马克思认识到资本主义异化的根源在于资本主义生产劳动的异化，并提出根本解决的办法，就是以社会主义和共产主义生产方式代替资本主义，实现生产劳动的自由自觉。

就当代的文化生产和消费而言，消费文化时代的文化艺术产业化是当代高度发展的文化、经济和科学技术媾和的产物，如果说早前的农业生产和工业生产主要是通过人类自身的体力与智力和自然进行物质交换的劳动，那么当代文化生产则主要依赖文化生产主体运用符号进行创造和生产的能力。在"人人都是艺术家"的当代社会，当代文化产业和文化生产为每个人提供了真正"自由自觉生产"的可能。人们不仅可以从自身的文化生产中获得回报（即物质财富），而且人在劳动中享受劳动的自由自觉的创造性过程，享受劳动生产过程产生的美感。"生产劳动给每一个人提供全面发展和表现自己全部的体力和脑力的能力的机会……生产劳动就从一种负担变成一种快乐"，在这个意义上，我们可以说朝着马克思"自由自觉"劳动的理想社会迈进了一大步。

但是，当代文化生产过分重视市场和经济利润，从某种意义上来说这是严重扭曲和异化，使得当代文化生产也不再是一种自由的生产。马克思论及资本主义社会中资本对作家及其艺术创作的异化时说："诗一旦变成诗人的手段，诗人也就不成其为诗人了。艺术家决不应该只为了挣钱而生活、写作，作品就是目的本身……所以有必要时作家可以为了作品的生存而牺牲自己个人的生存。"① 在马克思看来，艺术创作有其自身规律，就艺术家创作过程来说，作品就是创作主体的全部目的。作家当然必须要挣钱才能生活，才能写作，作家当然可以出卖版权，作家创作的作品当然可以进入市场，但那是艺术创作完成之后的事情。而一旦艺术创作变成诗人谋取利润的手段，诗人为了赚钱而进行创作，那他就往往会为迎合或是讨好读者而创作，也就违反了艺术创作规律，其作品也就不再是艺术，而诗人也就不再是诗人了。当代社会的文化生产者，包括文学艺术、音乐表演、戏曲影视、学术研究、广告设计、新闻等等行业的生产者，他们尽管不是完全意义上的马克思笔下的诗人，但是作为精神文化生产者的属性是一致的，那就是当代文化生产者也必须遵循文化生产和文化创造的规律。当代文化产业并非单纯的产业经济，它首先是文化生产，具有精神生产的特征，这是它与其他经济和产业活动的不同之处。当代文化生产要尊重精神生产的基本规律，这个规律就是在其具体的生产过程中以其文化产品作为其生产

① 《马克思恩格斯全集》第1卷，人民出版社1972年版，第87页。

的全部目的，只有这样，才有可能真正赋予其所生产的文化产品以独立自主的意义系统，才有可能真正建构当代文化生产自己的价值理念体系。这是当代文化产业可持续发展的前提，也只有能够为大众和市场提供真正意义上的文化产品和文化服务，文化的市场化和产业化才有可能持续发展和进步；相反，文化生产者把迎合消费者当下的、即时的感官满足作为自身生产的目的以期达到直接的变现，这种违反精神生产规律的做法既很难为大众和市场生产出合格的文化产品与文化服务。同时也使得自身失去自由生产的本性而沦落为劳役和资本的工具。

马克思生产美学当然并不局限在艺术领域，而是着眼于人类社会的全部生产劳动。当代科技和经济的发展不仅创造了巨大的物质财富，而且把绝大多数人从单调、繁重的劳动中解放出来，照理说，劳动应该向着马克思设想的"生产美学"的方向进展。但是《资本论》关于生产美学的研究同样也揭示了生产技术和社会经济的高速发展不一定就能消除异化劳动，相反资本主义经济的巨大发展反而加剧了劳动的异化。问题的关键在于人们对待生产劳动所抱持的文化观念，在当代社会取得巨大物质财富的同时，现代人还没有从文明社会的异化劳动中解放出来，却又堕入鲍德里亚所说的"物的包围"之中，在这个所谓物质丰裕的"消费社会"，"收入、购买奢侈品和超工作量形成了发狂的恶性循环"，马克思所描述的那种作为完全发自于生产主体内心需求的"生产美学"，则依然被排除在当代人消费的理想之外。

习近平总书记在党的十九大报告中提出新时代的主要矛盾是"人民日益增长的美好生活需要和不平衡不充分的发展之间的矛盾"。当下政府、企业乃至全社会念兹在兹的供给侧结构性改革、工匠精神等都旨在解决发展不平衡不充分问题，目的在于为经济社会建立一个质量升级版的可持续发展平台，为人民日益增长的美好生活需要提供高质量的产品和服务。供给侧结构性改革、工匠精神讲的还是生产领域的事情……但是其实这个平台的建设，不应仅仅局限在经济领域，解决"人民日益增长的美好生活需要和不平衡不充分的发展之间的矛盾",也需要文化观念的变革、更新和提升。一方面,人民对美好生活的需要自然包括马克思意义上的"劳动是人的第一需要",热爱自己的工作,从生产劳动中获得满足和快乐同样是美好生活需要的重要内容;另一方面,只有劳动者热爱自己的劳动和工作,把劳动看成是自己存在的第一需要,才可能有真正意义上的工匠精神,才能真正为社会提供高质量产品。

[原文发表于《济南大学学报》(社会科学版)2019年第6期]

哲
学

历史学

晚清公羊学双轨演进及其哲理启示

陈其泰*

在清代学术史上，武进庄存与于乾隆末年著成《春秋正辞》一书，乃是一个具有标志性意义的事件。其原因何在呢？这是因为，《春秋正辞》是从重视义理的路数，来解释儒家经典《春秋公羊传》的。在乾隆年间，长期盛行的是以"古文经学"思想体系为指导而形成的专重严密考证的学术风尚，学者们竞相从事史实排比考辨和文字音韵训诂的工作。庄存与著《春秋正辞》则是与此明显不同的另一种学术路数，他所重视的是从义理层面对儒家经典《春秋公羊传》进行解释。在历史上，从义理上解释《春秋公羊传》的著作，在两汉时期曾产生过两部名著，一是西汉武帝时期董仲舒著《春秋繁露》，一是东汉末年何休著《公羊何氏解诂》。但是自何休以后，春秋公羊学说便再无人问津，从此消沉了一千多年。故此，庄存与所著《春秋正辞》的出现，乃意味着公羊学派长期中绝之后重新接续了统绪，绝非偶然性事件，其中包括着多重历史信息，需要用上下贯通、把握源流变化的眼光加以剖析，并进而论述晚清公羊学何以形成双轨演进的格局以及因不同学术路数而产生的迥然而异的历史作用。

---

* 陈其泰，北京师范大学历史学院教授、博士生导师。

一、庄存与、孔广森不同的学术路数及其深层社会文化背景

（一）庄存与：重视义理阐释，求公羊学之正途

庄存与（1719—1788）字方耕，在乾隆年间撰成《春秋正辞》十三卷，他表明其学术宗旨是尊奉汉代董仲舒、何休今文学家的统绪，求公羊学之正途，这在清代有创始之功。

在庄氏之前，元末明初学者赵汸曾著有《春秋属辞》十五卷。其著述意图，是不满意当时学者只据《左传》解释《春秋》。赵氏认为：孔子据鲁史修《春秋》，有笔有削，"以寓其拨乱之权，与述而不作者事异"①。他意识到《公羊传》重视《春秋经》的"义"，这点应予肯定，但他不用阐发"微言大义"的方法，而是希冀通过文献学归纳"属辞比事"的方法，来推求《春秋经》之旨，这就未能找到探索这门学问的正途。庄存与著《春秋正辞》，书名与赵氏仅一字之差，实则包含着性质的重大变化。

最典型的例子就是关于《公羊传》对鲁国君"即位"如何书法的解释。赵汸《春秋属辞》首条提出："嗣君逾年即位，书'元年春王正月公即位'；不行即位礼，不书'即位'。"他说明，这一"书法"的规则是由文献学方法归纳而得来的。从"隐公元年春王正月"至"哀公元年春王正月公即位"，见于《春秋》中十一条记载，赵汸认为：鲁桓、文、宣、成、襄、昭、哀七个国君，都是第一年嗣子继位，"逾年正月朔日，乃先谒庙，以明继祖，还就阼阶之位，见百官，以正君臣。"国史因书"元年春王正月公即位"。而隐、庄、闵、僖四君元年，都仅书"元年，春王正月"，不书即位。赵氏认为这些都有特殊原因，如"隐公摄君位，不行即位礼。"②按赵氏所说，隐公元年首条的记载，只是据鲁史而来，毫无深切微妙之意旨。

---

① 《春秋属辞》自序，《影印文渊阁四库全书》经部春秋类，第一五八册，（台北）商务印书馆1983年版。

② 《春秋属辞》卷一"存策书之大体"。

然则，按庄存与的解释，这一记载却包含非常重要之意义。他说，《春秋》这样书法，不是隐公未尝践位、行礼。"公践其位，行其礼，然后称元年，君之始年，非他人，隐公也。"进而说，这样书法，是表示隐公只摄相位，以将来让位于其弟桓公。可是，桓公后来弑其兄隐公，是大恶的行为，恰是隐公助长他的。所以隐公这种让恰恰应受到谴责。他由此得出一条原则："《春秋》之志，天伦重矣，父命尊矣。让国诚，则循天理、承父命不诚矣。虽行即位之事，若无事焉。是以不书即位也。君位，国之本也。南面者无君国之心，北面者有二君之志，位又焉在矣！十年无正（按，指自隐公二年至十一年，《春秋》经文中均无'正月'字样），隐不自正，国以无正也。元年有正，正隐之宜为正，而不自为正。不可一日而不之正也！"①

　　庄存与这样解释，《春秋》中首条的书法，实包含有国君应遵从天理、父命，庄严治国，而讥评鲁隐公却未能依此而行这些深刻的意义。

　　庄存与对《公羊传》首条记载，鲁隐公不书"即位"的独到解释，其意义极不平常，他在乾隆年间学坛中彰显了一种独具的著述宗旨，一种与众不同的新的治学风格。乾嘉时期的学者们竞相以搜集、排比、归纳史料和注释字句作为才力的显示，而庄存与却专重从义理层面阐释儒家经典，以继承发扬董仲舒、何休的义法为宗旨，与盛行的学术路数迥然而异。《春秋正辞》全书分为正奉天辞、正天子辞、正内辞等九类，是按照庄氏所理解的公羊学家法，将《春秋经》重要文辞按类归纳，逐条作出自己的解释。故此，他对《公羊传》开端"元年春王正月"极为重视，称为"建五始"，作为"正奉天辞"的第一项。他重申何休所说，"政莫大于正始。故《春秋》以元之气，正天之端；以天之端，正王之政；以王之政，正诸侯之即位；以诸侯之即位，正境内之治"。"五者同日并建，相须成体，乃天人之大本，万物之所系，不可不察也。"且又引述董仲舒《天人三策》所言，人君依天意行事，以正朝廷百官，统率万民，四方之内正气充旺，邪气荡清，达到

————————————

① 《春秋正辞》"内辞第三"，见《皇清经解》卷三七五至卷三八五，学海堂刻本。

风调雨顺，万民协和，五谷丰登，草木茂盛，四海太平的境地，王道得到完美的实现这番话。这就有力地证明：庄氏的公羊学著作是以董仲舒、何休的学说为根本出发点，利用公羊学来宣扬王权神授、天人合一、君臣名分不可逾越的观点。

同样重要的是，"大一统""通三统""张三世"是公羊学说的核心命题，庄存与书中明显地尊奉这些学说，以之作为立论的依据。这些公羊学的核心观点曾经被汉代董仲舒、何休大力阐发，而后来失落了一千多年，"如今重新被拾起，《春秋正辞》中所论，真可谓是两汉公羊学大师在千余年后引起的回响"①。譬如，他以突出的地位论述："公羊子曰：'何言乎王正月，大一统也。'""《春秋》所以大一统者，六合同风，九州共贯"，任何人都不允许有违背于专制王权统一政教的行为。他又引述董仲舒所说："《春秋》大一统者，天地之常经，古今之通谊也。"对此，庄氏特别加注，说："此非《春秋》事也。治《春秋》之义莫大焉。"意思是，上引这段话不是《春秋》一书中本有的内容，是董仲舒运用《春秋》大一统观点加以发挥的，在汉代产生了极大作用，今天仍然有指导意义。又如，关于"通三统"，庄氏的解释也有甚为中肯之处。他论述："王者存二王之后，使统其正朔，服其服色，行其礼乐。所以尊先圣，存三统，师法之义，恭让之礼，于是可得而观之。"②公羊学家根据夏、商、周三代实行"三正"，历法不同，而引申出一套理论：三代分别实行三种历法，新朝建立，就要确立新的正朔，规定朝廷所崇尚的服饰的颜色，说明不同的朝代，制度上必然要有适当的变革。这就是"通三统"，由此引申出"改制"之说。公羊学家还认为，孔子所说殷代对夏代礼乐制度，周代对殷代的礼乐制度，都有继承，又有损益，"改制"的主张正符合孔子"损益"之说。庄氏又引用刘向所称"天命不独私一姓"之说，强调其说之积极意义：正如旧历法沿用既久误差过大即

---

① 陈其泰：《清代春秋公羊学通论》，华夏出版社2018年版，第64页。

② 《春秋正辞》"奉天辞第一"。

要废除，新的正朔将取而代之一样，朝代也是要更易的，一姓的君王不可能永远不变，"天命"有可能转授别人，让他姓做君王①。

庄存与还著有《春秋要旨》②，强调对《春秋》的理解不能"执一"，应该"知权"。"执一者不知问，无权者不能应。"反复申明要深入体会圣人之心、圣人之法，即领会精神实质，灵活变化。不可按照刻板的定例去理解，不要拘泥于具体的论断，墨守一、二现成的结论。他又强调《春秋》的义旨直接关系国家治乱、礼法伦常，圣人对此有精心的安排："《春秋》详内略外，详尊略卑，详重略轻，详近略远，详大略小，详变略常，详正略否。"是故《春秋》无空文。这些论述都有力地启发后人深刻地去理解公羊学说的政治性特点。

（二）孔广森：自立"三科九旨"，违背公羊义法

饶有兴趣的是，在庄存与完成《春秋正辞》之后不久，出现了孔广森所著《公羊通义》一书。此为清代第二部公羊学著作，因而对于引起学者注意和研究公羊学说，毕竟有些作用。孔氏不赞成《春秋经》要靠《左传》相辅才能读懂的说法，重申《春秋》"重义"的主张。他认为："大凡学者谓'《春秋》事略，《左传》事详，经传必相待而行'，此即大惑。……世俗莫知求《春秋》之义，徒知求《春秋》之事，其视圣经，竟似《左氏》记事之标目，名存而实亡矣！"③孔广森针对当时盛行于许多朴学家中专重史事、忽视史义的观点，提出孔子据鲁史而修成的《春秋经》，所着重的是义旨。"经主义""史主事"，二者性质相去悬殊。如果拿史书的标准要求《春秋》，责备它记载过于简略，那等于把"经义"全部抛弃干净！孔广森主张《春秋》"重义"，就这一项而论，同汉代公羊学者的看法是接近的。故此，他又强调唯《公羊传》最知《春秋》的义旨，《左》《榖》二家则谈不上掌握

---

① 《春秋正辞》"奉天辞第一"。

② 庄存与：《春秋要旨》，《皇清经解》卷三八七，学海堂刻本。

③ 《清儒学案》卷一〇九《巽轩学案》，中国书店1990年影印本。

「聖人制作之精意」①。孔廣森《公羊通義》中這些主張，對於清中葉以後學者注意研究、重新繼起這門千年絕學，應該說是有其一定的意義。

孔廣森的嚴重失誤是自立「三科九旨」，結果造成他迷信了治公羊學的正確方向。他是乾隆中期以後達到極盛的「漢學」陣營中的一員，所熟悉、所信服的是考訂、訓詁一類方法。用這種標準來看待公羊學，他極不滿意那些「非常異義可怪之論」，認為它們「支離」「拘窒」，毫不足取，故棄之若敝屣，另來一套。公羊學說核心內容之一之「通三統」是闡述各個朝代的制度並非沿用不變，孔廣森對此不理解，他拘泥於訓詁學的解釋方法，只把「通三統」解釋為三種曆法的演變，故說：「正朔三而改，文質再而復，先王治天下之大法，雖文王不是廢。」由於孔廣森是用古文經學家文字箋注的方法來治學的，「通三統」這一公羊學家宣傳歷史變易、政治上必須實行「改制」的學說全然不見了，只剩下建子、建丑、建寅三種曆法的演變，而且他所理解的是循環變化，這就嚴重違背了公羊學說的本旨。

公羊學原有的「三科九旨」，是何休依據西漢胡毋生、董仲舒傳授的理念，加上自己鑽研而總結出來的。它包括：新周，故宋，以《春秋》當新王，一科三旨也。所見異辭，所聞異辭，所傳聞異辭，二科六旨也。內其國而外諸夏，內諸夏而外夷狄，三科九旨也。徐彥所引用的三科九旨，內容雖未見完整，但它鮮明地體現出公羊學說的政治性和變易性的特點，代表了公羊學的真諦。但是，孔廣森卻不守何休的解釋，自立「三科九旨」，倒退到趙汸的水平。孔氏自立的「三科九旨」是：「《春秋》之為書也，上本天道，中用王法，而下理人情。……天道者，一曰時，二曰月，三曰日；王法者，一曰譏，二曰貶，三曰絕；人情者，一曰尊，二曰親，三曰賢。此三科九旨，既布而壹裁」②。

我們只需拿孔氏的第一科「時、月、日」來作分析，便可明白其明顯

---

① 《春秋公羊經傳通義》，《皇清經解》卷六九〇。
② 《春秋公羊經傳通義叙》，《皇清經解》卷六九一。

的失误就是用"属辞比事"来理解《公羊传》的义旨。《春秋》以如此简略的文字记载史事，往往只知道有这么回事，而不明事件的原因、背景，如何体会其中的褒贬大义呢？他认为应采取赵汸的办法，找出其属辞比事的特点，才是最好的办法。于是要一一穷究《春秋》所载时、月、日书法的不同：同是记大夫卒，明确记日的是"详"，不记日的是"略"；同是记交聘活动，明确记月的是"详"，不记月的是"略"……孔广森总结的这套"时、月、日"，表面看似乎条理分明，实则往往难以自圆其说，因为历来治公羊学者都承认要总结《春秋》的例，必定是此通彼碍，无法划一。故一向称"《春秋》无达例"，于是，还得讲"贵贱不嫌同号，美恶不嫌同辞""事同而辞异，事异而辞同"，孔广森明知这其中有很多无法说通之处，所以只好说"大抵"云云，这是事先为讲不通之处留下借口。

孔广森自立的"时、月、日""讥、贬、绝""尊、亲、贤"，这"三科九旨"，都是企图深究《春秋》属辞比事的"凡例"，但又往往都陷于捉襟见肘的窘境，故只好随时搪塞敷衍。更为紧要的是，孔广森的"三科九旨"只从技术性着眼，相对于赵汸，实是一种倒退。他抛弃了何休的"三科九旨"，便完全违背从政治性和变易性角度考察的正确方向，这就无法发掘出《春秋》的"义"，也就无法由此加以发挥、表达本人的思想主张。抛弃了何休的"三科九旨"和公羊学的政治性等项特点，孔广森对《公羊传》所作的解释就失去活泼的生命力，变成一般的朴学家的训诂考订文字，公羊学应有的思想上哲理上的启发力量骤失。鲁隐公元年传文是《公羊传》的开篇，哀公十四年传文则是压轴之作，故何休对它们的解释，特别付出匠心，所阐发的问题更有全局的意义。拿孔广森删改后的新注对比，便可显出二者的高下悬殊。而去掉了发挥"改制""以《春秋》作新王"这些道理和引申的说法，公羊学就失去了灵魂，只剩下躯壳。

（三）"义理之学"重新受到重视的深层原因

庄存与《春秋正辞》取得的成就，是"义理之学"在清代中叶重新受到重视的象征性事件，对此，应当以贯通上下的眼光，对学术风尚变迁的实质性问题作深入探析。首先，说明在考证学极盛的风气下，已经孕育着它的对立物——重视观点辨析、重视哲理探索学术路数的出现。先秦儒学已开创了重视义理和重视考证两种优良传统。孔子学说主张重证据，戒盲从。他告诫人们对于文献和历史知识，绝对不能凭主观臆测，而应该"多闻""多见""多识"，虚心地、广泛地学习，然后慎重地选择正确的东西，加以肯定。对于并不明白的东西，就先予以保留。他说："盖有不知而作之者，我无是也。多闻，择其善者而从之；多见而识之。"①又说："多闻阙疑，慎言其余"（《论语·为政》）。"毋意，毋必，毋固，毋我"（《论语·子罕》）。孔子的这些主张都为后来古文经学派所发扬，形成实事求是、广搜材料、严密考证的学风。孔子又重视"义理之学"。孔子著《春秋》，意在"拨乱世、反之正"，意义极其重大，而他明确地把"义"即思想观点的正确放在首要地位，如孟子所言："其事则齐桓、晋文，其文则史。孔子曰：'其义则丘窃取之矣。'"②春秋公羊学，就代表大力继承和发扬孔子重视义理之学之一派，由《春秋公羊传》发端，经董仲舒、何休大力推阐，形成了一套具有政治性、变易性、解释性的历史阐释学体系，在儒家学说中独树一帜。

乾隆年间本来是考证学盛行的时期，庄存与却公开举起旗帜，尊崇汉代董仲舒、何休的路数，求公羊学之正途。他能抓住本质性问题，对"大一统""张三世""通三统"等公羊学基本命题，作进一步阐释，并强调："治《春秋》之义莫大焉。"这样，庄存与就把在儒学演进历程中千余年所失落的公羊学说之"微言大义"，重新拾起，并且予以推进，因而引起清代有识见的学者的重视，所以庄存与当之无愧地是封建社会后期公羊学复兴之开创者。这不仅成为晚清公羊学复兴的起点，而且表明到了清中叶，重视义理阐释的学术路数受到学者的重视，蓄势待发。而在此时，清朝统治

---

① 《论语·述而》，十三经注疏本。

② 《孟子·离娄下》，十三经注疏本。

恰恰由盛转衰，这一重视变革、"以经议政"的今文经学派的复兴，正与社会矛盾的展开相激荡，与时代潮流相合拍，因而登上学术舞台的中心，成为时代思想的主流。继承庄存与学术路数者有刘逢禄、龚自珍、魏源，以及戊戌维新的领袖康有为等人，由此展开了波澜壮阔的时代主潮。不过当乾隆中叶，考证学盛行的风气不会骤歇，在相当一段时间内，它仍然要保持其"惯性运动"，因而有孔广森及其后的学者仍以文献考证的学术路数对待公羊学说，由此而形成了学术上双轨并进的独特景观。

二、双轨并进各守家法　社会效果相去天壤

（一）嘉道时期的演进趋势

庄存与的学术影响了其从子述祖，孙缓甲，外孙宋翔凤、刘逢禄，他们皆喜谈公羊学说，并形成清代著名的常州学派，刘逢禄尤能传其学。然则，庄存与之治学并未完全致力于公羊学，他除了撰成《春秋正辞》等书外，又撰有《周官记》《周官说》《毛诗说》，仍主古文经传之说。这种治学路数正好反映了由古文经学盛行向今文经学"复兴"相递嬗的时代特点，庄存与也只能完成其与"揭开复兴序幕"的身份相符合的历史使命。他对公羊学说尤感兴趣的是政治性和解释性二者，而对"变革""进化"则少有措意。他坚决要求拥戴皇室，称："天无二日，民无二主。郊社宗庙，尊无二上。治非王则革，学非圣则黜。"[①]他大力宣扬帝王是承天命而治，"大哉受命，钊至我圣"[②]，并要求铭记皇帝的大恩，"君父忧勤，臣子安乐，其永言哉！"[③]这种特点，不仅与庄存与先后担任礼部侍郎、学政等显荣职位有关，同乾隆时期仍号称"盛世"尤大有关系。当庄氏从事著述的时期，封建国家仍保持着其外表的强盛，统治局面仍保持相对稳定，社会矛盾仍暂时

①《春秋正辞》"奉天辞第一"。
②《春秋正辞》"叙目"。
③《春秋正辞》"内辞第三"。

被掩盖着，无怪乎庄存与要唱出"君父忧勤，臣子安乐"的颂词。

刘逢禄（1776—1829）是为清代公羊学张大旗帜的人物。他曾历任礼部主事，故又被称为刘礼部。其主要贡献是，以其历数十年寒暑的探索，重新发现公羊学"以经议政"的重要价值，故独具慧眼地提出"欲正诸夏，先正京师"，预示着公羊学说将发挥政治力量。他所著《公羊何氏解诂释例》是一部在例证丰富严整的基础上精当地发挥义理的出色之作。在此书的《叙》中，他即申明其著述的宗旨是大力阐发"圣人之微言大义"。由庄存与首开其端的清代公羊学，到了刘逢禄手里，发展成为一种有深刻哲学思想体系作指导、有多种著作作阐述的具有坚实基础的时代显学。

刘逢禄响亮地提出只有公羊学说才得孔子真传，并重理了《公羊传》—胡毋生、董仲舒—何休前后相承的今文学派系统，堂堂正正地拿出来与古文学派相抗衡，强调这是被埋没的儒家正统。晦暗千余年的公羊学说，至此才得显扬。《春秋公羊经何氏释例叙》一文就是其学术宣言书，集中论述三大紧密联系的问题：1.认为《春秋》集中体现了孔子治天下的精义，"《春秋》者五经之管钥也"，"拨乱反正莫近《春秋》"。2.唯《公羊传》得孔子真传，其后董仲舒对阐扬孔子学说立了大功。3.他本人的职志，是继承董仲舒、何休学说的统绪，重新发扬早已幽暗的圣人之"微言大义"，求得儒家学说中"经宜权变""损益制作"之要义。他及时厘清以文献归纳方法解释公羊学说的错误理解，纠正孔广森别立"三科九旨"的不恰当做法，第一个站出来予以明确批评："乃其三科九旨，不用汉儒之旧传，而别立时、月、日为'天道科'，讥、贬、绝为'王法科'，尊、亲、贤为'人情科'。如是则《公羊》与《穀梁》奚异？奚大义之与有？"指明孔广森的错误，堵住了混淆公羊家法、抽掉公羊学灵魂的歧路，指出了继起的学者应该遵循的方向，这对于清代公羊学的发展实具有关键的意义。刘逢禄再次昌言春秋公羊学的基本观点：《春秋》的实质是"因鲁史以明王法，改周制以俟后圣"。"《春秋》为百王之法，岂为一人一事而设哉！"《春秋》为一部政治书，孔子以褒贬书法寄托了自己的政治立场和政治思想，等于为后代治国者确立了根本大法。这些论述表明了刘逢禄的深刻洞察力，堪称继绝起废，而且强调这是被埋没的儒学正统，大大提高了公羊学说的地位。

刘逢禄的经学成就实包括内部开掘构建与外部廓清两个方面。对《公羊传》所蕴含的内容、宗旨，他做了深入的开掘、总结和阐发。在外部，对于常常被拿来作为非难《公羊传》所依据的《左传》《穀梁传》，又揭露其弱点，动摇其地位。基于上述两项，他有理由宣布说：《春秋》在儒家经典中有"网罗众经"的地位，代表了儒家学说的精华。而《公羊传》得其真传，董何之书，一语一言，皆精妙绝伦。他张大公羊学的旗帜，并不是出于个人偏爱，而是事理发展之必然，是学术演进所赋予的时代使命！从学术演进趋势看，具有关键意义的是，刘逢禄的非凡努力，为清代公羊学说争得了足以与古文经学派相抗衡的牢固地位。梁启超论清代今文学派崛起的历史，称刘逢禄发扬庄存与开创的学术，"大张其军，自是'公羊学'与许郑之学代兴，间接引起思想界革命"，而常州学派成为"一代学术转捩之枢"，实为确评。[①]

刘逢禄还奖掖了青年思想家龚自珍（1792—1841）、魏源（1794—1857）两人[②]，实现清代公羊学说的薪火相传，龚、魏两人由是成为嘉道年间思想界的耀眼的新星。龚、魏的重大贡献，是反映了鸦片战争前后社会矛盾激化、封建统治危机加深的时代要求，对公羊学说实行了一番革命性改造，灌输进批判封建统治的新精神。龚自珍吸收和利用公羊学哲学"变"的内核，将据乱—升平—太平三世说，改造成治世—衰世—乱世的新三世说，用来论证封建统治陷入危机。他说："吾闻深于《春秋》者，其论史也，曰：书契以降，世有三等，……治世为一等，乱世为一等，衰世为一等。"并且他断言封建统治已到了"衰世"无疑："衰世者，文类治

① 梁启超：《近代学风的地理分布》，《饮冰室合集》文集之四十一，中华书局1989年版，第66页、第65页。

② 龚自珍字瑶人，号定庵。魏源字默深，书斋号古微堂。

历史学

世，名类治世，声音笑貌类治世。黑白杂而五色可废也，似治世之太素；宫羽淆而五声可铄也，似治世之荡荡便便；人心混混无口过也，似治世之希声；道路荒而畔岸隳也，似治世之不议。……然而起视其世，乱亦竟不远矣。"①对于衰世的种种特征做了令人触目惊心的刻画。在《尊隐》这篇著名政论中，他巧妙地运用象征和隐喻手法，以"三世说"来描绘专制统治的濒于灭亡。他用"早时—午时—昏时"来概括封建势力由盛到衰的规律：日之早时，"照曜人之新沐濯，沧沧凉凉""吸引清气，宜君宜王"，这时统治集团处于上升阶段；日之午时，"炎炎其光，五色文明，吸饮和气，宜君宜王"，统治集团还能控制局面；到了昏时，"日之将夕，悲风骤至，人思灯烛，惨惨目光，吸饮莫气，与梦为邻""不闻余言，但闻鼾声，夜之漫漫，鹃旦不鸣，则山中之民，有大音声起，天地为之钟鼓，神人为之波涛矣"②。跟古文学派一向宣扬三代是太平盛世、封建统治秩序天经地义、永恒不变的僵死教条相对比，龚自珍所阐发的公羊三世哲学观点，显然是新鲜活泼的，容易触发人们对现实的感受，启发人们对时代变化的观察。

魏源同样是今文经学的健将。他对公羊历史哲学的主要贡献在于：将公羊学说变易的观点，糅合到对中国历史进程的考察之中，提出了"气运之说"，用以概括历史形势的大变局。龚自珍因卒于鸦片战争发生的次年，对于西方势力东来后出现的剧变未能有更多的认识。魏源则在鸦片战争后还活了十六年，他一生跨过封建末世和近代史开端的两个时代，因而，对鸦片战争以后局势的变化有深刻的感受。他总结公羊历史哲学而形成的"气运说"，极大地帮助他去体察因鸦片战争而引起的新的历史巨变。对公羊变易历史哲学的改造和运用，使魏源开始认识到西方资本主义对比中国

---

① 《龚自珍合集》第一辑《乙丙之际箸议第九》，上海人民出版社1975年版，第6—7页。

② 《龚自珍合集》第一辑《尊隐》，第87—88页。

封建主义已经显示出其先进性。所以他能够反映时代要求，倡导"师夷长技以制夷"，大声疾呼了解外国，在《海国图志》一书中大力介绍西方地理、历史、政体、科技知识，成为近代倡导向西方学习的先驱人物。

与上述"议政派"学者刘逢禄、龚自珍、魏源相比较，嘉道时期另外两位"经注派"学者凌曙与陈立的公羊学著作，其特点则可明显地概括为：对公羊学的核心命题甚为隔膜，舍其本而逐其末，详于材料而缺乏时代气息。凌曙（1775—1829），字晓楼，与刘逢禄大约生活在同一时期，著有《春秋公羊礼疏》十卷、《公羊礼说》三十篇。陈立（1809—1869），字卓人，著有《公羊义疏》七十六卷。

《公羊传》讲"所见异辞，所闻异辞，所传闻异辞"，何休注中讲"据乱—升平—太平"，而这些公羊学说的核心问题，在凌曙的书中根本找不到，更不用说加以阐发了。通观凌曙所撰《春秋公羊礼疏》《公羊问答》诸书，能略略涉及公羊义法者实在很难觅得。舍其本而求其末，舍其大而求其小，是凌氏学术的特点。他说自己治学是"穷其枝叶，而未及宗原"，算是有承认自己致命弱点的勇气。如，《春秋》哀公十四年"春，西狩获麟"。何休注："河阳，冬，言狩获麟。春言狩者，盖据鲁变周之春以为冬，去周之正而行夏之时。"何休注中称"据鲁""去周之正而行夏之时"，是讲孔子含有深意地变周历的春季为夏历的冬季，预示着朝代要改变，新局面将出现。凌氏却一引《大戴礼》冬猎为狩之旧说，了无新义；二引毫不相干的伪书《孔丛子》"三统之义，夏得其正"的无根之说，与公羊义法风马牛不相及；最后引宋帝诏书称"圣人集群代之美事为后王制法"，把何休解释孔子修《春秋》不但具有预示政治局面要发生巨大变化，进而说明历史必变的思想，降低为在礼制上采集众说以实行之。像这样的疏解，根本不得公羊学的要领，相反地只能把读者引向歧路。

《清儒学案》卷一三一曾评价凌曙、陈立著作云："晓楼盖亦好刘氏之学者，而溯其源于董氏，既为《繁露》撰注，又别为《公羊礼疏》《礼说》《问答》等书，实为何、徐功臣。卓人传其师说，钩稽贯串，撰《义疏》一书，遂集《公羊》之大成矣。"《清儒学案》编撰者对于学术源流实在隔膜，对于公羊学说更是暗昧无知，凌曙学术风格与刘逢禄迥然不同，诚如杨向奎教授指出的，刘氏是"贤者识其大"，凌氏是"不贤识其小"。"陈立的《公羊义疏》用力勤而取材丰富，在清人的义疏中，论材料之丰富可称上选，但缺乏断制工夫，以致獭祭而无所适从，更谈不到'集《公羊》之大成。'"①凌曙舍义理的大端宏绪，选择从礼制作疏解，所走的是一条狭窄的小径，所言确实是卑之无甚高论。陈立与凌曙有师承关系，陈立治公羊学的路数与凌曙基本相同，而成就高于凌曙。陈立《公羊义疏》可取之处是，他对孔广森混淆公羊家法的某些说法有所驳正。关于公羊学家之所传闻世、所闻世、所见世的说法，陈立也重申了何休的解释，而不赞成孔广森的别解。陈立此书虽以"义疏"名，然则疏解公羊学的义理实非其所长，他的兴趣乃在礼制训诂方面，仍然是"舍其本而逐其末"，故当代学者评价此书不足以称"义疏"，而应该称"集解"。陈立舍弃了公羊学"张三世""通三统"的大义，根本不理解这些问题的重要性，而把自己疏解的目标集中在"错综"异例和异辞上。陈立解释"何言乎王正月？大一统"句，也从根本上改变了何休"受命改制"的意思，又去掉了刘逢禄"变"的观点，只剩下卑不足道的文字训诂。陈立不明白公羊学的精髓在于"变"，用变易的观点看待社会、制度等等的演变，故此他对"升平""太平"诸义，均停留在字面的理解，拘泥刻板之甚。何休提出"三世说"显然是受到《春秋繁露》的启示，并加以发展。陈立不能深刻领会公羊家法，更不善于发挥。像据乱—升平—太平这样对公羊学极其关键而且本该能够有所发挥的地方，陈立的表现实在使人失望，他只作了这样的疏解："旧疏云：'升，进也。'稍稍上进至于太平矣。"他的确讲不出什么义理。陈立生活在嘉庆、道光时代，清朝统治的严重危机已日益暴露，时代的要求，是在哲学思想上实现

---

① 杨向奎：《清代的今文经学》，见《绎史斋学术文集》，上海人民出版社1983年版，第351页。

变革，用新的学说批判专制制度、揭露其罪恶。但是陈立却做不到。此一时期若仅有陈立的《公羊义疏》，则公羊学将因完全脱离社会现实而枯萎。陈立著成此书时，中国与外国关系更出现了亘古未有的变局，新的哲学家需要探求世界的眼光，这更是陈立所未梦见。批判专制和认识世界，这两项艰巨任务便需要龚自珍、魏源这样出色的人物来完成。

（二）戊戌维新前后双轨演进的新特点

至戊戌维新时期，以康有为（1858—1927）[①]为代表，更将公羊历史变易观与西方政治学说、近代进化论相糅合，发动了近代史上意义重大的变法运动，公羊学说因之风靡天下。

在政治上，康有为将公羊三世说跟建立君主立宪的主张结合起来，形成具有资产阶级性质的进化理论。他在戊戌前后的多种著作中，都借用公羊学说，论证变法维新是历史的必然。《论语注》云："人道进化，皆有定位，自族制而为部落，而成国家，由国家而成大统；由独人而渐立酋长，由酋长而渐正君臣，由君主而渐立宪，由立宪而渐为共和。……盖自据乱进为升平，升平进为太平，进化有渐，因革有由，验之万国，莫不同风。……孔子之为《春秋》，张为三世……盖推进化之理而为之。"[②]可见康有为"三世说"的要义有二：1.据乱—升平—太平"三世"相当于君主专制—君主立宪—民主共和三个阶段，是天下万国运行的普遍规律。所以，变法维新是历史的必然，是达到太平盛世的必由之路。2.既然中国古代儒家经典中已经包含这些重要的"进化之理"，那么现在实行变法也就完全正当了。可见，康有为推演公羊三世说的实质，是代表资产阶级维新派提出了反对封建专制、建立君主立宪、变法救国的时代要求。康有为对公羊历史哲学的发挥比龚、魏大大前进了，龚、魏引申公羊学说鼓吹变革时，还停留在议论阶段，至康有为则将公羊学说与资产阶级的要求相结合，直接发

---

① 康有为号长素，又称南海先生。
② 康有为：《论语注》卷二，中华书局1984年版，第28页。

动了一场政治变革运动，他的新"三世说"便是维新派的政治纲领。这些情况说明中国社会阶级关系出现了新变化，由于民族资本主义在19世纪90年代获得初步发展，使维新运动有了一定的阶级基础。然而，这个阶级特别是维新派上层是极其软弱的，所以康有为的实质要求又只限于对封建制度实行改良。

康有为在其32岁以前尊古文经，但他不屑于考据帖括之学，他从早年起，就逐步形成了强烈的经世意识和救亡图强的精神。民族危机的不断加深使他不断受到强烈的刺激，他生活在广东沿海地区，使他很早就有机会接触西方文化，对资本主义制度的先进性有所认识。1888年5月，他赴京参加乡试。在京城期间，他感受到中法战争失败后时局的危险，认为中国应及时发愤变法，同时发愿要创立同世局巨大变化相适应的、不"拘常守旧"的新异学说，以能够对民众产生大的影响力。此后，康有为在广州两次与廖平见面，接受其影响，确立了今文公羊学观点。康有为接受今文经学，正是他抱定救世、变革和吸收西方新鲜学说的逻辑发展。

1891年，康有为在广州刊行了他所著《新学伪经考》①。这部著作以其与长期居正统地位的古文经学完全相对立的观点震动一时，形成"思想界之大飓风"②，康有为树立起反对自东汉至清代学者们所尊奉的古文经传的旗帜，力辨刘歆所争请立于学官的古文经均系伪造，故称"伪经"。《新学伪经考》的产生是正在酝酿的维新变法运动将要发生的一个信号。《孔子改制考》于1897年撰成，次年刊行。康有为谈到两部书的关系时说："既著《伪经考》别其真赝，又著《改制考》而发明圣作。"③一部是立意于破，通过攻击长期高踞于庙堂之上的古文经学，而否定恪守古训、因循

---

① 据梁启超所说，"先生著《新学伪经考》方成，吾侪分任校雠；其著《孔子改制考》及《春秋董氏学》，则发凡起例，诏吾侪分纂焉"。

② 不久清廷即下令禁毁，1898年、1900年又两次严令毁版。

③ 康有为：《春秋笔削大义微言考序》，见汤志钧编：《康有为政论集》上册，中华书局1981年版，第469页。

守旧的传统观念。一是立意于立,通过阐释孔子"改制"学说宣传变法的合法性、迫切性,两部书共同奠定了维新变法的理论体系。康有为以其宏大气魄和爱国激情,将议政派的理论创造推向高峰,把公羊三世说与历史进化观,以及资产阶级君主、民主学说都糅合起来,以阐释公羊学的微言大义为途径,把公羊三世说改造、发展成为由封建专制进为君主立宪、再进为民主共和的新学说,成为维新时期向封建专制政体和顽固势力进攻的思想武器。

戊戌时期前后以不同路数研治公羊学的学者,我们可以举出王闿运、廖平两人。

王闿运(1832—1916),字壬秋,室名湘绮楼。他是同治至光绪初年宗今文经学的学者,著有《春秋公羊何氏笺》十一卷。此书撰著的意图是不满意徐彦为《公羊传》何休注所作的疏,故重新作笺。王闿运并未能掌握公羊学说变易进化的哲理和紧密联系政治的特点,所以其书未能摆脱经注家的旧轨。如,《公羊传》鲁隐公元年:"元年者何?君之始年也。"何休注:"……惟王者然后改元立号,《春秋》托新王受命于鲁,故因以录即位,明王者当继天奉元,养成万物。"王氏笺:"二王之后得改元,故不曰公之始年。"按,王氏《笺》所言"二王之后得改元","成王绌杞、广鲁"云云,从公羊学来说都是无根之论。鲁隐公元年是传、注、笺的开篇,一开始就表明与公羊家法相乖违。

又如,《公羊传》鲁隐公元年又云:"何言乎王正月?大一统也。"何休注:"……王者始受命改制,布政施教于天下,自公侯至于庶人,自山川至于草木,莫不一一系于正月,故云政教之始。"王氏笺:"大,谓推之大也。书春三月皆有王,存三统也。不先自正,则不足治人,故以王正月见一统之义,而三统乃存矣。"按,比较何休注与王氏笺,两者路数完全不同。何休是强调"受命改制"之极其重大、甚至是神圣的意义,新王即位刷新政教、制度有所变革乃是符合天理、天意的事。王氏则从训诂角度言,解释"大"是推之大之,由王正月可以推广到王二月、王三月。而受命改制的

"微言大义"，却在他的眼前溜掉了。

　　廖平对晚清公羊学的作用有二重性，前期有独到的理论建树，后期却矜奇多变，最后归于荒诞不伦。廖平（1852—1932），字季平，晚号六译。廖平一生著书多至百种，而于清代今文经学关系最大、最有价值者，即在他42岁以前所著成和刊刻的《今古学考》《古学考》二书，其先主张古文为周公、今文是孔子，以后主张今文是孔子之真，古文是刘歆伪作，即是他对清代今文经学所作的贡献。梁启超对此曾有评论："早岁实有所心得，俨然有开拓千古推倒一时之慨。晚节则几于自卖其学，进退失据矣。至乃牵合附会，摭拾六经字面上碎文只义，以比附泰西之译语，至不足道。"①廖平"尊今抑古"的观点直接影响了康有为，使他完全转向今文学，随之又著书立说。至1894年以后，两人却走上完全不同的道路。康有为以自己紧扣时代脉搏的著作，把今文学推向高潮，并以经过改造的公羊学说作为维新变法的思想武器；廖平却不顾自相矛盾，改变自己的学说，并且越变越离奇荒唐。其主要原因是，廖平对公羊学说只是作纯学术的研究，没有继承清中叶以来进步今文学家关心国家民族命运的传统。清代今文学复振的生命力，乃在于它强烈的经世致用精神与挽救国家危亡的时代需要密切结合，廖平的学术观点中没有这种积极的推动力，他对于列强环伺、民族危机深重的时代特点非常隔膜，故被学者称为"游离于时代主流以外"。廖平专以"制度"作为分别今古的指导思想，实际上却没有把握住今文学说的核心。即使在其经学思想"二变期"，当他把今文学抬得很高，斥古文经都是伪造之时，也无法把其经学思想与时代要求联系起来。廖平力主以"素王"说代替公羊家法的"王鲁"说，其实质也害怕从"王鲁"引申出不利于封建统治阶级的结论。他强调"以经例推之"，拘守于"《春秋》仍君天王而臣鲁侯"，若"王鲁"，则"《春秋》有二王"。如此立论，公羊学说必然失去其活力，陷于偏枯贫乏的境地。

---

　　① 梁启超：《论中国学术思想变迁之大势》，《饮冰室合集》文集之七，中华书局1989年版，第98页。

三、双轨并进景观在哲理上的宝贵启示

拓展"晚清公羊学说双轨演进"这一课题的研究，不仅对于深化公羊学说史和清代学术的独特内涵均具有重要的学术价值，而且对于建构当代中国历史阐释学体系具有重要的理论意义。公羊学的生成史是以《春秋公羊传》为其标志，其后经过董仲舒和何休的发展，已经充分展示出其哲理的深度、创造的精神和独特的风格。而其后千余年殆于澌灭，它到晚清竟奇迹般地"复兴"，并且形成几代学者治学路数迥异、双轨并进的景观，不啻为清代学坛大大增色。今天，我们以"创造性阐释、创新性发展"为指导思想，对于这些丰富的内涵深入探索和总结，无疑在理论上会大有收获。至少在以下三项，我们在哲理上能获得极为宝贵的启示。

其一，深刻认识公羊历史阐释学何以具有久远的生命力，其根源在于所阐释的经典具有宝贵价值和精深的内涵，其基本命题与民族的历史走向关系极大，因而阐释的成果能产生强烈的反响。《春秋公羊传》所阐释的是对华夏历史文化演进方向关系极大的《春秋经》中的"微言大义"，强调拨乱反正，主张"改制"、进化。春秋公羊学者视孔子是政治家，《春秋》是一部政治书，寄托了孔子的政治伦理、政治理想，是"为后王立法"。又认定历史是变易的，社会是进化的，从短时间范围言，可分为"所传闻世""所闻世""所见世"；从长的历史范围言，可分为"据乱世""升平世""太平世"。时代在变易，各项制度也要随之相应改变，所以强调"变革"，强调"改制"。而且这些"为后王立法""变革""改制"的道理都是通过简略的文字来表达，所以要究明"微言大义"，要把握书中"非常异义可怪之论"，每一时代的公羊学者都应根据自己的时代感受来发挥、注入新思想，阐发新道理。这就是"公羊家法"，它始于《公羊传》，历董仲舒、何休，一直贯穿到清代庄存与、刘逢禄等公羊学者。这套阐发"微言大义"、主张"改制"的家法，是今文公羊学派区别于重历史故实、重名物训诂的古文学派的实质所在，由此彰显出其独特的智慧和风采。

　　其二，深刻认识公羊学家在历史阐释上取得成功的奥秘是在把握学说精义的同时，又善于做到切合时代的需要，捉住时代的脉搏，创造性地对核心命题加以发挥。公羊学说在西汉盛行一时，就因为董仲舒阐发的"大一统""改制""更化"的理论主张，符合汉武帝时代巩固国家统一和兴造制度的需要，由此因缘际会，公羊学说第一次跃居时代舞台中心，成为政治上和学术上指导思想。到了清朝乾隆末年又达到一个重要的历史关节点：清朝统治已由盛转衰，时代大变动行将到来！此时的思想文化界，首先迫切需要在时代观念和思维方式上从因循保守、麻木沉闷的状态中改变过来，树立变革、进取的观点和为社会寻找出路、摆脱危机的使命意识。主张进化、倡导变革进取的公羊学说便成为有识之士的思想武器，他们大力发挥其"以经议政""拨乱反正"的威力，结合时代的感受，发表"警世"的言论，而且几代学者递相传承，批判的锋芒越来越锐利。这些唤起人们从"醉梦升平"中惊醒、立志变革图强的言论，包括：在政治上揭露专制统治的祸害和官场风气的恶浊。在社会观察上揭露封建官府、豪绅地主对民众残酷剥削，造成农民困苦不堪、流离失所。在学术风尚上批判烦琐考证学风空疏无用的严重弊病。至鸦片战争前后，以魏源为代表呼吁认识中外关系的空前变局、跨越长期互相隔绝的鸿沟，提出"师夷长技以制夷"，成为近代向西方学习的先驱。到戊戌时期，以康有为为代表，更在民族空前危机推动下，将公羊三世说与学习西方民主共和政治学说结合起来，作为维新运动的理论纲领。这样，从庄存与、刘逢禄开始，经过龚自珍、魏源到康有为，几代公羊学者吸收了时代智慧，将公羊学说锻造成为晚清时期极富创造活力的哲学理论体系，有力地推动社会变革和学术的进步，因而再度风靡于世。反观从孔广森开始，几代拘守文献考证路数的学者所写的关于公羊学的著作，他们由于不能把握公羊学说中符合时代需要的思想精华，缺乏批判精神，因而使公羊学说失去活泼的生命力，在哲理上陷于枯萎。杨向奎先生在《清代的今文经学》一文中批评孔广森、凌曙、陈立三位文献考证派的弱点是罗列众说、缺乏断制，舍其大而识其小，多卑微不足道，确实切中其要害:"孔广森实非公羊学大师,谈'三科'迷途,论'九旨'失路,刘申受始续邵公之业,注意到《公羊》义法而略于典礼训诂,此所谓'贤者识其大'也。凌曙……喜好《公羊》,但改变了刘申受的学风而注意于《公羊》的礼制,多卑微不足道,可谓'不贤者识其小'。原《公羊》中的礼制或寓有褒贬义,但殊难发挥;'三科九旨'之言枝叶扶疏,寓历史变化于三世之中,盖调停先王、后王之折衷论者,在保守的儒家学派中亦新奇可喜,影响大而变化多端。舍其大而逐其小,是凌、陈学风。"①

其三,为建设当代中国历史阐释学学科体系提供宝贵的思想资料。近年来,推进当代中国历史阐释学学科体系建设问题备受学界的关注。从历史上看,中国学者重视历史阐释有着十分悠久的传统,因为在人文科学的各个领域,无论是对于经典的理解,对学者的成就或对一个时代学术的评价,或是学术的传承,都不能离开"阐释"。传统典籍,如《周易》《诗经》《老子》等,都有值得关注的成果。而传承最有特色、显示出其强大生命力、并且对社会政治领域和学术思想影响最为巨大的,则非公羊历史阐释学莫属。今天我们要大力建设"中国学派",推进当代中国历史阐释学学科建设就是一项意义重大的光荣任务,而包括晚清公羊学说双轨演进在内的公羊学说演进史,就能为此提供宝贵的思想史资料。

近年来这一学科建设取得的一项引人注目的成果,是张江连续著文论述"公共阐释"②与"强制阐释"③两个对立概念。张江的论述体现出当代中国学人的创新热情和担当精神,他针对百余年来西方文化界对"历史阐释"运用的大量成果进行"反思和批判",肯定了许多学者所具有的"惊人想像力和创造力",同时严肃地指出其本质性的严重缺陷:"引导20世纪西方主流阐释学,构建起以反理性、反基础、反逻各斯中心主义为总基调",

---

① 杨向奎:《绎史斋学术文集》,上海人民出版社1983年版,第351页。
② 张江:《公共阐释论纲》,《学术研究》2017年第6期。
③ 张江:《强制阐释论》,《文学评论》2014年第6期。

"走上一条极端相对主义和虚无主义的道路"①。张江的文章作了提纲挈领的理论建构，他认为"强制阐释"的基本特征有四项，即场外征用、主观预设、非逻辑证明、混乱的认识路线。"公共阐释"是在反思和批判强制阐释过程中提炼和标识的，其基本特征有六项，即公共阐释是理性阐释、澄明性阐释、公度性阐释、建构性阐释、超越性阐释、反思性阐释。我们详审上述观念即能体会到：理论的概括确实具有从具体达到抽象和纲举目张的意义。同时又能明白，这一理论要增强其说服人的力量和发挥指导学术研究的作用，还需要与中国本土历史阐释学的生动例证结合起来。晚清公羊学说双轨演进迥然不同的两种阐释路数，恰恰一正一反，证明自庄存与至康有为等学者之所以能对公羊学义理大力推进、演出有声有色的场面，就在于符合"公共阐释"的诸多特征和要领。

由《公羊传》的"所见异辞，所闻异辞，所传闻异辞"，到何休推进为"据乱世—升平世—太平世"，构成公羊学"张三世"的重要命题，庄存与《春秋正辞》中对此有恰当的释读，很符合于"公共阐释"所指理性阐释、公度性阐释、建构性阐释的要求。其论云："据哀录隐，隆薄以恩，屈信之志，详略之文。智不危身，义不讪上，有罪未知，其辞可访。拨乱启治，渐于升平，十二有象，太平以成。"②《公羊传》所讲的"所见异辞，所闻异辞，所传闻异辞"，原意是，孔子修《春秋》因年代远近不同，所据材料详略不同，事件、人物与记载关系密切程度不同，故在用辞上自然有所不同。然则其中包含着不应将春秋十二世二百四十二年视为凝固的、死板的整体，而应按一定的标准区分为不同阶段这一可贵的合理因素。庄存与采用了董、何的解释，"据哀录隐，隆薄以恩"，即何休所说因时代远近不同，"见恩有厚薄，义有深浅"，故采用异辞，使之符合于人伦名分。《公羊传》又说："定、

---

① 张江：《公共阐释论纲》，《学术研究》2017年第6期。

② 《春秋正辞》"奉天辞第一"。

哀多微辞，主人习其读而问其传，则未知己之有罪焉尔。"①说明孔子修《春秋》，对定、哀两世，因与现实太近，故多忌讳，而采用委婉隐晦的笔法，让当日国君读了这样的记载也无法找到把柄，断定他有罪。然而，后人却能根据他用辞的曲折微妙，去探求深切的寓意。故说："屈信（同伸）之志，详略之文。智不危身，义不讪上，有罪未知，其辞可访。"以上论述均明确地重申董仲舒及何休对"三世说"的解释，甚得公羊学说之要领。

　　而文献考证派学者之所以在理论上苍白无力，陷于平庸、枯竭，就因为落入场外征用、主观预设一类窠臼。孔广森抹杀今古文界限，陷入严重的误区，正好为"强制阐释"与"公共阐释"的对立提供生动的例证。孔广森作为朴学家，对于古文今学一向推崇，甚为欣赏《左传》那样的注重史实的风格。他选择了一项对自己并不适合的课题——公羊学，他认定的努力方向是要纠正何休的"缺漏"，在今文、古文中求折中。所得的结果实与其愿望相反，于古文无补，于今文则混淆了公羊家法。孔广森主张三传平起平坐，一样看待："公羊、榖梁、左丘明并出于周秦之交，源于七十子之党，学者固不得畸尚而偏诋也。"此即成为他把古文学派的家法引入今文学派的理论根据。他把折中、弥缝作为自己著作的出发点，害怕按汉代公羊学者的解释而与《左传》《榖梁》造成分歧，落下被人指责的把柄，故有如下一段评论："方东汉时，帝者号称以经术治天下，而博士弟子因端献谀，妄言西狩获麟，是庶姓刘季之瑞，圣人应符，为汉制作，黜周，王鲁，以《春秋》当新王云云之说，皆绝不见本传。重自诬其师，以召二家之纠摘矣。……彼孰不自以为择善者，讵揣量其知识之年及，匪唯谬于圣人，且不逮三子者万分一。逞臆奋笔，恐所取者适一传之所大失，所弃者反一传之所独得，斯去经意弥远已。"②孔广森所严词指责的"重诬其师""逞臆奋笔，恐所取者适一传之所大失"云云，实则都因为不满于何休《春秋公羊解

　　① 《春秋公羊传》定公元年，《十三经注疏》本。
　　② 《春秋公羊经传通义叙》，《皇清经解》卷六九一。

诂》而发。训诂考据的学术路数严重地限制了他，故他无论如何也不能了解决公羊学者借解释《春秋》而发挥的改制之说。公羊学者讲"亲周，王鲁，以《春秋》当新王"，是要讲王者必"改制"，一个新王朝建立起来，正朔要改，服色要改，所保留祭拜的古代帝王也要随之改变，这一切即意味着治国制度也要有新改变，以适应新的政权面临的新情况。"周王室"原拥有号令天下的全权，随着《春秋》假托以鲁为新王，"周"的地位自然下降。故公羊学者讲"亲周、王鲁、以《春秋》当新王"，三者都是指时代改变、制度也要改变的意思。孔广森局限于训诂学的方法，严重地障碍了他，使他无法理解问题的实质。孔广森抹杀今古文界限，折中、调和的种种说法，联系到"强制阐释"所具有的场外征用、主观预设、非逻辑证明等项特征来理解，其错误的实质就更加明显。

由此证明，公羊学说作为具有典型意义的中国本土历史阐释学体系，确实能为建构当代中国历史阐释学理论提供宝贵的思想资料。不但如此，由于公羊学说独特的哲学内涵、历代出色的公羊学家理论创造精神和这一学说在漫长历史进程中所显示的强大生命力，它无疑又能为展现中华优秀文化的独特魅力提供一个优质富矿，值得我们大力发掘和总结。

［原文发表于《济南大学学报》（社会科学版）2019年第5期，《中国社会科学文摘》2020年第2期、人大复印报刊资料《历史学》2020年第1期全文转载］

初论中国历史地理学之民族特色

朱士光[*]

总体而言，世界上任一民族之学术文化的兴起与发展，皆与该民族的茁壮成长与繁荣兴盛密切相关，因而那些得以在学术苑林中卓然而立长盛不衰的学科，必然有着它所依存的民族之鲜明印记，其所具有的特定的民族特色，也就成为它闪耀人间的夺目亮点。作为一门于20世纪初开始孕育兴起，新中国建立后正式形成，并于改革开放后蓬勃发展而成为一门显学的中国历史地理学，也就很自然地具有十分鲜明的中华民族之民族特色。具体而论，突出地表现在下述的几个方面。现依序加以简叙。

一、正式孕育于抗日战争之中华民族救亡之际

作为一门我国现代学科的中国历史地理学，虽然有学者考证查明"历史地理"一词是20世纪初从日本传入国内，且在清光绪二十九年（1903年，农历癸卯年）就被晚清重臣张之洞与张百熙等在奉旨重拟的《奏定大学堂章程》中，将之作为一门课程列进近代地理学教学体制和学科体系之中，但

＊ 朱士光，陕西师范大学教授、博士生导师。

也正如有学者考证指出的，当时因晚清政局混乱，新的教育体制与学科建设乏力，所以在官办大学中实际并未开设历史地理课程。及至1911年辛亥革命爆发、清王朝被推翻以及民国初期尽皆如此[①]。20世纪30年代中期，在1931年日本军国主义悍然制造"九一八"事件，公开发动侵华战争后不久，在顾颉刚、谭其骧先生倡导下，由当时燕京大学、北京大学、辅仁大学三校一批研习中国古代地理沿革史的学生为主体，于1934年2月创建了禹贡学会，并于3月1日创办了《禹贡》半月刊。其刊名之英译名初为 *The Evolution of Chinese Geography Semi-monthly Magazine*；不久后至1935年出版第三卷起即改为 *The Chinese Historical Geography*，也就是"中国历史地理"，表明中国历史地理学已孕育成熟。而这一孕育过程实与弘扬中华民族救亡图存的时代大潮密切呼应，相互激荡。这可从《禹贡》半月刊之《发刊词》中得到鲜明的印证。在这篇由顾颉刚、谭其骧先生合作写成的《发刊词》中，即痛切地陈述道：

> 历史是最艰难的学问，各种科学的知识它全都需要。……尤其密切的是地理。
>
> ……
>
> 这数十年中，我们受帝国主义者的压迫真够受了，因此，民族意识激发得非常高。……民族与地理是不可分割的两件事，我们的地理学既不发达，民族史的研究又怎样可以取得根据呢？不必说别的，试看我们的东邻蓄意侵略我们，造了"本部"一名来称呼我们的十八省，暗示我们边陲之地不是原有的……
>
> 《禹贡》是中国地理沿革史的第一篇，用来表现我们工作的意

[①] 详见李久昌：《中国历史地理学由传统向近代转化的若干特点》，载中国社会科学院历史研究所、中山大学历史系合编：《纪念顾颉刚先生诞辰110周年论文集》，中华书局2004年版。

义最简单而清楚，所以就借了这个题目来称呼我们的学会和这个刊物。……我们一方面要恢复清代学者治《禹贡》《汉志》《水经》等书的刻苦耐劳而严谨的精神，一方面要利用今日更进步的方法——科学方法，以求博得更广大的效果。①

而后，顾颉刚先生又在撰作的《禹贡学会研究边疆计划书》中具体揭示道：

> 同人发起"禹贡学会"，最初亦但就学校课业扩大为专题之研究，且搜集民族地理材料，分工合作，为他日系统著作之准备耳。而强邻肆虐，国亡无日，遂不期而同集于民族主义旗帜之下；又以敌人蚕食我土地，四境首当其冲，则又相率而趋于边疆史地之研究，……窃意此种问题之探讨，必非身居内地之人所可从事。同人幸得有此集合，而又有契于经世之需，此正政府期待于学界者也。②

上述宣示中，炽热的爱国情怀与凛然的民族大义溢于言表。而这，正是中国现代历史地理学得以孕育成熟的时代环境与精神内核。

二、传承中华民族先哲"天人和谐"的思想，并以之构建其学科理论

在我中华民族历年悠久绵长内容丰富深邃的传统文化中，一直包含有古代先民与哲人关于人与其周围的自然环境（也可称为"生态环境"）之关系的认识与论述。特别是其中一些论述人与自然环境或生态环境应和谐相处的理论，即"天人和谐论"是构成我中华民族优秀传统文化的重要组成部

---

① 顾潮编著：《顾颉刚年谱》（增订本），中华书局2011年版，第242—243页。
② 按，这份《禹贡学会研究边疆计划书》当时未曾公开发表，后刊发在《史学史研究》1981年第1期。

分。对这一重大问题，笔者曾撰写《从"天人和谐论"到建设生态文明的伟大实践》①一文。文中强调指出人文初祖黄帝倡导"节用水火材物"（《史记·五帝本纪》）即是"天人和谐论"的首倡者；之后经历代贤哲传承充实，其内涵遂得以丰富深邃，且对我中华民族的生息繁衍和社会文明的发展始终发挥了积极的作用。其内涵主要有以下几点：

——认为人与天地共生共处，故应和谐相处；

——认为山、水、林、薮、土地为衣食之源，人生之本，积极主张予以保护；

——从世间万物生生不息之哲学观点出发，提出了对于自然资源养长采用以时的可持续发展之制度设计。

上述我中华民族传统文化中之精髓"天人和谐论"及其主要内涵，在20世纪五六十年代共和国建立初期，也即在中国现代历史地理学于抗日战争之民族救亡之际孕育成熟后，适逢进入一个新的历史发展阶段之际应时而正式形成时，恰被这一新兴学科创建者之一侯仁之先生所借鉴吸收，从而创建出中国历史地理学之学科理论——人地关系论。其基本要义是：

> 人类的生活环境，经常在变化中，而不是一成不变的，属于自然的景观如此，属于人为的景观更不例外。
>
> 而在这一发展演变的过程中，人的缔造经营，占了最重要的地位，如果不是因为人的活动而引起的周围地理的变化，在这几千年的历史时期中那是非常微小的。
>
> 历史地理学的主要工作，不仅要"复原"过去时代的地理环境，而且还须寻找其发展演变的规律，阐明当前地理环境的形成和特点。②

---

① 朱士光：《从"天人和谐论"到建设生态文明的伟大实践》，《陕西师范大学学报》（哲学社会科学版）2008年第4期；后此文收入陕西省公祭黄帝陵工作委员会办公室编：《纪念人文初祖黄帝建设民族精神家园学术研讨会论文集》，陕西人民出版社2008年版。

② 侯仁之：《历史地理学刍议》，《北京大学学报》（自然科学版）1962年第1期。

仁之师上述理论观点，不仅阐明了历史地理学是一门专事研究人类历史时期主要在人为活动影响下导致的地理环境的变迁及其变迁规律，也即人地关系规律的学科，明确地揭示了这门新兴学科之研究对象；而且还进一步指明其研究的终极目的是要运用揭示出的历史时期之人地互动关系及其规律，根据其中之经验与教训，为当前人类更加科学、合理、有效地适应地理环境与改善地理环境提供方略、对策，达到"天人和谐"的境界。这与我中华民族优秀传统文化中的"天人和谐"思想是一脉相承，且又有所创新发展。

三、受惠于中华民族优秀的治学传统与丰富的学术资源，同时也为中华民族伟大复兴事业作出具体贡献

因为中国历史地理学主要研究对象及其研治目的就是人类历史时期，也就是自距今1万年即新石器时代原始农业产生以来这一历史时期，在人类活动影响下导致的各历史阶段中我国境内地理环境（包括自然地理环境与人文地理环境）的变化，并揭示其变化规律，以之为当前人们适应地理环境与改善地理环境提供历史借鉴与应对方略。因而，自其从20世纪初孕育成形，并自共和国建立以来正式建立，改革开放以来蓬勃发展的整个历程中，老、中、青几代学人，均秉承《禹贡》（《禹贡》为我国地理学宝典，公元前三世纪前期之战国时代著成）所开创之征实精神[1]，其后西汉司马迁、东汉班固、北魏郦道元、唐代李吉甫、北宋沈括、明代徐霞客、明清之际的顾

---

[1] 此说为顾颉刚先生首倡，见他所撰《禹贡》（全文注释）一文，载侯仁之主编：《中国古代地理名著选读》第一辑，科学出版社1959年版。之后史念海先生撰文也认同《禹贡》著成于战国时期，只是要早于公元前3世纪，是前370—前362年间，即魏惠王元年至九年间著成（见氏著：《论〈禹贡〉的著作年代》，《河山集·二集》，生活·读书·新知三联书店1981年版）。此外，尚有辛树帜先生《禹贡》成书于西周说、王成组先生《禹贡》成书于春秋说者（见辛树帜先生著《禹贡新解》一书第一编"禹贡制作时代的推测"与第二编"禹贡制作时代的讨论"，农业出版社1964年版；王成组先生著《中国地理学史》，商务印书馆1988年版）。本文遵从顾颉刚先生说。

炎武与顾祖禹等治舆地之学的著名学者所传承的求真求实、经世致用的治学传统；同时也深深受惠于中国历史上先贤们通过广搜博采勤奋撰写流传下来的丰富的史籍著述，除历代正史与先贤们的笔记、游记、著作文集外，还有大量的地方志、古代地图以及金石碑刻等。这些宝贵的文献资料，浩如烟海，且举世无双，为我们展开历史地理研究奠定了独特的雄厚的物质基础。及至现代，更利用考古发掘所发现的新的更具实证性的材料以及通过现代科学手段——如孢粉分析、碳十四测年与野外考察获得的有关人类历史时期地理环境之遗存遗迹与变迁轨迹等新的科学资料，更加推进了中国历史地理学研究内容的丰富性，进一步提高了相关研究成果的精准性。

中华民族历代先贤学人所秉承坚持的学以致用的家国情怀，给我们的历史地理学者为拯救民族危亡与助力民族复兴，提供了强大的精神动力。如前已述及，中国历史地理学孕育于20世纪30年代初抗日战争爆发不久，之后，也正是在抗日烽火燃遍中华大地之时，顾颉刚先生与史念海先生合作著成《中国疆域沿革史》一书，并于1938年由商务印书馆出版。在该书第一章《绪论》中，他们即痛切地陈述道："吾人处于今世，深感外侮之凌逼，国力之衰弱，不惟汉唐盛业难期再现，即先民遗土亦岌岌莫保，衷心忡忡，无任忧惧！窃不自量，思欲检讨历代疆域之盈亏，使知先民扩土之不易，虽一寸山河，亦不当轻轻付诸敌人，爰有是书之作。"不单爱国忧时之情跃然于字里行间，而且还力图以该书唤起国人一致奋起保卫国土之强烈的"经世致用"的意愿。谭其骧先生担任主编，自1955年春开始启动，汇集了国内十多个单位逾百名专业人员编绘的《中国历史地图集》，历经三十余年，全套八册图集于1982年10月至1990年2月由地图出版社（后改名为中国地图出版社）出齐。谭其骧先生在图集第一册之《前言》中指出：编绘这套图集的目标只有一个："就是要把我国自从石器时代以来祖先们生息活动的地区变化，在目前力所能及的条件下，努力反映出来，使读者能够通过平面地图的形式看到一个统一的多民族的伟大国家的缔造和发展的进程，看到在这片河山壮丽的广阔土地上，我国各民族的祖先如何在不同的人类共同体内结邻错居，尽管在政治隶属上曾经有分有合，走过艰难曲折的路途，但是却互相吸引，日益接近，逐步融合，最后终于凝聚在一个疆界确定、领土完整的国家实体之内，从而激发热爱祖国、热爱祖国各族人民的感情，为崇高的人类进步事业而工作。"文中透射出的还是图集编绘者们浓郁的"经世致用"的胸襟抱负。

至于在共和国建立后获得长足发展的历史自然地理学这一分支领域，在这门新兴学科另一创建者侯仁之先生大力倡导"跳出小书斋，走向大自然"治学路径指引下，我国许多在这一学科领域的后起之秀，纷纷选择了与当前国家建设密切相关的研究课题，除取得一批更具现代科学水平的学术成果外，对我国生态环境保护与治理、古代都邑与历史文化名城规划建设等重大问题都作出了切实的贡献。如仁之师，早在20世纪50年代末，就不畏艰险走向我国大西北的沙漠地区，对内蒙古自治区之乌兰布和沙漠、毛乌素沙地与宁夏回族自治区河东沙地进行实地考察。通过对沙漠中的历史时期人类活动遗迹的深入研究，揭示出这些沙漠在历史时期人类活动影响下的变化轨迹，从而为当今人们如何防止沙化与治理沙漠指明了方向，树立了信心；同时不仅为历史地理学开拓出一个新的研究领域，也为沙漠学研究增添了一个新的必不可少的研究内容与范式[①]。又如史念海先生，为了探明我国黄土高原森林草原的变迁与千沟万壑形成历程及其原因，自20世纪70年代起，就多次深入陕北、陇东与山西等地之山塬沟壑间进行现场考察，不仅推倒了德国著名学者F. V.李希霍芬所论黄土地区根本不宜于森林存在的不确之见，还一一复原了自西周至明清以来各时代之森林分布及其变化状况[②]。再加上他对历史时期黄河流域侵蚀与堆积、中游之侧蚀与下切、

157

历史学

---

① 详见侯仁之：《历史地理学的视野》一书中"环境变迁"部分之《历史地理学在沙漠考察中的任务》诸文，生活·读书·新知三联书店2009年版。

② 详见史念海：《历史时期黄河中游的森林》，《河山集·二集》，生活·读书·新知三联书店1981年版。

河流流量变迁、原隰沟壑变迁、农林牧分布地区变迁等方面的研究①，既较全面地复原了黄土高原地区历史时期生态环境变迁状况及其原因，同时还为当前从根本上治理黄土高原提供了战略思想，为解决黄河之治理难题提供了更为科学有效的方案与措施。

概言之，在当今我国之历史地理学界，对自《禹贡》问世以来两千多年漫长历史时期形成的舆地学学术传统中之经世致用治学理念、考据式治学方式、征实性治学精神之传承创新已蔚然成风。这显然已成为我国历史地理学最为宝贵的民族特色；而且借此民族特色，中国历史地理学正可走向世界，在保卫我们人类的地球村与建设人类命运共同体的新的历史性任务中，更好地发挥它的有用于世与为世所用的学术及实践功能，并推动这门新兴学科获得更大的发展。

［原文发表于《济南大学学报》（社会科学版）2019年第5期］

---

① 有关内容除请详见前引史念海先生所著《河山集·二集》外，还请详见史念海先生专题论文集《黄土高原历史地理研究》，黄河水利出版社2001年版。

史语所学人考证学新境界与中国气派

张　峰[*]

　　成立于1928年的中央研究院历史语言研究所（以下简称"史语所"），是现代中国第一个专业的史学研究机构。傅斯年创设史语所之本意，是要建立"科学的东方学之正统在中国"[①]。要实现这一目标，他认为："历史学和语言学发展到现在，已经不容易由个人作孤立的研究了，他既靠图书馆或学会供给他材料，靠团体为他寻材料，并且须得在一个研究的环境中，才能大家互相补其所不能，互相引会，互相订正，于是乎孤立的制作渐渐的难，渐渐的无意谓，集众的工作渐渐的成一切工作的样式了。"[②]围绕这一理念，史语所聚集了傅斯年、陈寅恪、岑仲勉、劳榦、陈述、傅乐焕、全汉昇、王崇武等新史家，形成了一个现代意义上的"学术共同体"。从学术渊源上说，史语所学人的历史研究，继承了乾嘉史家的考史理念与方法，同时他们又适逢其会地借鉴了西方新学理、新方法，广泛运用20世纪初年

---

　　* 张峰，西北大学历史学院副教授、硕士生导师。
　　①② 傅斯年：《历史语言研究所工作之旨趣》，《历史语言研究所集刊》第一本第一分，1928年。

以来发现的新史料，从而开辟了考证学的新境界，彰显了中国史家历史研究的风格与气派。

一、以"历史问题"为中心的研究取向

史语所学人继承了乾嘉考史学家不尚空谈、注重实证的治史传统，但是两者在治史理念与方法上又各具特色：清代学者的历史考证以书为本位，而史语所学人的考证则以"历史问题"为中心。这种研究理念的差异，反映了新旧学问的代际嬗变。

傅斯年在史语所初创时期的年度报告中说："扩充材料，扩充工具，以工具之施用，成材料之整理，乃得问题之解决，并因问题之解决引出新问题，更要求材料与工具之扩充。如是伸张，乃向科学成就之路。"[1]这一主张说明，"材料"和"工具"均是学术研究的手段，旨在解决历史问题，在解决问题的过程中又引申出新问题，从而进一步扩充材料与工具，由此形成学术研究的良性循环。很显然，在学术研究过程中，无论是"材料"还是"工具"，都是围绕着"问题"服务。也就是说，没有问题意识，材料再丰富、工具再多样，都无法推动学术研究的进展。这一研究理念成为史语所学人共同遵守的学术范式。

陈述在20世纪30年代初就读于北平师范大学，先后撰有《陈范异同》《补南齐书艺文志》《蒋心余先生年谱》等考证性文章。尤其是，他的《金史氏族表初稿》一文，"略仿钱氏（大昕）之例"[2]，体现了对于乾嘉历史考证方法的传承。1935年，陈述进入史语所工作，不久他便体会到新旧史家的治史理念迥然有别。在他看来，"老旧史家与今日史家之异趣，似旧日多以书为本位，现代则多重历史问题"。因此，在学术的实践中，旧史家的研究

---

① 傅斯年：《国立中央研究院历史语言研究所十七年度报告》，《傅斯年全集》（六），湖南教育出版社2003年版，第9页。

② 陈述：《金史氏族表初稿》，《历史语言研究所集刊》第五本第四分，1935年。

侧重"抄缀辑录""勘对字句""考订比例";而新史家则倾向于对历史问题的阐发,"论证确实,独有创见"①。他的观察,实际上反映了史语所学人不同于乾嘉考证学者的治史旨趣。于是,他改变了过去对史料排比考订的研究思路,转以对影响辽金历史进程的重大问题作出考察,如《阿保机与李克用盟结兄弟之年及其背盟相攻之推测》《曳落河考释及其相关诸问题》《头下考》《契丹世选考》等考证性文章,皆是在这一理念指导下撰成的代表性成果。

无独有偶的是,劳榦在史语所中与陈述有着相同的学术感受。他长期从事居延汉简研究,曾采用清人考证金石文字的方法,对汉简的内容逐条加以考释,这种研究模式虽然能对汉简内容进行详尽的注解,但是研究的中心却局限于汉简的内容,无法拓展,他指出:"以汉简为主,是有它不方便的地方,因为在基本思想上受到了限制,不能离题太远,所以我在写成了《居延汉简考释》以后,还可以再写下去,成为'居延汉简考释续编''再续编'。不过我却不愿意把思想和生活都变成了汉简的奴隶,我宁可另外组织别的系统,只把汉简的材料放进去。"②说明劳榦在两汉史研究的路径上,经历了"以汉简为主"到"另外组织别的系统,只把汉简的材料放进去"的转变,这使其两汉史研究不再局限于为汉简做注脚,而是将研究的视野扩大到汉代边疆的政治、经济、文化、军事等广阔的领域,所撰《从汉简所见之边郡制度》《汉代兵制及汉简中的兵制》《两汉刺史制度考》《汉简中的河西经济生活》《汉代社祀的源流》《两汉关址考》等考证性论文,"俱极精审,发前人之所未发"③,从而开创了两汉史研究的新局面。

作为史语所历史组的主任,陈寅恪摆脱了清人比勘同异、补正纠谬式的唐史研究模式,而注重对唐代历史演进中具有关键性问题的阐发。譬如,

---

① 参见"傅斯年档案",Ⅲ-230。

② 劳榦:《劳榦教授的自述》,(台北)《湖南文献》1978年第4期。

③ 顾颉刚:《当代中国史学》,辽宁教育出版社1998年版,第81页。

他以"种族—文化"观念为锁钥，探讨李唐氏族问题，系统提出了"关中本位政策"的观点。何为"关中本位政策"？陈寅恪在《隋唐制度渊源略论稿》中曾有所述及，在《唐代政治史述论稿》中，他又进一步作了详细的说明：在当时，宇文泰率领少数西迁的胡化汉民居于关陇，无论在经济上还是在兵力上，都无法与山东高欢及南朝萧梁相抗衡，因此要想与东、南两股势力鼎立而三，必须另觅一个新途径，使得"融合其所割据关陇区域内之鲜卑六镇民族，及其他胡汉土著之人为一不可分离之集团"，从而能够"内安反侧，外御强邻"，而这一新途径即陈寅恪所谓的"关中本位政策"。宇文泰实行"关中本位政策"的措施之一，即改易氏族。陈寅恪认为，宇文氏之改革措施经历了两个阶段：第一阶段为改易西迁关陇汉人中之山东郡望为关内郡望，以断绝其乡土之思，并附会其家世与六镇有关，"凡李唐改其赵郡郡望为陇西，伪托西凉李暠之嫡裔及称家于武川等，均是此阶段中所为也"。第二阶段为西魏恭帝时期诏以诸将之有功者继承鲜卑三十六大部落及九十九小部落之后，凡改胡姓诸将所统之兵卒亦从其主将之胡姓，迳取鲜卑部落之制以治军，"李唐之得赐姓大野，即在此阶段中所为也"。到北周末年，杨坚专擅朝政，遂改回胡姓为汉姓，但改回的只是宇文氏第二阶段所改，"多数氏族仍停留于第一阶段之中，此李唐所以虽去大野之胡姓，但仍称陇西郡望及冒托西凉嫡裔也"[1]。在陈寅恪看来，北周时期的"关中本位政策"不仅对隋唐氏族影响甚大，而且直接作用于当时的政治发展，"有唐一代三百年间其统治阶级之变迁升降，即是宇文泰'关中本位政策'所鸠合集团之兴衰及其分化。盖宇文泰当日融冶关陇胡汉民族之有武力才智者，以创霸业；而隋唐继其遗产，又扩充之。其皇室及佐命功臣大都西魏以来此关陇集团中人物，所谓八大柱国家即其代表也。当李唐初期此集团之力量犹未衰损，皇室与其将相大臣几全出于同一之系统

---

① 陈美延编：《唐代政治史述论稿》，生活·读书·新知三联书店2009年版，第198—199页。

及阶级，故李氏据帝位，主其轴心，其他诸族入则为相，出则为将，自无文武分途之事，而将相大臣与皇室亦为同类之人，其间更不容别一统治阶级之存在也"。至武则天掌权时期，"关中本位政策"在唐代所发挥的作用发生了重大转变。因为武则天之氏族不属于关陇集团的范畴，因此欲要消灭唐室建立武周政权，必须对关陇集团进行打击破坏。于是崇尚进士文词之科，破格任用新兴阶级，毁坏府兵制度等。加上关陇集团历时经久，自身本已衰腐，所以至唐玄宗时期，李唐虽盛，但关陇集团已遭破坏而完全崩溃①。

自陈寅恪提出"关中本位政策"后，在中外学界产生了深远影响。国内学者杨志玖、汪篯、胡如雷、唐长孺、徐清廉、胡戟和国外学者布目潮沨、崔瑞德、谷川道雄、栗原益男等人，在各自的论著中或进一步阐发关陇集团说，或以此说作为理论根据进一步探讨隋唐史事，深入推动了隋唐史研究的进展②。从今天的认识来看，陈寅恪站在新的时代高度，对涉及有唐一代的重大问题作深层次阐述，多发前人未发之覆，从中不难窥见他敏锐的洞察力与突出的问题意识，因而他的学术见解较之乾嘉诸老更上一层。

二、历史考证的国际视野

史语所学人除了深耕乾嘉学者未能解决的问题之外，眼光并不囿于国内既有的研究成果，而是以西方汉学为参照系，力求在学术研究的共同领域与国外学者进行交流与对话。

晚近以来，中国学术处处落后于国外，尤其是在汉学领域，国外汉学家取得的考证成果，常常令中国学者感到汗颜。对此，陈垣深有感触，曾在授课中说："每当我接到日本寄来的研究中国历史的论文时，我就感到像

---

① 陈美延编：《唐代政治史述论稿》，生活·读书·新知三联书店2009年版，第234—235页。

② 参见胡戟等：《二十世纪唐研究》，中国社会科学出版社2002年版，第25—27页。

一颗炸弹扔到我的书桌上，激励着我一定要在历史研究上赶过他们。"①其实，傅斯年创办史语所的重要原因之一，也是为了扭转中国学术落后于国外的局面。他认为，在中国有关历史学、语言学的材料相当丰富，但是我们却没有认真地加以研究；相较历史学、语言学不甚丰富的欧洲，汉学研究却要比我们更为发达。因此，他不无感慨地说：

> 我国历史语言之学，本至发达，考订文籍、校核史料，固为前修之弘业；分析古音、辨章方言，又为朴学之专诣。当时成绩，宜为百余年前欧洲学者所深羡，而引以为病未能者。不幸不能与时俱进，坐看欧洲人分其学者，扩充材料、扩充工具，成今日之巨丽，我国则以固步自封而退缩于后，可深惜也。②

他又在1929年写给陈垣的一封书信中强调："斯年留旅欧洲之时，睹异国之典型，惭中土之摇落，并汉地之历史言语材料亦为西方旅行者窃之夺之，而汉学正统有在巴黎之势，是若可忍，孰不可忍。"为此，他创设史语所，希冀"能超乾嘉之盛，夺欧士之席"③。这种对于世界学术潮流的审视，开阔了史语所学人的研究视界。

敦煌学是国际汉学界研究的热点，陈寅恪在给陈垣所作的《敦煌劫余录》序言中说："一时代之学术，必有其新材料与新问题。取用此材料，以研求问题，则为此时代学术之新潮流。治学之士，得预此潮流者，谓之预流。其未得预者，谓之未入流。此古今学术之通义，非彼闭门造车之徒，

---

① 刘乃和：《"书屋而今号励耘"——学习陈援庵老师的刻苦治学精神》，载陈智超：《励耘书屋问学记：史学家陈垣的治学》，生活·读书·新知三联书店2006年版，第189页。

② 王汎森、杜正胜编：《傅斯年文物资料选辑》，"中央研究院"历史语言研究所1995年版，第62页。

③ 参见史语所档案，元109-1。

所能同喻者也。"①这里陈寅恪所强调的"预流",意谓中国史家应预世界学术之"流",而从事敦煌学研究正是史家"预流"的体现。根据史语所1930年的年度报告,当时陈寅恪正在从事"敦煌材料之研究"②。其次,蒙元史也是国际汉学界关注的重点之一,法国汉学界之卡特美尔(E. M. Quatremere)、俄国汉学家施密德(I. J. Schmidt)和德国学者艾德曼(F. Erdmann)均在蒙元史领域取得了丰硕成果。陈寅恪虽以中古史研究见长,但因1929年发现了《蒙古源流》的不同译本,遂相继撰成《吐蕃彝泰赞普名号年代考(蒙古源流研究之一)》《灵州宁夏榆林三城译名考(蒙古源流研究之二)》《彰所知论与蒙古源流(蒙古源流研究之三)》《蒙古源流作者世系考(蒙古源流研究之四)》等系列文章。陈氏的这些研究成果与其他论著,因在研究内容、旨趣上与西方汉学界有交集,故而为他在国际学术界赢得了声誉,这也是他"1944年入选英国学术院通讯院士,1947年入选1946年英国皇家亚洲学会荣誉会员,1947年入选美国东方学荣誉会员"③的内在原因与前提条件。

在史语所中,傅乐焕精于辽史研究。相较乾嘉诸老对于辽史的研究,他有着更为开阔的国际视野,能在观照国外学界已有研究成果的基础上,对辽史的相关问题作进一步的深入考察。譬如,在《辽史》中常见辽代诸帝游幸春水秋山的记载。然而,春水、秋山所指为何?对此,日本学者池内宏在《辽代春水考》④,津田左右吉在《达鲁古考》⑤《关于辽代之长春州》⑥

---

① 陈寅恪:《陈垣〈敦煌劫余录〉序》,《金明馆丛稿二编》,生活·读书·新知三联书店2009年版,第266页。

② 傅斯年:《国立中央研究院历史语言研究所十九年度报告》,《傅斯年全集》(六),湖南教育出版社2003年版,第199页。

③ 陈怀宇:《在西方发现陈寅恪:中国近代人文学的东方学与西学背景》,北京师范大学出版社2013年版,第162页。

④ 《东洋学报》第6卷第2号,1919年。

⑤ 《满鲜地理历史研究报告》第2册,1916年。

⑥ 《东洋学报》第7卷第1号,1920年。

等文章中都曾作出探求，认为春水为"长春河"；秋山为"太保山"或"庆州附近之黑山"。傅乐焕认为，两位学者虽然对"辽之春水秋山有所论列"，但"皆未能得其要领"。他通过缜密的考证，指出："辽主每年春秋两季必趋某水某山行猎，乃名春猎之水为春水，秋猎之山为秋山。春猎最要地在长春州之鱼儿泺，秋山最要地在庆州西境诸山。最初春水秋山之称或专指此两地，嗣则以之泛称一切春秋狩猎地点，最后则几成为春猎、秋猎之代名词。"在考订春水、秋山的基础上，傅乐焕进一步对辽帝的冬捺钵与夏捺钵作出考察。他通过对《辽史》《契丹国志》《续资治通鉴长编》《宋会要》等文献的比勘核对，认为广平淀为辽帝冬捺钵所在，而史籍上关于辽帝冬季所游的藕丝淀、靸淀、中会川等地，皆指广平淀捺钵。相对于秋、冬、春捺钵而言，辽帝夏捺钵却没有具体的地点，经傅乐焕考释，虽然夏捺钵无定址，但辽帝于夏季亦有大致的活动范围，根据《辽史》本纪所载诸帝夏季所到地的归纳，可以看出他们最重要的避暑之地有两个：一是永安山，一是炭山[①]。这样，便将辽代四时捺钵的具体处所考证明晰了然，同时辨正了日本学者对此问题研究的错误。

王崇武对于明代万历年间朝鲜之役的研究，也尽量将其置于东亚历史的背景予以考察。明神宗万历二十年（1592），日本企图以朝鲜为跳板侵略中国，因此发动了对朝鲜的战役。朝鲜因不敌日本的进攻，向明皇朝请求援助，明朝派出了李如松等人进行支援。关于这次战争，中国、朝鲜与日本均有记载，但长期以来中日史书记载多有偏颇，使得一些史事隐晦不明，甚至被人为地曲解。王崇武在《李如松征东考》中指出，日本人赖襄的《日本外史》认为李如松能在平壤之役中获胜，纯因行间，日本方面因援军不继，所以撤退；而明朝有关史书也因李如松克复平壤之后不再进战，颇有微词。王崇武从朝鲜宣祖李昖《实录》记载出发，揭示了平壤之役中李如松躬督力战的史事，认为平壤一战，李如松取得了大捷。但问题是，接下来

---

① 参见傅乐焕：《辽代四时捺钵考五篇》，《历史语言研究所集刊》第十本，1948年。

发生了碧蹄馆战役，《明史·李如松传》记载李如松"官军丧失甚多"；《日本外史》也说日军"大破明军，斩首一万，殆获如松，追北至临津，挤明兵于江，江水为之不流"。王崇武通过对李昖《实录》、钱世桢《征东实纪》的深入考察，指出在此战役中，李如松所率不过千人，面对日本三千人的压逼，所伤不过数百人，绝非日本史书记载"斩首一万"，实质上李氏此役并非大挫。之后，王崇武又参稽中、朝、日三国史料记载，从天时、地理、人事三个方面论析李氏在当时面临的"进兵之困难"①。从今天的认识来看，王崇武为去伪存真，综合考察了中、朝、日三国史料记载，对于李如松征东史事进行了翔实的考证与分析，辨析了日本学者记载的失实，对于今人重构此段历史具有重要价值。

就此来看，史语所学人颇为重视国外汉学界的研究成果，或兼采国外学者的观点，或对其学说进行辨析商榷，因而他们的考证成果又进一步受到国外汉学家的重视，譬如法国汉学家爱德华·沙畹（Edouard Chavannes）等人根据简牍的出土地点对汉简作了分类，劳榦则在此基础上就汉简所载内容与性质进行分类，同时他对汉简的分类方法又启迪着英国学者鲁惟一（Michael Loewe）和日本汉学家永田英正尝试着对汉简作出新的分类②。又如，荷兰决定将庚子赔款退还中国，并以其中的35%作为发展文化事业之用，而以其利息中的53%交给中研院③。对此，蔡元培致函傅斯年说："荷兰人所以注意本院，由于其卢顿（莱顿）之汉学研究院知有史语所成绩之故。"④可见史语所学人因突出的考证成就而为国外汉学界所认解。

---

① 参见王崇武：《李如松征东考》，《历史语言研究所集刊》第十六本，1947年。

② 参见张峰：《居延汉简与劳榦的汉代西北边疆史研究》，《西北大学学报》2016年第6期。

③ 参见王汎森：《思想史与生活史有交集吗？——读"傅斯年档案"》，《中国近代思想与学术的系谱》，河北教育出版社2001年版，第342页。

④ 傅斯年档案，Ⅲ-105。

三、寓"致用"于"求真"的考证理念

学术界向来将傅斯年称为兰克在中国的代言人。兰克的历史研究，强调客观、重视第一手史料的发掘、注重考证方法的运用，这些方面都被傅斯年移植到史语所的运作之中。仔细比对兰克与傅斯年的治史理念，我们仍能发现两者的同中之异。

兰克在他的处女作《拉丁与条顿民族史》中强调："历史学向来被认为有评判过去、教导现在、以利于将来的职能。对于这样的重任，本书不敢企望。它只是想说明事情的本来面目而已（wie es eigentlich gewesen）。"①显然，兰克所谓"它只是想说明事情的本来面目"，即是我们所说的"求真"，这是其治史的唯一目的。兰克对史学求真的追求，与西方史学自古典时代以来不是成为道德训诫的工具，就是成为神学或哲学的注脚有很大关系。出自傅斯年之手的《历史语言研究所工作之旨趣》同样强调史学的求真，反对致用，认为历史研究"不见得即是什么经国之大业不朽之盛事，只要有十几个书院的学究肯把他们的一生消耗到这些不生利的事物上，也就足以点缀国家之崇尚学术了。"②这是与兰克治史理念的相通之处。然而，随着政治形势的剧烈变动与现实需求，傅斯年等史语所学人的历史考证又烙上了浓厚的"致用"色彩。这是与兰克治史的不同之处。最为突出的例证是：1931年日本在中国东北制造了震惊中外的九一八事变，与之相应，日本学者也抛出了"满蒙在历史上非支那领土"的言论③。为了驳斥日本学者的谬论，傅斯年延揽了蒋廷黻、萧一山、徐中舒、方壮猷等史家，拟在国

---

① ［德］列奥波德·冯·兰克：《拉丁与条顿民族史·导言》，载［美］罗格·文斯编：《世界历史的秘密：关于历史艺术与历史科学的著作选》，易兰译，复旦大学出版社2012年版，第79页。

② 傅斯年：《历史语言研究所工作之旨趣》，《历史语言研究所集刊》第一本第一分，1928年。

③ 傅斯年：《东北史纲·卷首引语》，《傅斯年全集》（二），湖南教育出版社2003年版，第374页。

联调查团到达中国之前编纂一部《东北史略》。尽管这一理想未能实现，但是傅斯年却撰成《东北史纲》，从学理上论证了"三千年中满洲几永为中国领土，日人所谓'满洲在历史上非支那领土'实妄说也"[①]，从而"兴起读者们收复故土的观念，为民族主义的鼓吹打一坚实的基础"[②]。至此，傅斯年由早年批评"中国学人，好谈致用，其结果乃至一无所用"[③]，到抗战时期大力提倡史学致用的思想，"借历史事件做榜样，启发爱国心、民族向上心、民族不屈性、前进的启示、公德的要求、建国的榜样；借历史形容比借空话形容切实动听得多"[④]。

《唐代政治史述论稿》是陈寅恪历史考证的代表作。从表面上看，这部论著是对唐代政治史的考证，旨在求真，但是日本侵略中国带给陈寅恪的刺激，又使他对唐代的外患尤为关注。他在该书中设置了"外族盛衰之连环性及外患与内政之关系"一篇，通过考察周边民族、国家对唐皇朝的侵略并最终导致自身灭亡的历史，揭示出"某外族因其本身先已衰弱，遂成中国胜利之本末，必特为标出之，以期近真实而供鉴诫，兼见其有以异乎夸诬之宣传文字也"[⑤]。可见，陈寅恪的历史考证寓"致用"于"求真"之中，爱国之情，跃然纸上，正如季羡林所评价："他研究隋唐史，表面上似乎是满篇考证，骨子里谈的都是成败兴衰的政治问题"；"寅恪先生决不是一个'闭门只读圣贤书'的书呆子。他继承了中国'士'的优良传统：天下兴亡，匹夫有责"[⑥]。

169

---

① 史语所档案，元567-10。

② 顾颉刚：《致傅斯年》(1935年10月23日)，载顾潮：《历劫终教志不灰——我的父亲顾颉刚》，华东师范大学出版社1997年版，第168页。

③ 傅斯年：《中国学术思想界之基本谬误》，《傅斯年全集》(一)，湖南教育出版社2003年版，第24页。

④ 傅斯年：《闲谈历史教科书》，《傅斯年全集》(五)，湖南教育出版社2003年版，第55页。

⑤ 陈美延编：《唐代政治史述论稿》，生活·读书·新知三联书店2009年版，第322页。

⑥ 参见季羡林：《回忆陈寅恪先生》，载张杰、杨燕丽选编：《追忆陈寅恪》，社会科学文献出版社1999年版，第128页。

现实的困境常常激发史语所学人对历史问题作出深入考察，从而为社会服务提供借鉴。战时通货膨胀导致物价变动，全汉昇受此影响，决定对唐宋时期的物价变动与通货膨胀问题进行研究。在《唐代物价的变动》[①]一文中，他对唐代物价作综合考察，揭示出唐代物价并非处在静止状态中，"而是常常作一涨一落的变动"。全氏从全局着眼，将唐代物价的变动分为七个时期：唐初物价的上涨，太宗、高宗间物价的下落，武周前后物价的上涨，开元、天宝间物价的下落，安史乱后物价的上涨，两税法实行后物价的下落，唐末物价的上涨。同时，对不同时期物价上涨或下落的原因进行了深入透彻的分析。全汉昇将这种细腻的研究方法，同样应用于对宋代物价的研究中。在《北宋物价的变动》与《南宋初年物价的大变动》[②]两文中，他相继考察了北宋初年物价的下落，揭示出其中的原因在于宋初承继五代乱离之后，人口锐减，对于物品的需求量小，而当时统治者又较为重视农业发展，"各地市场多半呈现出供过于求的状态"。但好景不长，随着西夏战争的爆发，对于物品的需求增大，同时政府为增加税收应付战争，实施货币贬值政策，采取了铸大铜钱，以一文当小铜钱十文使用，而所谓的大铜钱其本身面值"只消用三文小铜钱的原料便可制造"。这样一来，大钱的面值"与它的实际相差太远，钱的价值便要大跌，从而以这种价值低跌的钱表示出来的物价，自然亦要增涨了"。为了解决当时物价过高的问题，宋神宗支持王安石实行新法，同时采取货币紧缩与增加供给的措施，致使物价下落。北宋末年，政府为了补救经费开支不足的现状，大肆发行铁钱、当十钱、嘉锡钱，导致货币贬值，相反物价却一天比一天高，再加上物品供应不足，致使物价大幅度上涨，影响所及直至南宋初年。但相较于北宋时期而言，南宋初年物价波动的幅度更大，根据全汉昇的考察，"宋、金战争之大规模的开展，是其中根本的原因"。战争致使南宋朝廷对

---

① 全汉昇：《唐代物价的变动》，《历史语言研究所集刊》第十一本，1943年。

② 均载于《历史语言研究所集刊》第十一本，1943年。

于物品需求增大，同时面临物品供给不足的局面，以致造成粮食、饮食品、服用品及军需品、金银、木柴、房租等价格急速上涨。同一时期，他还注意到南宋不断对外作战，"政府为筹措战费，除加税外，只好以通货膨胀的形式，把人民的购买力转移于政府"。其结果是，政府大量发行纸币，获得了较为充足的战争经费，"可是人民却因纸币太多，价值低跌，从而物价腾贵，损失了一大部分的购买力——等于无形中向政府缴纳一大笔重税"①。全氏对唐宋两个时期物价所作的贯通研究，除了探究历史的真相之外，同时又隐然表达出作者对于现实社会问题的忧虑与关怀。

同样，岑仲勉在九一八事变之后撰写的《明代广东倭寇记》《李德裕〈会昌伐判集〉编证（上）》《唐唐临〈冥报记〉之复原》等考证性论文，一则力图恢复历史的本来面貌，一则反映了他"对日本军阀侵略中国的严正声讨，以及侵略者必亡的识见"②。这些事实说明，史语所学人的考证学经历了从单纯求真到将求真与致用二者并重的路径转变。

综上，史语所学人对于新史料的发掘，对于历史问题的重视，对于国外学术成果的审视，对于科学实证方法的运用，使得他们的历史考证学，无论是与乾嘉学人相比，还是较之西方的兰克学派，都达到了一种新的境界，在推动中国学术前进的同时，也得到了国际学术界的认可，以至伯希和在1932年就曾建议将法国的儒莲奖金赠予史语所。继承是发展的前提！我们只有在继承史语所学人学术遗产的基础上，加以创造性发展，这样才能有力地推进中国历史学学术体系和话语体系的建设。

[原文发表于《济南大学学报》（社会科学版）2019年第5期]

---

① 全汉昇：《宋末的通货膨胀及其对于物价的影响》，《历史语言研究所集刊》第十本，1948年。

② 参见姜伯勤：《岑仲勉》，载陈清泉等编：《中国史学家评传》，中州古籍出版社1985年版，第1320—1321页。

关于"中国史学走向世界"的一些思考

顾銮斋*

　　随着经济的发展和改革开放的深入，中国史学家提出了中国史学如何走向世界的问题。依我们理解，走向世界应指走出国门而进入别的国家特别是发达国家。但必须说明，这还是一个模糊的概念。怎样才算走向世界？是否有程度的规定或指标的要求？如果没有确切的答案，要讨论这一问题，就需要给"走向世界"下一个定义。在我们看来，走向世界应主要指通过国外的翻译将史学著述推向世界。本国学者将自己的著作译为外文，在国外出版发行或赠阅国外读者，这当然也是走向世界，但程度较低。而且，将自己的著作译为外文赠送，国外读者未必阅读，但国外的翻译则不同，一般是基于一定的阅读需要。走向世界的目的是让外国人阅读本国的著述，否则便很难说是走向世界。由此看中国史学的走向世界，如果把标准放低些，应该说这早已不是问题，因为一些中国史学家的著述已经通过一定的途径或方式被译介到国外，并产生了一定影响。但是，如果将中国史学的外译与西方史学的内译在量上做一比较，两者显然还不具可比性。从这个意义上说，这一问题的

---

* 顾銮斋，山东大学历史文化学院教授、博士生导师。

提出也不是没有道理。而要解决这一问题，当前最便利的方法可能是将中文译为外文。也许正是出于这样的考虑，国家社科基金规划办设立了中华外译项目。但是，仅靠中国自己的外译，即使在国外有一定的阅读量，走向世界的程度也肯定不高，因为全世界国家众多，语言众多，而翻译的数量有限，发行的范围也就可想而知了。那么，依据上述定义，具备怎样的条件才能使中国史学在较大程度上走向世界呢？

在我们看来，一个国家的史学走出国门走向世界，其时间、程度或规模在很大程度上取决于这个国家的经济实力、国际地位以及由此决定的话语权状况等。迄今为止，西方史学著作的外译从数量上讲无疑是世界上最大的，走向世界的程度是最高的，所以我们先来看看西方史学的译介与传播是怎样进行的。

这里的"西方"主要指欧美。西欧在走出中世纪后，即开始了现代化的过程。这个过程从文艺复兴、宗教改革等思想文化运动开始，经资产阶级革命和工业革命，最终形成了融思想文化、政治经济于一体的现代文明系统。如果说在资产阶级革命前，西欧与世界其他地区或国家的文明进程还差距不大，或可以说还不及有的地区或国家，那么，十八世纪之后，西欧已经领先于这些地区或国家，而且随着时间的推移距离进一步拉大。工业化的完成，使西欧各国逐渐形成了良好的思想文化环境，也许正是在这样的历史条件下，形成了后来备受诟病的"西方中心论"。但在我们看来，西方中心论并不只是一种理论建构，它首先包含了必要的物质基础。而正是这一物质基础，决定了理论建构的可能性，这个基础便是以机器生产为核心的工业化。

关于"西方中心论"，我们当然首先持批判立场。但这不等于说它就没有任何可取之处。在历史发展的长河中，不同历史时期总有某些民族或国家走在前面，这些走在前面的民族或国家就可以认为是某一地区或整个世界的中心①。

---

① 马克垚：《困境与反思："欧洲中心论"的破除与世界史的创立》，《历史研究》2006年第3期。

它们凭借自己的地位和条件传播自己的信息，必然对周边国家产生影响。欧洲工业革命系人类历史上科学技术的原发性革命，正是这场革命使西欧各国在后来的发展中遥遥领先，并对世界其他地区和国家产生了影响。所谓"西方中心论"，正是在此基础上或以这一物质内核为中心建立起来的。没有这种物质内核，所谓欧洲中心论是不可想象的。这样的认识也符合马克思主义的基本原理。当这种工业化的信息通过多种渠道广泛传播到非工业化的地区和国家时，关于西欧的认知也就形成了。从这个意义上说，西方中心论不只是西方学者学术或理论建构的产物，也是落后地区和国家仰慕、接受和拥戴的结果。而既然仰慕、接受且拥戴，将西方史学翻译成本国文字便具有了必然性。

日本近代史上的"脱亚入欧"就是一个显例。新航路开辟以前，日本与西方国家几乎没有任何联系，但自19世纪中叶以后，随着国门的打开，他们开始接触西方文化，接受工业革命的历史信息，学习西方国家的科学技术。面对东西方国家的强烈对比，他们开始反思自己的历史。"脱亚入欧"的先驱福泽谕吉（1835—1901）原本出生于大阪的一个书香门第，十分推崇儒家经典和中国历史，后来学习西文，研究西学，并三次出访欧美，目睹了东方国家的没落、欧美国家的崛起以及两者之间的巨大差距，于是萌生了"脱亚入欧"的思想，喊出了"脱亚入欧"的口号。正是在福泽谕吉等思想家的研究、宣传、推动下，明治政府决意脱亚入欧，先是仿照欧美在东京建造西式街道，之后在甲午战争之际完成了"第一次工业革命"，且紧接着进行了以重工业为中心的电力产业革命。正是基于对西方国家的了解、仰慕和拥戴，日本翻译了大量的西学著作，据不完全统计，1744—1852年间，翻译西方书籍的学者计达117人，出版译著约至500部[①]，其中包括大量的历史学著作。日本认识到了西方国家的发达与先进，认识到了自己与西

---

① 《伊藤博文意见书》，《明治维新的再探讨》第4页，转引自袁伟时：《中国现代哲学史稿——北洋军阀统治时期的中国哲学》上卷，中山大学出版社1987年版，第63页。

方的差距，认识到了自己的缺陷与不足，因此才形成了对西方的仰慕，并通过翻译西方著述向欧洲学习，这无疑促进了西方中心论的形成，但其中并不存在自我东方化的问题。这是西方史学进入日本的基本原因。

同时期的中国，也诞生了"开眼看世界"的学人，他们虽不能与福泽谕吉相提并论，却也产生了一定影响，严复（1854—1921）即为其中的代表。严复曾于1877—1879年被公派到英国留学，期间，受社会达尔文主义的影响，曾大量涉猎西学著述。回国后看到了英国学者詹克斯的《政治史》（*A History of Politics*），遂于1903年以激动的心情进行阅读并翻译了这部著作①。严复之外，还有人翻译过西方书籍，但规模不能与日本相比，译者总数不超过10人②。译者寡译著少是中国闭关锁国或开放不够的结果，但无论如何，中国已经开始了对西学的翻译，这对西方史学走向世界发挥了一定作用。

羡慕、接受、拥戴是人性的表现。一般情况下，无论哪个民族、哪个国家，都会将胜过自己的地区和国家视为中心。这样的环境形成了，史学走出国门走向世界的条件也就具备了。如果说工业革命在十八世纪因刚刚起步而技术还较原始，工业化程度相对低下，推广范围还也比较有限，那么在19、20世纪，这场革命继续发挥它的潜能，从而意味着西欧各主要国家在十八世纪的基础上继续发展，与世界其他地区和国家的差距继续拉大。而为了进一步了解西方科技、文化的历史底蕴，这些落后的地区和国家也在继续翻译西方的史料和史书。

于是，大量的古希腊罗马、中古时代、文艺复兴、宗教改革、启蒙运动的作品，以及关于这些时代的历史研究著作被译介到中国，产生了巨大影响。在东亚或远东，最早、最多翻译西学著作的国家是日本，所以日本

① ［英］甄克思（E. Jenks）：《社会通诠》，严复译，商务印书馆1981年版。
② 《伊藤博文意见书》，《明治维新的再探讨》第4页，转引自袁伟时：《中国现代哲学史稿——北洋军阀统治时期的中国哲学》上卷，中山大学出版社1987年版，第63页。

成为这一地区最早发展和最为发达的国家。而中国改革开放以来40年的历史证明，中国也是西学翻译的受益者，如果没有改革开放，中国今天的发展是不可思议、不可想象的。商务印书馆早在20世纪20年代就已经开始翻译西方史学著作。新中国建立后，也不断有译著出版，虽不绝如缕，但数量有限。真正开始大规模的翻译还是在改革开放以后。迄今为止，国内出版社已经翻译出版了海量的西方史学译著[①]，仅商务印书馆的汉译名著即达近千种，而其中的绝大部分即西方史料和史学著作。更重要的是，西欧史学著作的译介大大促进了中国史学的发展。如论今天中国史学走向世界，在一定程度上可以说是指包含着西学因素的中国史学走向世界。也即说，中国史学在走向世界的同时，也在深层次上推动着西方史学进一步走向世界。所以说，真正的走向世界绝不是靠本国或少数国家的翻译实现的，而是通过自身的魅力吸引世界各国或大多数国家竞相翻译实现的。而这种仰慕、接受和拥戴，很可能首先是因为工业革命及其影响而导致的。

工业革命发生后，大西洋彼岸的美国也在加速发展。美国原属英国的殖民地，因此也享受了工业革命带来的红利。但从程度上讲，享受的红利不及英国，因为英国是工业革命的故乡，而美国则远在大西洋彼岸，且早于1783年已获得独立。但独立后的美国拥有与西欧相似的文化，且形成了更加适宜科学技术生长发展的制度。借此，美国加快了发展的步伐，逐渐超越西欧诸国而位居世界第一。与美国的崛起相适应，美国史学也成为世界众多国家竞相研究学习的对象。特别是在改革开放以来的中国，难以计数的美国史史料和史书译为中文，美国史学也很快成为历史研究的显学，为众多的学者、杂志和出版社所青睐。原因很明显，美国已经成为世界最发达的国家，美国史学是通过美国自身的魅力吸引世界各国包括那些美国的敌国竞相翻译美国史著述而走向了世界。这个魅力即科技发展，经济繁

---

① 关于商务印书馆的出版情况，可参阅《中国出版集团图书总目（1949—2009）》，生活·读书·新知三联书店2009年版。

荣，人民富足，国家强大。这又进一步印证了我们的结论。

工业革命及其影响对于西方史学走向世界的意义也可以从中国近代史上学人的活动和西学的内译中得到证明。

中国近代学人的心路历程反映了他们对西方先进科学技术的羡慕和推崇。19世纪上半叶，随着"天朝上国"梦幻的破灭，林则徐、魏源等一代精英率先抛弃虚妄自大的心态，开始关注世界，探索新知。作为"开眼看世界的第一人"，林则徐提出了仿西方战舰建新式海军的主张，迈出了"师夷之长技"的第一步。魏源的《海国图志》提出了"师夷之长技以制夷"的思想。洪仁玕的《资政新篇》(1859年)盛赞英、美、法"技艺精巧，邦法宏深"，主张学习欧美，发展资本主义。洋务运动开始后，曾国藩、李鸿章等得到慈禧太后支持，在总理衙门专设中央洋务机构，为洋务派学习西方创造条件。洋务运动(19世纪60到90年代)中创办了近代企业，创建了新式海军，设立了新式学堂，并派遣留学生出国深造。以王韬、郑观应为代表的早期维新派主张发展工商业，兴办新式学校，启动政治革新，实行君主立宪。戊戌变法时期，维新派人士力主政治上实行君主立宪，经济上发展资本主义，思想上学习西方科学文化，在中国近代史上发挥了思想启蒙的重要作用。20世纪初，清政府即开始实施"新政"，"预备立宪"。1911年的辛亥革命更提出了三民主义理论，推翻了帝制，建立了民主共和国。由以上叙述可见，向西方学习并不限于技术、军备，还涉及教育、学术和制度。这样一种层级性进展的结果，最终必然触及文化和历史的深层结构。那么，是什么造成了中西方之间的巨大差距？为什么工业革命发生在西方，而不是发生在东方，发生在中国？从《四洲志》的编译到《新青年》的创刊，经过百余年的思考，中国学人终于认识到了政治制度进而认识到思想文化的重要性，于是在五四新文化运动中喊出了民主与科学的口号。这是西学内译过程中的一个关键环节，它向世人表明，中国学人已经认识到科技先进、生产力发达不是一种孤立的现象，它以文化为基础，以制度为保障，没有这样的文化和制度，所谓科技先进、生产力发达是不可想象的。

而要了解他们的文化和制度，就必须大规模地开展西学内译的工作，向西方学习。

于是这个以壮大民族国家为己任的学人群体开始了西学内译的历程。林则徐曾设立译馆，组织翻译西文书报。所译资料，包括一些历史资料，辑成《四洲志》《华事夷言》《滑达尔各国律例》等印制出版，成为中国近代最早介绍外国的文献。《四洲志》由英国人慕瑞所著，是一部容亚、非、欧、美四大洲包括30多个国家历史状况的地理书籍。为了解西方国家的历史与现状，林则徐开风气之先，力主翻译此书，由此带动了一批西方史地译著和专著的诞生。《海国图志》《资政新篇》等也都包含了丰富的西方历史资料，这些资料多由翻译所得，只是未见印制成书或可能印出却已散佚。有学者认为，中国的翻译历史经历了五次大的高潮，从鸦片战争到五四运动即其中的一次①。与以前相比，这次翻译了大量的西学著作，仅严复（1853—1921）一人的翻译即达六种之多。但由于大清帝国刚刚结束闭关锁国政策，封建势力还很强大，学者对西方的了解还很有限，陈腐观念有待转变，而所谓翻译了大量的西学著作其实还仅仅具有相对的意义，这都是清朝闭关锁国造成的影响。如果这个学人群体熟悉李约瑟难题，了解近现代以来全世界1000多项原创性重大科技成果中没有一项属于中国，1851年伦敦世博会上只展出了中国的一双金丝绣三寸金莲，他们会是怎样的感受？他们难道还不能容忍西方史学内译的现状吗？

中国史学也曾有走向世界的辉煌，而且这种辉煌也与那时中国的经济实力和国际地位相辅相成。这里的所谓世界，还仅仅指远东地区，主要包括东亚、东北亚、东南亚三地。而之所以将这一地区称为世界，是因为那时东西方文明区域还相对封闭、隔绝，彼此间相知不多。早在公元前3世纪，这里已经形成了"以中国中原帝国为主要核心的等级制网状政治秩序

---

① https://www.zybang.com/question/4078fd1efef22a558a23bf6ad7c3fc95.html,2019.4.23。

体系"①，即朝贡体系（前3世纪—19世纪末）。而日本，即为这朝贡体系中的重要成员。大化革新后的日本，曾怀着极高的热情学习唐朝的先进文化。他们不顾海道的险阻，屡派遣唐使和留学生奔赴长安。奈良、平安时期，曾先后派出遣唐使十九次，一次通常为百余人，多时竟达五百余人。在此之外，还曾仿照长安建造奈良。日本如此，其他很多国家也如此。那么，为什么会形成使团熙攘、"万邦来朝"的景观呢？答案很清楚，首先是因为唐是东亚地区的大国、强国，处于这一地区的中心地位。其次是当时的中国强盛富足，也正因为富足，唐帝国才表现出仗义豁达的大国风范：日本留学生随遣唐使赴长安，所需费用均由唐政府负担。抵达长安后入住长乐驿，先由官员设宴相迎，之后由皇帝召见。所以不仅日本，朝鲜、越南等国也派学生前来留学，以至于有的留学生还参加唐朝的科举考试，之后长期在唐朝做官，甚至直接移民。

正是在日本与隋唐时期中国的文化交流中，形成了著名的"书籍之路"②。而通过书籍之路，大量的中国史书传入日本。如果放长放宽历史的视界，在漫长阔远的朝贡体系中，有多少中国史书传入周边国家就恐怕难以统计了。朝贡体系至明朝发展到高峰。朱元璋曾将15国列为"不征之国"，并写入《祖训》，同时确定了"厚往薄来"的朝贡原则，致使永乐间赴明朝贡的国家和部族达到65个之多（《大明会典》卷一百五）。由此再看中国史书的外传，仅据我们所知即包括《老子》《论语》《庄子》《列子》《孟子》《道德经》《尔雅》《古文尚书》《史记》《汉书》《后汉书》《晋书》《唐礼》《十九史》《文献通考》《古今图书集成》……③若论卷册，那就更加难以估量了。

上文论及，由于工业革命的发生及其影响，西欧和美国受到了世界其

---

① https://baike.baidu.com/item/朝贡体系/3577631?fr=aladdin,2019.4.22。

② 王勇：《书籍之路与文化交流》，上海辞书出版社2009年版。

③ 参见王勇著《书籍之路与文化交流》，上海辞书出版社2009年版；王勇等著《中日"书籍之路"研究》，北京图书馆出版社2003年版。

他地区和国家的仰慕、接受和拥戴。朝贡体系中的中国历代王朝，又何尝不受周边地区和国家的仰慕、接受和拥戴？所不同的只是那时生产力低下，自然经济占统治地位，不能发生十八世纪那样的工业化。但道理都一样，这些封建王朝都是因为自己的强大、富足、仗义、豁达而形成的"魅力"赢得了周边国家的仰慕、接受和拥戴。中国的史书和史学正是借助这种"魅力"才走出国门走向世界。还需要说明，这时的日本等国，还大多以汉语作为自己的语言，所以中国史书、史学的进入基本不存在翻译问题，也基本不需要掌握外语的问题。也就是说，那时走向世界的难度要大大小于今天。这就更便于中国史书和史学走向世界了。

综上所论，无论西方还是东方，一国史学走向世界的程度取决于综合国力。改革开放以来中国的综合国力的确有了提升，但这主要是相对改革开放以前而言的，而且大多是国人自己的评价，而史学走向世界在更大程度上则是依靠国外的评价。只要中国的综合国力在国际上提升到某种高度，所谓中国史学走向世界也就水到渠成了，这是一个自然的过程。

以上所论是中国史学走向世界的基本条件。在这个基本条件之下，我们当然可以做一些促进性工作，比如我们正在致力的派遣中国学者外出讲学、访学，举办学术会议，译介中国学者的著作在国际上发行等。与此同时，我们还可以在其他方面展开工作，例如，扩大招收历史学特别是中国史专业外国留学生主要是博士生的比例，特别是扩大发达地区和国家留学生的比例。中国史专业外国留学生是中国史学走向世界的重要力量，他们在中国接受了中国主流思想和文化的影响，接受了中国史学理论和方法的训练，回国以后继续从事历史研究，这对于中国史学走向世界具有重要意义。之所以强调发达地区和国家，主要是考虑这里经济发达，技术先进，通过这些条件可以有效提升中国史学走向世界的效率和质量。而要做到这一点，就要改变现在留学生的比例，这需要在国家或教育部层面做出安排。再如，加强世界史的相关研究，以了解相关地区或国家的历史文化、风土人情、法律法规等。有了世界史的相关研究成果，也就必然提升中国史学走向世界的精准度。这方面，我们应从一带一路建设和孔子学院建设的某些点上吸取经验、教训。但是，改革开放40年来，世界史研究虽然取得了一定成绩，但研究现状却不够理想，主要表现一是学者体量不足，而体量不足，就必然影响成果的产出。二是世界史研究的空间严重受限。造成这方面的原因当然很多，但主要是国家有关部门重视不够。总之，欲使中国史学走出国门走向世界，就必须加强世界史的研究。

在我们看来，这些都是中国史学走向世界的细枝末节，关键还是通过自身的实力赢得他国的仰慕、接受和拥戴，使外国学者主动翻译中国史书，从而将中国史学推向世界。

［原文发表于《济南大学学报》（社会科学版）2019年第3期，《高等学校文科学术文摘》2019年第4期、《新华文摘》2019年第20期全文转载］

文明史学：20世纪初"新史学"建构的知识谱系

刘永祥*

一、为什么要书写历史

《新史学》一文开宗明义，强调史学的重要性："于今日泰西通行诸学科中，为中国所固有者，惟史学。史学者，学问之最博大而最切要者也。国民之明镜也，爱国心之源泉也。今日欧洲民族主义所以发达，列国所以日进文明，史学之功居其半焉。"[①]以西方现代文明标准重新定义史学功能，已然揭示出其根本目标：推倒以封建皇朝为中心的历史书写体系，建构以民族国家为中心的历史书写体系，亦即以民族主义为中心，实现历史书写从"眼光向上"到"眼光向下"的典范转移。中国传统史学在很大程度上带有眼光向上的资政功能，新朝为前朝修史的主要目的，也在于论证王朝更迭的政治合法性以及从前朝灭亡中吸取必要的教训，对下则承载带有浓重垂训意味的教化民众功能。新史学对传统史学的批判，首先就集中于功能层面，认为史学不应成为君主的教化工具，而应服务于全体国民，激发群

---

* 刘永祥，中国海洋大学中国社会史研究所副教授。

① 梁启超：《新史学》，《饮冰室合集》文集之九，中华书局2009年版，第1页。

体性民族主义意识。从这一角度重新定义史学成为清末知识界的共识，所使用的新式话语基本来自日本的文明史学书籍，各家所论也如出一辙。如谓："历史学者，为学界最宏富最远大最切要之学科，社会上之龟鉴，文明开化之原理，国民爱国心之主动力也。"[①]20世纪初新史学典范的生成，是救亡图存时代主潮的重要组成部分，史学被赋予传播国家意识、唤醒爱国心以及激发民主思想等启蒙功能，成为塑造新民、推翻专制的知识工具之一。服务于救亡图存（包括国家富强的"大政治"和君主立宪的"小政治"）是新史学的首要特点，在整个知识谱系中处于支配地位。梁启超明言："夫所以必求其公理公例者，非欲以为理论之美观而已，将以施诸实用焉，将以贻诸来者焉。"[②]从这个意义上说，它是对传统史学资政功能的重新塑造，也是对史学致用传统的继承和再造。

晚清确实发生了由"通经致用"向"通史致用"的转变，致用的目标是文明定义下的富强，致用的途径主要是翻译西方史，以期从中发现西方富强的秘密。但我们不能忽视，史学致用在中国古代包含两大相互制约又维持平衡的传统：一是为统治阶层提供鉴戒，一是倡导朴素的民本思想，后者演进至清代浙东史学而大放异彩。新史学生产者尽管在是否革命等具体政治方式上存在严重分歧，但在史学层面属于共同的新史学知识谱系，也大都从浙东史学那里汲取可用的资源。梁启超在1902年明确表示："吾于诸派中宁尊浙东。"[③]章太炎则声称受到顾炎武的直接影响："吾辈言民族主义者尤食其赐。"[④]政治上的革命派与立宪派对民族主义的理解存在较大差异（"大中华观"与"大汉族主义"），导致当时的历史书写出现民族取向差

---

① 曾鲲化：《中国历史》首编"总序"，东新译社1903年版。

② 梁启超：《新史学》，《饮冰室合集》文集之九，中华书局2009年版，第11页。

③ 梁启超：《论学术之势力左右世界》，《饮冰室合集》文集之六，中华书局2009年版，第96页。

④ 章太炎：《答梦庵》，载汤志钧编：《章太炎政论选集》，中华书局1977年版，第398页。

别，但在史学关乎民族和国家存亡这一点上并无二致，也说明求诸传统仍是新史学生产者重新建构知识谱系的路径之一。

新史学具有浓重的政治属性是毋庸置疑的事实，但若因此而忽视了其科学属性，同样不符合事实。兼具双重属性，才是完整意义上的新史学。其双重属性并非互相冲突，而是互为表里，存在合理的逻辑关系。不管是追求立宪还是革命，在"小政治"之上都有共同的"大政治"追求：让中国步入文明国家行列。新史学作为一种新的知识而存在，要想发挥其经世功能，必须尽可能地将其传播给最大规模的国民群体，尤其是在戊戌维新这条自上而下的道路失败以后，大众传播的需求更显急切，主要集中于两条路径：学校教育和社会教育。因此，新史学在历史书写实践层面催生出两大特色：一是重视历史教科书的重新编纂，一是重视报刊文章及通俗史书的编纂。从历史教育层面来说，新史学的产生本身就是晚清新学制建设的逻辑结果，而当新史学知识谱系被初步建构起来以后，又反过来统摄、指导历史教育。在中国学科体制的转型过程中，经学逐渐退场，史学则因民族主义功能得到强化而保持存在的合法性，但救亡图存意义上的正当性尚需学科体制上的正当性来加以维护，故而从学理上论证史学的科学属性，就成为新史学生产者刻不容缓的时代任务。这是因为，近代以来西学的猛烈冲击让中国学人已开始具备朦胧的学科意识，尤其是甲午战争以后，科学理念日益得到新式学人的推崇，并被视为西方步入文明世界的关键因素。陈黻宸指出："科学不兴，我国文明必无增进之一日。"[①]当以现代科学标准审查中国传统学术时，则有"中国无学"的提出，不仅将经学解构到现代学科体系里，史学也遭遇同样的危机，必须论证其具备科学资格，方能名正言顺地继承和改造。

如何打通中西学科进行新的学科配置，是晚清新式学堂普遍面临的困

---

① 陈黻宸：《京师大学堂中国史讲义》，《陈黻宸集》下册，中华书局1995年版，第675页。

境，亟须从学理上加以厘清以度过混乱阶段。梁启超的话最为典型："因果律是自然科学的命脉，从前只有自然科学得称为科学，所以治科学离不开因果律，几成为天经地义。谈学问者，往往以能否从该门学问中求出所含因果公例为该门学问能否成为科学之标准。史学向来并没有被认为科学，于是治史学的人因为想令自己所爱的学问取得科学资格，便努力要发明史中因果，我就是这里头的一个人。"①梁启超的体认大致能反映当时学人对科学的理解：一是具有系统，二是具有"公理公例"。关于史学是否为科学，以及围绕此问题所建构的史学定义、研究对象和研究方法等，中国学人的论述基本援引自文明史学，一般大都直接翻译、引用，水平较高者则能在吸收基础上形成自己的话语体系。由于救亡图存的时代需求，西方自19世纪以来关于史学不能成为科学的论点，几乎没有受到中国学人的青睐，绝大部分人都接受巴克尔的科学史学观念。

史学的科学属性得以确立后，其学科地位以及与其他学科之间的关系等，也必然成为新史学生产者亟待解决的问题。对此，梁启超在《东籍月旦》中这样定位："历史者，普通学中之最要者也，无论欲治何学，苟不通历史，则触处窒碍，伥伥然不解其云何。"②他认为，由普通学进阶为专门之学才是合理的治学路径，而史学则是一切基础学科中最重要的。这里的史学，指的是人类史、世界史，亦即文明史。很多学人都对史学在整个知识体系中的重要地位加以强调，甚至提高到首位。如："历史学者，为学界最宏富最远大最切要之学科。"③"研究一国文化，当以历史学为最重要。"④"历史一门，固世界中第一完全不可缺之学矣。"⑤"无史则无学矣，无学则何以有

---

① 梁启超：《研究文化史的几个重要问题》，《饮冰室合集》文集之四十，中华书局2009年版，第2页。

② 梁启超：《东籍月旦》，《饮冰室合集》文集之四，中华书局2009年版，第90页。

③ 曾鲲化：《中国历史》首编"总序"，东新译社1903年版。

④ 章太炎：《章太炎函复朝冈继》，汤志钧编：《章太炎年谱长编（下）》，中华书局1979年版，第757页。

⑤ 马叙伦：《史学总论》，《新世界学报》1902年第1期。

国也。"①此一史学定位与史学功能是直接联系在一起的。史学在摆脱经学束缚后，因承担激发民族主义的任务而受到普遍的学理和学科重视。再者，由于这一时期新史学生产者大都接受了现代分科体系，因此也从比较视野下对史学的学科地位加以强化。陈黻宸的论述最具典型意义："史学者，凡事凡理之所从出也。一物之始，而必有其理焉。一人之交，而必有其事焉。即物穷理，因人考事，积理为因，积事为果，因果相成，而史乃出。是故史学者，乃合一切科学而自为一科者也。……无史学则一切科学不能成；无一切科学，则史学亦不能立。"②这一判断显然是基于文明视野下重新定义后的历史而言，历史无所不包，史学范围也就随之无限扩大，涵盖一切学科。

二、书写什么样的历史

史学的重要性及其科学属性得以确立后，书写什么样的历史就成为首先面临的问题，即历史书写的对象和范围。中国古代的文明概念约略等同于广义上的文化概念，既与野蛮相对，又带有抽象性和整体性。内涵上的相通性使得文明一词很快在清末中国传播开来，但具体指向仍存在重大差别，主要表现为缺乏西方讲求发展阶段的进化观念、明确的民族国家意识以及关注群体的社会视野。因此，以西方文明史学为蓝本建构起来的新史学，在书写什么样的历史这一问题上，表现出浓重的普遍史倾向，并蕴含着"人类—世界—国家—社会"这一清晰的层级结构，旨在取代"天下—王朝—社会—家族"的传统书写模式，其核心转换体现在两个路径：由天下转向世界，由王朝转向国家。

普遍史在西方经历了从宗教到理性再到科学的演进，并与国家主义、民族主义之间存在极大张力，但这一史学观念在被中国史家接受过程中发生了戏剧性效果，既重塑了世界观念，又突出了国家和民族意识。普遍史

① 邓实：《国学微论》，《国粹学报》1905年第2期。
② 陈黻宸：《读史总论》，《陈黻宸集》下册，中华书局1995年版，第676—677页。

的关注视野是整个人类、宇宙或世界的线性发展，因此被早期西方来华传教士用以打破中国本土的华夷观念。早在1833年郭实腊就在《东西洋考每月统纪传》中呼吁："结其外中之绸缪，倘子视外国与中国人当兄弟也。……合四海为一家，联万姓为一体，中外无异视。"① 晚清以来传教士的"万国史"书写成功打破了中国华夷之辨的壁垒，他们和晚清本土史家所书写的世界史如魏源的《海国图志》等，一齐为中国人实现由天下向世界的观念转变提供了知识资源，魏源甚至直接提出了"地气天时变，则史例亦随世而变"② 的重要命题。尽管晚清的万国史书写并不系统，亦存在明显工具论倾向，但显然已经萌生了一定程度的史学批判意识和史家主体意识，为此后新史学典范的全面确立奠定了必要的知识基础。

20世纪初，新史学的理论建构正是以新的世界观念为空间基础的，梁启超批判旧史"知有局部之史，而不知自有人类以来全体之史"，认为"欲求人群进化之真相，必当合人类全体而比较之，通古今文野之界而观察之"③。用世界、人类乃至宇宙等普遍史话语重新定义历史，是当时的流行做法。马叙伦指出："有宇宙即有史。是史者，与宇宙生者也。史之名，立于文明开化之世。史之实，建鼓于宇宙发育之朕。推史之体，大以经纬宇宙，小以纲纪一人一物一事一艺。"④ 事实上，自戊戌以后，外国史已经大面积进入学校教育，成为新式学堂的必修科目，与中国史并列。新史学主体意识的大范围觉醒，首先就是从重新定义历史开始的，将历史书写的范围无限扩大。不过，新史学生产者的最终落脚点在于谋求中国的文明崛起，因此站在世界文明高度既发现了中国的落后，也发现了中国历史在西方国家所书写世界史中的缺席，遂以强烈的民族主义意识对自身旧史展开全方位批判和革新，并往往发出"重新书写世界史"的宏愿，目的在于为中国文

---

① 黄时鉴：《东西洋考每月统纪传·导言》，中华书局1998年版，第3页。
② 魏源：《海国图志》卷五《叙东南洋》，岳麓书社1998年版，第348页。
③ 梁启超：《新史学》，《饮冰室合集》文集之九，中华书局2009年版，第29页。
④ 马叙伦：《史界大同说》，《政艺通报》1903年9月6日第15号。

明正名，亦即用世界意识来实现民族主义，将本来极具张力的两种思想形态杂糅到一起。也正因为雪耻、富强的现实目标被贯注到史学意义中，20世纪初期的世界史书写实际仍表现为政治改革史、亡国史和革命史，而非真正意义上的世界史或人类史。世界史书写并非急务，如何重新定义中国史的书写范围和主体，才是20世纪初新史学生产者的关注重心。史学被赋予推翻帝制、赶超西方的时代任务，借助文明史学的民族国家概念来取代王朝概念，进而使中国与世界文明同步，就成为新史学生产者必然的逻辑选择。具体到历史书写，就表现为：批判"君史"，倡导"国史"和"民史"，亦即突破以政治史为中心的书写传统，转而建立以国民、社会、民族和国家为主体的书写范式。梁启超在《新史学》中所批判的旧史"四弊"之"知有朝廷而不知有国家""知有个人而不知有群体"等，正是以此为理论架构的。显然，与王朝更迭配套而行的断代史书写传统，无法容纳整个国史，此一时代任务就很自然地落在了中国史学的另一大传统上——通史书写，既包括时空层面的贯通，也包括社会层面的贯通。20世纪初期以历史教科书为载体的"国史重写"运动，当作如是观。

然而，在推翻旧有君主专制统治、书写国家历史的共识之下，尚存在如何定义和建立现代中国的路径差别，也就催生了汉族本位和中华民族本位两大国族书写范式。晚清汉族种族意识的觉醒大致以太平天国和辛亥革命为两大高潮，两者在"排满"这一点上存在继承关系。对于普通民众而言，陌生的民主共和显然没有历史悠久的种族主义更具理论凝聚力和战斗号召力。甲午战争的惨败让每个人都感受到亡国灭种的压迫感，人们除了继续深化向西方学习这条道路外，也反身从历史中思考为何中国沉沦到即将灭亡的地步，很快就注意到统治者的"异族"身份，沉寂许久的汉族种族意识如燎原之火般迅速席卷神州大地。钱玄同曾谓："自庚子以后，爱国志士愤清廷之辱国，汉族之无权，而南明巨儒黄梨洲先生排抵君主之论，王船山先生攘斥异族之文，蕴埋已二百余年者，至是复活，爱国志士读之，大受刺激，故颠覆清廷以建立民国之运动，实为彼时最重要之时代思想。"①来自中国传统的种族主义，与西方的现代民族主义以及人种学说等，竟在亡国的刺激下神奇地糅合在一起，共同为建立新的国家而服务。故而，在历史书写中贯注汉族种族意识，是新史学典范生成过程中不可被忽视的现象。1902年，章太炎明确提出"欲鼓吹种族革命，非先振起世人之历史观念不可"②，并草拟了一个重新书写中国通史的计划，将"种族志"和"革命记"分别列为"志"和"记"的首篇，又谓："惟文明史尚有种界异闻，其余悉无关宏旨"③；"一切以种类为断"④。刘师培指出："中国者，汉族之中国也；叛汉族之人，即为叛中国之人；保汉族之人，即为存中国之人。"⑤陶成章则谓："中国者，中国人之中国也。孰为中国人？汉人种是也。中国历史者，汉人之历史也。叙事以汉人为主，其他诸族之与汉族，有关系者附入焉。"⑥诸如此类，不胜枚举。这一时期编纂的历史教科书中，也常常充斥着浓厚的汉族种族意识。从人种入手界定历史书写主体，是模仿日本文明史学的一般做法，但将汉族种族意识赋予其中，则是受到传统史学中"汉族正统论"的影响。

由国家、民族往下，尚有社会这一层级的书写主体问题，亦即新史学生产者频繁使用的新概念——群，因此他们又主张书写民史来解构旧有的君史书写范式。邓实谓："夫民者何？群物也。以群生，以群治，以群昌"，"舍人群不能成历史"⑦。国家和民族不是抽象的理论概念，而是由具体的国

① 钱玄同：《刘申叔遗书·序》，江苏古籍出版社1997年版，第28页。

② 章太炎：《中夏亡国二百四十二年纪念会书》，朱维铮编：《章太炎全集》第4册，上海人民出版社2014年版，第188页。

③ 《太炎来简》，《新民丛报》1902年第13期。

④ 章太炎：《訄书（重订本）》，朱维铮编：《章太炎全集》第3册，上海人民出版社2014年版，第170页。

⑤ 刘师培：《论留学生之非叛逆》，万仕国辑校：《刘申叔遗书补遗》，广陵书社2009年版，第46页。

⑥ 陶成章：《中国民族权力消长史》，汤志钧编：《陶成章集》，中华书局1986年版，第212页。

⑦ 邓实：《史学通论》，《政艺通报》1902年第12期。

民组成，要实现推翻君主专制的时代任务，就必须既在理论上提升国民对于国家的重要性，同时在实践上重新塑造具备现代精神的国民，而历史书写被时人视为重塑国民品格的核心途径。梁启超在发表《中国史叙论》和《新史学》等文章时，也发表了《中国积弱溯源论》《新民说》等文章，将中国落后于世界的根源归结为专制统治造成合格国民的缺失，提出了系统的新民说。他建构新史学的最终落脚点正在于重塑国民，使中国进阶为文明国家，所以批评旧史外貌发达却陈陈相因，"未闻有能为史界开一新天地，而令兹学之功德普及于国民者"①，标志着其在经历数次顶层政治变革失败后转向了自下而上的救国方案，在史学领域则开辟了眼光向下的社会史路径，实际也完成了中国史学由对上资治到对下启发民智的功能转换，亦即为谁书写历史的问题。

新史学生产者的所谓民史，实际指向的是国民集体创造的智慧结晶，即涵盖经济、生活、文化等各个层面的社会整体历史，也就是广义上的文化史或文明史，而近代以来逐步确立起来并落实到教育机制的分科理念显然为此奠定了必要的基础，由此实现了专史书写范式的近代化转型。换句话说，分科治史同样是20世纪初新史学典范确立过程中的重要一环，关于专门史的基本架构已经呼之欲出。梁启超在《新史学》中重新厘定史学范围，明确要求突破以君史为主干的政治史范畴，致力于反映社会全貌，并援引德国哲学家埃猛埒济的分类法，即分为智力、产业、美术、宗教、政治等五部分，进而指出："此五端，忽一不可焉。"②基于此，他对黄宗羲的《明儒学案》给予高度评价，认为是"史家未曾有之盛业也"，因为"中国数千年，惟有政治史，而其他一无所闻。梨洲乃创为学史之格，使后人能师其意，则中国文学史可作也，中国种族史可作也，中国财富史可作也，

---

① 梁启超：《新史学》，《饮冰室合集》文集之九，中华书局2009年版，第2页。

② 梁启超：《中国史叙论》，《饮冰室合集》文集之六，中华书局2009年版，第1页。

中国宗教史可作也，诸类此者，其数何限"①。显然，梁启超所作出的评价正是基于以分科模式重新书写中国历史的思想意识，这为他后来对专史做法的详细总结打下了基础。刘师培的分科意识更为突出，他试图按照西方的学科分类对周末学术史加以重新建构，即"采集诸家之言，依类排列"，包括心理学史、伦理学史、论理学史、社会学史、宗教学史、政法学史、计学史、兵学史、教育学史、理科学史、哲理学史、术数学史、文字学史、工艺学史、法律学史、文章学史等②。他如马叙伦的"析史"主张，谓"饮者饮史，食者食史，文者文史，学者学史，立一说成一理者，莫非史"③等，皆旨在跳出传统以人物传记或以政治事件为重心的书写传统，确立以社会结构为重心的新范式。而且，这一时期已经开始出现以不同专史命名的史著，历史课程也因致用要求增设了有关中外地理沿革、外交史、法制史、科学史等内容。以学科史重构中国史，不仅成为可能，而且成为必然。

三、怎样书写历史

新史学的终极目的，在于为实现中国进入世界文明体系服务，进入的理论前提有两个：一是人类历史遵循普遍的演进规律；二是中国在新的世界文明参照系中已变为野蛮。与此相对应的改变途径也有两个：一是重新定位中国；二是全方位改变中国。要重新定位中国，就需要整体性的社会发展理论，社会进化论遂在中国迅速风靡。梁启超曾谓："地球人类，乃至一切事物，皆循进化之公理，日赴于文明。……是故凡人类智识所能见之现象，无一不可以进化之大理贯通之。……数千年之历史，进化之历史；数万里之世界，进化之世界也。"④社会进化论风靡清末中国的背后主旨是

---

① 梁启超：《新史学》，《饮冰室合集》文集之九，中华书局2009年版，第6页。

② 刘师培：《周末学术史序》，《刘申叔先生遗书》，江苏古籍出版社1997年版。

③ 马叙伦：《史学大同说》，《政艺通报》1903年9月21日第16号。

④ 梁启超：《论学术之势力左右世界》，《饮冰室合集》文集之六，中华书局2009年版，第114页。

竞争意识，并由此带来心理时间观念的巨大变化，激进情绪几乎弥漫于知识界的各个角落。要解释中国为何在世界文明体系中处于落后位置，就必须反身于历史中寻找答案，由此催生出进化史观，带来中国历史书写的根本性变化。

　　某种程度上说，进化史观在整个新史学典范中处于支配地位。从史学的定义到通史的书写，从政治事件到历史人物，进化史观几乎被用于每一个或大或小的历史书写主题。史家的核心任务发生了重大转变：从整理、考证史实到探寻历史演进的因果关系，并总结出普遍性规律，以此来预测未来的走向。"善为史者，必研究人群进化之现象，而求其公理公例之所在，于是有所谓历史哲学者出焉。"①能否探求历史演进的"公理公例"，成为新史学生产者进行自我身份标识以与传统史家相区别的核心要素之一："前者史家，不过记载事实；近世史家，必说明其事实之关系，与其原因结果。"②他们大都批评传统史家只知道整理史料，使得史学"如蜡人院之偶像，毫无生气"，进而明确区分出史学包括考证和解释两大不同层次，认为史实为史之性质，而解释历史则为史之精神："叙述数千年来各种族盛衰兴亡之迹者，是历史之性质也；叙述数千年来各种族所以盛衰兴亡之故者，是历史之精神也。"③又如："中夏之典，贵在记事，而文明史不详。……非通于物化，知万物皆出于几，小大无章，则弗能为文明史。"④尽管各家对进化的理解多有不同，但大部分新史学生产者都将人类历史演进视为社会整体不断进步的过程，因此尝试用西方的社会发展阶段论来分析中国历史的演进过程，其套用的痕迹相当明显，然在实际上彻底颠覆了传统的王朝史书写范式，转而以社会性质作为历史分期的主要标准，同时也让遵奉圣

---

① 梁启超：《新史学》，《饮冰室合集》文集之九，中华书局2009年版，第8页、第10页。

② 梁启超：《中国史叙论》，《饮冰室合集》文集之六，中华书局2009年版，第1页。

③ 梁启超：《新史学》，《饮冰室合集》文集之九，中华书局2009年版，第4页、第12页。

④ 章太炎：《尊史》，载朱维铮编：《章太炎全集》第3册，上海人民出版社2014年版，第313页。

人制作三代名物制度的复古史观以及循环史观等趋于崩溃，并导致以经典阐释为主体的经学的衰落。当然，传统学术中的变易史观尤其是今文经学的"三世说"，为进化史观的输入和确立奠定了思想基础，在一定程度上扮演了媒介的角色。毋庸讳言，新史学生产者在确立进化史观的过程中的确带有庸俗进化论的倾向，最明显的特征是认为事物进化必须遵循严格的阶段，而"进化""公例"等词被滥用实际上恰恰证明了其在时间观念上日趋激进。这是因为20世纪初新史学典范的确立并非中国史学自身演进的逻辑结果，而是以西方文明史学为参照系模仿而来，并带有强烈的经世意图。新史学生产者倡导进化史观，是为了打掉传统士人津津乐道的中国独特性，认为中国历史发展遵循同样的规律，进而融入世界文明体系，同时将竞争视为进化的动力，得出中国通过全面变革同样可以后来者居上，重塑国人被西方侵略所日益削弱甚至丧失的民族自信。

新史学生产者要实现的是文明定义下的中国崛起，因此关注的是整体的社会进化，表现到历史书写层面则有两大特征：一是尝试跳出具体的史事或王朝，以纵横结合的眼光去梳理整个中国历史的演进历程；二是在考察微观史事或现象时，注重将其置于整个社会视野或时代背景下。如梁启超谓："群与群之相际，时代与时代之相续，其间有消息焉，有原理焉。作史者苟能勘破之，知其以若彼之因，故生若此之果，鉴既往之大例，示将来之风潮，然后其书乃有益于世界。"[1]他所撰写的《戊戌政变记》等当代史以及《李鸿章传》等人物传记，大都具有类似特点。应该说，新史学生产者大都能够熟练使用这种"进化史观+整体历史"的书写方式，由此引出史学方法上的技术性变革，如：偏好系统性的"著史"、史料范围的无限扩大、跨学科的治史倾向以及夹叙夹议的行文风格等。

首先，从表现形式来说，中国史学大致形成"著史"和"考史"双线并行的姿态，并视前者为史学正宗。纂修一部流芳百世的鸿篇巨制是史家

---

[1]　梁启超：《新史学》，《饮冰室合集》文集之九，中华书局2009年版，第4页。

的崇高目标，即使是在考史较为兴盛的时期，也基本围绕正史展开。这一传统在晚清时期得以延续，尤其是典志体史书编纂的兴起，成为发挥史学"重新认识世界"和"实现救亡图强"功能的主要媒介。"著史"的最大优势在于历史呈现的系统性和脉络性，不津津于细微的史实考证，而是整合可信的史料，制作一幅整体的历史画卷。这一特点恰恰满足了20世纪初新史学生产者对"普遍史"的追求，因而备受青睐。新史学生产者要重新定位中国的文明层次，就必须借助社会进化论对自身历史进行纵向的梳理，亦即偏好"宏大叙事"，因此极为重视中国通史的编纂，发起了一场以历史教科书为主要载体的"国史重写"运动，并特别重视19世纪以后的"近世史"书写。甚至可以说，用进化史观梳理整部中国历史的主要目标，就在于导出19世纪以后中国在世界中所处的困境，以此激励民族主义的觉醒。值得注意的是，新史学生产者也开展了专门史书写，如民族史、财政史、经济史等，大都冠以"……史"之名，实际篇幅并不大，这种做法之目的仍在于彰显整个演进脉络，从而为其时的改革提供学理论据。梁启超曾批评二十四史等旧史书内容过于庞杂，"尽此数书而读之，日读十卷，已非三四十年不为功矣！……人寿几何，何以堪此？故中国史学知识之不能普及，皆由无一善别裁之良史故也"[①]。新史学生产者主张以现代历史观念对无穷无尽的史料和史实进行剪裁，书写出能够方便民众阅读的史书，而不是停留于史实记载层面。即便在处理单个历史事件或人物传记等更为微观的历史主题时，新史学生产者同样以进化史观为理论依据，将书写对象置于时代环境下，进行较为宏观的分析和评论。这一书写范式，显然与传统史学存在根本性差别。

其次，新史学对整体史书写的追求还催生出两大史学方法论：一是史料范围的无限扩大，一是跨学科治史思维。新史学生产者大都从人类或世界视野来重新定义历史，历史范围无限扩大，相应地史学取材范围亦随之

---

① 梁启超：《新史学》，《饮冰室合集》文集之九，中华书局2009年版，第5页。

无限扩大，在横向上扩大到人类社会的每一个角落（中外视野），在纵向上延伸至刚刚发生的事件（古今视野）。如谓："内自乡邑之法团，外至五洲之全局；上自穷古之石史，下至昨今之新闻，何一而非客观所当取材者。"此时在史料观念上产生最大影响的，是二十四史为二十四姓家谱说，这一反对"君史"、倡导"民史"的历史观，直接摧毁了传统正史在人们心目中的可信度，造成的结果是，新史学生产者普遍从正史之外去寻求史料，以期重建能够与二十四史对抗的新型史书。新史学生产者所力求展现的"民史"其实就是社会史："在一城一乡教养之所起，谓之民史。故外史中有农业史、商业史、工艺史、矿史、交际史、理学史等名，实史裁之正轨也"①，由此开辟出专史书写。此外，历史既然被定义为一切人类生活，史学也就无所不包，所以新史学生产者建立了"史学是一切社会科学基础"的理念，并开始重视史学与其他学科的关系，由此也带来了全新的跨学科治史思维。如果说新史学典范中的进化、国家、国民等观念都可以在传统史学中找到些许痕迹，而基于现代分科理念的跨学科治史思维和方法，则是传统史学所从未有过的治史路径。梁启超批评旧史家"徒知有史学，而不知史学与他学之关系"②；陈黻宸则认为："史学必合政治学、法律学、舆地学、兵政学、术数学、农工商学而后成，此人所常言者也。史学又必合教育学、心理学、伦理学、物理学、社会学而后备，此人所鲜言也。"③20世纪初的新史学开跨学科治史的先河，而且不少史家尝试将地理学、统计学、心理学等不同学科的知识运用到史学研究中，实际已经预示了此后中国史学社会科学化的趋势，影响极为深远④。

---

① 梁启超：《变法通议》，《饮冰室合集》文集之一，中华书局2009年版，第70页。

② 梁启超：《新史学》，《饮冰室合集》文集之九，中华书局2009年版，第10—11页。

③ 陈黻宸：《读史总论》，《陈黻宸集》下册，中华书局2009年版，第676—677页。

④ 许冠三甚至称梁启超为"开今人'科际整合门径'的先路"，其"眼光远大更是时下的史界庸人难以想象"，实为"现代史界的第一人，且为二千年来史学史上的第一人"（许冠三：《新史学九十年》，岳麓书社2003年版，第5页、第43页）。

最后，与西方现代史学偏重理论、范畴、逻辑、思辨等不同，中国传统史学的特色主要是通过历史叙事来呈现，这一思维特质在传统哲学中同样表现得十分突出。除序、论、赞、曰等直观地表达史学观点外，传统史家显然更热衷于"寓论断于叙事"以及"春秋笔法"等隐晦的方式，尊奉"不在场"和保持中立的历史本位意识，更为强调受众在阅读史事过程中的自我体验，因此往往侧重于直书其事，而又有限度地保留了文学的情感渲染力。近代以来，经世史学在民族危机的刺激下得以复兴，除叙事重心发生由中国到世界、由内地到边疆以及由古代到当代的转向外，史论色彩的日益浓厚亦是重要表征，为即将到来的根本转型打下一定的基础。此后，在新史学的推动下，历史解释意识不断上升，"因果关系""公理公例"成为史家的共同诉求，注重分析、议论而淡化历史文学的趋势开始形成，"夹叙夹议"成为主流的叙事方式。严复所言就颇为典型："我们中国论史，多尚文章故实，此实犯玩物丧志之弊。虽然，外国亦有然者。故当前说出时，或谓以历史为科学材料者，文章之美，必不及前，而纪述无文，即难行远云云。然此皆明于一方之论，不知史之可贵，在以前事为后事之师。是故读史有术，在求因果，在能即异见同，抽出公例。"① 从中亦可窥见新旧学人在历史叙事转型过程中的不同心态。

［原文发表于《济南大学学报》（社会科学版）2019年第3期，人大复印报刊资料《历史学文摘》2019年第4期转摘］

---

① 严复：《政治讲义》，《严复集》，中华书局1986年版，第1243页。

文化

"西来意"与"东土法"：中国文化关键词研究的思想资源及本土实践

袁　劲*

如果按照雷蒙·威廉斯所说关键词是"一种词汇质疑探询的记录"的话①，那么，这种"记录"就绝不只是西方文化研究的专利。在汉语经典阐释学的"本来"传统中，同样不乏聚焦于关键词汇的专句、专段、专节、专篇或专书阐释。在中国古代经、史、子、集的相关论述中，亦内含着一套有关语言（言）、文字（书）、指称（名）如何呈现本体（道）、观念（意）以及现象世界（实、物）的阐释学方法论②。可以说，中国本土的关键词研究在思想与形式两方面，完全能同外来的西方文化关键词研究互鉴、互证、互补。因而，唯有通过立足于中国语境的中西双向溯源，既致力于发掘中国古代经典阐释传统的当代价值，又着眼于分析西方文化关键词研究方法的适用范围，方能在"吸收外来"的基础上，凸显"不忘本来"和"面向未来"的中国文化关键词研究之宗旨。

＊　袁劲，文学博士，武汉大学文学院特聘副研究员。

①　［英］雷蒙·威廉斯：《关键词：文化与社会的词汇》，刘建基译，生活·读书·新知三联书店2016年版，第28页。

②　参见周裕锴：《中国古代阐释学研究》，上海人民出版社2003年版，第6页。

一、东土法：汉语经典阐释学传统

现代意义上的关键词研究肇始于英国学者雷蒙·威廉斯的《关键词：文化与社会的词汇》，系西方盛行的文化研究方法之一种。但是从更广泛意义上讲，关键词研究实有中西两条学术路径。陈平原在《学术视野中的"关键词"（下）》一文中率先指出"传统中国学术也有类似的思路"。他从朱自清受到同事瑞恰慈、燕卜荪的影响谈起，论及《诗言志辨》的成功实践以及同时期郭绍虞、罗根泽、朱东润在批评史著作中关注关键词语的共性，并将这一"语义分析和历史考据相结合"的思路，由胡适所倡导的"历史演进法"进一步追溯到"辨章学术，考镜源流"的清代朴学传统①。《关键词：文化与社会的词汇》译者刘建基曾提及国内南方朔的文化评论受到雷蒙·威廉斯的影响（第20—21页）。与之不同，陈平原揭示了"关键词"背后杂糅着不同学术路径的可能。随着张晶、黄擎、孟瑞等人先后响应其说，国内学者开始意识到"关键词研究作为一种研究方法，其实古已有之，只是在现代才走向自觉，并且在更为精深的理论指导下，具有更强烈的现代意味"②，"在'前关键词批评时期'，即早于雷蒙·威廉斯的《关键词：文化与社会的词汇》之前，我国曾出现过种种类似于'关键词批评'的写作现象，……而其他域外学者的类似研究对我国'关键词写作'的出现也有过影响"③。据此，一条由朱自清《诗言志辨》溯洄从之，从傅斯年《性命古训辨证》到阮元《性命古训》，再经清儒戴震《孟子字义疏证》直通南宋陈淳《北溪字义》的本土关键词研究脉络也渐次显现④。

---

① 参见陈平原：《学术视野中的"关键词"（下）》，《读书》2008年第5期。

② 张晶：《中西文论关键词研究之浅思》，《文艺争鸣》2017年第1期。

③ 孟瑞：《"关键词批评"在中国的勃兴》，黄擎等：《"关键词批评"研究》，商务印书馆2018年版，第139页。

④ 黄继刚：《"关键词研究"的理论回瞻及其范式探绎》，《西南民族大学学报》（人文社会科学版）2018年第5期。

在"前关键词批评时期"，宽泛意义上的关键词研究成果便已存在，而这一根植于本土的"解字"传统还可继续向前追溯。李建中先生将中国文化关键词的创生追溯至轴心期，并从中归纳出"见仁见知"（各家对同一关键词的不同界定和阐释，如散见于儒道墨法兵诸家的释"仁"）、"非乐非命"（不同学派间的彼此辩难和驳斥，如墨子《非乐》《非命》）、"解老喻老"（后学对先贤关键词的诠释和引申，如韩非子《解老》《喻老》）等三种早期关键词研究的典型模式①。在此基础上，我们还可以整体勾勒出中国文化关键词研究史，并将其划分为四个阶段——创生期（先秦两汉）、发展期（魏晋至宋元）、繁荣期（明清）和转型期（近代以来）。它们依托于汉语经典阐释学传统，在文本形式与学术思想上自成一脉，同西方文化关键词研究路数交相辉映。

先秦两汉为中国文化关键词研究的创生期。在此阶段，随着五经和诸子对"名"与"实"、"指"与"物"、"知"与"言"，以及"言—象—意""达—类—私""名—辞—说"等关系的深入探讨，以"阴阳""三才""五行""礼""道""义""法""兵"等关键词为中心的专句、专段、专节、专篇阐释开始大量出现。依据形式和篇幅，上述关键词研究资料可大致归为三类：一是语录体或格言体中以关键词为语义核心的段落，如《论语》问"仁"和《老子》谈"道"，它们互文见义且又缘境生义，是语义解诠与语用实践的综合体；二是论说体中以关键词为核心的专篇或专章，如《墨子》中的《尚贤》《尚同》《兼爱》《非攻》《节用》《节葬》《天志》《明鬼》《非乐》《非命》，以及《韩非子》中的"解"（《解老》）、"喻"（《喻老》）、"难"（《说难》《难势》《难言》），它们往往具有较强的主题性和鲜明的层次性，颇似现代意义上的关键词个案研究；三是语录体与论说体中

---

① 参见李建中：《词以通道：轴心期中国文化关键词的创生路径》，《社会科学战线》2013年第4期。

均有的囊括多个关键词的"以数为纪"①，如《论语》所谓"益者三乐，损者三乐"、不好学之"六蔽"与《韩非子》中的《二柄》《八奸》《十过》《五蠹》等，它们言简意赅且主次分明，是对关键词归类的早期探索。不妨说，散论式的语用实践（《尚书·尧典》"诗言志"可谓其始）、专论式的主题言说（《周易》六十四卦开其先河）、合论式的"以数为纪"（可追溯至《尚书·洪范》之"九畴"），从不同侧面绘制出关键词研究的初始面貌。只不过，这一时期成果多属于一般意义上的文化关键词研究，而非单纯的特定领域（如哲学、历史等）的关键词研究。

魏晋至宋元是中国文化关键词研究的发展期。在此期间，理学字义、家规家训乃至谥法的书写均有采用"关键词"形式者，而关键词研究还被广泛用于诗论、诗品、诗格、诗法等文学批评实践之中，可谓遍及经史子集四部。以经学阐释观之，则有南宋陈淳《北溪字义》，按"命""性""心""情""才""志""意"等关键词疏解朱熹传授的四书要义。在此之前，唐代韩愈还接续先秦儒家"正名"思想而创立"原"体，在《原道》《原性》《原毁》《原人》《原鬼》中以儒家思想重申"道""性""毁""人""鬼"等关键词之本义，借此拒斥佛老。以史部论之，谥号可谓概括历史人物一生的关键词。宋代郑樵《通志》卷四六《谥略·后论》记载了他对谥号本义与衍义的反思："凡苏氏所取一百六十八谥，三百十一条，臣今只即一文以见义，即文可以见文，不必曰施而中理曰文，经纬天地曰文。即武可以见武，不必曰克定祸乱曰武，保大定功曰武。即孝可以见孝，不必曰慈惠爱亲曰孝，能养能恭曰孝。即忠可以见忠，不必曰盛衰纯固曰忠，临患不忘曰忠。且即文以见义，则文简而义显；舍文而从说，则说多而义惑。"②在子部儒家类的家规家训中，唐代杜正伦《百行章》每章述一品行，今存八十四章，即冠以八十四个关键词——

---

①　赵伯雄：《先秦文献中的"以数为纪"》，《文献》1999年第4期。

②　转引自凌郁之：《文章辨体序题疏证》，人民文学出版社2016年版，第240页。

"孝""敬""忠""节""刚""勇""施""报""恭""勤"等，堪称一部道德伦理关键词专书①。

以文化关键词研究中的热点——文论关键词研究为例。在与之相关的集部诗文评类，兼具对象与方法双重意义的关键词，更是频现于诗论、诗品、诗格、诗法之中。西晋挚虞《文章流别论》便集中论说了"赋""诗""铭""哀辞"等文体关键词。南朝梁刘勰《文心雕龙》所列四十九篇（除《序志》），不仅以"原始以表末，释名以章义，选文以定篇，敷理以举统"为纲领对"诗""乐府""议对""书记"等文体关键词展开系统研究，还广涉"道""圣""经""神思""风骨""通变""情采""比兴""知音"等文学本原论、创作论、风格论、通变论、接受论意义上的诸多关键词。唐司空图《二十四诗品》将诗歌风格提炼为"雄浑""冲淡""纤秾""沈著""高古""典雅"等二十四个关键词，"各以韵语十二句体貌之"（《四库全书总目提要》语）。旧题元代杨载所作《诗法家数》按"荣遇""讽谏""登临""征行""赠别""咏物""赞美""赓和""哭挽"分题解析诗法。旧题元代范德机所作《诗家一指》还奉"明十科，达四则，该二十四品"为诗家之道，分条论说"意""趣""神""情""气""理""力""境""物""事"之"十科"与"句""字""法""格"之"四则"。

时至明清，随着诗文评的繁荣与考据学的兴盛，中国文论关键词的专题论述性文章或著作开始大量涌现。同时，散见于书信或札记中的文论关键词考释，也成为该时期的一大特色。就文体关键词研究而言，明代吴讷《文章辨体序题》、徐师曾《文体明辨》、许学夷《诗源辨体》、贺复征《文章辨体汇选》在文体数量、文体探源、文体编选等层面将基于关键词的"辨体"批评推向深入。以诸《二十四诗品》续作论之，袁枚《续诗品》在司空图风格论关键词的基础上，新增"崇意""精思""博习""相题""选材""用

---

① 参见楼含松：《中国历代家训集成》第一册，浙江古籍出版社2017年版，第60—76页。

笔""理气"等二十四例创作论关键词；顾翰《补诗品》以"古淡""蕴藉""雄浑""清丽""哀怨""激烈"等增补或重释（如"雄浑"）司空图之作。黄钺《二十四画品》、郭麟《词品》、魏谦升《二十四赋品》还分别将该法引入画论、词论、赋论之中，遂有"气韵""神妙""高古""苍润""沉雄""冲和"等二十四例画论关键词，"幽秀""高超""雄放""委曲""清脆""神韵"等十二例词论关键词，以及"骈俪""讽喻""浏亮""宏富""丽则""古奥"等二十四例赋论关键词。不唯如此，李渔《闲情偶寄·词曲部》之"戒讽刺""立主脑""脱窠臼""密针线""减头绪""戒荒唐""审虚实"，毛宗岗《读三国志法》之"横云断岭、横桥锁溪""将雪见霰、将雨闻雷""笙箫夹鼓、琴瑟间钟""近山浓抹、远树轻描""奇峰对插、锦屏对峙"等等，还将关键词法运用到戏曲、小说批评之中。值得注意的是，清代朴学兴盛，还在书信、札记中留下大量以字词为中心的考释，其中也会涉及文化关键词。比如明末清初顾炎武《日知录》卷三十二论"写"，便提出其语义由置物到书写、图写、缮写衍生的内在理据是"盖从此本传于彼本，犹之以此器传于彼器也"①。在此氛围下，即便是拒斥考据、提倡性灵的袁枚，也曾在《再答李少鹤书》等信札中有"诗人有终身之志，有一日之志，有诗外之志，有事外之志，有偶然兴到，流连光景，即事成诗之志，志字不可看杀也"之类的经典论述②。相对于前述诸种关键词研究成果，这类信札中的散论文献篇幅短小却不乏点睛之笔，其价值同样不容忽视。

近现代以来，中国文化关键词研究在坚守传统路数以外，还呈现出借鉴现代语言学、文学、历史学等西学新知的特征。延续传统者，可以成书于道光年间的王寿昌《小清华园诗谈》为例。该书上卷围绕有关诗格和诗美的37个基本概念或命题展开，前有总论，后列条辨。总论采用"以数为纪"之法，论诗有"四正""六要""四清""三真""三超""四高""四近""三深""三

① 黄汝城：《日知录集释》，上海古籍出版社2014年版，第721页。
② 郭绍虞：《历代文论选》第一册，上海古籍出版社2001年版，第6页。

浅""三严""三宽""三留""四不可""四勿伤""三不尽""三可借""三不欲胜""五不可失""五可五不可""四能四不可不能"。条辨则以"何谓性情"的设问形式逐个展开，领起"性情""志向""本源""是非取舍""忠厚""缠绵""语要含蓄，义要分明""和雅""广大""气象""真""古""高""自然""浑然""超然""气韵""格调""精""炼句""壮""健""清""新""秀""逸""奇""丽""瘦""深""曲""严""沈雄""豪宕""典重""俊爽""明净"等文论关键词[①]。受到西学影响者，当以沈兼士、陈寅恪、王力推许的"新训诂学"和郭绍虞、罗根泽、朱东润、朱自清等聚焦于"批评的意念"[②]的中国文学批评史早期书写为代表。关于此点，学界论述已多，兹不赘述。

二、西来意：西方文化关键词研究

如果说中国古代经典阐释传统是"东土法"，那么西方文化关键词研究便是"西来意"，两者在研究对象、阐释方法、成果形式上具有较强的相似性与一定的可通约性。

如前所述，现代意义上的关键词研究肇始于英国学者雷蒙·威廉斯的《关键词：文化与社会的词汇》，因而，该书及其所创立的研究方法也就具备了元典的性质。关于《关键词：文化与社会的词汇》所采用的研究方法，国内外学者曾有过不同的概括。约翰·艾基瑞（John Eldridge）与莉姬·艾基瑞（Lizzie Eldridge）指出该研究强调"关联性"的六个步骤："（一）找出词与词之间的关系及其变异用法；（二）将用法与语境串联在一起；（三）将过去的各种用法与新近的用法并列；（四）寻构各知识领域间的相互关系性；（五）由对普遍通用词汇的省思，来分析各阶段的社会生活之关联性；（六）辨识出专门语汇与普通用语的相关性。"[③]国内率先推介该书的汪

① 参见张国庆：《云南古代诗文论著辑要》，中华书局2001年版，第23—49页。

② 朱自清：《朱自清序跋集》，古吴轩出版社2018年版，第30页。

③ 转引自刘建基：《译者导读》，[英]雷蒙·威廉斯：《关键词：文化与社会的词汇》，刘建基译，生活·读书·新知三联书店2016年版，第18—19页。

晖亦认为，在方法论视野下，雷蒙·威廉斯"所作的不只是收集词汇，查找和修订它的特殊纪录，而且是分析内含在词汇之中的命题和问题"①。冯黎明先生在《关键词研究之"关键技术"》中提出，作为一种阐释技术的关键词研究面向"'星丛'文化语境中的后学科知识"，考察"隐喻性表征与建构性话语"，并"在话语的播撒性中探寻谱系学历史"②。黄擎等著《"关键词批评"研究》将其理论特质概括为"以'关键词'钩沉为写作模式，借鉴历史语义学对核心词语进行考察梳理，在呈现问题的起源、发展与流变的同时，注重词语之间的关联性，揭示词语背后的政治立场与人文踪迹"③。

这些分析或是归纳，或是演绎，从不同方面揭示了关键词研究的方法论要义。在此基础上，我们还可以将视线聚焦于《关键词：文化与社会的词汇》一书的《导言》与《第二版序言》，因为雷蒙·威廉斯的自述，无疑是探寻该书在方法论意义上继承与比较、推进与创新、期许与遗憾的最直接材料。在《导言》中，雷蒙·威廉斯依次论及文化关键词研究中选词的关键性、归类的层次性、释词的反辞书性、分析视角的跨学科性、探讨问题的选择性与局限性、编撰体例的关联性与互动性，它们连及《第二版序言》中研究成果的未完成性与不完备性，共同构成了关键词研究的七项基本准则。

选词的关键性，是指文化关键词研究所关注的是普遍而非专业性的词汇。按照雷蒙·威廉斯的概括，便是"（一）日常用法中激烈的、难懂的、具说服力的语词，及（二）从专门的、特别的情境衍生出的极普遍语词——用来描述范围较大的思想领域及经验领域"④。这说明关键词研究的对象并非学科术语，而是书名所谓"文化与社会的词汇"。

归类的层次性，说的是所选词汇围绕"文化与社会"的主题辐射开

① 汪晖：《关键词与文化变迁》，《读书》1995年第2期。

② 冯黎明：《关键词研究之"关键技术"》，《粤海风》2014年第3期。

③ 黄擎等：《"关键词批评"研究》，商务印书馆2018年版，第102页。

④ ［英］雷蒙·威廉斯：《关键词：文化与社会的词汇》，刘建基译，生活·读书·新知三联书店2016年版，《导言》第27页。

来。我们知道，《关键词：文化与社会的词汇》本系《文化与社会：1780—1950》一书的附录。按照逻辑顺序，雷蒙·威廉斯先以"文化"为元关键词，为了更好地分析"文化"的多义性才连带出"阶级""艺术""工业""民主"等核心关键词，再延伸出从"美学"到"作品"的基本关键词。因而，最终呈现的131个文化关键词，虽是按照字母排序平行分布，却实有层次之别。

释词的反辞书性是关键词研究区别于词典的突出特征。它由词典定义的静态结果出发，对词义变迁的动态过程进行质疑与探询，因而更关注"存在于词汇内部——不管是单一的词或是一组习惯用语——的争议问题"，以便通过这些用法去"了解'文化''社会'（两个最普遍的词汇）"①。换言之，该方法关注的不是定义本身，而是在文化与文本语境中关键词为何"重要且相关"与"意味深长且具指示性"。

与选词的关键性相呼应，分析视角的跨学科性是为了超出单一学科的局限，"让这些知识领域——通过书中所选的例子——得到普遍的了解"②。此点决定了文化关键词研究与后来日益兴盛的某一学科关键词研究在视野与论域上的不同。

探讨问题的选择性与局限性，出于雷蒙·威廉斯对该研究的反思。他指出关键词研究与词典编撰同样是"有选择性的"叙述，同样面临"资讯的问题"，并突出表现为因掌握材料有限，对"有许多已经在英文以外的语言发展出重要的意义，或是经历过一种错综复杂、相互影响的发展过程"③之分析不够详尽。

---

① ［英］雷蒙·威廉斯：《关键词：文化与社会的词汇》，刘建基译，生活·读书·新知三联书店2016年版，《导言》第29页。

② ［英］雷蒙·威廉斯：《关键词：文化与社会的词汇》，刘建基译，生活·读书·新知三联书店2016年版，《导言》第32页。

③ ［英］雷蒙·威廉斯：《关键词：文化与社会的词汇》，刘建基译，生活·读书·新知三联书店2016年版，《导言》第34页。

编撰体例的关联性与互动性，是《关键词：文化与社会的词汇》在体例上的全新探索。为了强调关键词之间易被个案研究所遮蔽的关联性，雷蒙·威廉斯采用了整体上"按照字母的排序"与每则关键词注解或短评末尾附上"互相参照"的方式，以便"让词义的相互比较与关联性呈现在读者面前"①。尽管如此，可能依旧存在或多或少的局限，所以他还特意在书中留出空白部分，号召读者"指正、补述、回应与批评"②。

不唯如此，雷蒙·威廉斯还在《第二版序言》中重申了研究成果的未完成性与不完备性。他不仅依据读者反馈做了更正错误与补充说明，还为该书修订版增添了21个新关键词。这一做法契合了"一时代有一时代之关键词"的实质，亦为后续关键词研究者所沿用。比如2005年，托尼·本内特等人重新编写《新关键词：新修订的文化与社会的词汇》，从两个方面推进了雷蒙·威廉斯的关键词研究：一是减法，即淘汰一些不再"关键"或失去"争议"的词语；二是加法，其中既有对雷蒙·威廉斯所论关键词在此后三十余年新义的补充，又包括对雷蒙·威廉斯时代尚未出现的新关键词的注释与短评。又如，2006年，剑桥大学耶稣学院与匹兹堡大学合作的"关键词项目"（Keywords Project）就利用新文献，在雷蒙·威廉斯原有词汇的基础上，剔除"Alienation（异化、疏离）""Existential（存在的、存在主义的）"等50个旧词，新增"Network（网络）""Globalization（全球化）"等50个新词③。

汪晖曾言"关键词的两个要素是词条的选择和意义的分析"④，在他看来，这一纵一横恰好绘制出文化与社会的地图。如果具体到"意义的分析"，我们还可发现，雷蒙·威廉斯在关键词的注释或短评中同样注重一横

---

① ［英］雷蒙·威廉斯：《关键词：文化与社会的词汇》，刘建基译，生活·读书·新知三联书店2016年版，《导言》第42页。

② ［英］雷蒙·威廉斯：《关键词：文化与社会的词汇》，刘建基译，生活·读书·新知三联书店2016年版，《导言》第42页。

③ 参见黄擎等：《"关键词批评"研究》，商务印书馆2018年版，第50页。

④ 汪晖：《关键词与文化变迁》，《读书》1995年第2期。

一纵两个维度的考察——词义在共时性层面的主流与边缘之分和在历时性层面的所指与曾指之别。前者照应关键词研究对词语背后涉及阶级、思想、信仰以及价值观等"争议问题"的浓厚兴趣。"我们所能做的贡献并非解决词义演变的问题，而是希望从词义的主流定义之外，还可能找出其他边缘的意涵。"① 诚如雷蒙·威廉斯所言，既然主流定义源自优势阶级的塑形，那么，边缘义之中便隐含着另一种解读的可能抑或是被遮蔽的诉求。譬如在 "Standards（标准、规范）" 篇末，雷蒙·威廉斯就提醒读者注意该词还有"旗帜"这一边缘化的意涵。"旗帜"作为隐喻，代表了一种理想的方向，它与科学、工业乃至心灵与经验上的标准化不同，而是"既不溯及过往的权威，也不接纳现存可度量的状态；从我们对现状的尚未认识但认为终将实现的一些观念里，一个标准被设计规划出来"②。后者遵循"历史语义学"的思路，致力于探讨"意义转变的历史、复杂性与不同用法，及创新、过时、限定、延伸、重复、转移等过程"③。它根本于这样一种认识——"意义的变异性不论在过去或现在其实就是语言的本质"④，故而又与一般性的历史语义学不同，侧重于"指出一些重要的社会、历史过程是发生在语言内部，并且说明意义与关系的问题是构成这些过程的一部分"⑤。由此，该思路尤其属意语义演变的两个主要方向与两种特殊情况。

两个主要方向系新词义的创生与旧词义的迁衍。以 "capitalism（资本主义）"为例。依照雷蒙·威廉斯的考察，该词从19世纪初几乎同时出

---

① ［英］雷蒙·威廉斯：《关键词：文化与社会的词汇》，刘建基译，生活·读书·新知三联书店2016年版，《导言》第40页。

② ［英］雷蒙·威廉斯：《关键词：文化与社会的词汇》，刘建基译，生活·读书·新知三联书店2016年版，第505页。

③ ［英］雷蒙·威廉斯：《关键词：文化与社会的词汇》，刘建基译，生活·读书·新知三联书店2016年版，《导言》第31页。

④ ［英］雷蒙·威廉斯：《关键词：文化与社会的词汇》，刘建基译，生活·读书·新知三联书店2016年版，《导言》第40页。

⑤ ［英］雷蒙·威廉斯：《关键词：文化与社会的词汇》，刘建基译，生活·读书·新知三联书店2016年版，《导言》第37页。

现在英文、法文和德文里，指涉"一种'生产资料集中占有'的特别形式（含有工资—劳动体系）"①。无须多言，新义的创生伴随着欧洲资本主义经济与政治制度的确立。此后，在20世纪中叶，"capitalism（资本主义）"与"capitalist（资本家）"一度被"private enterprise（私人企业）"与"free enterprise（自由企业）"替代，其背景是社会主义的兴起及其对资本主义的批判。雷蒙·威廉斯还敏锐地觉察到，该词开始与"bourgeois（资产阶级分子）"有所重叠，呈现出描述资本主义所主导的整体社会之新趋势。对于这一词义转变背后的文化与社会语境，雷蒙·威廉斯未曾明说，却也不难想见正是资本主义由经济向政治、文化与生活的全方位辐射。

两种特殊情况是指新旧词义间的断裂与词语感情色彩的翻转。对于前者，可仍旧以"standards（标准、规范）"为例。雷蒙·威廉斯发现该词在科技与人文，或曰物质与精神两种用法间的断裂："科学方面（将实验状况标准化）"与"工业方面（将零件标准化）"没有问题，甚至是值得肯定的，但"人的标准化"或"教学的标准化"却是需要引起警惕的。借用雷蒙·威廉斯的术语，科技与物质层面的"标准"不妨甚至最好是"复数型的单数名词"，以便统一而高效，可是人文与精神意义上的"标准"本应是"真正的复数型名词"，从而允许多元与特殊的存在。同时，"standards普遍的正面用法与standardization的负面用法相冲突"②，还牵扯到词语感情色彩的翻转。此外，诸如"aesthetic（美的、审美的、美学的）"一度被视为"掉书袋、卖弄学问的愚蠢词汇"③，以及区别于"art（艺术、技艺）"的"artless"竟然在18世纪末获得正面意涵，"意指spontaneity（自发性），甚至是指在art（艺术）

① ［英］雷蒙·威廉斯：《关键词：文化与社会的词汇》，刘建基译，生活·读书·新知三联书店2016年版，第80页。

② ［英］雷蒙·威廉斯：《关键词：文化与社会的词汇》，刘建基译，生活·读书·新知三联书店2016年版，第504页。

③ ［英］雷蒙·威廉斯：《关键词：文化与社会的词汇》，刘建基译，生活·读书·新知三联书店2016年版，第48页。

里的'自发性'"①，等等，皆为典型的例证。

自雷蒙·威廉斯起，现代意义上的关键词研究日益兴盛，分化出术语汇编式、政治阐释式、场景还原式以及泛化的流行话语分析式等四类路向②。当越来越多的国内《关键词》续作，在"'依经立义'式给出标准答案、'望文生义'式敷以政治阐释抑或'断章取义'式游移于知识碎片与价值独断之间"③的道路上渐行渐远时，我们有必要重审这一外来研究方法的本土适应性问题，以及中西关键词研究路数从通约到会通的可行性问题。

三、东西互鉴："中学"的激活与"西学"的纠偏

如果说，中国本土固有的关键词研究长于史料的搜集与关键词的提炼，那么，现代意义上的西方文化关键词研究则具有鲜明的思想性与论战性——两者各有所长。但与此同时，前者所固有的"崇古化""饤饾化"，与后者日益显现的"拼盘化"与"快餐化"、"政治化"与"霸权化"、"学科化"与"理论化"等弊端，分别制约了各自的深入发展。在此语境下，如何实现中西关键词研究跨地域、跨时代、跨学术路径的会通，于中西之学各取所长，由互照、互证？究其实质，将关键词研究的"本来"与"外来"相结合，以便更好地面向"未来"，属于学界热议不休的中西会通问题。鉴于当前关键词研究的西学实践渐露疲态，而中国固有的本土资源仍有待深入挖掘，我们认为中西关键词研究的会通下辖"中学"的激活与"西学"的纠偏两项主要议题。

所谓"中学"的激活，主要指在传承先秦子学与两汉经学之致用、魏晋玄学与隋唐佛学之开放、宋明理学之思辨、清代朴学之谨严等学术精神的

---

① ［英］雷蒙·威廉斯：《关键词：文化与社会的词汇》，刘建基译，生活·读书·新知三联书店2016年版，第65页。

② 刘金波：《文化关键词研究的通变方法论》，《湖北民族学院学报》（哲学社会科学版）2018年第6期。

③ 王杰泓：《重审"关键词"研究的维度及其限度》，《文艺争鸣》2016年第6期。

基础上，充分发挥传统训诂"三训"与"六训"的优势，激活中国固有关键词研究之思想与方法的现代生命力。

历经春秋战国百家争鸣、汉初礼乐复兴与汉末社会批判思潮的洗礼，以"非"（如《墨子·非乐》）、"喻"（如《韩非子·喻老》）、"解"（如《韩非子·解老》）、"论"（如《荀子·天论》）、"问"（如《楚辞·天问》）、"原"（如《淮南子·原道训》）、"订"（如《论衡·订鬼》）、"释"（如《释名·释典艺》）等为标志的传统文化及文论关键词研究，呈现出鲜明的致用精神与实践品格。它们皆有为而作，不囿于词语本身，而是由知识与思想联通文化与社会。时至魏晋隋唐，儒、道、释三家通过口头之"辩"、笔下之"注"以及"格义""比附"等形式，以一种开放的精神完成了东土与外来文化及其关键词的首度融合。接续先秦儒家对"仁""性""天"等问题的探讨，宋明理学一面致力于本体论构建，以应对佛道的冲击，一面又注重理学要义的系统性阐发。前者见诸周敦颐和邵雍之"太极"、张载之"太虚"、二程和朱熹之"天理"、陆九渊和王阳明之"心"等元关键词解诠，后者则孕育出陈淳《北溪字义》式的理学讲义以及各类关键词体的家规家训。至于清代朴学，更是在方法论层面深刻地影响近现代学术。章太炎《说林下》曾将清代朴学特征概括为六点："审名实，一也；重左证，二也；戒妄牵，三也；守凡例，四也；断情感，五也；汰华辞，六也。"①这六点，在今天依旧可作为关键词研究的基本规范。

就具体方法而言，建立在训诂学基础上的本土"解字"传统，还在古籍文献整理实践中总结出一套方法论。它包括聚焦词语个体的"三训"（形训、音训、义训）与着眼词语间彼此关联的"六训"（正训、反训、通训、借训、互训、转训）②。形、音、义三训契合并凸显了汉语与汉字的特征。雷蒙·威廉斯也曾谈及英语的形、音、义，他认为语言的发展变化表现为：

---

① 《章太炎全集·太炎文录初编》，上海人民出版社2014年版，第118页。

② "六训"语出清代刘淇：《助字辨略·自序》，中华书局2004年版，第2—3页。

"某一些语词、语调、节奏及意义被赋予感觉、检试、证实、确认、肯定、限定与改变的过程。"①这里的"语词"言其形,"语调"与"节奏"指其音,"意义"表其义。只不过,英语作为表音文字(而非表意文字)的属性弱化了形符与音符的区分,以及"以形索义"与"因声求义"的可能。而"正言若反"(反训)、"引譬连类"(通训)、"辗转相通"(转训)、"双声叠韵"(借训)等汉语特质,还决定了面向汉语关键词的汉字"六训"法,在对象与方法的默契程度上,具备西方文化关键词研究所无法比拟的优势。

不妨以关键词"天"与"Nature(自然、天性)"的中西解诠路数为例说明之。许慎《说文解字·一部》释"天"为"颠也,至高无上,从一大"。其中,"从一大"言其形,"天,颠也"论其音,"至高无上"释其义,"三训"融自然属性(青天在上)、人体感知(人首为颠)与社会文化(至高为上)于一体。不唯如此,《孙子·计》"天者,阴阳、寒暑、时制也"之正训、《尔雅·释诂》"林,烝,天,帝,皇,王,后,辟,公,侯,君也"之转训、《释名·释天》"天,豫司衮冀以舌腹言之,天,显也,在上高显也;青徐以舌头言之,天,坦也,坦然高而远也"之借训,还以"天"为核心,涉及"阴阳""时""王""高""远"诸关键词,从而彰显出"天"的自然气象、社会喻象及审美意象等多重内涵。相较于雷蒙·威廉斯所论"Nature(自然、天性)"之词源、词义演变、大写形式以及拟人化②,"三训"与"六训"法对文化关键词的中国特质之立体诠释,可见一斑。

当然,以训诂为标志的中国固有关键词研究也存在种种弊端。《四库全书总目提要》曾言历代经学分别失之于"拘""杂""悍""党""肆""琐"。在此基础上,侯外庐将汉学方法论的弊端概括为"蔽于古而不知世(古指古籍,世指社会);蔽于词而不知人(词指'由词通道'之词,人指个性);

① [英]雷蒙·威廉斯:《关键词:文化与社会的词汇》,刘建基译,生活·读书·新知三联书店2016年版,第24页。

② [英]雷蒙·威廉斯:《关键词:文化与社会的词汇》,刘建基译,生活·读书·新知三联书店2016年版,第372—379页。

有见于实、无见于行（实指其一部分认识方法，行指认识的证验、准绳）；有见于阙、无见于信（阙指对于过去的疑问，信指对于将来的追求）"①。单就训诂方法而言，王力在《新训诂学》中还将传统的训诂学（亦即"旧训诂学"）分为纂集、注释和发明三派，进而指出其最大的弊端乃是"崇古"，以致"先秦的字义，差不多成了小学家唯一的对象"②。总体说来，"崇古化"的研究主旨与"钉饾化"的成果样态，使得文化及文论关键词研究的"本来"一脉缺少了现代意味。

至于关键词研究的"外来"一脉，曾给予中国学界诸多有益的启示，但"《关键词》的'中国弟子'"（陈平原语）的走样乃至背离也渐成问题。按照刘坛茹的归纳，廓清和规范西方文论概念术语的运用，勘定"理论旅行"中的误读，以及以微观词汇的转向纠正本质主义的研究倾向，是雷蒙·威廉斯带给中国文艺研究的三点启示③。可与此同时，国内文论关键词研究将文学与美学、语言学、哲学乃至社会学概念杂糅的"拼盘化"④，执拗于"话语分析"的"政治化"⑤，唯"关键词"马首是瞻而忽视其他词语的"霸权化"以及浮光掠影、标新立异的"浅表化、快餐化、简单化"⑥，也导致了该研究方法一度饱受批评与质疑。

我们不宜将本土化简单等同为传统化，而应在古今中外的立体维度内，把"传统理论的承传"与"异域理论的移植"两方面均视为本土化的题中之义⑦。当"中学"奉行"孤证不立"乃至陷入"琐屑钉饾"的"考据"，与

---

① 侯外庐：《中国思想通史》第5卷，人民出版社1956年版，第418页。

② 《王力语言学论文集》，商务印书馆2000年版，第503页。

③ 刘坛茹：《关键词研究在中国当代文艺理论建构中的价值》，《济南大学学报》（社会科学版）2010年第4期。

④ 冯黎明：《理论同一性之梦的破灭——关于〈关键词〉们的关键问题的反思》，《文艺研究》2010年第10期。

⑤ 王杰泓：《重审"关键词"研究的维度及其限度》，《文艺争鸣》2016年第6期。

⑥ 黄擎等：《"关键词批评"研究》，商务印书馆2018年版，第188—207页。

⑦ 南帆：《文学观念与文学理论资源》，饶芃子主编：《思想文综》第5集，中国社会科学出版社2000年版，第256—257页。

"西学"对词语的"陌生化"审视相遇时,前者可在"稽古"的基础上强化"鉴今"一维,后者亦能通过潜心静气克服所谓的"拼盘化"与"快餐化"。而"三训"对"意美以感心""音美以感耳""形美以感目"之"汉字三美"①的阐扬,"六训"对"正言若反""引譬连类""辗转相通""双声叠韵"等汉语特质的契合,亦能纠偏所谓的"政治化"与"霸权化"。在"不忘本来"与"吸收外来"的基础上,所谓"中学"的激活与"西学"的纠偏,其"面向未来"的本土化实践路径庶几在此。

[原文发表于《济南大学学报》(社会科学版)2020年第5期,人大复印报刊资料《文艺理论》2021年第3期全文转载]

---

① 《鲁迅全集》第九卷,人民文学出版社1982年版,第344页。

"中国民歌学"理论建构刍议

周玉波*

习近平总书记在党的十九大报告中指出："中国特色社会主义文化，源自于中华民族五千多年文明历史所孕育的中华优秀传统文化，熔铸于党领导人民在革命、建设、改革中创造的革命文化和社会主义先进文化，植根于中国特色社会主义伟大实践。"历代民歌是中华优秀传统文化的重要组成部分，近年来，学界开始重新认识、评估民歌的文学、文化价值。民歌文献的整理与研究，相继成为教育部、国家社科基金重大项目。尤其是中共中央办公厅、国务院办公厅印发《关于实施中华优秀传统文化传承发展工程的意见》以及非物质文化遗产传承与保护上升为国家战略之后，民歌的传播接受以及相关学术研究工作，可谓迎来了史上最好的机遇，相应地，笔者以为"中国民歌学"的理论建构，也需引起人们的重视。

* 周玉波，文学博士，南京师范大学文学院硕士生导师，江苏第二师范学院文学院教授。

一、从"歌谣学"到"民歌学"

我们通常所说的民歌，是指流传、流行于民众中间、深受民众欢迎的歌谣时调，是以说诵、歌唱或说唱相间的方式，演绎故事、讲说道理、抒发情感，形制上多为韵文，定格联章体占有一定比例。与民歌在中国传统文化中所占的地位、民歌整理研究及传播接受受到的重视程度、取得的实际成绩相比，具有当代学科意义的"民歌学"理论建构，明显滞后，其原因，是研究者多以为早前已有规范成熟的"歌谣"概念与"歌谣学"理论，无须另行讨论"民歌"与"民歌学"理论体系问题。实际上，昔年由北京大学教授刘半农、周作人等倡议推动的近世歌谣征集整理运动，发起者对歌谣本身以及歌谣研究目的的认识，有一定的历史局限性，而且愈往后延，偏颇愈甚，其时倡立的"歌谣"概念与"歌谣学"理论，已经难以涵盖、指导当下的民歌文献整理研究与活态民歌传承保护工作。

其一，歌谣运动发起参与者对歌谣名称与内容的界定，与当下文学、文化研究和非遗传承保护场景下的"民歌"，有相当大的差异。周作人《歌谣》云：

> 歌谣这个名称，照字义上说来，只是口唱及合乐的歌，但平常用在学术上与"民歌"是同一的意义。民谣的界说，据英国人吉特生（Kidson）说是一种诗歌，"生于民间，为民间所用以表现情绪，或为抒情的叙述者。他又大抵是传说的，而且正如一切的传说一样，易于传讹或改变。他的起源不能确实知道，关于他的时代也只能约略知道一个大概"，他的种类的发生，大约是由于原始社会的即兴歌，《诗序》所说"情动于中而形于言"云云，即是这种情形的说明，所以民谣可以说是原始的——而又不老的诗。[①]

---

① 钟敬文：《歌谣论集》，上海文艺出版社1989年版，第31页。

217

文化

"口唱与合乐的歌"统称歌谣的说法，非周作人独创。《毛诗传》云："曲合乐曰歌，徒歌曰谣。"《古谣谚·凡例》进而云："谣与歌相对，则有徒歌合乐之分，而歌究系总名，凡单言之，则徒歌亦为歌，故谣可联歌以言之，亦可借歌以称之。"①虽然"歌究系总名"，"谣可联歌以言之，亦可借歌以称之"，周作人"口唱与合乐的歌"均称为歌谣、歌谣与民歌"同一意义"说，即由此来。

在《歌谣》周刊的编辑实践与"歌谣运动"的具体运行过程中，"歌谣"被单一化，绝大多数场合，只指口唱甚至口说的歌，合乐的歌基本被排除在外；《歌谣》刊载的内容与运动参与者关注讨论的对象，以"口唱的歌"即"徒歌"为主，"合乐的歌"处于被忽视、无视的境地。"合乐的歌"部分，刘半农另以"俚曲""俗曲""小调""时调山歌"等名之，在为《中国俗曲总目稿》所作序言中，其云歌谣与俗曲的区别，在于有无附带乐曲，不附带乐曲的如"张打铁，李打铁"，叫作歌谣；附带乐曲的如"五更调"，就叫作俗曲。"不附带乐曲"即周作人所说的"口唱的歌""徒歌"，"附带乐曲"即"合乐的歌"②。在刘半农主持的史语所民间文艺组所拟《工作计划书》中，此种"俗曲"，更明确地与"歌谣"两立，"民间文艺之范围为歌谣、传说、故事、俗曲、俗乐、谚语、缩后语、切口语、叫卖声等"③云云，即此意也，朱自清《中国近世歌谣叙录》即云："歌谣的范围，有两种说法，一是以徒歌为限，一是兼包徒歌与乐歌。中央研究院民间文艺组将俗曲与歌谣分开，似乎采用第一说。"④而《中国俗曲总目稿序》中所说"我们研究民间文学，……最初所注意的只是歌谣，后来就连俗曲所同样看重，甚而至于更看重些"⑤云云，只适用于刘复等有限的数人，其他大

---

① 杜文澜：《古谣谚》，岳麓书社1992年版，第2—3页。

② 刘复、李家瑞：《中国俗曲总目稿》，（台北）文海出版社有限公司1973年版，第1页。

③ 刘锡诚：《二十世纪中国民间文学学术史》，中国文联出版社2014年版，第292页。

④ 《朱自清全集》第八卷，江苏教育出版社1993年版，第52页。

⑤ 胡怀琛：《中国民歌研究》，商务印务馆1925年版，第1页。

部分学者着意、看重的始终"只是歌谣",他们的研究重点,亦非"民间文学",而是民俗学。

由是可知,歌谣运动场景下的"歌谣",与当下学界通用的"民歌",内涵外延,均有不同。文学/文化研究与非遗传承保护场景下的"民歌",回归传统,泛指一切"口唱及合乐的歌",即"谣与歌相对,则有徒歌合乐之分,而歌究系总名",以"民歌"为总名。胡怀琛《中国民歌研究》云民歌"就是流传在平民口上的诗歌","一切诗皆发源于民歌"[1],虽嫌粗野,却大体符合事实。

其二,依附于"歌谣"而生的"歌谣学",偏于民俗学,而非文学。

由周作人拟定的《歌谣》发刊词云,歌谣研究会号召同道"搜集歌谣的目的共有两种,一是学术的,一是文艺的"。"学术"排在"文艺"之前,且"学术"专指民俗学,如"从民歌里去考见国民的思想风俗与迷信等"。因为"我们相信民俗学的研究在现今的中国确是很重要的一件事业,虽然还没有学者注意及此,只靠几个有志未逮的人是做不出什么来的,但是也不能不各尽一分的力,至少去供给多少材料或引起一点兴味。歌谣是民俗学上的一种重要的资料,我们把它辑录起来,以备专门的研究,这是第一目的"[2]。因此,在后续工作中,以《歌谣》周刊为主要阵地、以"口唱(说)的歌"为主要对象的民俗学研究,占据主流,"文艺的"研究始终居于极次要位置。1936年4月《歌谣》复刊,胡适作复刊词,试图有所匡正,重提歌谣的"文艺"属性,云"歌谣的收集与保存,最大目的是要替中国文学扩大范围,增添范本",因此"这个文学的用途是最大的、最根本的"[3]。但是在具体的编辑实践中,歌谣的文学研究仍然弱于民俗学研究,文学属性较强的"合乐的歌",亦仍然徘徊于《歌谣》的视野之外,胡适重视文学研究的呼吁,一年之后(1937年6月),随着周刊的彻底关张,亦销声匿

---

①② 周作人:《发刊词》,《歌谣》1925年第1期。

③ 胡适:《复刊词》,《歌谣》1936年第2卷第1期。

迹。而歌谣研究的"民俗学"导向，借助继之而起的由中山大学编辑的《民俗周刊》的发行和钟敬文等先生的努力，声势更大，成绩更著，最终几乎完全遮蔽了"文学""文艺"的微芒。

可以说，"歌谣运动"发起者所倡导并取得巨大成就的近现代"歌谣学"，实即"歌谣民俗学"。在钟敬文本人，其早期的"歌谣学"理论，与民间文艺学关系紧密。钟先生最早提出"民间文艺学"概念，"第一次提出了把民间文艺学作为一文艺科学中一门独立的、系统的学科的构想，并就其对象特点、建立的社会条件、所应采用的方法及主要任务等，提出了自己的主张。"但在接触更多西方与日本学者的民俗学、人类学理论之后，其对"原来构想和笃信的民间文艺学（文艺学的民俗学）多少发生了怀疑，并逐渐向日本的民俗学理论与体系靠拢"①。同样，本来可以充分应用于"文艺"与"学术（民俗）"的近现代"歌谣学"理论，随着钟先生学术地位的提高、学术影响力的扩大，自觉地向西方与日本的"民俗学理论与体系靠拢"，最终成为民俗学的具体应用。钟先生在其撰写的《"五四"前后的歌谣学运动》中，对此情形作过解释性的回顾。文章对歌谣研究向民俗学发展是误入歧途的观点表示了异议，认为就文艺学角度的研究看，应是"民间文艺学"的，而不是"一般文艺学"的。同时，民间文学的特点又决定了，对它进行民俗学、社会学、语言学等方面的研究，是正常的，不是什么歧途②。此可看作是对其"歌谣学"偏于"民俗学"观点的坚持与强化。事实也是如此，直至今日，但凡提及"歌谣学"，人们首先想到的多半不是"文学""文艺"，而是"民俗"与"民俗学"。

实际情形要比此种粗线条的勾勒复杂得多。如《二十世纪中国民间文学学术史》所言，歌谣研究的目的，不独"学术"与"文艺"两种，"在持

---

① 刘锡诚：《二十世纪中国民间文学学术史》，中国文联出版社2014年版，第393—394页。

② 陈子艾：《钟敬文歌谣学建设历程述析》，《纪念钟敬文诞辰一百年座谈会暨学术研讨会论文集》2003年，第167—191页。

文艺立场的学者和持民俗立场的学者之外，还有一批从事语言学研究的学者，他们也是歌谣研究会成立时期的元老人物，如沈兼士以及钱玄同、魏建功、林玉堂，甚至稍晚些时候来《歌谣》周刊作编辑的董作宾。他们的理念是：歌谣是方言的文学，歌谣是言语学的研究材料，歌谣的搜集写定要用拼音记录方言方音。他们的主张和实践，曾得到很多的人赞同，在歌谣研究会中势力也相当强大，以致导致了方言调查会的成立和与歌谣研究会的多年的合作"①。《学术史》又引歌谣研究会成员杨世清的话云：

> 现世研究歌谣的人，从他们的目的看，大约可分为以下四派：（1）注重民俗方面，（2）注意音韵训诂方面，（3）注重教育方面，（4）注重文艺方面。在这四派的里面，很难说哪派重要，哪派不重要，不过默察现在的情形，似乎注重文艺方面的人，较为多点。②

"注重文艺方面的人"是否真的在人数上"较为多点"是一方面，其取得的成绩、形成的影响是另一方面。杨文作于1923年，1936年《歌谣》复刊，胡适为复刊所写的复刊词中，回顾了歌谣研究会与《歌谣》周刊既往的工作，特别指出周刊"共出了九十七期，字数至少有一百万，其中有研究古今歌谣和民俗学的论文"，而未提及"文艺方面"的研究，反而在随后对未来工作的意见中，强调"我以为歌谣的收集与保存，最大的目的是要替中国文学扩大范围，增添范本"，并且特别指出，"我当然不看轻歌谣在民俗学和方言研究上的重要，但我总觉得这个文学的用途是最大的，最根本的"③。私意以为胡适的看法和意见，可以部分地修正杨世清的说辞，也即事实上，当时研究歌谣的大部分人，对歌谣文艺价值的认识，都低于民俗、

①② 刘锡诚：《二十世纪中国民间文学学术史》，中国文联出版社2014年版，第92页、第93页。

③ 胡适：《复刊词》，《歌谣》1936年第2卷第1期。

语言学的价值。有两个显例可以证明此点，一是《歌谣》周刊的编辑常惠答复读者（戴殷若）来信中说：

（某）先生不赞成"堆垛式的文学"，若仅论文艺，似是不错，但要拿"民俗学"来论"堆垛式的歌谣"，就不然了。因为俗语说的好，"文从瞎（话）说起，诗从放屁来"，这正可以看出普通的人的心理来，本没有什么高深的思想和了不得的文学。就如《夹雨夹雪》是极重要的一首，差不多传遍了国中，各省有各省的讲解，各地方有各地方的说法。不过他们都认为有多大的寓意或迷信在里边。而在我们看着不值得一笑，确实说起来在"民俗学"里实在有重要的关系。我以为先生与其说歌谣是"文艺之结晶"，不如说它是"民族心理的表现"。①

这代表了相当一部分学者对歌谣属性与价值的基本看法。

二是周作人在为清代民歌集《霓裳续谱》所作的序言中，直言不讳地表达了对民间诗歌（民歌）"艺术价值的失望"——他说："民间诗歌的即兴，在我所见到的说来，同样地在于将因袭的陈言很巧妙地结合起来，这与真诗人的真创作来比较，正如我们早年照了《诗学梯阶》而诌出来的一样，相去很远。"②梁实秋以为，"在最重辞藻规律的时候，歌谣愈显得朴素活泼，可与当时作家一个新鲜的刺激"③，周作人以为民歌与文人诗歌相较"相去很远"的观点，比起梁实秋的"刺激"的识见，一样"相去很远"。

新时期即传统文化复兴与非物质文化遗产传承保护场景下的"民歌"概念与"民歌学"理论，与"歌谣运动"场景下的"歌谣"与"歌谣学"理论，无论背景还是要求，都已发生很大的变化，前者的内涵外延与承载

---

① 常惠：《讨论》，《歌谣》1923年第11期。
② 刘锡诚：《二十世纪中国民间文学学术史》，中国文联出版社2014年版，第122页。
③ 梁实秋：《浪漫的与古典的·文学的纪律》，人民文学出版社1988年版，第26页。

的使命，均远远大于后者，具体而言，"歌谣学"所用的材料，以"口唱的歌"即"歌谣"为主，理论支撑与应用场景主要是民俗学；"民歌学"所用材料，是"口唱与合乐的歌"的集合，理论支撑与应用场景，是文学、文化学等，而非受限于某一专门的学科理论。具体如在"民歌学"框架内，民俗研究和地理/区域研究、戏剧研究一样，均是民歌研究的一个分支，下文将述，可径以"民歌民俗学"名之，而其目的，仍然如周作人所说，是"从民歌里去考见国民的思想、风俗与迷信等"。

二、"民歌学"理论体系的大致构想

如上所说，作为概念/学科的"民歌学"，与伴随近现代歌谣运动而生的"歌谣学"，在发生背景和研究对象、方法、目的等诸多方面，均有不同。"歌谣学"的发生背景，是五四新文化运动。"民歌学"的发生背景，是当下传统文化复兴与非物质文化遗产传承保护策略的实施；"歌谣学"的研究对象，以"口唱/说的歌"为主。"民歌学"的研究对象，是"口唱/说与合乐的歌"的集合；"歌谣学"的研究方法，主要是历史学、民俗学，相应地，其研究目的，偏重历史学尤其是民俗学，如周作人所说，"从民歌里去考见国民的思想、风俗与迷信等"；"民歌学"的研究方法，是文学、历史学、社会学、人类学、民俗学等的结合，目的是通过对民歌本身内容及特征的梳理，揭示民歌生成、发展的一般规律，以及与其他文学艺术样式的互动关系，在思想史层面，探究作为中国传统文化与中华民族精神重要组成部分的历代民歌的发生机制与运行逻辑。

依现行《学位授予和人才培养学科目录（2011年）》及《国家社科基金项目申报数据代码表》等的规定，当下的民歌研究在学科归属上处于相对模糊的地带，亦有多种处置方案。以《代码表》中的"中国文学"大类而言，有三种做法。一是将"民歌学"整体归入"民间文学"；二是灵活处理，如将《诗经》、乐府、南北民歌、明清民歌与近现代民歌、当代民歌部分，分别归入古代文学、近代文学、现代文学、当代文学；三是借助"各体文学"

的通道，径以"民歌学"为学科名称。一稍显偏颇，如显而易见，《诗经》与乐府诗研究，和"古代文学"牵连更深，归入"民间文学"，多数研究者难以接受；二支离破碎，不利于民歌的整体性研究；三有难度，因为毕竟体量更大、包含范围更广也更具急迫性的"非物质文化遗产学"都还没有取得正式学科的名分，"民歌学"学科地位的确立，尤其任重道远。私意更稳妥的办法，是轻名重实，虚名务实，先行确立"民歌学"概念，以此概念为指引，做好整体性的民歌整理研究与传承保护工作，在此基础上，稳步推进，以实际成绩，提升民歌与"民歌学"理论的地位和影响。

"民歌学"总名下可包含若干细目，细目亦有不同分法。一种是二分法，以坐标系为例，纵轴为民歌生成发展学，横轴为民歌接受影响学，自然形成的第一象限，即为"民歌学"覆盖区域。生成发展基于民歌内涵（主体），包括民歌发生机制研究、民歌艺人群体研究、民歌创作表演研究、民歌发展史研究、民歌理论批评研究、民歌主题研究、民歌音乐研究、民歌审美研究等；接受影响着重民歌外延（客体），包括民歌受众构成研究、民歌民俗学研究、民歌方言学研究、民歌地理学研究、民歌考古学研究、民歌社会学研究、民歌戏曲学研究、民歌与非物质文化遗产研究等诸多方面。一种是三分法，包含三部分内容，一是民歌创作表演研究，二是民歌史研究，三是民歌理论批评研究，三位一体，各有侧重，相辅相成。无论何种分法，各部分均互有关联，共同组成"民歌学"理论的完整架构。

民歌是"民歌学"理论的主干，民歌内容的确定，是"民歌学"理论成立的基础。如上所说，新时期文学、文化研究与非物质文化遗产传承保护场景下的民歌，是周作人所说"口唱（说）与合乐的歌"的集合，近于刘半农《中国俗曲总目稿序》中所说歌谣+俗曲之和。《总目稿序》又云：

> 俗曲的范围是很广的，从最简单的三句五句的小曲起，到长篇整本、连说带唱的大鼓书，以至于许多人合同扮演的碰碰戏，中间有不少的种类和等级。但我们没有把皮黄和昆曲包括在内。这里面也并没

有多大的理由，只是因为这两种已经取得正式的舞台剧的资格，不在"杂耍"之列。若是望文生义，以为"雅""俗"之分在此，那就错了：小曲中很有极雅的雅词，皮黄昆曲中也有俗不可耐的作品。①

刘半农此处所说，是宽泛的俗曲，包括大鼓书与蹦蹦戏等，但是将皮黄和昆曲排除在外，理由是其"已经取得正式的舞台剧的资格"。"取得舞台剧的资格"，不代表与民歌无关，众多地方戏剧如扬剧、淮剧等，其中仍然保留了相当数量的民歌腔调/曲牌，这些舞台剧，因此成为讨论民歌与戏剧关系的鲜活样本。与此情形类似者，尚有二人转、南方评弹与北方琴书等，二人转中的小帽、评弹与琴书中的开篇/书头，本质上亦属民歌。约而言之，作为"民歌学"研究对象的民歌，有广义狭义之分，以通行的"民间文艺集成"为例，《歌谣集成》《民间歌曲集成》的全部，是狭义的民歌；《地方戏曲集成》《曲艺集成》《谚语集成》等的部分，可作广义的民歌，它们都是"民歌学"研究的对象。仍以例说明，早者如远古《弹歌》"断竹，续竹，飞土，逐宍"，如《诗经》中十五国风，如两汉乐府，南北朝歌曲，晚者如现今仍然流行的甘肃花儿、陕北说书，如好事者传于网络的"抗疫民谣"，都是"民歌学"研究的对象。网载《疫情四字诀》云：

疫情突发，传染武汉。全国多地，均有扩散。你我百姓，应当咋办？保持冷静，不可慌乱。跟踪官宣，关注演变。不信谣言，防止受骗。过节方式，调整改变。微信拜年，相互祝愿。不去串门，不必见面。不去上街，不逛商店。除非必要，谁都不见。乱跑乱窜，招人讨厌。宅在家里，炒菜做饭。手机瞧瞧，电视看看。空气若好，公园转转。强健体魄，坚持锻炼。疾行快走，最好出汗。口罩必戴，外衣勤换。进门洗手，多洗几遍。不要嫌烦，安全起见。如此过年，有点遗

---

① 刘复、李家瑞：《中国俗曲总目稿》，（台北）文海出版社有限公司1973年版，第1页。

憾。既不热闹，也不浪漫。实属无奈，不应抱怨。举国上下，迎接考验。你我公民，合格表现。非医非护，不上一线。管好自己，不去添乱。默祝中华，消灾除难。平安闯关，万众之愿①。

此种宣扬"默祝中华，消灾除难。平安闯关，万众之愿"的应时主题歌谣，与近现代民歌中的劝世醒民歌同类，都属于"民歌学"的研究范围。

无论二分法还是三分法，均充分体现了"民歌学"理论体系的中国特色与创新意识，也即本文所说"民歌学"，实即"中国民歌学"的省称，其中任何一点，均可展开细说。

其一，如民歌生成、发展的一般规律。胡怀琛《中国民歌研究》云一切诗皆发源于民歌，而"诗之发生，大约不出下面五种原因：（1）为男女爱情的媒介物。（2）为劳苦时发抒郁结之用，或快乐时助兴之用。（3）为战争时鼓动尚武精神之用。（4）祀神时唱来媚神。（5）将语言编为整齐有韵的诗歌式，使得便于记诵"②。刘锡诚云：

> 胡怀琛是一个多产作家，一个深谙国学的学者，他甚至排斥在为"民间文学"作界说时搬用外国的模式，但他的这五个诗歌发生学上的原因，却显然借鉴了19世纪末、20世纪初外国学界的某些观点和方法。③

按在民歌生成发展问题上，借鉴外国学界的观点和方法，在整个歌谣运动过程中，几成时尚，如与《中国民歌研究》（1925年）作于相近时间的朱自清《中国歌谣》（1929年），其《歌谣的起源与发展》部分，即征引诸

---

① 为行文简洁计，本文引用网络与私人收藏唱本资料，不一一出注，为存真计，引文中出现的文字错误亦不径改。

② 胡怀琛：《中国民歌研究》，商务印书馆1925年版，第2—3页。

③ 刘锡诚：《二十世纪中国民间文学学术史》，中国文联出版社2014年版，第130页。

多西方学界流行观点。但是，无论外国还是中国，无论胡怀琛还是朱自清，都赞同民歌发生的诸多原因中，"抒情"是极为重要的一种——胡著曰"为男女爱情的媒介物""为劳苦时发抒郁结之用，或快乐时助兴之用"，朱著引西方"正统派的意见"，曰"最古的歌谣是抒情的，不是叙述的"①，均是此意。而民歌起于抒情，与《诗大序》所谓"情动于中而形于言，言之不足，故嗟叹之"云云，几可无缝对接，是以此种"借鉴"，并不生硬机械，而是体现了人类文化的共通性。横向体现了人类文化的共通性，由《诗大序》所说直至当下内容丰富、形式多样的抒情民歌，此种纵向的继承，则体现了传统文脉的延展性、连续性。以"民歌学"为依托的民歌生成发展研究，从源头上梳理传统民歌的发生机制与运行规律，同时在人类文化共通性层面，揭示了民族优秀文化与世界优秀文化的内在统一性。

其二，如艺人群体研究。由于地位卑微，传统民歌艺人的成就贡献，向来不受重视，实际上，民歌是民族文化的有机组成部分，艺人是民歌发展传播的主角；民歌艺人与李白、杜甫一样，共同承担了文化传承与文脉延续的重任，他们的事迹，历代文献，偶有记载。杨荫浏《中国古代音乐史》第四章"民间歌唱家"云：

> 这时候（春秋、战国），有些杰出的民间歌唱家，对音乐文化在群众中间的传播，产生了不小的影响。如淳于髡对孟轲（前372—前289）所说，在他以前，卫国因为有位好歌手王豹住在淇水边上，所以住在河水（古河名）以西一带的人特别善于唱歌；齐国因为有一位好歌手绵驹住在高唐地方，齐国西部的人也特别善于唱歌。②

《音乐史》所说内容，见于《孟子·告子下》，原文云："昔者王豹处于

① 《朱自清全集》第六卷，江苏教育出版社1993年版，第323页。
② 杨荫浏：《中国古代音乐史稿》上册，人民音乐出版社1981年版，第75—76页。

淇，而河西善讴。绵驹处于高唐，而齐右善歌。"《论语·微子》有云："楚狂接舆歌而过孔子，曰：'凤兮凤兮，何德之衰？往者不可谏，来者犹可追。已而已而，今之从政者殆而。'孔子下，欲与之言，趋而辟之，不得与之言。"此处"楚狂"，类于王豹、绵驹，也是民歌艺人，至少是"善讴"一族。

"楚狂接舆歌"又见于《庄子·人间世》，论者指与其时间、性质相近者，尚有《渔父歌》（又名《孺子歌》《沧浪歌》，见《孟子·离娄上》）、《越人歌》（见刘向《说苑·善说》）、《徐人歌》（见刘向《新序·节士》）等，歌者楚狂、孺子、越人、徐人等，均是史籍留名的民间艺人，其所唱之歌，各有各的特殊价值。如《沧浪歌》，孟轲《孟子·离娄上》云：

> 孟子曰："不仁者可与言哉？安其危而利其灾，乐其所以亡者。不仁而可与言，则何亡国败家之有？有孺子歌曰：'沧浪之水清兮，可以濯我缨；沧浪之水浊兮，可以濯我足。'孔子曰：'小子听之！清斯濯缨，浊斯濯足矣。自取之也。'夫人必自侮，然后人侮之；家必自毁，而后人毁之；国必自伐，而后人伐之。"

此是由治国理政着眼，解读民歌。而在郦道元《水经注》，则以其为地理歌谣，卷二十八云：

> 县西北四十里，汉水中有洲，名沧浪洲。庾仲雍《汉水记》谓之千龄洲，非也。是世俗语讹，音与字变矣。《地说》曰："水出荆山，东南流为沧浪之水，是近楚都，故《渔父歌》曰：'沧浪之水清兮，可以濯我缨；沧浪之水浊兮，可以濯我足。'"余按《尚书·禹贡》言："导漾水，东流为汉，又东为沧浪之水，不言过而言为者，明非他水决入也，盖汉沔水，自下有沧浪通称耳。"

本来平常的一首民歌，孔子以之喻政事，《水经注》以之说水道，而散落在偏僻处的历代歌者的此类"成就贡献"，稍加串连，即是一部令人瞩目的民俗文化史述。"民歌学"体系中的"民歌艺人群体研究"，所做的恰恰是这样一种发潜德之幽光的工作。

又民歌艺人群体研究，不以古人为限，当代艺人及其艺术活动，同样属于"民歌学"的研究范畴。我向有为民间艺人建立艺术档案的计划，此一计划，即是"民歌学"理论的具体应用，其根本用意，亦在发民间艺人，包括王豹、绵驹、楚狂、孺子、越人、徐人等的"潜德之幽光"，他们均是中华民族文化传承与文脉延续的功臣。

其三，如对中国民歌所蕴含的美学精神的挖掘。

上说民歌主体研究，包括民歌审美研究，即通常所谓民歌美学。通识说文艺美学，曰其是研究文学艺术的审美性质、审美价值、审美创造、审美鉴赏及其生成、发展规律的科学，民歌美学亦可作是观，其着重研究民歌的审美性质、审美价值、审美创造、审美鉴赏及其生成发展的一般规律。民歌审美、民歌美学，是"中国民歌学"理论系统的核心之一，亦是"中国民歌学"区别于其他"民歌学"的显明标志。"中国民歌学"理论中的民歌审美研究，内容极为丰富，切入角度多元，其中一种曰平铺法，可分为性情之美、音韵之美、语词之美、风格之美、意蕴之美等若干部分，次第展开。

如性情之美。《毛诗正义》卷一云："情动于中而形于言，言之不足，故嗟叹之，嗟叹之不足，故永歌之，永歌之不足，不知手之舞之、足之蹈之也。"《礼记·乐记》第十九云："凡音者，生人心者也。情动于中故形于声，声成文谓之音。"此乃中国民歌发生论的最原始表述，朱自清以"诗言志"为中国诗的"开山的纲领"①，如此则"情动于中而形于言""情动于中故形于声，声成文谓之音"所传达的发于性情说，可以称作传统民歌的"开

① 《朱自清全集》第六卷，江苏教育出版社1993年版，第130页。

山的纲领"。后世有关民歌特征的诸种表述，典型者如李梦阳《诗集自序》中"真诗乃在民间"说、冯梦龙《叙山歌》中"民间性情之响""私情谱"说，源头均在此处。《清史稿》卷四百八十四《列传》二百七十一说及申涵光（字孚孟）之诗，云"涵光为诗，吞吐众流，纳之炉冶。一以少陵为宗，而出入于高、岑、王、孟诸家，尝谓诗以道性情，性情之真者，可以格帝天，泣神鬼。若专事附会，寸寸而效之，则啼笑皆伪，不能动一人矣。"诗如是，民歌尤其如是，民歌中的性情，更少雕饰附会，因而更真，更可以格帝天、泣神鬼。

如音韵之美。传统民歌的音韵之美，集中体现为腔调旋律的自然自在，而且随人、随时、随地而异，绝少牵强做作。《礼记·乐记》有云：

> 子贡见师乙而问焉，师乙曰：乙贱工也，何足以问所宜？请诵其所闻，而吾子自执焉。爱者宜歌《商》。温良而能断者宜歌《齐》。夫歌者，直己而陈德也，动己而天地应焉，四时和焉，星辰理焉，万物育焉。故商者，五帝之遗声也。宽而静，柔而正者宜歌《颂》。广大而静，疏达而信者宜歌《大雅》。恭俭而好礼者，宜歌《小雅》。正直而静，廉而谦者宜歌《风》。肆直而慈爱，商之遗声也，商人识之，故谓之《商》。齐者，三代之遗声也，齐人识之，故谓之《齐》。明乎商之音者，临事而屡断；明乎齐之音者，见利而让。临事而屡断，勇也。见利而让，义也。有勇有义，非歌孰能保此？故歌者，上如抗，下如队，曲如折，止如槁木，倨中矩，勾中钩，累累乎端如贯珠。故歌之为言也，长言之也。说之，故言之；言之不足，故长言之；长言之不足，故嗟叹之；嗟叹之不足，故不知手之舞之、足之蹈之也。

师乙所言，是泛指的歌唱，但完全适用于民歌。"爱者宜歌《商》。温良而能断者宜歌《齐》。夫歌者，直己而陈德也，动己而天地应焉，四时和焉，星辰理焉，万物育焉"云云，指歌者无他，各有所宜也，"故歌之为言也，长言之也"，既可理解为歌唱是说话表达（意思）的延续，也可理解为歌唱的腔调旋律，是通常说话音调的自然延长；"不知手之舞之、足之蹈之也"之"不知"，尤其强调了此种逐级"延长"的情不自禁，自然自在。此种"自然自在"，是民间歌、舞的显著特点。如小调，通常以为小调音乐旋律性强、曲调流畅而优美，"流畅优美"，即是"自然"的近义词；如山歌，通识是其广泛使用自由延长音与拖腔，"自由延长音与拖腔"，即是"自在"。王引之《经义述闻》卷七《毛诗下》说风诗用韵之妙，曰"譬之风行水上，自然成文，而非可以人力与焉者也。昔之歌诗者莫不知之，而今日遂成绝响"，"风行水上，自然成文"，仍然是指古歌的"自然自在"。"遂成绝响"云云，则是厚古薄今愤世语。"自然自在"的音韵之美，在当下民歌中依然可以感受得到。

如语词之美。民歌的语词之美，主要表现为语言的不事雕饰，直抒胸臆。"翠琅玕馆丛书本"王昱《东庄论画》有云："有一种画，初入眼时，粗服乱头，不守绳墨；细视之，则气韵生动，寻味无穷。是为非法之法，惟其天资高迈，学力精到，乃能变化至此。正所谓'清水出芙蓉，天然去雕饰'，浅学焉能梦到。""初入眼时，粗服乱头，不守绳墨；细视之，则气韵生动，寻味无穷"，此种评价，可移用于传统民歌，民歌的语词之美，即在其不守绳墨，而神韵自现，是以梁实秋才说民歌可给重辞藻规律的作家"一个新鲜的刺激"[1]。

又说及民歌语词，多以短促俚俗为其特点，实则短促俚俗之外，因为有文人的参与，民歌的语词，也呈多样化色彩。如赵景深先生藏唱本中，有一首《相思梦》云：

> 静坐书房闷无聊，无聊却把书卷抛，抛去书本人疲倦，倦洋洋梦内会多娇。小姐呀，我为你背井离乡千般苦，我为你愁肠百结苦无聊，

---

① 梁实秋：《浪漫的与古典的·文学的纪律》，人民文学出版社1988年版，第26页。

我为你耗费金钱无其数，我为你亲朋断绝被人讥。小姐呀，说什么自由恋爱甜如蜜，说什么愿订白首结鸾交，那知凤去楼空无消息，害小生形单影只竟萧条。今日有缘重相见，不妨细细话根由。小姐听，双泪抛，奴是母命难违走一朝，可怜奴一路跟兄京都去，无可奈何心暗焦。哥哥呀，想你是只道奴奴哄骗你，没有真心订鸾交。哥哥呀，奴不是水性杨花女，也不愿口是心非把君抛，恨只恨环境不能遂人意，奴是凄凉苦况最难描。才郎听，意气消，回嗔作喜谢多娇，冒犯小姐休动气，宽恕区区第一朝。两人话到情浓处，不提防小使忽然把门敲，惊醒好梦可怜宵。

"我为你背井离乡千般苦，我为你愁肠百结苦无聊，我为你耗费金钱无其数，我为你亲朋断绝被人讥嘲"云云，即去通常所说的短促俚俗较远，而具文士风仪，其根本特征，则仍然是民众的、民歌的，仍然是自然流畅、直抒胸臆。"哥哥呀，想你是只道奴奴哄骗你，没有真心订鸾交。哥哥呀，奴不是水性杨花女，也不愿口是心非把君抛，恨只恨环境不能遂人意，奴是凄凉苦况最难描"，堪称"不事雕饰"而"气韵生动，寻味无穷"。

如风格之美。大而言之，中国文学有两大风格，曰现实主义，曰浪漫主义。两种风格，原本即由风、骚而来，因而在传统民歌中体现最为充分。早者如《诗经》、两汉乐府，"硕鼠硕鼠，无食我黍。三岁贯女，莫我肯顾"（《魏风·硕鼠》）、"妇病连年累岁，传呼丈人前一言"（《妇人行》）是现实主义，"关关雎鸠，在河之洲。窈窕淑女，君子好逑"（《周南·关雎》）、"山无陵，江水为竭，冬雷震震，夏雨雪，天地合，乃敢与君绝"（《上邪曲》），则是地道的浪漫主义。在近现代民歌中，此种传统，仍然完美延续。如现实主义，由刘半农指导常惠辑录的《北京小曲百种》中《叹情楼》云：

皓月当空照如昼，妓女无客坐在情楼。斜倚栏杆皱眉头，哎咳呦，两眼泪娇流。金风吹动梧桐叶，丹桂花开不能自由。花木凋零冷嗖嗖，哎咳呦，那是奴家叶落归秋。四外玉笛全把音声透，牧童回归斜跨青牛。寒虫儿叫的奴家火上浇油，哎咳呦，叫的奴家实是发愁。仰面朝天观看星合斗，一轮明月滚金球。透出来文光射斗牛，哎咳呦，转面回归走进情楼。寒风吹动小奴家纱罗帐，纱罗帐倒挂紫金钩。钩动了奴家伤心从头，哎咳呦，想起奴家出身根由。恼恨爹娘将小奴家卖出手，贪图洋钱十几多轴。亲生女儿多大怨仇，哎咳呦，推在火坑何日出头。挣了银钱领家妈妈乐不够，不挣银钱皮鞭子沾水抽。打的奴家鲜血直流，哎咳呦，跪在地下苦苦哀求。……洪亮唱的多么风流，哎咳呦，小奴家一定把客留。人家留客心欢喜，小奴无客坐在床头真正好忧愁。哎咳呦，细想奴家何日出头，唱了一段《妓女悲秋》。[①]

"恼恨爹娘将小奴家卖出手，贪图洋钱十几多轴。亲生女儿多大怨仇，哎咳呦，推在火坑何日出头。挣了银钱领家妈妈乐不够，不挣银钱皮鞭子沾水抽。打的奴家鲜血直流，哎咳呦，跪在地下苦苦哀求"，控诉爹娘无情，领家狠毒，诅咒命运不公，出头无日，是最为典型的"批判现实主义"。

另如浪漫主义。苏州唱本《新刻时调十个郎》云：

小小鸡蛋两个黄，有一位大姐相与十个郎，各有各的行，清清大早无别事，奉请诸公听端详，小奴家一心相个数出行当。相与大郎书呆子，独坐南楼念文章，喊了一声念一声，云淡风轻打破头，旁花水流血川川，时人不识香灰暗，将未偷闲布扎头，学而时习之，先生没鼻之，岂不得乎，只就是奴的有情大郎。相与做田庄，奴的第二郎，每日起黑早，站在田梗上，春天来下种，夏季忙栽秧，面向黄土背朝

---

① 黄进兴等：《俗文学丛刊》第612册，（台北）新文丰出版股份有限公司2016年版，第503—507页。

阳。晒的黄油油的，秋来要收稻，登手有年心欢畅，到了冬天晒太阳，合家收拾过年忙，正是好风光，是奴的有情郎。……相与十郎乡下老，黄泥腿子，他家住在北门城外凤凰桥，种个园田，终朝每日卖水菜，挑起担子走四方。进了城门，转弯到柳巷，穿过通衢，又到了小巷，连叫几声，没有人搭刚，又向前走走，来到了砖街头上，喊了一声，叫了一声，卖的是菜台韭菜青菜白菜飘儿菜莴苣笋蒿萝卜王瓜，茄子豇豆芽豆篇豆生姜葱蒜卖个净大光，只是奴的第十个有情郎。

大姐贪心，妄想有十郎相伴，个个有情，个个出彩，此乃花痴式的"浪漫主义"。现实主义与浪漫主义的交汇融合，相互辉映，使得传统民歌焕发了别样的风姿。

如意蕴之美。意蕴指文学样式的"意指蕴含"，是文学样式的灵魂，亦是一国文学区别于另一国文学的根本所在。中国民歌的意蕴之美，在于其承载了中国人的性情意愿，反映了中国人的生存生活方式，表达了中国人的审美趣味，也即由表及里，从古至今，都打上了鲜明的华夏民族的印记。文字描述似乎悬幻，以例说明则具体而细。茅原有文，曰《江苏民歌旋律特点——旋律听觉分析方法初探》，其中分析《一根丝线牵过河》（抄徜子撩在外）的音乐特点，文章云：

此曲速度徐缓，节奏舒展，音乐极富女性的温暖，人们既拿它当爱情歌曲来唱，也当摇篮曲来唱。不过，与其说是爱情歌曲，毋宁说是摇篮曲更是贴切，江苏的许多孩子就是在母亲唱着这首歌的声音中安然入睡的。有一个关于这首歌曲的动人事实值得记录在案：一位工人音乐爱好者曾经给我写过几封热情洋溢的信，说他诞生在解放前，自幼缺少家庭的温暖（他未多谈身世，很像是一个孤儿），原来性格冷漠孤僻，总觉得生活没有什么意思。五十年代的某一次偶然的机会，他在工人文化宫听到了《沙徜子撩在外》这首歌曲，一股暖流冲进了他的心窝。从此他就喜爱上了音乐，逐渐他竟变成一个热爱生活的人了。他问道："音乐难道真的能够改变一个人的性格吗？"他觉得他好像是换了一个心灵。实际上，只有感情才能听取感情的倾诉，正是这充满了母亲般的真挚而深切的爱的歌声，激发了他多年压在心底的对温暖的渴望，唤醒了他那充满热情但是一直沉睡着的灵魂，恢复了他精神的本来面目。[①]

"一股暖流冲进了他的心窝。从此他就喜爱上了音乐，逐渐他竟变成一个热爱生活的人了"，即是民歌"意蕴"的形象说明。这股暖流，源自中国传统民歌所独有的"意蕴"，具体如"充满了母亲般的真挚而深切的爱"，只是丰富意蕴的一个部分，对生命、人性的尊崇，对自由、自然的礼赞，对真善美的欢喜，对假丑恶的憎厌等等，构成了中国民歌审美意蕴的重要内核。

中国民歌的审美、美学研究内容，远不止以上几种。胡适为《歌谣》周刊重出所写的复刊词中，云"民间歌唱的最优美的作品，往往有很灵巧的技术，很美丽的音节，很流利漂亮的语言，可以供今日新诗人的学习师法"，并且举了一首流行于明末流寇时代的"革命歌谣"，以证中国固有的"普罗文学"以简单化的语言表达深刻思想的高明，结论是"现在高喊'大众语'的新诗人，若想做出这样有力的革命歌，必须投在民众歌谣的学堂里，细心静气的研究民歌作者怎样用漂亮朴素的语言来发表他们的革命情绪"[②]。按胡适所说的民歌"很灵巧的技术，很美丽的音节，很流利漂亮的语言"，以及其中所包含的深刻的"情绪"，统属民歌审美、民歌美学研究范畴，而其"替中国文学扩大范围，增添范本"的意见，既是对北京大

---

① 茅原：《江苏民歌旋律特点——旋律听觉分析方法初探》，《南京艺术学院学报》（音乐与表演）1997年第2期。

② 胡适：《复刊词》，《歌谣》1936年第2卷第1期。

学歌谣运动发起初衷（一民俗，一文艺，实际上偏于民俗）的纠正，也与我将"民歌学"归于"中国文学"学科的论述合拍。本文所讨论的"中国民歌学"理论，并非空中楼阁，而是有无数前辈学者打下的坚实的基础在。

三、"中国民歌学"理论建构的意义

理论从现实中来，又为现实服务。笔者建构"中国民歌学"理论的一些想法，得益于多年来从事传统民歌整理研究的实践，同时深感旧有的一些观念、学说，如由前辈学者倡立的"歌谣学"理论，已经不能适应时代与形势的要求，因而略陈鄙见，以就教于方家，其根本目的，仍是为了更好地推动文学繁荣与文化复兴场景下的传统民歌的整理与研究，以及助力非物质文化遗产传承与保护场景下的当代民歌的传播与接受。换言之，"中国民歌学"概念的提出及其框架设计的探讨，有着理论与现实的双重意义。

如理论意义。

其一，2016年5月17日，习近平总书记在哲学社会科学工作座谈会上的重要讲话中指出："中国特色哲学社会科学应该涵盖历史、经济、政治、文化、社会、生态、军事、党建等各领域，囊括传统学科、新兴学科、前沿学科、交叉学科、冷门学科等诸多学科，不断推进学科体系、学术体系、话语体系建设和创新，努力构建一个全方位、全领域、全要素的哲学社会科学体系。""民歌学"兼具总书记所说的"传统学科""交叉学科""冷门学科"等多重身份，建构"中国民歌学"理论，是贯彻落实总书记重要讲话精神的具体举措，是以实际行动"不断推进学科体系、学术体系、话语体系建设和创新，努力构建一个全方位、全领域、全要素的哲学社会科学体系"。

其二，实现了从早期基于西方民俗学、人类学理论的"歌谣学"到具有中国文化与学科特色的"民歌学"的转变。如上所说，由北京大学歌谣研究会发起的近世歌谣征集整理运动，在材料上取用上偏于口唱实即口说的歌谣，在方法与目的上偏于民俗学。此种偏向，有一时学术风气的原因，也是歌谣运动骨干的引领使然。论者这样评价骨干之一的周作人：

周作人既是文学家，又是民俗学家，他在日本时就接触到英国人类学派民俗学和日本民俗学的理论，而且受到了他们的很大的影响，20世纪初以来，特别是他从绍兴来到北京大学以后，在校内外的报章杂志上发表了大量的有关民俗学的文章。因此可以说，《歌谣》周刊的发刊词中所阐述的思想，特别是歌谣收集的两个目的的说法，与周作人一贯的观点是衔接的。……追随周作人观点的，是他的伙伴《歌谣》周刊的编辑常惠。他虽然学的法国文学，是文艺家，但在歌谣研究上，却明显地倾向于民俗学而非文艺学，或曰逐渐从文艺学而转向民俗学。[①]

如前所说，民歌的根本属性，是文学而非其他，传统文化复兴与新时期非遗传承保护场景下的"中国民歌"，更是《诗大序》及《古谣谚·凡例》等所定义的徒歌与合乐之歌的总合，因此歌谣征集运动所界定的"歌谣"概念、施行的"歌谣学"研究实践，均带有明显的时代局限性。本文所说的"民歌"与"中国民歌学"，凸显的是中华文化主体色彩，反映了学科建设的成就与学术研究的进步。

另如现实意义。

不久前，中共中央办公厅、国务院办公厅印发了《关于实施中华优秀传统文化传承发展工程的意见》（简称《意见》），《意见》指出："中华文化源远流长、灿烂辉煌。在5000多年文明发展中孕育的中华优秀传统文化，积淀着中华民族最深沉的精神追求，代表着中华民族独特的精神标识，是中华民族生生不息、发展壮大的丰厚滋养，是中国特色社会主义植根的文化沃土，是当代中国发展的突出优势，对延续和发展中华文明、促进人类文明进步，发挥着重要作用。"历代民歌是中华文化的有机组成部分，与其他优秀文化样式一样，"积淀着中华民族最深沉的精神追求，代表着中华

---

① 刘锡诚：《二十世纪中国民间文学学术史》，中国文联出版社2014年版，第90—91页。

民族独特的精神标识"。《意见》说及中华传统美德，云"中华优秀传统文化蕴含着丰富的道德理念和规范，如天下兴亡、匹夫有责的担当意识，精忠报国、振兴中华的爱国情怀，崇德向善、见贤思齐的社会风尚，孝悌忠信、礼义廉耻的荣辱观念，体现着评判是非曲直的价值标准，潜移默化地影响着中国人的行为方式"，此处所说"担当意识""爱国情怀""社会风尚""荣辱观念"等，在传统民歌中都有充分的体现。

如爱国情怀。近现代民歌中，爱国情怀是一个极为鲜明的主题。上海中国第一书局编辑、世界书局发行于1926年的《新鲜歌唱大观》中，有《爱国男儿新唱春》云：

> 正月里来是新春，欧洲各国大战争，协约联军群相起，独有中国慢吞吞。二月里来暖洋洋，对对军队上战场，崭地夺子多多少，个个欢乐意气扬。三月里来是清明，海外战争从此平，各国战胜飘国旗，中华民国冷清清。四月里来蔷薇开，各派代表到和会，我国派了代表去，到了和会口勿开。五月里来石榴红，我伲中国顶勿用，国贼尽把国权送，可怜同胞昏懂懂。六月里来热难当，警信传来寸断肠，宁苦同胞把命拼，莫把国权国王伤。七月里来七秋凉，东邻倭奴最强横，得寸进尺脚脚进，可怜政府步步让。八月里来桂花开，专使外国拍电来，外人只说外人话，那肯替我出心裁。九月里来是重阳，各国政府自主张，惟有我国件件事，呒不啥人来磋商。十月里来稻上场，结算损失索赔偿，各国皆有赔款得，我国失权青岛让。十一月里雪花飞，提起国事真可悽，国贼不除总是害，望吾同胞争口气。十二月里过年忙，抵制日货立工场，切莫有始无终局，五分热度要持长。

刘勰《文心雕龙·时序》第四十五云"歌谣文理，与世推移"，"十二月"本来是民众喜听的唱春调，《新唱春》用旧调填入新词，宣扬爱国情怀，彰显了民歌"与世推移"的特征与其作为"中华优秀传统文化"的基本特质。

以两分法为例，"民歌学"坐标的纵轴，包括民歌发生学、类型学、功用学、传播学、审美学等等，横轴有民歌音乐学、民歌民俗学、民歌戏剧学、民歌方言学、民歌地理/区域学等等。纵横交错，确定"民歌学"研究大致疆域，搭建"民歌学"完整学科架构。此种设计，切合民歌发展史实际，更便于研究工作的开展。

如民歌音乐学。北京百本张唱本《戏老妈》有云：

> 姐在房中不奈烦，叹想自己好伤惨，这样的日子无经惯，可叹奴家不哟嗻嗻，命苦似黄连。无有地土少田园，偏偏的发水遇了贱年，每日里吃糠把土咽，刀尖儿上的日子不哟嗻嗻，实在叫人难。天长日久别当顽，等到秋来还得半年，越过越窄越有限，变上个方法儿不哟嗻嗻，好去赚铜钱。京城地面广人烟，财主又多活又清闲，奴何必苦苦把家乡恋，叫了声当家的不哟嗻嗻，听我对你言。奴有个主意要离家园，省的咱夫妻同受饥寒，上京不过一天半，奴虽是个女流不哟嗻嗻，走道儿不费难。……【叠断桥叹五更】眼看着黑了天，红日坠西山，秉上银灯坐在床边，忽听得谯楼上更鼓声不断。一更鼓儿敲，风送钟声高，欲待要打个盹儿，又怕太太叫。二更鼓儿擂，铜锣阵阵催，听了听无人语，这终脱衣睡。三更鼓儿发，合眼梦见了他，终做了个团圆梦，蚊子叮了一下。四更鼓儿深，老妈醒来一阵伤心，只因为少吃穿，才在外边混。五更鼓儿消，鸡叫天明了，忽听阿哥哭，想是要撒溺。【湖广调】七月里七夕到了秋天，牛女相会在眼前，不似俺夫妻生拆散，眼望着天河不哟嗻嗻，自语又自言。一天星斗明朗朗，可叹奴家空奔忙，你看后浪催前浪，红粉佳人不哟嗻嗻，转眼两鬓霜。八月中秋赏月光，太太坐在席当阳，大爷大奶奶把酒斟上，伺候的人等不哟嗻嗻，大伙儿一齐忙。

歌中"叠断桥""叹五更"两腔并列，即是"叠断桥"这一民歌曲牌/腔调的特殊应用。论者以为，一般来说，"叠断桥"会作为带过曲出现在某曲调中间，也可以与其他曲调并列，类似两个曲调的连缀，此乃"叠断桥"的常见呈现方式，并列连缀而非单独使用，此处"叠断桥""叹五更"两腔并列，是指"眼看着黑了天，红日坠西山，秉上银灯坐在床边，忽听得樵楼上更鼓声不断"用"叠断桥"，"一更鼓儿敲，风送钟声高""五更鼓儿消，鸡叫天明了"则用"叹五更"。从音乐层面上看，"五更调""更多是一种结构体式，它可以是各种曲调用五更体的形式演唱"。此种讨论，即属民歌音乐学范畴，而且是中国特有的"民歌音乐学"。

如"民歌区域学"。区域文化研究，是近年热门显学，"民歌区域学"可作区域文化学的延伸拓展。依文化圈、文化区理论，我国民歌可分为京津、陕甘、江浙、两粤等若干大的片区；大片区内，又有若干小区，如江浙区内有吴歌区、江淮小曲区；小区更可细化为若干微区，如江淮小曲区内有扬州清曲区、清淮小曲区等。同一区内民歌有共性，也有个性，片区愈小，共性愈大，反之亦然，共性成为其有别于他区民歌的显著标志。与此同时，不同区民歌借助文化的同质性、人群的流动性，相互间始终存在融合联通情形，最终汇聚于华夏文化的大纛之下，成为民族优秀文化遗产的重要组成部分，其中的细节与规律，颇值探究——我尝试建构"中国民歌学"的价值要义，亦在于斯。

此外，本文所说"中国民歌学"，其中国特色，体现在三个方面：一是"民歌学"的研究主体——民歌，是中国的；二是"民歌学"所遵循的理论、采用的方法，是中国的；三是"民歌学"的目标，是总结讨论中国民歌发生发展的一般规律，为传统文化复兴探寻更多路径，挖掘更多资源，为新时期非物质文化遗产传承保护提供具体的理论参考与文献支撑，也即归根结底，是为了解决中国文化问题，服务中国文化建设。其中任何一条，既凸显创新意识，更有着鲜明的时代意义。

如"民歌是中国的"。

首先，"民歌"这个概念是中国的。向来的论者，喜欢引用朱自清《中国歌谣》中的话，说明"民歌"一词的来源。朱先生云，"民歌"一词，"似乎是英文folk-song或People's song的译名"，且据Frank Kidson在《英国民歌概论》中的说法，以为"民"（folk）系指"不大受着文雅教育的社会层而言"①。朱先生"民歌"为外来"译名"说不确。如《汉书》卷二十九《沟洫志》第九云：

> ……于是以史起为邺令，遂引漳水溉邺，以富魏之河内。民歌之曰："邺有贤令兮为史公，决漳水兮灌邺旁，终古舄卤兮生稻粱。"

或曰"民歌之曰"译成白话，为"民众歌颂/歌唱道"，与通常意义上的名词性"民歌"，尚有距离，则元王祯《农书·农器图谱之一》等多有引用的《十二月尧民歌》，可作"民歌"为名词的代表。无论标题还是内容中的"民歌"，均可作名词看待，与英文"folk-song或People's song"等同。李梦阳《空同集》卷六辑有《郭公谣》一首，谣后有李所作后记云：

> 李子曰：世尝谓删后无诗，无者谓雅耳。风自谣口出，孰得而无之哉。今录其民谣一篇，使人知真诗果在民间。于乎，非子期，孰知洋洋峨峨哉。

此处"民谣"，更与"民歌"无异。

要而言之，"民歌学"概念中的"民歌"，是中国本土词汇，而且久已有之，并非外来译名。

其次，"民歌"是中国的，更是中国人的，民歌内容，与国人生产活动、情感生活密切相关。上说早期典籍中的"断竹，续竹，飞土，逐宍"与"举大木者，前呼舆譅，后亦应之"，均是民歌与生产活动关系密切的显例。

---

① 《朱自清全集》第六卷，江苏教育出版社1993年版，第316—317页。

情感生活，显例尤多，源头仍如前说，"情动于中而形于言"云云，可作中国民歌表达中国人情感生活的"开山的纲领"。《礼记·乐记》第十九又云：

> 凡音者，生人心者也。情动于中，故形于声。声成文，谓之音。是故治世之音安以乐，其政和。乱世之音怨以怒，其政乖。亡国之音哀以思，其民困。声音之道，与政通矣。宫为君，商为臣，角为民，徵为事，羽为物，五者不乱，则无怗懘之音矣。宫乱则荒，其君骄。商乱则陂，其官坏。角乱则忧，其民怨。徵乱则哀，其事勤。羽乱则危，其财匮。五者皆乱，迭相陵，谓之慢。如此，则国之灭亡无日矣。郑卫之音，乱世之音也，比于慢矣。桑间濮上之音，亡国之音也。其政散，其民流，诬上行私而不可止也。

音生人心，而形于外，但是人心又受外部世界的影响、制约，因而有"治世之音""乱世之音"等的不同，也即民歌反映的国人的情感生活，并不仅指歌者一己的私情，私情之外，还有更为广阔的世情（社会情绪），私情与世情的互补互动，构成民歌所反映的国人情感生活内容的全部。如近现代中国社会，战乱频仍，民不聊生，上海文益书局印行《时调大观》第三集中，有若干以战事为题材的民歌，表达的即是深受战乱之苦的一般民众的哀怨心声。其中一首《战事四季唱春调》这样唱道：

> 中华民国十多春，人贫世富到如今，世间不论贫和富，缭乱时世受灾星。春季里来百草青，江浙两省动刀兵，炮声隆隆头上过，唬坏了一班小百姓。夏季里来伏中心，多少百姓逃性命，扶老携小战地出，碰着土匪更伤心。秋季里来丹桂香，抛撒家乡到上洋，有钱逃难递写意，穷民饥饿最凄凉。冬季里来大寒天，多少百姓遭兵燹，战事结束把干戈息，国民同享太平年。

"乱世之音怨以怒"，"有钱逃难递写意，穷民饥饿最凄凉"，即是"怨以怒"的真实写照。

流传时间既久、覆盖范围亦广、内容大同小异的各类孟姜女小调，反映的则是超越地域与时代、几成国人心魔的悲剧情结。《时调大观》初集开篇，即是《孟姜女过关》，第三集中另有《孟姜女叹四季》，意趣相近，《叹四季》云：

> 春季里来是清明，家家户户上新坟，人家坟上飘白纸，孟姜坟上冷清清。夏季里来热难当，蚊虫飞来闹洋洋，情愿叮奴千口血，莫叮奴夫万喜良。秋季里来雁门关，孤雁足浪带信来，闲人只说闲人话，那有闲人送衣来。冬季里来雪花飞，孟姜女雪里送寒衣，前面乌鸦来领路，喜良长城冷凄凄。

"孟姜坟上冷清清""喜良长城冷凄凄"，此种凄冷氛围与哀婉情愫，相伴中国民歌的始终。王国维《宋元戏曲史》云："吾国人之精神，世间的也、乐天的也，故代表其精神之戏曲小说，无往而不著此乐天之色彩，始于悲者终于欢，始于离者终于合，始于困者终于享。"以孟姜女小调为代表的传统民歌的悲剧色彩，证明王国维国人精神"乐天"说并不全面——我宁愿相信，乐天只是表象，戏曲作品中的"欢""合""享"，只是对现世中"悲""离""困"的虚拟性反拨，其功用，是为了麻醉与疗伤，麻醉与疗伤的目的，则是为新一轮谋生，积蓄能量。

甚至可以说，较之相对程式化、文人化的戏曲小说，更为粗野、更为民间的民歌，其中蕴含的哀怨、悲观色彩，与乐天色彩相互纠缠，更能代表国人之精神。在更多时候、更多情况下，哀怨、悲观色彩的势头，甚至要压过乐天色彩，原因无他，在于一部中国史，类似于华夏民族的图存史、受难史与挣扎史，在近现代，则具体化为已成通识的屈辱史、抗争史和探索史。物质决定意识，国人之精神，自然要受制于此种历史真相。有人不以为然，曰长时段的中国史，是一部璀璨动人的文明发展史、民族振兴史。此种描述，近于诗化，不全是事实，事实是，即使是意气昂扬的所谓盛世如"成康之治""文景之治""贞观之治""仁宣之治""康乾之治"，也只是历史长河中的短暂瞬间，所有的"盛世"，仍以靠战乱推动的改朝换代终结，相应地，"长太息以掩涕兮，哀民生之多艰"（屈原：《离骚》），成为中国文学亘古不变的主题之一，传统民歌，于此体现尤为透彻、充分。

四、余论

2009年拙撰《明代民歌札记》出版，收结部分说及"民歌学"构想；2011年《喜歌札记》出版，开篇仍说"民歌学"，云我所做民歌整理研究工作，远景目标，是构建有特色的本土民歌学体系，并将若干著述，以"民歌与民歌学丛稿"命名。近年来，我希望以具体而微的民歌整理与研究工作，为"中国民歌学"理论建构积累经验，以上所说，即是有关"中国民歌学"理论建构的大致想法。

"民歌学"的理论基础是民歌本位论，民歌本位论的理论基础，则是中华文化本位论。但是"中华文化本位论"，并不排斥"民歌学"理论对外来文化理论的借鉴利用。方维规有文，曰《文学社会学的历史、理论和方法》，介绍文学社会学的基本内容及在文学研究中的应用，文章云："如果说每一件艺术品都是人的行为的产物，那我们一开始就必须承认，每个从事艺术创作的人是社会的一员，无法摆脱不同层面上的社会化影响，其作品亦无法摆脱'社会性'。从这个意义上说，一件艺术品的诞生史永远是由个体和社会共同决定的，其中包含作品的内容、形式、技巧、指向等。我们或许可以把形式主义、结构主义等方法看作阐释现代写作的方法，是对现代历史困境中的文学创作的反映形式。然而，即便是兰波的象征主义诗作《元音》（*Voyelles*），也远远超出了它的语言组织，元音成了生存的低声部长音，是重新组合的事物及其秩序的中心"①。此乃西方文学社会学家的看法，"作品亦无法摆脱'社会性'"云云，却完全适用于中国文学包括民歌，因此我之"中国民歌学"场景下的所谓"民歌社会学"，鼓励以西方"文学社会学"的观点、方法，剖析中国民歌与中国社会的关系，进而揭示民歌发生发展的一般规律。也就是说，"中国民歌学"理论，强调"本位"意识，亦具"包容"胸襟，努力做到与时代同步，和世界同频。

[原文发表于《济南大学学报》(社会科学版) 2020年第5期]

---

① 方维规:《"文学社会学"的历史、理论和方法》,《社会科学论坛》2010年第13期。

关于少数民族地区文化脱贫攻坚的调研

潘鲁生 *

少数民族地区作为文化资源的富集地，将特色文化转化为独特的发展优势，增强生产生活发展的内生动力，是脱贫攻坚和振兴发展的关键。近年来，我们就少数民族及边疆贫困地区的文化扶贫、文化脱贫问题进行调研，重点考察了云南省红河哈尼族彝族自治州绿春县、元阳县哈尼族、拉祜族村落。这些地方虽是贫困县，但民族文化资源丰富，哈尼族文化富有特色，当地的民族史诗、民族服饰异彩纷呈，激发文化的价值与活力，具有重要意义。

一、元阳县梯田文化与扶贫攻坚

云南省红河州元阳县位于云南南部，红河南岸，哀牢山脉南段，山高谷深，无一平川，构成了"两山两谷三面坡，一江一河万级田"的特殊地形地貌，具有"一山分四季，十里不同天"的气候特点。世居哈尼、彝、

---

　* 潘鲁生，山东工艺美术学院教授，"万人计划"领军人才，艺术学"泰山学者"岗位特聘教授。

汉、傣、苗、瑶、壮七个民族，少数民族人口为39.56万人，占总人口的89.32%。元阳是集边疆、山区、民族、贫困四位一体的国家扶贫开发工作重点县。有关资料显示，2015年底，全县有9个贫困乡、92个贫困行政村、建档立卡贫困人口11.72万人，贫困发生率为29.22%，贫困人口在全省排第8位、全州排第1位。为确保至2019年全县14万余贫困人口如期脱贫，全县展开了脱贫攻坚工作。

元阳县素有"哈尼梯田故乡"的美誉。红河哈尼梯田规模宏大，气势磅礴，绵延整个红河南岸的红河、元阳、绿春及金平等县，仅元阳县境内就有19万亩，根据记载已有1300多年历史。山高谷深，空气湿润，水源丰富，气候多变，梯田景致丰富多彩。尼、彝、汉、傣、苗、瑶、壮各族人民围绕梯田生产生活，形成了富有特色的衣食住行、节日庆典、生死嫁娶和祭祀活动等丰富多彩的梯田文化。目前，以梯田景观为核心发展乡村生态旅游业成为当地脱贫攻坚的一个主要抓手。

在调研过程中我们看到，梯田耕作非常艰辛，人多地少，如果仅依靠农耕很难脱离贫困。在发展旅游的过程中，给贫困建档农户优先提供在有关景区经营的资质，确实拓宽了生计渠道，发挥了积极作用。但也必须深刻认识到，生态旅游是一个综合系统，必须从整体上保护好自然生态和民族文化生态，突出村民主体，才能实现永续发展。

因此，要全面认识梯田生态文化的内涵和价值。有研究者将之总结为自然生态的翻版、平原农耕文化的移植、社会结构的基础、物质生活的依托、自然人生观的桥梁、民族性格的写照、社会人际关系的纽带、人神交流的祭坛、生命情调的源泉、文化传承的载体，是值得我们深刻认识和思考把握的，在合理开发和利用其经济价值的同时，也要充分保护好其他方面的价值。因为"农业文化遗产与其他遗产类型不同的是，它主要体现的是人类长期的生产、生活与大自然所达成的一种和谐与平衡。它不仅是杰出的景观，对于保存具有全球重要意义的农业生物多样性、维持可恢复生态系统和传承高价值传统知识和文化活动也具有重要作用。与以往的单纯层面的遗产相比，它更强调人与环境共荣共存、可持续发展。"①从根本上说，农业文化景观遗产是一个有人参与的、不断发展变化的系统，而且至今仍然是许多地方居民的生计来源，必须全面认识它的历史价值、文化价值，在全面的、尊重的、保护的基础上合理求发展。

同时，要使村民成为乡村生态旅游的主体和主要受益者。建立和完善村民的参与机制，保障他们在旅游业发展中的应得利益。尤其要吸取其他地方在乡村旅游发展过程中产生的教训，避免村民在旅游发展中被边缘化，避免"门票经济"与村民无关、发展的景观表象与村民主体的实际割裂脱节，避免旅游经济发展盘剥村民利益。事实证明，村民如果仅作为旅游经济链的低端环节，从事低效雇佣劳动，必定缺乏提升发展空间。要关注村民能否在地方发展中获得长远收益和产业提升，村民的生计生产、文化生活等应与地方发展有效对接，使特色农业、副业等成为地方发展的有生力量，实现可持续发展，避免旅游资源开发脱离村民而"架空式"发展。要关注村民祖祖辈辈生活的乡土自然生态是否得到保持。避免"复制式"的设计建设、缺乏文化传承的快速复制等，避免与少数民族传统不符、肢解破坏乡土自然特色和文化肌理的建筑建设，避免文化的"同质化"，保护多样性。

此外，乡村生态旅游在产业链构建上要因地制宜、突出特色，发展有机农业和特色农副产品生产、发展乡村手工艺等不离乡土，都是乡村旅游的重要内容。比如红河梯田红米以及丰富的肉、鱼、蛋等农产品及相关生态食品，做好品牌建设，提高综合价值，在发展生产的同时也有助于提高农民维护梯田的积极性。当地丰富多彩的传统工艺文化的生产性发展有助于广大群众在保护和发展中增收致富。

关于"大力发展乡村休闲旅游产业"的中央一号文件，强调"充分发挥乡村各类物质与非物质资源富集的独特优势，利用'旅游＋''生态＋'等

---

① 熊礼明：《农业文化遗产旅游开发与保护研究》，四川大学出版社2017年版，第24页。

模式，推进农业、林业与旅游、教育、文化、康养等产业深度融合"①。发展乡村旅游是生活文化需求，有生态文化价值，具有综合优势。我们脱贫攻坚、发展乡村旅游要突出人文关怀，突出文化生态，突出村民的主体地位，相信守护文化、助益村民生活才是长效持续发展的根本。

二、彝族刺绣融入旅游产业发展

在调研元阳县攀枝花乡保山寨猛弄村过程中，我们看到，猛弄村属于山区，世居彝族、哈尼族，人均收入主要以种植、劳务输出为主。村民多为土司家丁后人，承袭了土司盛年时期的工匠、纺织、裁缝、刺绣、饮食等技艺，彝族刺绣工艺也成为当地脱贫致富的重要产业，与旅游业融合发展，应有很好的发展前景。

彝族传统刺绣纹饰精美，色彩丰富，具有独特风格。主要用于服饰装饰，从美化和耐用出发，绣饰于领边、门襟、袖口、围腰、衣摆，通过刺绣图案、缝贴彩边，增加了美感和服装的牢固性。图案纹样有山水云雷、飞禽走兽、花木虫鱼等自然图案，四方八虎、福禄寿喜、鸾凤和鸣、榴开百子等人文图案，三角、方形等几何图案，马缨花、镰纹、太阳纹等最为常用。配色上红、橙、黄、绿、青、蓝、紫等大量使用，华丽多彩，尤其尚黑喜红，高饱和色彩鲜艳对比强烈，反映了热烈奔放的民族性格。绣法灵活多变，多以挑、压、镶等工艺结合，视觉效果突出，有明显的地域特色。彝族传统刺绣是彝族灿烂民族文化与悠久历史的写照，融入了彝族先民的起源故事、宗教信仰、图腾崇拜和生活愿望，具有重要的文化价值。

近年来，随着哈尼梯田申遗成功，乡村旅游快速发展，当地以"梯田魂、民族情、刺绣美、小康梦"为主题，建成猛弄土司绣品坊，将猛弄村及周边村寨的优秀绣娘组织起来，成立猛弄刺绣农民专业合作社，建成民

---

① 中共中央党史和文献研究院：《十八大以来重要文献选编》下，中央文献出版社2018年版，第53页。

族刺绣传承实训基地，加快民族刺绣衍生产品的开发。当地资料显示，猛弄刺绣农民专业合作社已发展社员200余人，当前，全乡正打造2个彝绣专业村，彝绣协会1个，有彝绣营销大户4户，营销者10人，从业者500余人。"通过对绣娘进行系统化、专业化、市场化的培训，使绣娘从丝线色彩搭配、图案整体设计、服装裁剪到刺绣手法要领等方面得到提升，增强绣娘设计理念和技艺水平的同时还提高了绣品的质量和美感。此外，还与相关企业合作，将本土民族特色与时代流行元素相融合，探索打造设计—生产—销售（微店销售、网上销售）为一体，产品生产实行顾客与绣娘一对一定做的农村电商运作模式，使得绣品的价格从原来的几十元，提高到百元乃至千元，帮助当地农村妇女不离乡土、不离家庭就能增收"①。

猛弄彝族刺绣的发展，在促进扶贫脱贫、传统工艺衍生发展方面积累了不少好的经验，也带给我们一些深层次的思考。现实意义首先在于使当地村民足不出户就能就业创业，让手艺与旅游产品相结合，并引入专业设计师帮扶，形成真正由村民自己组成的刺绣合作社，持续良性发展，培育文化种子，培训技艺水平，培养一支农村文化产业队伍。从长远发展看，如何保护好彝族刺绣的文化种子，关键把真手艺传下去，是可持续发展的根本所在。

应该看到，产业化发展确实给传统工艺发展带来一系列改变：比如在刺绣品方面，不再局限于传统民族服饰，全新创意产品如挎包手袋、手机套、桌布杯垫、抱枕靠垫、围巾披肩、壁挂装饰等，图案纹样上融入了一些现代观念的视觉元素，颜色搭配上也打破了不少传统模式，丰富了民族传统工艺元素在当代家居服饰中的应用范围，体现了当代生活和审美的特点。同时，一些彝族妇女的生计方式发生改变，很大程度上转化为职业化的民族民间艺人、商人。市场化、批量化生产，往往用现代印染方法和缝纫设备代替传统手工盘花、贴花、挑花等工艺，传统的自染自织的土布大

---

① 潘鲁生：《元阳县彝族刺绣与旅游纪念品》，搜狐网2017年4月21日。

部分为不同材质、不同规格的布料替代，有传统民俗寓意和功能或随着刺绣者心意而动的带有创作意味的个性化刺绣图案纹样受到市场化、订单化、批量化、程式化的图案纹样的影响。

因此，我们建议加强传统工艺的原生态、衍生态认定，促进多元发展。一是加强文化生态基础研究，制定保护与传承措施，保护好工艺文化的母本，尊重手工、尊重原创、鼓励原汁原味地传承。二是在生产发展过程中，加强规范和引导，面向当代生活，丰富题材和品种，提升设计和制作水平，培育知名品牌，提高传统工艺等行业管理水平和市场竞争力，提高从业者收入，提高对城乡创业就业的促进作用，促进传统工艺在当代生活中的广泛应用。要从根本上增强文化自觉和自信，相信少数民族群众自己穿的服饰就是艺术品、就是民族品牌，当然也能转化为高档旅游产品，以勤劳智慧的双手创造更加美好的生活。

三、拉祜寨的工艺文化史诗

绿春县平河镇大头村拉祜寨，地处中越边境，位于"大仰龙"山顶，四周山高林密，较为偏远，耕地面积稀少，集"边境、特少民族、直过区"为一体，是典型的"直过民族"聚居村落。统计资料显示，全村有33户167人，157亩耕地，人均不足1亩，在相当长的历史时期里，拉祜族群众过着打猎、刀耕、火种的原始生活，是绿春县脱贫攻坚任务最集中的一个村寨。

近年来，贯彻习近平总书记脱贫攻坚部署，作为平河镇乃至绿春县脱贫攻坚的"关键少数"，拉祜寨扶贫攻坚，依据《平河镇拉祜寨易地扶贫搬迁》方案，依山就势建设民房，2016年12月至今年春节前，33户村民都搬进了新居；政府配套产业发展，扶持发展生猪养殖、家禽养殖、土豆、玉米、板蓝根种植，实施中低产田改造和经济林提质增效，切实提高了生产和经济发展水平。

据了解，绿春县境内的拉祜族是清朝中后期（1786—1886）先后由当时的他郎厅（墨江）迁入，自称"果聪"，他称"苦聪"。1984年底，红河州人民政府责成州民委和金平县民委调查研究。同年12月，组织金平、绿春两县的乡村干部、小学教师、农民等28名代表到澜沧拉祜族自治县走亲认族。代表们走访了3个乡4个村，与当地群众交流了有关生产、生活方面的日常用语，同时了解拉祜族的历史、节日、习俗、音乐舞蹈等，经互相比对后，认为拉祜族同"苦聪人"同一祖源。1985年10月，红河州人民政府根据本民族的意愿，"苦聪人"归属拉祜族族称。绿春境内的拉祜族有平河镇和半坡乡的黄拉祜支系，还有居住在牛孔镇、大黑山镇的黑拉祜支系。其余还有一部分居住在骑马坝乡。据2012年统计，境内拉祜族共有3222人。生计文化方面与瑶族相似。

在民间文学方面，拉祜族民间传说、故事是拉祜族民间文学的一个重要组成部分，涉及社会生活的各个领域。在民间广泛流传的故事主要有神话传说《扎努扎别》《葫芦兄弟》，神话爱情故事《雅祝西和左雅咪》等。在宗教信仰方面，以"万物有灵"为基础的自然崇拜和祖先崇拜是拉祜族宗教信仰的主要表现形式。虽然明末清初佛教曾传入过拉祜族地区，民国初期基督教和天主教也传入部分拉祜族地区，但绿春境内的拉祜族的宗教观念并没有受到影响，他们仍固守以"万物有灵"为核心的原始宗教观。在节日民俗方面，当地拉祜族的传统节日主要有春节、六月二十四、新米节、清明节等。在民间音乐和舞蹈方面，绿春境内的拉祜族母语诗歌、音乐已失传。如今的拉祜族传唱的诗歌、音乐与周围的哈尼族诗歌、音乐完全相同，只是在歌唱的形式表达中用拉祜语即兴填词。传统乐器有芦笙、三弦、巴乌、哩嘟嘎、牛角号、电努答、竹笛、木叶等。绿春县境内拉祜族的民间传统舞蹈主要有《芦笙舞》。由男人十多个围圈，手持芦笙边吹边跳。伴舞者手拉手围圈，和着节奏而舞。在民间手工艺方面，拉祜族竹编工艺精美耐用，竹编的各种生产生活用品密实得滴水不漏，深受当地各族人民喜爱。

拉祜族的服饰以黑色与红色为主色，彩虹图案也是主要元素，重色迭彩，深厚热烈，服装在胸前和后背部位绣出精美的图案，配以花边，并沿衣领及开襟装饰雪亮的银泡银牌，端庄纤丽。拉祜族服饰是一种成型的文化象征，投射着民族历史的影子，是无字的史诗。如长袍开衩口、衣边镶嵌上红、白、蓝等花边，长衫袖口有三道红色的花纹，据说是为了纪念在拉祜族迁徙过程中经历的三次大的战争。妇女的包头长穗，一说是远古时期与外族作战失败后，妇女在围困中用九十九条包头分三十三路逃出城墙，作为纪念，在包头两端各留了三十三条长穗。另外一说是为了纪念历史上牺牲的三十三位巾帼英雄。随着文化交流和经济发展的深化，汉族简洁实用的服装逐渐成为拉祜族民众日常劳动生活的着装，但传统服饰仍是文化的盛装。

在民族传统服饰的背后，是完整的文化和工艺体系。就传统工艺而言，染织、剪裁、刺绣以及佩饰制作等，都富有特色，不仅具有属于民族自身的鲜明的符号意义、民俗功能和历史内涵，也是最广泛意义上的生活之美的体现。工艺之美，是劳动者的歌唱，是生活的礼赞，是对美好的追求和创造。复兴传统工艺，复兴的正是一种精神、情感、创造力的载体，找到一种有根有源的振兴的纽带和依托。

扶贫贵在扶志，增强生产生活发展的内生动力，这也将是彻底脱贫、永续发展的关键所在。少数民族地区是文化资源的富集地，使特色文化转化为独特的发展优势，是扶贫脱贫的重要内容。要进一步使特色文化介入可持续生计的发展策略，比如在发展民族特色手工艺等方面，可实施"公平贸易"和"伦理消费"，强调交易的透明度、公平的价格、来源渠道的可追溯以及原创人的公平待遇，以及关注顾客消费意识、消费动机、消费行为等在公平贸易中表现出的团结性、责任感、环保性和利他性。在扶贫对象和消费市场之间搭建公平贸易桥梁，减少中间环节，帮助少数民族地区以及贫困地区民间艺人建立特定的销售网络，保护艺人权益和作品原创，提高收入，实现脱贫致富。整体上要依托文化资源减少贫困、增强幸福感，增强发展的适应性和恢复力，这也是一条维护可持续生计有效的扶贫之路。

［原文发表于《济南大学学报》（社会科学版）2020年第3期］

变异学：中国本土话语的世界性意义

曹顺庆　刘诗诗*

随着我国综合国力的不断增强与中外文化交流的不断深化，"中国话语"不但成为学界关注的焦点，更成为国家人文社会科学的重要发展战略。孙绍振教授2017年7月3日在《光明日报》发文指出："二十多年前，曹顺庆先生就有了中国文学理论完全'失语'的反思：由于根本没有自己的文论话语，'一旦离开了西方文论话语，就几乎没办法说话，活生生一个学术'哑巴'"①。最明显的是，处于弱势的本土话语几乎为西方强势话语淹没，中国文学理论基本上失去了主体性。季羡林先生指出："我们东方国家，在文艺理论方面噤若寒蝉，在近现代没有一个人创立出什么比较有影响的文艺理论体系。这就是说，中国文学理论民族独创性基本上丧失了。"②这种说法，在我国国家领导人的讲话中得到了肯定。习近平主席指出："我国哲学社会科学在国际上的声音还比较小，还处于有理说不出、说了传不开的境地。""跟在别

---

* 曹顺庆，四川大学教授；刘诗诗，四川大学文学与新闻学院比较文学与世界文学硕士研究生。

①② 孙绍振：《医治学术"哑巴"病，创造中国文论新话语》，《光明日报》2017年7月3日。

人后面亦步亦趋，不仅难以形成中国特色哲学社会科学，而且解决不了我国的实际问题。"[1]孙绍振教授认为："引进西方文论的本来目的，是以自身文化传统将之消化，以强健自身的文化机体，与西方文论平等对话，以求互补共创。胡适就提出'输入学理'的目的是为了'再造文明'。也就是说，要重建中国文论话语。笔者认为，目前'关键的一步在于如何接上传统文化的血脉'。钱中文先生等人也提出了'中国古代文论的现代转换'的重大命题。"[2]

比较文学是西方引进的学科，隶属西方学科体系与学科理论范畴之下——法国学派的实证性影响研究以及美国学派的平行研究及跨学科研究。表面看来，比较文学这一学科进入中国已具备了系统性、整体性和规范性，然而在学科教学实践及理论运用过程中却出现了"水土不服"的现象——如以西方浪漫主义比较中国古代诗人李白的"浪漫主义"诗歌；以现实主义比拟杜甫于家国危难之际的"现实主义"创作等，更是出现了诸多的"X+Y"式的比较，如莎士比亚与汤显祖的比较，为求其戏剧（曲）的创作天才的相似性，便以浅易的相同出生年代、生长环境和时代背景比附。诸如此类的研究现象造成了中国比较文学领域在霎时间吸收前一世纪的学科理论资源却无时间消化下，造成混乱，不加思考地整体植入西方学科理论，致使这一学科的学术研究鲜少创新。

近五十年来，中国学者在这一学科理论建设中不断进行反思、回顾，逐步从困惑中清醒，笔者近几十年来一直以西方理论与中国文学尤其是古代创作的解读不适、比较文学学科创新为思考点，于1995年提出中国文论的"失语症"，以一种清醒、客观的态度审视中西方思想与文学的可比性、适用性及应用性。中国古代不乏诗文评点（《毛诗序》、曹丕《典论·论文》、陆机《文赋》、刘勰《文心雕龙》、钟嵘《诗品》、司空图《二十四

---

① 习近平：《在哲学社会科学工作座谈会上的讲话》，新华网2016年5月18日。

② 孙绍振：《医治学术"哑巴"病，创造中国文论新话语》，《光明日报》2017年7月3日。

诗品》、严羽《沧浪诗话》等），鲁迅先生称《文心雕龙》是可与亚里士多德《诗学》比肩而立的著作，然而中国在近代史上的落后被动经历，使得其在器物、制度而至文化层面逐步西化、科学化。中国自古以来的话语在书院改制后施行的学院制度下消失殆尽。胡适那一代人的"历史进化论""整理国故"彻底"科学化"以及"打倒孔家店"等运动，进而掀起了以西方新思潮解读中国文学的一股思潮，在多数情况下不追寻历史语境而以西方话语阐释中国文学。台湾学者提出的中国学派初期提倡的阐发法（以西方理论阐释中国文学），在实践过程中愈加显露弊病，中国学界亟待一种更适用于中国本土文学且具有普适性的学科理论。笔者从建构中国比较文学学科理论话语体系入手，立足《周易》的"变异"思想，成功地建构起了"比较文学变异学"新话语。变异学所说的变异，并不是一个孤立的话语范畴，而是一个整体性的话语系统，这个系统根植于中国哲学的深层结构。首先对这个结构进行阐述的，就是作为群经之首的《周易》：

> 谓之为"易"，取变化之义。既义揽变化而独以"易"为名者。《易纬·乾凿度》云："易一名而含三义，所谓易也，变易也，不易也。"又云："易者，其德也光明四通，简易立节，天以烂明，日月星辰，布设张列，通精无门，藏神无冗，不烦不扰，淡泊不失，此其易也。变易者，其气也，天地不变，不能通气，五行迭终，四时更废，君臣取象，变节相移，能消者息，必专者败，此其变易也。不易者，其位也。天在上，地在下，君南面，臣北面，父坐子伏，此其不易也。郑玄依此义，作《易赞》及《易论》云：'易一名而含三义，易简一也，变易二也，不易三也。'"①

在这一段原典文献中，提出了著名的"易之三名"说。可以看出，《周易》主要讲变易，但它又并非仅仅是在说变易，而是构建了"变易、简易、

---

① 孔颖达：《周易正义》，《十三经注疏》上，上海古籍出版社1997年版，第7页。

不易"三位一体的意义生成系统。具体地说，变易就是四时更替、五行运转、气象畅通、生生不息；不易就是天上地下、君南臣北、纲举目张、尊卑有位；简易则是乾以易知、坤以简能、易则易知、简则易从。显然，在这个意义结构系统中，变易强调"变"，不易强调"不变"，简易强调变与不变之间的基本关联。万物有所变，有所不变，且变与不变之间存在简单易从之规律，这是一种思辨化的变异模式，这种变异思维的理论特征就是：天人合一、物我不分、对立转化、整体关联。这是中国古代哲学最重要的认识论，也是与西方哲学所不同的"变异"思想。"比较文学"既是人文学科的重要组成部分，又是跨越中西的国际性学科。在当前中华民族伟大复兴的中国梦实现阶段，在当今中外文化交流愈加频繁且向纵深发展的背景下，建构中国比较文学学科理论话语尤为关键，且任务艰巨。21世纪以来，中外国际交流呈现出全方位、宽领域、多层次的特点。随着中国科技、经济与文化发展的日新月异，多个领域都需要中国话语的建构。比较文学理论话语的建构，既有学科属性上的意义，又能为中国文化软实力的提升贡献力量。既有本土化民族特色与自身品质，又有国际视野和世界胸怀，这是比较文学中国学派建构自身的学科理论话语时所应坚持的原则。比较文学学科理论话语体系的建构必须彰显"中国特色"。这个"中国特色"包括四层含义：一是以本土化的理论为根基，并且能解决当下实际的比较文学危机与问题；二是要努力学习和取法以《周易》为代表的中国传统文化与智慧；三是要使"中国特色"本身具有世界胸怀与长远目光，成为世界认同的优质特色；四是要让本土化的"中国特色"精益求精，并进一步成为"世界特色"，成为一种更为普遍（universal one）的理论和国际学界公认的标识性概念。如此，中国比较文学学科理论话语体系才能切中当下、引导国际学术界展开研究和讨论，长久立足、持续进步，产生国际性影响。

一、文学变异学的理论缘起和理论优势

中国学者自踏入比较文学领域，本质上便与欧美同质文明圈中的比较

文学研究有所区别，他们面对的不仅是语言的差异、流传媒介的信息错落，更是在不同文明的立场上的冲撞与思考。这恰如文明的冲突在世界政治、经济格局中的体现，汤因比（Arnold J. Toynbee）在其著作《历史研究》（A Study of History）中批评了"统一文明论"的观点，认为自我中心、东方不变、直线进步都是不符合真实情况的理论，汤因比从种族论及环境论区分了世界历史中存在的21种文明，进而明晰了文明之间的差异性，"有些以艺术见长，有些以宗教见长，有些则以工业文明见长"[1]；有衰落的文明，也有停滞、生长或新生的文明，文明之间的共性和"不可通约性"是必然存在的。若强势地推进文明霸权，将会出现世界性的极端事件或悲剧发生。而若在平等和谐的交流境况中，在尊重文化观念的差异下进行对话，新的文化基点、适应全方位的政治、经济等诸方面的新理念将会应势而生，如"中国崛起"这一曾被世界讨论的议题，这一曾被外方媒体误以为"中国威胁论"的观念在当下中国一系列合作共赢、追求世界和平发展的实质性举措中正悄然转变。同时，在文化层面也迎来了新时代的变化，恰如亨廷顿在1993年夏于美国《外交》杂志上发表题为《文明的冲突》一文，引起了国际学术界的普遍关注和争论。作者从冷战后的世界政治格局推究其间冲突的根本主宰不再是意识形态，而是文化方面的差异，是"文明的冲突"，这一观点对中国学者的影响颇深。中国文明是世界古老文明之一，亨廷顿对中国文明的独特性和成就亦有清楚的认识，自然在思考问题时常从文明的角度审视，亨廷顿的"全球政治开始沿着文化线被重构"将人们的核心认同向文化转移，他所呼吁与关注的并不是他著作所书写的冲突，而是在其中文版序言中所说："我唤起人们对文明冲突的危险性的注意，将有助于促进整个世界上'文明的对话'"[2]。在新儒家代表杜维明的著述《文明的

---

[1] ［英］汤因比：《历史研究》上，曹未风译，上海人民出版社1959年版，第41页。

[2] ［美］塞缪尔·亨廷顿：《文明的冲突与世界秩序的重建》，周琪、刘绯、张立平、王圆译，新华出版社1998年版，《序言》第3页。

冲突与对话》中亦明确了多元文明观，并针对列文森在《儒教中国及其现代命运》一书中所断定儒家传统业已死亡的这一结论，在此后的学术研究中致力于儒家思想领域、儒学传统对于世界现存文明的普适性探索与现代转化建设。对于比较文学学科而言，意识到差异性并非难事，但尊重差异性却是需要长时期的实践，以实践成果证明这一理念的丰富学术价值。中国话语的提出进一步构成比较文学学科的多元性，中国学者在此领域所提出的变异学亦是以多元文明的基本观点，在明晰文明的共性下将关注点侧移至差异性，此一建设性理论也将予西方学者以提示，在东西方跨异质文化的研究中，文明、文化的差异须提到研究观念的前提准备之中。

对于学科发展而言，尽管有以法国为中心的影响研究和以美国为中心的平行研究承续了学科的开山与百年实践，比较文学理论仍有较多不足之处，中国学者在思考法国学派下的形象学与媒介学时，以文学作品的跨文化、跨语际的角度，发现了西方比较文学学科理论研究所忽略的异质性因素。法国学者在学科建成之初时，以比较文学"研究国际文学关系史"以及"比较文学不是文学比较"回应克罗齐等人的质疑，以"科学""实证"等具有信服力的观念稳固学科基础。19世纪，法国学界在法德等国文学关系研究中确有显著成果，也让比较文学有了初具规模的学术团体、刊物、杂志、高校课程、学术著作等。随着欧洲大量学者因故而至美国时，当时俄国形式主义所提倡的"文学性"、新批评所主张的文本转向和文本的审美性等因素使得韦勒克在1858年那篇《比较文学的名称和实质》中直言"影响研究"使得比较文学静寂如"一潭死水"，他们在现有规模的领域上显得雄心勃勃，把"超越一国文学领域的研究，文学与诸如艺术、哲学、历史、社会科学、自然科学、宗教等知识和信仰领域的关系的研究"[①]都欲纳入比较文学的范围之中，可想而知，比较文学无边论、消失论便不可避免。虽然

---

① 北京师范大学中文系比较文学研究组：《比较文学研究资料》，北京师范大学出版社1986年版，第27页。

260

本土化与中国学术转型（第二辑）

美国学者又唤起了实证研究的另一领域——审美研究，为此学科注入了暂时的生机，但由于"一方面英语成为一门国际性语言以后，随着欧盟的一体化过程，我们的大部分研究不再跨语言，另一方面是比较文学合并到文学这一学科"①。前国际比较文学学会会长佛克玛在接受中国学者王蕾采访时将上述原因归于欧美国家比较文学的萎缩，但更重要的是欧美比较文学学科理论在建设中并未考虑到跨文明性、全球性、未来性的长远发展，才会屡次三番出现各种各样的"危机说""死亡说"，例如影响研究在进行跨文明文学文本等研究时，其核心实证影响已不具有全面性、完整性以及合理性，也不可能以实证性的材料解释异文明的审美因素。平行研究的"类同性"主题学、类型学研究也逐步将比较文学在跨异质文化的学术现状下引向了随意比较的地步。中国有一古语曰"旁观者清，当局者迷"。中国学者最初是以一种"他者"的视野观照比较文学的中国建设道路的，在这一过程中意识到了学科史的前阶段重心在"同"，本土接受阶段也一直呈现与西方文学、思潮、流派求同的心理趋向，但现实文化模式、思想观念的差别是不可忽视的，东西方交流的基础是在有共同话语的前提下展开，这是过程的开始，并不预示过程的结果。笔者"变异学"提出的时间节点正可以为学者研究提供一个清醒的视角，变异学的提出不是中国学者一时的口号而是客观地思索前理论的缺陷，以及背负着东西方较为全面的理论资源提出的，真正从最大意义的"跨越性"角度展示着中国学者的智慧。

苏珊·巴斯奈特曾说过，虽然比较文学在它的发源地似乎已经衰落，但在其他地方却是一派欣欣向荣，佛克玛直称法国学派已经死亡，而在中国等地发展渐趋兴盛，这是因为在比较文学一直未能形成一套能为学界乃至国际广泛接受的基本理论。许多西方学者以当下不谈"学派"来规避此一学科所遇的危机，就如1999年法国著名比较文学家谢弗莱尔在中国比较文学学会第

---

① 王蕾：《比较文学、中国学派和文学变异学——佛克玛教授访谈录》，《世界文学评论》2008年第1期。

六届年会暨国际学术研讨会上与中国学者的说辞。比较文学学科的建设有一重要的理念——歌德于1827年1月31日与艾克曼谈话中谈到的另一段话却更值得我们深思，"人们的思想、行为和情感几乎跟我们一个样，我们很快会觉得自己跟他们是同类。……可不同之点还是在于，在他们那里，外在的自然界总是与书中人物共同生活在一起"[①]，在"世界文学"的最初含义提出时其实就有文明间同与异的区别，甚至"异"的价值甚于"同"的价值。

变异学追求的是"同中之异"，即在比较文学影响研究与平行研究的同源性、类同性的可比性基础之上的进一步延伸与补充，在有同源性和类同性的文学现象的基础之上，找出异质性和变异性。前中国比较文学学会会长乐黛云曾提出过"和而不同"的说法，和而不同也是中国人在认识世界所采用的一种哲学人生观。中国古人在春秋时期即云："和实生物，同则不继，以他平他谓之和，故能丰长而物归之。"(《国语·郑语》)，孔子也说："君子和而不同，小人同而不和"(《论语·子路》)，其第一义是承认、尊重并赞赏事物、人性品质的差异性和多元性，这也体现了中国人看待事物的辩证思想，将世界视为多元和谐统一，保持差异性样态的存在，乐黛云借这一哲理性观念为中国比较文学指点了其广阔的发展空间，变异学也遵循着这一思维所涵括的尊重与宽容，而在变异学的理论指导下，中国比较文学的学科建设也已打破了旧有的历时性视野，以共时性角度重建学科理论，这需要严谨的思考和极大的勇气，笔者在2005年编著的《比较文学学》首次在教材编写上以四大板块——"文学跨越学""文学关系学""文学变异学""总体文学学"，实践着"变异学"的理论。中国比较文学教材编写长期陷入学派的限制，而新理论范式的比较文学教材在纯粹地进一步改善长期处于不稳定状况的学科现状，规范比较文学学科体系，同时解决了众多跨文化的学术现象、学术难题并在新的学术领域收获颇丰，笔者所主持的"英语世界中的中国文学译介及研究"等中国项目在变异学理论的视域下极

---

① ［德］艾克曼·歌德：《谈话录》，朱光潜译，人民文学出版社1978年版，第111页。

具学术价值，在跨越语际障碍的文明之间纠正了许多常识性误读，增添了更多的差异性理解性，同时也佐证了变异学的理论实践价值。

二、变异学的学理依据

在文学变异学提出之前，国内外学者其实对东西文学的异质性与变异性便有所认识、探讨和论述。即使是同语境下的文学流传研究也有异质性因素存在。美国学者韦斯坦因在其著作《比较文学与文学理论》中已经有意无意地触碰到了变异问题，他指出："从原则上说，比较学者绝不应对影响中的主动（给予）和被动（接受）因素作质量上的区分，因为接受影响既不是耻辱，给予影响也没有荣耀。无论如何，在大多数情况下，影响都不是直接的借出或借入，逐字逐句模仿的例子可以说是少而又少，绝大多数影响在某种程度上都表现为创造性的转变。"①但韦斯坦因对这种影响变异研究扩大到不同文明间却犹豫不决，相反赛义德于1928年提出的"理论旅行"一观念尽管本意是以卢卡契为例来说明任何理论在其传播过程中必会发生变异，这对以"跨越性"为特征的比较文学研究尤其是跨文化研究有所启示，中国学者叶维廉在1975年在《东西比较文学中"模子"的应用》中提出"文化模子"的概念——鱼没有见过人，必须依赖他本身的"模子"他所最熟识的样式去构思人。"模子"成为结构行为的一种力量，也是人所依靠的存在经验在反映新的经验素材时所依靠的背景力量，在需要解释或塑形新经验材料时会必要地将"模子"变体。尽管认识得到接受，但是我们都知道鱼眼中的人的形象是错误的，甚至是歪曲的。又如"结构语言学家大多先求取'共相'的元素来建立所谓'深层结构'，往往从西方的'模子'出发，先建立一棵文法树，再应用到别的语言上去"②，这样

---

① ［美］乌尔利希·韦斯坦因：《比较文学与文学理论》，刘象愚译，辽宁人民出版社1987年版，第29页。

② 李达三、罗钢：《中外比较文学的里程碑》，人民文学出版社1997年版，第58页。

的不加改变的固有范式在起点部分便迈入了错误的道路。诗的翻译同样受文化模子的影响，中国人运用的文字是可追溯至上古时期的象形文字，直至现在仍未如英语等文字简缩为字母，但是西方人曾一度认为人类最基本的语言符号应是如印欧语系字母那般抽象的、率意独断的符号。这是因为其"模子"自认为带有的优越性在语言上的体现而忽略了象形文字的价值。由变异学的观点，我们只有尊重对象，才能正确地了解对象。象形文字不是抽象文字的对立面，而是代表一种异体的思维系统——"以象构思，顾及事物的具体的显现，捕捉事物并发的空间多重关系的玩味，用复合意象提供全面环境的方式来显示抽象意念"，汉字的此种系统思维、空间多义性在古诗中所表达出来的意境感、审美感及世人所倾注的意识感都有体现，就如宋代词人吴文英的词句："何处合成愁，离人心上秋"，若翻译成"where comes sorrow? Autumn on the heart/of those who part"，原词的心绪确实得以传达，但汉字双关艺术之妙处却不能被英文阅读者所识。

阅读者的个人接受也是一决定性因素，在中国，早在孟子时期便提出了"以意逆志"和"知人论世"的文学接受问题。孟子从源头上便奠定了中国文学接受上的心灵普遍性基础，个人的随意解读都是以达到"道""志"等最高境界为最终旨归，"依经立义"是中国文学阐释的主导话语。在西方，尼采以一切勇力推翻西方思想价值体系，高呼"上帝死了"。费尔巴哈在谈到音乐时说，当音调抓住了你的时候，是什么东西抓住了你呢？你在音调里听到了什么呢？难道听到的不是你自己的声音吗？罗兰·巴特直接将作者从文本的主导圣坛上拉下，警示着"作者已死"。至20世纪60年代时，兴起于德国的接受美学更是将读者的作用抬至中心地位并形成了系统的理论。如此文本不仅与其社会文化环境即文化模子之间进行相互作用，而且同样与接受者进行互动，然而接受者的接受过程都有其期待视野的参与，以尧斯的看法，期待视野是一定历史时期下，读者自身的审美理想、审美趣味在其阅读接受过程中的能动体现，恰如每一位读者都带着自己的期待视野来参与阅读，而这个视野又带有时代与社会环境的烙印。期待视野与作品所体现的旨归差异，决定了文学文本、对象被接受的程度与方式。在哲学意义上恰如海德格尔在《存在与时间》中提出的"前理解"（pre-understanding），不同文明之间的文学作品传播亦受到接受个体的差异性阐释，如在英国，狄更斯的《大卫·科波菲尔》更受欢迎，在中国，读者更加看重他另一部作品《双城记》所蕴含的历史风貌和意义启迪；唐璜传说是西方文学中一个永恒的母题，400年来一直被常写不衰，从西班牙作为蒂尔索的剧本《塞维亚的荡子》中浪荡子的形象到莫里哀《唐璜》中的"冒险者改写"，拜伦《唐璜》中的"英雄形象"，或霍夫曼短篇小说视"唐璜"为人性本身已明显有作者意识的投射。莫扎特的歌剧《唐·乔万尼》和萧伯纳的戏剧《人与超人》等等，"唐璜"已不再是最初文学作品中的原样，而是因后世诸多创作者自身的创造性接受具有时空跨越性，亦因个体接受而具有独特内涵。即使是如今公认的世界文学大师莎士比亚，他的作品在各国的流传和评介亦有不同之处，本琼生称其为"时代的灵魂"，"属于永恒的世界"，而托尔斯泰却在满心的期待看完莎翁各种版本著作后感叹不仅没有体会到快感，反而感到一种难以抑制的厌恶和无聊。这正印证了那句名谚——一千个读者就有一千个哈姆雷特。

这便是在深层文化机制的影响之外更有接受者个体的影响事由，强调读者立场的文学审美接受理论在思想界内产生了深远的影响，作为学科理论的变异学也恰当地吸收了其部分思想养分，将文学流传终端接受者的作用纳入比较文学研究领域，使更多的文学现象有了更为恰切的阐释背景。而与接受活动的主体性作用同时被发现的亦有媒介的价值，麦克卢汉的"地球村"形象地展示出媒介的力量，也预示着媒介的世界范围性将进一步缩短语言、民族、国家之间的距离。比较文学法国学派已将媒介学列为重要研究方法之一，是研究"文学传递的经过路线、文学流传的方式与途径以及文学流传的因果规律的一门学问"，而当媒介与接受者都成为跨语际、跨文化的承担因素，媒介学便不能简单地做影响实证研究了。就如在变异学视域下的媒介变异研究中最为突出和直观的一面就是翻译研究。因为翻译本身所固有的跨越性特征——跨语言、跨文化、跨民族、跨国界所决定的。但翻译这一带有显著变异性特征的媒介者却不为历来的比较文学学者所青睐。第一本比较文学专著——波斯奈特的《比较文学》（1886年）涉及了中国、印度、日本的诗学，但却对翻译研究不置一词，翻译带来的文化误读为早期学者所忽视，著名的《比较文学早期论文集》（1973年）汇集了十余名著名比较文学家（梅茨尔、科赫、戴克斯特、贝茨、布吕纳介）等人的代表性论文，涵盖了比较文学的属性、功能、任务、意义以及世界文学的内涵，却没有涉及翻译研究的篇章。早期的比较文学杂志，如匈牙利比较文学家梅茨尔创办的《总体比较文学学报》，虽然以六种语言呈现，但由于早期比较文学研究者处于印欧语系且熟练掌握多种欧洲语言，处于同一文明圈中，翻译也未曾受到重视。直至不同语言、文化、文明进入西方学者的视野中才使得翻译不再仅仅被视为转换信息的中介而可视为信息的决定者。故而进入20世纪下半叶以后，整个西方比较文学界都发出了一种声音——重新评估翻译研究。布吕奈尔称翻译是"发明的学校"，意大利比较文学家梅雷加利著《论文学接受》称"翻译无疑是不同语种间的文学交流中最重要、最富特征的媒介"。法国文学社会学家埃斯卡皮在其专著《文学社会学》中更是提出了翻译的创造性，"因为它赋予作品一个崭新的面貌，使之能与更广泛的读者进行一次崭新的文学交流；还因为它不仅延长了作品的生命，而且又赋予它第二次生命"[①]。中国学者谢天振教授在20世纪80年代便将翻译研究纳入比较文学的视野中进行拓展，并提出了译介学（Medio-translation）的研究方向，重点关注在跨文化、跨文明背景之下译者在跨语际翻译中的创造性表现——"个性化翻译、误译与漏译、节译与编译以及转译与改编"，并探讨在这一过程中发生的种种语言变异现象背后的社会、历史、个人以及文化根源。文学变异学既汲取了翻译研究中显著的变异性因素，同时也扩展了翻译的文本局限。现代意义上的翻译也不再仅仅

---

① ［法］罗贝尔·埃斯卡皮：《文学社会学》，王美华、于沛译，安徽文艺出版社1987年版，第137—138页。

存在于语言相互之间的信息交流和转换，也存在于语言内的翻译以及不同媒介之间的"翻译"，如图画、手势、服饰、音乐等表达符号。文化交流的载体都烙印上文化背景的影响，而如何正确地翻译其中的文化信息以及分析文化因子的误读、遗漏才能使人们更好地理解世界。

文化全球化是不可阻拦的趋势，异质文化的魅力往往吸引着另一文化圈的关注，但由于环境、社会、历史等诸多背景性的异质文化因子在起点、接受点以及接受过程中同时起效应，造成文化知识迁移的失真，甚至出现文化形象的误解，不利于文化间的和谐交流，故而关注文化异质因子将成为比较文学跨异质文化领域的首要关注之点。

三、文学变异学的理论构成

文学变异学的提出与中国比较文学的理论实践和知识资源密切相关。当西方背景的比较文学研究进入非西方背景的异质文化的时候，在政治层面所划分的国别研究及跨国研究已经不能解释跨越东西方文明文学作品、现象的变异因素。最初，韦斯坦因对东西不同文明比较是有所迟疑的，"我不否认有些研究是可以的。……却对文学现象的平行研究扩大到两个不同文明之间仍然迟疑不决。因为在我看来，只有在一个单一的文明范围内，才能在思想、感情、想象力中发现有意识或无意识地维系传统的共同因素，……而企图在西方和中东或远东的诗歌之间发现相似的模式则难言之成理"[1]。从此段话可以看出，西方学者对东西文明文化的比较研究仍将关注点置于发现"相似的模式"。韦勒克自1958年指出比较文学影响研究的危机之后，文学性重新在比较文学界受到重视，然而尽管平行研究拓宽了此学科的界限，但仍未将宽容置于不同文明之间。文学变异学便宣告所研究的中心在于"异"，不同文明的异质性是不可忽略的，也正是因此不同文明间的文化交流反而

---

① ［美］乌尔利希·韦斯坦因：《比较文学与文学理论》，刘象愚译，辽宁人民出版社1987年版，第5—6页。

会激生出或兴盛、或衰亡的文化因子。在跨文化变异研究中，笔者提出了三个方面的注意因素：

首先是文化过滤。"文化过滤指文学交流中接受者不同的文化背景和文化传统对交流信息的选择、改造、移植、渗透的作用"，"也是一种文化对另一种文化发生影响时，接受方的创造性接受而形成对影响的反作用"①。文学文本究竟发生了什么变异？这些变异的根底何在？跨异质文化下的文学文本事实上的把握与接受方式是怎样的？这些都是文化过滤所要研究的内容。具体而言，文学过滤具有三个方面的含义：其一，关注接受者的文化构成性。任何接受者都生长于特定的地域时空里，他与生俱来地烙上地域时空的文化印痕，社会历史语境以及民族心理等因素，而正是这些因素在交流中发挥着必然性的作用。埃德加·莫兰在其《方法：思想观念》一书中提到了"选择性疏忽"和"淘汰性压抑"便是文化过滤的另一体现，选择性疏忽使接受者忽略一切不符合接受圈文化信仰的东西，淘汰性压抑直接丢弃一切不符合接受圈信仰的信息或一切被认为来源错误的反对性意见。如《大卫·科波菲尔》在中国的首个译本是林纾的《块肉余生述》，原著有一句妻子要求丈夫尊重自己的话——"it was still because I honored you so much, and hoped that you might one day honor me"，但是在林纾译文中却为"然尚希冀顺谨侍君箕帚，附君得名，予愿已足"。中国古代封建社会中对妇女"以夫为纲"的文化背景若不为原作者已知，便会造成他国人对林纾翻译的困惑、质疑甚至误解。其二，接受过程中的主体性与选择性。"接受者的主体性是文化过滤的前提条件"，"接受者对交流信息存在选择、变形、伪装、渗透、叛逆和创新的可能性与必然性"，例如《诗经》的名称英译为 *The She King: The Book of Ancient Poetry* (James Legge)、*The Shi King: The Old Poetry Classic of the Chinese* (Williams Jenming)、*The Book of Songs* (Arthur Warley)、*The Classic Anthology Defined by Confucius* (Ezra Pound)。《诗经》

---

① 曹顺庆：《比较文学概论》，高等教育出版社2015年版，第180页。

既为歌又为诗的概念在英语中找不到相应的指称词，庞德竟然以为《诗经》出自孔子之手，确实是完全没有了解《诗经》的来源。《诗经》为民间歌谣、庙堂正曲、前朝遗音的集合，据传孔子删诗成今日305篇之《诗经》，但孔子删诗说在中国学界仍有争议。这便是接受者主体知识的影响和传播导致的后果。其三，是接受者对影响的反作用。在文化交流中，影响不仅要通过接受主体而发挥作用，并且有作用也有反作用。例如，寒山是唐时诗僧，在中国正统文学中少见其文字，《唐诗纪事》《文苑英华》《唐诗品汇》对寒山其人其诗都未曾提及，但寒山诗经由日本译本流传至美国却掀起了一股热潮，其诗所蕴含的回归自然、流浪汉形象使当时美国青年——疲惫欲求解脱的一代将其视为精神的追求，寒山成为当时美国青年印象中的"中国古代狂士形象"，后起的嬉皮士运动在思想上追求着这种禅宗自由精神，在服饰、装饰、生活方式借鉴中国僧士尤其是流浪僧人的打扮。而在20世纪80年代、90年代，这股嬉皮士运动热潮又深深地影响了中国青年，如摇滚乐、毒品、性解放思想、瑜伽等生活方式。虽然嬉皮士在美国存在的时间不足半世纪，但它影响的范围波及全世界。这也是东方禅宗异域接受以及其反作用的结果。

其次是文学误读，"由于接受者或接受者文化对发送者文化的渗透、修正与筛选，亦即文化过滤，从而造成影响误差，形成误读"[1]。"如果文化过滤存在于文化交流的始终，那么文化误读也必然伴随着文化交流的过程。"[2]文化在传播和接受过程中会因文化过滤的原因而造成发送者文化的损耗和接受者文化的渗透，这样也就会因发送者文化与接受者文化的差异而造成影响误差。其一，接受者依据自身的文化传统与思维习惯，在解读异质文化时会发生理解上的错位。如《红楼梦》在英国最早的译本出自戴维斯之手（J. F Davis），但戴维斯在第三回的宝黛初会时评宝玉《西江月》时将宝玉误作女性。如《西游记》在美国等他国流传中，唐僧与观音的男女关系错改等。其

---

①② 曹顺庆：《比较文学概论》，高等教育出版社2015年版，第178页。

二，从理解的历史性来看，当一部作品进入另一种文化语言之中，不仅是空间地域上的差异，同时也意味着跨越历史时空的错位。《环球时报》一记者回忆时常会遭遇一些让人哭笑不得的问题，比如，中国人是不是在屋顶上种庄稼？中国人是不是还留着辫子？如莫斯科大学宗教学教授谢苗诺夫在接受记者采访时说："中国有很多的自行车，人们还有着狂热的革命热情。"①这一停留在20世纪80年代的中国印象仅仅来源于一张旧照片。从笔者身边留学群体的反映，如德国播放的中国电视剧仍是1982年开拍的《西游记》，这些都是文化交流中的时空滞后性所带来的不可避免的误读。其三，虽然文学误读在文化过滤中不可避免，但在某些时候反而会有所创新。在跨文明的文学文本交流与对话中，创新变异也是根源于语言之间的差异性与不对称性。"因为人类的精神产品一旦脱离人的思维便凝结为具有物质形态性的语言形式。特定的经验世界一旦被语言所把握，我们也就受到语言的束缚和制约，而解脱束缚和制约也就必然意味着某种创新。"庞德认为中国汉字具有音义同构的特点，故而其译中国古诗往往运用拆字译法。如《论语》中"学而时习之，不亦说乎"，庞德译文为"To study with the white wings of time passing/is not that our delight"，"习"字拆成"羽"和"白"，翅膀寓意鸟的飞翔，将时间的流逝形象地表达出来，但是原文未将"时"的反复性译出也算创新中的信息错落。中国古诗的意象性在庞德创造性的翻译中也影响了美国现代诗意象派的形成，中国学者赵毅衡所著《诗神远游——中国如何改变美国现代诗》、钟玲《美国诗与中国梦》便是此研究领域之代表作。文化过滤和文学误读都是接受方文化在文学交流、对话过程中表现出的对交流主体的一种行为态度，是接受者主动性的表现。在基于文化的差异性、异质性之上，文化过滤和文学误读的过程既是原有文本意义衰减的过程，也是接受者文化渗透、新意义的生成过程。

---

① 参见《独联体国家惊讶中国巨变，认为中国人还留着辫子》，中国经济网2017年11月28日。

在文学变异学的概念之中，"他国化"成为最为深刻也最具研究价值的一部分。变异学对于文学的他国化的定义为："一国文学在传播到他国后，经过文化过滤、译介、接受之后的一种更为深层次的变异，这种变异主要体现在传播国文学本身的文化规则和文学话语已经在根本上被他国所化，从而成为他国文学和文化的一部分。"他国化的表现形式可分为两种：一种是从接受国的角度来看，即本国文学被他国文学所"化"，如在"五四"时期，中国的整理国故运动，以胡适所强调的科学为中心，凡事讲科学，科学主义对中国近现代的文学理论批评以及古代批评思想的影响在之后的学科建设、著述表达等诸方面根深蒂固。中国现代的诗歌形式在自由主义的思潮中，"我手写我口"，以白话文代替文言，以自由体形式代替绝句、律诗的音韵、格式要求，最后竟至古体诗成为小众之学，难入中国现当代文学史。而他国化的判断标准在于其话语规则是否发生改变。变异学中的话语理论概念并非指一般意义上的语言或谈话，而是借用当代的话语分析论，专指文化意义的建构法则，这些法则是指一定文化传统、社会历史和文化背景下形成的思维、表达、沟通与解读等方面的基本规则，是意义的建构方式和交流与创立知识的方式。例如，在中国主要的传统话语规则中有一个以"道"（Tao）为核心的意义生成和话语言说方式。中国儒道皆讲"道"，孔子之道谓行仁教，儒家作文更是以文载道为尊，《文心雕龙》第一篇便以《原道》为名，"道沿圣以垂文，圣因文而明道"，中国诗歌中所载之道可显性地呈现在诗句中，如李白"举头望明月，低头思故乡"，陆游"楚虽三户能亡秦，岂有堂堂中国空无人！"乡愁、报国之心溢于辞间；中国诗词亦可在言外寻意，如王维"行至水穷处，坐看云起时"，陶渊明"采菊东篱下，悠然见南山""晨兴理荒秽，带月荷锄归"，字词之间蕴涵着淡远幽雅的意境，可意会不可言传。中国古诗中蕴含的"志""道""境"是无法被现代西方科学理论所能条缕分析、精剖细解，而当下中国文学批评以西方逻各斯之观念将古文论分门别类、体系化、切割化，这也是"元语言"的置换过渡，一种本土文论他国化的体现。

变异学的提出是中国学者在长达数十年的学科理论建设和反思中作出的对整个比较文学学科的补充和调整。在一开始跨越语际、文化、文明的视野中观照文学文本、事件，在世界流传中的变异及变异因子的探寻。正是由于变异学最初所携带的跨越性、文学性、世界性特质使得此理论在实践过程中有极强的普适性和启发性。中国学者以跨文化的学术身份提出变异学，正如佛克玛所言同一文明圈内也存在变异，故而变异学同样适用于同质文明圈内的同源文化现象变异研究。中国作为东方文明古国，其历史资源和文学经验的积淀是远远未被西方文化圈所了解的，东方在现在一直以"他者"的身份呈现在"主体"——西方的印象中。然而，他者不再是主体眼中的他者而是与主体一样拥有"主体性"的他者。在审视作为"他者"的东方，无论是译本，还是图片、音像等各种信息，文学变异学将提供一种"具了解之同情"的态度。文学变异学同样将长期隐伏的"文化模子"提出水面，有时往往背景式的知识却往往被忽略，在文化的深层结构中决定着文化圈的话语言说方式，接受者无意中造成的信息错落等文化过滤，接受者因主体性和文化构成造成的文学误读以及更深层次的话语规划改变——他国化。变异前后的文学现象很少能完整地将信息重叠或接受，失真性造成的误解常常存在，对于他国形象或他国人民的认识也将出现不符事实的曲解，文化的多元性在口号中兴盛而在实践中消失，文学变异学不仅是在学科方法上提供借鉴之处，更是在认知方式上有着哲学性的启发。

2014年，笔者的英文著作：*The Variation Theory of Comparative Literature*（《比较文学变异学》），由全球最著名的出版社之一斯普林格（Springer）出版社出版，并在美国纽约、英国伦敦、德国海德堡出版、同时发行。《比较文学变异学》系统地梳理了比较文学法国学派与美国学派研究范式的特点及局限，首次以全球通用的英语语言提出了中国比较文学学科理论新话语："比较文学变异学"，将这一彰显中国特色的比较文学学科理论话语及研究方法呈现给世界。打造了一个易于为国际社会所理解和接受的新概念、新范畴和新表述，引导国际学术界展开了对变异学的研究和

271

文
化

本土化与中国学术转型（第二辑）

讨论。正如欧洲科学院院士、《欧洲评论》主编、比利时鲁汶大学英语与比较文学教授西奥·德汉对《比较文学变异学》（英文版）所评价：曹教授的该著作"将成为世界比较文学发展的重要阶段（an important stage），该书将比较文学从西方中心主义方法的泥潭中解脱出来"，"推向一种更为普遍（universal one）的理论。"（"I am already sure, though, that Cao's book will mark an important stage in the development of Comparative Literature away from a predominantly Western-centred approach to a more universal one."），显然，比较文学变异学已经成为国际比较文学一个标识性概念，成为一个有世界影响的中国话语。

欧洲科学院院士、西班牙圣地亚哥联合大学让·莫内讲席教授、比较文学系教授塞萨尔·多明戈斯教授（Cesar Dominguez），及美国科学院院士、芝加哥大学比较文学教授苏源熙（HaunSaussy）等学者合著的比较文学专著（*Introducing Comparative literature: New Trends and Applications*）高度评价了比较文学变异学。在该专著的第50页，作者引用了《比较文学变异学》（英文版）中的部分内容，阐明比较文学变异学对于另一个对于必要的比较方向或者说是过程十分重要的成果是，2013年出版的曹顺庆教授的《比较文学变异学》（英文版）。与比较文学法国学派和美国学派形成对比，曹顺庆教授倡导第三阶段理论，即，新奇的、科学的中国学派的模式，以及具有中国学派本身的研究方法的理论创新与中国学派，通过对中西文化异质性的"跨文明研究"，曹顺庆教授的看法会更进一步的发展与进步［《比较文学变异学》（英文版）第43页］，这对于中国文学理论的转化和西方文学理论的意义具有十分重要的价值①。

法国索邦大学（Sorbonne University）比较文学系主任伯纳德·弗朗科（Bernard Franco）教授在他最近出版的专著《比较文学：历史、范畴与方

---

① Cesar Dominguez, HaunSaussy and Dario Villanueva, *Introducing Comparative literature: New Trends and Applications*, London and New York: Routledge, 2015. p.50.

法》中，多次提及并赞赏变异学理论。他认为比较文学变异学理论是中国学者对世界比较文学的重要贡献。

美国哈佛大学厄内斯特·伯恩鲍姆讲席教授、比较文学教授大卫·达姆罗什（David Damrosch）对该专著尤为关注。他认为《比较文学变异学》（英文版）以中国视角呈现了比较文学学科话语的全球传播的有益尝试。曹顺庆教授对变异的关注提供了较为适用的视角，一方面超越了亨廷顿式简单的文化冲突模式，另一方面也跨越了同质性的普遍化。

比较文学变异学理论作为比较文学"中国话语"，已经受到了国际学界的广泛关注与高度评价，真正实现了习近平主席所主张的"提炼标识性概念，打造易于为国际社会所理解和接受的新概念、新范畴、新表述，引导国际学术界展开研究和讨论"[①]，让中国学术话语产生世界性影响。

［原文发表于《济南大学学报》（社会科学版）2020年第1期］

---

① 习近平:《在哲学社会科学工作座谈会上的讲话》，新华网2016年5月18日。

本
土
化
与
中
国
学
术
转
型
（
第
二
辑
）

媒介空间中的"耗费"式抵抗

——基于日常抵抗理论的茶馆文化研究（1912—1949）

蒋晓丽　郭旭东*

一、引言

茶馆是中国城市常见的一种市民消闲场所，是城市居民休闲放松、消磨时间的理想去处。但如若立足于20世纪上半叶的历史时段，则茶馆之于中国城市居民的作用远非娱乐消闲所能概括。实际上，在这一近代中国社会结构转型的关键时期，茶馆俨然已成为城市社会网络的重要结合点，为普通民众提供了传播信息、交往互动的社会空间①。尤其在1912年民国正式成立后，随着社会动荡的进一步加剧，茶馆在民间社会生活中的地位更显重要。因此，对民国时期茶馆文化的研究，对于我们理解处于历史转折点中的中国政治社会②的市民公共生活与大众文化面貌理应有所助益。

---

　　*　蒋晓丽，四川大学文学与新闻学院教授、博士生导师；郭旭东，四川大学文学与新闻学院博士研究生。

　　①　王笛：《茶馆——成都的公共生活和微观世界（1900—1950）》，社会科学文献出版社2010年版，第13页。

　　②　此处借用印度学者帕萨·查特杰（Pasha Chatterjee）的"政治社会"理论，代指中介于国家与中产阶级公民社会（精英阶层）之间的底层生活领域。参见［印］帕萨·查特杰：《被治理者的政治》，田立年译，广西师范大学出版社2007年版，第46—48页。

创作《茶馆》的老舍先生早在20世纪50年代便注意到茶馆与社会结构之间隐含的呼应，他在《答复有关〈茶馆〉的几个问题》中谈道："一个大茶馆就是一个小社会，……我要是把他们（下茶馆的小人物）集合到一个茶馆里，用他们生活上的变迁反映社会的变迁，不就侧面地透露出一些政治消息么？"[①]循此思路，研究者业已有意识地将茶馆作为观察中国近代史"潜流"的一扇窗口，将茶馆文化视为近代中国社会文化的缩影[②]。因此，对民国茶馆文化的研究，实有"以小见大"的效果，时人在茶馆中看似不经意的活动，实则有着丰富的社会和文化内涵潜藏其中。这一基于"微观史"史观的假设，可谓是茶馆研究一贯遵循的基本前提。对茶馆的"微观史"研究，尤以王笛在《街头文化》《茶馆》等专著中对成都茶馆文化的研究最为缜密、系统，产生了很大影响。他试图通过对成都茶馆文化的细致考察，展现底层大众在国家、精英双重压迫下的持续抵抗活动，证明城市大众文化在现代化进程中顽强的连续性[③]。本文即是在王笛观点的基础上，进一步探讨茶馆文化与社会权力之间的互动关系，考察"坐茶馆"的底层大众如何

---

① 老舍：《答复有关〈茶馆〉的几个问题》，《文艺研究》1979年第2期。

② 譬如，卢汉超便认为，"茶馆一直与传统中国的城市生活联系在一起。尽管茶馆的重要性因地方、社会群体或阶级而异，但毫无疑问，茶馆是最能体现中国文化特征的文化形式之一"。参见Lu, Han Chao., "Away from Nanking Road: Small Stores and Neighborhood Life in Modern Shanghai," *The Journal of Asian Studies*, Vol.54, No.1, 1995, pp.93-123.此外，对近代中国茶馆文化进行专门研究的文献数量已渐成规模，以下仅举几篇：Shao, Qin., Tempest over teapots: The vilification of teahouse culture in early republican China, *The Journal of Asian Studies*, Vol.57, No.4, 1998, pp.1009-1041; Goldstein, J., From Teahouse to Playhouse: Theaters As Social Texts in Early-Twentieth-Century China, *The Journal of Asian Studies*, Vol.62, No.3, 2003, pp.753-779；潮龙起：《近代帮会的茶馆与茶文化》，《江苏社会科学》2003年第3期；冯贤亮：《江南城镇的茶馆（1912—1949）》，《江南大学学报》（人文社会科学版）2016年第1期。

③ 王笛：《街头文化——成都公共空间、下层民众与地方政治（1870—1930）》，李德英、谢继华、邓丽译，商务印书馆2013年版，第236页；王笛：《茶馆——成都的公共生活和微观世界（1900—1950）》，社会科学文献出版社2010年版，第186页。

在日常实践中抵抗现代化进程对传统公共生活的侵入与宰制①。

而相较于传统历史研究以经验性历史叙述为主要论证方式，本文拟从理论阐释与资料呈现相结合的文化研究视角切入，探索茶馆文化背后的社会文化表征。如果说历史研究的关注点是历史资料的丰赡与完备，并在此基础上尽可能还原事件本貌、回溯历史进程，那么"历史的文化研究"（historical cultural studies）所要着手的则是发掘历史现象背后的深层意指，探讨被规范化历史叙述所遮蔽的底层民众社会心态/感觉结构的表现形式。在此意义上，"历史"可以成为文化研究的经验对象，并且文化研究为考察"历史"提供了区别于传统历史研究的另类途径。如理查德·约翰逊（Richard Johnson）所言，"文化研究不必如历史学一般看待历史"，文化研究可以"为了追求一个更根本性的论点使用历史案例。可以出于各种目的对过去进行'入侵'"②。这正是所谓文化研究"历史转向"的一种具体表现。由此，民国茶馆文化作为一个具体的历史案例，显然可作为文化研究所观照的研究对象。

同时，将民国茶馆文化作为研究对象，亦符合文化研究一贯的"关注底层"的基本问题意识。斯图亚特·霍尔（Stuart Hall）便曾指出，大众是"重要的历史因素"，"沉默的大多数在思考，如果他们没能发出声音，

---

① 王笛在其著作中已经关注到本文所采用的"日常抵抗"理论以及"弱者的武器"等概念。如他在《街头文化——成都公共空间、下层民众与地方政治（1870—1930）》中指出，当"地方军事力量的崛起"使民众"不能从法律上获得足够的保护"时，民众便会"将一些日常的抵抗方法作为'弱者的武器'"。参见王笛：《街头文化——成都公共空间、下层民众与地方政治（1870—1930）》，社会科学文献出版社2010年版，第288页。但王笛的研究从传统历史研究方法入手（无论是"新兴"的"微观史"或"文化史"范式，其落脚点仍在于对历史材料的整理、呈现和经验性分析，只不过其经验对象和"讲故事"方式有所不同），未使用"日常抵抗"理论对历史事件进行"文化研究"式地阐释。而本文尝试借由这种"文化研究"式的阐释方式，理解底层社会参与茶馆文化、开展"日常抵抗"的某些深层意指。

② Johnson, R., Historical returns: Transdisciplinarity, cultural studies and history, *European Journal of Culatural Studies*, Vol.4, No.3, 2001, pp.261-288.

那是因为我们不去倾听他们，剥夺了他们发声的工具"①，霍尔由此呼吁文化研究学者应主动接近大众，并将之视为文化实践的主体与历史发展的持续动力。在他看来，对底层大众的关注理应成为我们观察和反思社会现象的出发点，对政治社会的同情与介入是文化研究批判性立场的一种鲜明体现——即使说是最为鲜明的体现或许也并不夸张。此外，一旦涉及民国茶馆文化中蕴含的权力关系问题，则文化研究作为一种研究视角亦可适用于对此权力关系表征的探究，因为"在文化研究看来，权力和权威分布于社会之中，形成了特有的社会形构与权力结构，而解释这些权力结构便是文化研究的核心主题"②。基于此，当我们试图透过民国茶馆文化理解现代化进程中中国政治社会、公民社会与国家三者间的权力分配与互动关系时，文化研究的视角使我们能够超越经验性叙述的限制，深入对问题本质的阐释环节之中。

在论述展开前，我们尚需对民国茶馆在当时政治社会、公民社会与国家三者联系中扮演的角色做一先行判断，以便明确本文论证的起点。依据查特杰的观点，"政治社会"应是"国家"与"公民社会"之间的中介，其中"国家"所指的是作为权力代言人的地方统治者或政府官员，"公民社会"指的则是"一小部分有文化训练的公民"，即中产阶级精英或知识精英③。而以底层大众为主体的"政治社会"，则"中介"于国家与公民社会之间，"他们为了生存而必须与两造权力机制——国家及以中产阶级为主体的公民社会——在所谓的公共领域中周旋"④。基于此，为突出茶馆作为一种政治社会活动空间的"中介"特征，本文尝试以"媒介空间"（media

---

① Grossberg, L., ed. On postmodernism and articulation: an interview with Stuart Hall, in Morley, D. & Chen, Kuan-Hsing., eds., Stuart Hall: Critical Dialogue in Culatural studies, London: Routledge, 1996, p.140.

② 陶东风、和磊：《文化研究》，广西师范大学出版社2006年版，第19页。

③ ［印］帕萨·查特杰：《被治理者的政治》，田立年译，广西师范大学出版社2007年版，第49页。

④ 陈光兴：《去帝国——亚洲作为方法》，（台北）行人出版社2006年版，第367页。

space）概念界定其在社会总体权力关系中的角色性质。在本文语境中，"媒介空间"与"社会空间"的含义相近，它是"人与人、人与事物（包括物质环境）之间的关系状态"①，它"既指由媒介创造的各种空间，也指现有空间在日常生活中具体化时对媒介形式产生的影响"②。"媒介空间"亦如"社会空间"一般，"由社会生产"，以"社会生活本身的一种'具体化'与媒质而存在"③。在此意义上，民国茶馆可被视为当时底层大众相互之间及其与国家、精英占据的外部环境产生联系的重要纽带/媒介，或者说是联结底层、精英和国家的交往中心与信息中心④。以"媒介空间"界定茶馆，强调了其作为底层大众实施"日常抵抗"（everyday resistance）之中介场所的功能属性。以"媒介空间"概念为起点介入对茶馆文化的考察，我们能够从更具结构性的角度理解民国茶馆文化与社会权力之间的深层互动关系。

这种深层互动关系最为鲜活、具体的表征，便是前文论及的底层大众针对国家、精英双重压迫的"日常抵抗"活动。"日常抵抗"理论是詹姆斯·斯科特（James C. Scott）思想体系的核心范畴，在《弱者的武器》等著作中，斯科特借助"日常抵抗"理论分析了东南亚底层农村社会的文化

① 郑震：《空间：一个社会学的概念》，《社会学研究》2010年第5期。

② Couldry, N. & McCarthy, A., eds., *MediaSpace: Place, scale and culture in a media age*, London: Routledge, 2004, p.2.

③ ［美］爱德华·W.苏贾：《后现代地理学》，王文斌译，商务印书馆2004年版，第182页。

④ 需要注意的是，本文对国家、精英、底层大众的划分，主要依据社会身份、经济能力、受教育水平等比较直观的标准，但实则民国时期的社会精英之中亦有新旧之分，底层大众之中亦有贫富之别，这些社会群体的内部差异本文在论述中姑且"悬置"，仅在论述需要时进行说明。与此同时，"坐茶馆"的茶客也并不仅限于某一社会群体，只是对于底层大众而言，"坐茶馆"是为数不多他们能够负担得起的娱乐休闲方式，因此若要探讨底层大众"日常抵抗"之表现与意义，对茶馆文化进行研究是一种较为可行的选择。况且茶馆本身亦有为底层大众服务的"传统"，《四川省志·民俗志》中写道："清代……主要是下层劳动者上茶馆，有身份的人都不愿进茶馆。"参见四川省地方志编纂委员会编：《四川省志·民俗志》，四川人民出版社2000年版，第188页。

与权力冲突。安娜·约翰松（Anna Johansson）和斯特兰·文萨根（Stellan Vinthagen）基于斯科特的"日常抵抗"理论，推演出一套具有较强可操作性的社会学分析框架，这一分析框架为本文探究茶馆文化中的"日常抵抗"活动提供了便利。此外，乔治·巴塔耶（Georges Bataille）在20世纪30年代提出的"耗费"（expenditure）概念亦关注大众的"日常抵抗"活动，但在过往研究中未受重视，本文尝试在"日常抵抗"理论及其分析框架中整合"耗费"概念①，以此解答本文对民国茶馆文化展开研究时所面临的一个核心问题，即"人们为何会在茶馆中'虚耗时间'"？②

二、理论依据与分析框架概述

（一）"日常抵抗"理论及其分析框架

在《弱者的武器》一书中，斯科特通过区别"日常抵抗"与"公开抵抗"的异同，明确了他对"日常抵抗"活动总体特征的界定。一方面，"日常抵抗"的宗旨同激进的"公开抵抗"一样，"旨在减少或拒绝来自上层阶级的索要或者对上层阶级提出自己的要求"，另一方面，"日常抵抗"的斗争策略与"公开抵抗"不同，它"是非正式的、通常是隐蔽的，并且以关注直接的实际的物质获取为主"③。"日常抵抗"的参与主体是作为无权者的底层大众，"日常抵抗"的斗争对象则是国家与精英及两

---

① 无论是"日常抵抗"理论抑或"耗费"概念皆仅代表了其提出者思想体系中的一部分内容。对不同理论的"部分内容"进行整合并融为一种单一理论视角，是文化研究的一种基本操作方法。如劳伦斯·格罗斯伯格（Lawrence Grossberg）所言："文化研究拒绝为了理论的原因而信奉理论的纯粹性。那就是说，一个人无须一定采纳整个的理论。他可以把一个理论的部分主张与另一个理论的部分主张连结起来使用。"参见［美］劳伦斯·格罗斯伯格：《文化研究之罪》，郑飞燕译，载陶东风编：《文化研究精粹读本》，中国人民大学出版社2006年版，第126页。

② 舒新城：《蜀游心影》，开明书店1929年版，第162页。

③ ［美］詹姆斯·C.斯科特：《弱者的武器》，郑广怀、张敏、何江穗译，译林出版社2011年版，第39页。

者共同推进的现代化运动①。无权群体的"日常抵抗"手段，即斯科特所谓"弱者的武器"（weapons of the weak），包括以下几种形式："行动拖沓，假装糊涂，虚假顺从，小偷小摸，装傻卖呆，诽谤，纵火，破坏等等。"②除此之外，"流言蜚语、人格污蔑、起外号、谣传"等"象征性反抗"手段，使底层大众能够以表面顺从的姿态从事反抗实践，被斯科特称为"危险的情境下的民主之声"。③在《统治与反抗的艺术》一书中，斯科特将"象征性反抗"视为与"公开文本"相对的底层社会的"隐藏文本"（hidden transcripts），它产生于主流政治舞台之外，"在权力所有者的直接监视之外"。"隐藏文本"中蕴含着对统治者镇压的"日常抵抗"，如斯科特所言，"统治和剥削造成对人们尊严的侮辱和蔑视，由此转而培育出充满愤怒的隐藏文本"④。

斯科特的"日常抵抗"理论，及其提出的"弱者的武器""隐藏的文本"等概念为我们理解"底层政治"（infra politics）运作提供了独到的视角，但若要在具体研究实践中应用"日常抵抗"理论的概念和观点，则还需一个更具经验性和可操作性的方法论框架。基于此，本文尝试借用约翰松和文萨根构建的"日常抵抗"分析框架，作为考察民国茶馆文化这一研究对象的论述支撑。约翰松和文萨根构建的"日常抵抗"分析框架在综合、发展前人研究成果

---

① 在斯科特考察的案例中，政府基于现代化标准实施的政策调整（"绿色革命"）冲击了底层社会的传统社会秩序，威胁到民间法则与大众文化的生存与持续。政府试图一蹴而就地在底层社会建立现代化的意识形态霸权，其对"落后"的"下层阶级亚文化"的镇压造成底层社会不满，后者进而以诸种"日常抵抗"手段对上层镇压发起"游击式"抗争，争取民间文化与传统生活方式的活动、生存空间。［美］詹姆斯·C.斯科特：《弱者的武器》，郑广怀、张敏、何江穗译，译林出版社2011年版，第42—43页、第360页。

② ［美］詹姆斯·C.斯科特：《弱者的武器》，郑广怀、张敏、何江穗译，译林出版社2011年版，第35页。

③ ［美］詹姆斯·C.斯科特：《弱者的武器》，郑广怀、张敏、何江穗译，译林出版社2011年版，第342—343页。

④ Scott, JC., *Domination and the Arts of Resistance*: *Hidden Transcripts*, New Haven: Yale University Press, 1990, p.4, p.7.

的基础上提出，他们尤其从克里斯汀·金（Christine B. N. Chin）和詹姆斯·米特尔曼（James H. Mittelman）探讨"全球化抵抗"的文献中获得启发①。金和米特尔曼从四种"要素"的角度出发考察"全球化抵抗"运动，即"形式、行动者、场所和策略"。在此基础上，约翰松和文萨根立足于"社会生活研究的四个关键领域"，即"社会行动的模式和关系以及它们如何在时间和空间中被组织和概念化"，在理论性层面充实了金和米特尔曼的四种要素分类②。

约翰松和文萨根的分析框架包含以下四个维度："日常抵抗剧目；行动者间关系；空间化；日常抵抗的时间化。"③其中，"日常抵抗剧目"（repertoires of everyday resistance）基于查尔斯·蒂利（Charles Tilly）的"抗争剧目"理论提出④，其意指底层大众"日常抵抗"活动中采取的具有可重复性的诸种抵抗形式；"行动者间关系"（relationships of agents）吸收了乔斯林·霍兰德（Jocelyn A. Hollander）和雷切尔·因沃纳（Rachel L. Einwohner）对抵抗活动中行动者类型的分类方式，即认为行动者应包含"抵抗者、抵抗目标和观察者"三类⑤，由此提出抵抗活动实际上是三者互动的过程，是一种"社会建构"；"空间化"（spatialization）涉及行动者参与抵抗活动的"场所"，"场所"在"日常抵抗"分析框架中被视为"社会空间"，其与社会形成互构，"权力和规范的关系'内刻'在社会生活的空间性之中"⑥——本文

① Chin, CBN. & Mittelman, JH., Conceptualising Resistance to Globalisation, *New Political Economy*, Vol.2, No.1, 1997, pp.25-37.

②③ Johansson, A. & Vinthagen, S., Dimensions of Everyday Resistance: An Analytical Framework, *Critical Sociology*, Vol.42, No.3, 2016, pp.417-435.

④ 蒂利所谓"抗争剧目"，即"某些政治行动者内部当时所知晓且可用的一批抗争表演"，"抗争表演"指的是"一些相对为人们所熟悉的、标准化的抗争方式——运用这些方式，一群政治行动者向另一群政治行动者提出集体性要求"。参见［美］查尔斯·蒂利、西德尼·塔罗：《抗争政治》，李义中译，译林出版社2010年版，第18页。

⑤ Hollander, JA. & Einwohner, RL., Conceptualizing resistance, *Sociological Forum*, Vol.19, No.4, 2004, pp.533-554.

⑥ Johansson, A. & Vinthagen, S., Dimensions of Everyday Resistance: An Analytical Framework, *Critical Sociology*, Vol.42, No.3, 2016, pp.417-435.

将茶馆这一物理"场所"视为一种"媒介空间"和"日常抵抗"中介的理论依据亦正在于此；"时间化"（temporalization）在金和米特尔曼的框架中未被论及，约翰松和文萨根则将之作为"日常抵抗"分析框架的"中心维度"，在他们看来，"'日常'建基于亲密和常规的社会生活之上"①，"日常抵抗"所在的空间情境随时间而变，即空间本身便含有"时间性"，时间和空间一样同权力关系相关联，"对时间（和空间）的控制是规训权力的基本特点"②。在本文语境中，茶馆实际上便在时间和空间意义上面临着权力所有者的控制意图。现代化进程的推动者们试图以"机械化时间制"同化底层大众的社会生活方式，"坐茶馆"首当其冲成为国家、精英联手抵制的"痼习"与"颓风"③。与此同时，底层社会的"日常抵抗"通过茶馆文化中的抵抗"剧目"对"机械化时间制"的同一标准展开抗争，时间"耗费"在此成为一种沉默的抵抗手段，向现代化运动由上至下的渗透发起"反击"。

（二）巴塔耶的"耗费"思想

巴塔耶在其1933年发表的《耗费的观念》一文中提出的"耗费"思想，可谓构成了他"关于世界、关于世界之人的思考的轴心"④。巴塔耶意义上的"耗费"是"对于以占有和生产为核心的同质性的社会组织原则的反叛"⑤。"耗费"是非功利性、非生产性的，它的基本原则是"缺失原则"，"这个缺失应当是彻头彻尾的，这样，这个活动才能获得它的真实意义"⑥。

①② Johansson, A. & Vinthagen, S., Dimensions of Everyday Resistance: An Analytical Framework, *Critical Sociology*, Vol.42, No.3, 2016, pp.417–435.

③ 《通令：为纠正人民赌博及闲坐茶馆等陋习通饬遵照执行由》，《四川省政府公报》1948年第537期。

④ ［法］乔治·巴塔耶：《被诅咒的部分》，刘云虹、胡陈尧译，南京大学出版社2019年版，第7页。

⑤ 杨威：《超然物外——巴塔耶耗费思想探要》，中国社会科学出版社2016年版，第15页。

⑥ ［法］乔治·巴塔耶：《耗费的观念》，汪民安译，载汪民安编：《色情、耗费与普遍经济》，吉林人民出版社2003年版，第41页。

巴塔耶一反功利主义经济模式以"增长"为常识性原则的立场，以"耗费"作为其"普遍经济模式"的"首要对象"。在巴塔耶看来，如果说资本主义社会的种种社会问题是一味追求"增长"导致的必然结果，那么积极的"耗费"则使人类社会的生命能量能够始终维持良性运转，而不致引发冲突与灾难。他甚至不无夸张地写道："没有自由的消耗，没有能量的耗费，就没有集体乃至个体的存在。"[①]

积极的"耗费"亦是人们获得自主性的前提。巴塔耶认为，非功利性的"耗费"体现了主体的"抵抗性格"。因为非功利性的"耗费""决不会局限于理性概念指派给它的那些封闭体制中"，其意义来自"被指定、被储备的力量自我释放"的时刻，由此形成的"抵抗"使人不再"在物事的无条件的辉煌中被单独隔离"。[②]在巴塔耶那里，"抵抗"意味着"经验"对"计划"的抗争，"经验"是个体直觉的感受，"计划"是一系列有预谋、功利性的筹划。[③]"抵抗"的源泉来自社会金字塔的底层，他们以自下而上的"逆流否认处于更高位置的存在的完满"。[④]在此，巴塔耶对"抵抗"的理解与斯科特的"日常抵抗"理论前后呼应，他们一致关注底层社会的抵抗实践，并且皆从个体或集体的经验性活动层面，即日常行为层面，探究抵抗活动的运作模式及其对抗"计划"（如现代化运动）的方式与意义。具体到本文论述中，巴塔耶的"耗费"概念将为我们阐释底层社会"日常抵抗"的"时间化"抵抗形式提供话语资源。

① Bataille, G., Attraction and Repulsion II: Social Structure, in Hollier, D., ed., *The College of Sociology* (1937—39), *trans. by Wing*, B., Minneapolis: University of Minnesota Press, 1988, p.123.

② ［法］乔治·巴塔耶：《耗费的观念》，汪民安译，载汪民安编：《色情、耗费与普遍经济》，吉林人民出版社2003年版，第40页。

③④ ［法］乔治·巴塔耶：《内在经验》，程小牧译，生活·读书·新知三联书店2017年版，第40页、第170页。

三、"日常抵抗"理论视域中的民国茶馆文化：以成都为例

在理查德·约翰逊看来，"历史的文化研究"在对历史材料的选择上，可以为了理论阐释的目的而广泛依赖"二手材料"（secondary sources），且"这些材料不必'面面俱到'（great schematic sweeps），可以是对历史的'抽查'（spot check）"，进而"我们可以通过强调历史环境的某几个特征来适配和相对化我们的理论框架"①。基于此，以"日常抵抗"的理论视域为前提，本文选择以民国年间的成都茶馆为研究对象加以分析和阐释。这一方面是因为民国年间成都茶馆数目之多及饮茶之风行在全国首屈一指②，且成都茶馆较之其他城市更显"平民化"③，另一方面则是因为民国年间成都动

---

① Johnson, R., Historical returns: Transdisciplinarity, *cultural studies and history*, pp.261-288.

② 关于（晚清）民国年间成都茶馆数量，以下转录陈茂昭的整理："成都茶馆之多，向为全国之冠。据清末傅桥村所著《成都通览》载，一九〇九年成都有茶馆四百五十四家。二十多年后，成都《新新新闻》报一九三五年版一月统计，成都的茶馆有五百九十九家。到一九四一年原成都市政府编制的统计表列，成都茶馆为六百一十四家，其会员人数居全市工商业第五位。截至一九四九年解放前夕，成都市茶社业同业公会记载，茶馆数目为五百九十八家。"参见陈茂昭：《成都的茶馆》，《成都文史资料选辑》第四辑，内部发行，1983年，第178页。成都人"坐茶馆"的风气亦是盛极一时，有民谚曰："成都是个大茶馆，茶馆是个小成都"，乃至"一城居民半茶客"。参见成都市地方志编纂委员会办公室编：《成都精览》，巴蜀书社2017年版，第356页、第358页。

③ "与其他城市相较，成都茶馆显得很'平民化'，阶级畛域并不突出"。参见王笛：《茶馆——成都的公共生活和微观世界（1900—1950）》，社会科学文献出版社2010年版，第32页。在民国成都，无论是精英抑或底层百姓，都乐于在"茶馆"中闲坐、社交，如作家何满子所言，"成都茶馆的'良风美俗'之一就是相对来说很平等，公爷们和下力的都在一家茶馆里泡"。参见何满子：《蓉城忆往》，曾智中、尤德彦编：《文化人视野中的老成都》，四川文艺出版社1999年版，第248页。甚至当时居住在成都"贫民窟"中居于社会最底层的穷人，也将"坐茶馆"作为一种日常娱乐方式。参见黄华琳：《一个贫民窟的社会生活》，何一民、姚乐野编：《民国时期社会调查丛编》（三编 四川大学卷上），福建教育出版社2014年版，第85页。由此可见，尽管称茶馆为独属于底层社会的活动空间并不准确，但较之其他昂贵的或非公共的娱乐形式，它确乎为底层大众提供了进行包括"日常抵抗"在内的一系列日常活动的舞台。

荡不安的社会环境极大地刺激了底层大众"日常抵抗"活动的发展。①下文将依据约翰松和文萨根的"日常抵抗"分析框架对民国成都茶馆中的"日常抵抗"活动展开探讨。

（一）日常抵抗的剧目

查尔斯·蒂利的"抗争剧目"理论借由一种戏剧层面的比喻提出，"抗争剧目"将抗争活动本身视为舞台上模式化的戏剧表演类型，"它们被用于同样一些'提出要求者—要求对象'配对组合"，亦即是说，"当人们在提出集体性要求时，其行动方式上的创新则只能在特定的抗争剧目——那些已然确立起来的、与他们所在的地点、时间及配对形式相对应的剧目——所设定的限度内进行"。②因此，民国茶馆文化中"日常抵抗的剧目"，实际上就是重复发生在茶馆空间中且为集体所接受的一些"日常抵抗"形式。

我们不妨以斯科特的"弱者的武器"和"隐藏的文本"概念区分这些发生在茶馆空间中的"日常抵抗的剧目"。如前所述，在斯科特那里，"弱者的武器"包含了"行动拖沓，假装糊涂，虚假顺从，小偷小摸，装傻卖呆，诽谤，纵火，破坏"等具体抵抗形式。这些抵抗形式的共同点是作为无权群体的底层大众在剧目表演"前台"利用某种行动挑战现代化规范的控制意

① 在1937年国民政府正式迁都重庆之前，民初四川地区长期处于军阀自治状态，"防区制"体制下最有势力的五位地方军阀是：刘湘、刘文辉、邓锡侯、田颂尧、杨森。罗伯特·柯白（Robert A. Kapp）认为，当时"四川军阀政府的主要职能就是榨取地方财富"以供养军队。参见［美］罗伯特·A.柯白：《四川军阀与国民政府》，殷钟崃、李惟健译，四川人民出版社1985年版，第28页、第46页；军阀统治四川时期，仅在1917年一年之内，成都便爆发两次巷战。1932年，刘文辉、刘湘叔侄矛盾加剧，爆发战争，成都复受巷战摧残。这几次巷战"给成都民众造成了空前的灾难"。参见何一民：《成都通史》（民国时期），四川人民出版社2011年版，第18—21页。1937年后，抗日战争爆发，全国局势紧张，成都作为大后方亦未能幸免于战火波及，时人回忆称："抗战八年中，成都遭受日本空袭十三次，轰炸九次，其中尤以一九三九年的'六·一一'，一九四〇年的'十·二七'，一九四一年的'七·二七'三次的轰炸、焚烧、扫射最为酷烈。"参见杨锡民、邓璞如：《回忆抗日时期成都遭受敌机轰炸的惨状》，《成都文史资料选辑》第三辑，内部发行，1982年，第32页。

② ［美］查尔斯·蒂利、西德尼·塔罗：《抗争政治》，李义中译，译林出版社2010年版，第23页。

图。在民国茶馆空间中，利用所谓"弱者的武器"反抗国家、精英的做法，以公然无视政府执法权的"吃讲茶"最具代表性。"吃讲茶"是成都地方社会的一种传统自治方式，"此俗数百年皆然"。①它指的是当民众间发生冲突时，不去衙门或法庭告状、上诉，而是在茶馆中经一中间人面对面说理调解，"经调解人仲裁，如双方各有不是，各付茶钱一半。如果哪方理亏，就负责给全部茶钱"②。而"吃讲茶"选定的调解人，往往是在地方居民中颇有威望的"袍哥大爷或保甲团防首领"③，他们同时也是最能团结民国成都底层社会的具有一定地方精英色彩的人物④。民国成都市民对以"吃讲茶"作为纠纷调解形式的热衷，对政府执法权的无视，激起了国家、中产阶级精英的不满，他们通过一系列政策、舆论手段加强对"吃讲茶"的禁止。如在《新新新闻》发布于1946年3月的一篇题为《茶馆不是评理处，纠纷由保甲调解：禁止串通兵痞诈压平民》的报道中，所记录的政府取缔"吃讲茶"办法第一条便是："市民如有纠纷，应请当地保甲在保办公处调解。"⑤但即便如此，整个民国时期，"吃讲茶"的习俗却从未在民间中断⑥。作为一种"弱者的武器"，"吃讲茶"这一民间习俗体现出成都"城市自治"传统和大众

---

① 四川省地方志编纂委员会编：《四川省志·民俗志》，四川人民出版社2000年版，第189页。

② 杨武能、邱沛篁编：《成都大词典》，四川辞书出版社1995年版，第731页。

③ 王笛：《袍哥》，北京大学出版社2018年版，第121页。

④ 民国年间，成都地区袍哥之组织甚为庞大，在地方影响力甚巨。但知识精英对袍哥组织印象很差，如1944年华西协和大学的一篇社会学系毕业论文中写道："现今'哥老'（在四川一般称'袍哥'），弊害百出……对国家民族，诚有百害而无一利。若不彻底取缔，安靖后方，影响所及，何堪设想。"由此可见，尽管"袍哥"在地方底层社会中颇有"地方精英"之相，但在支持现代化运动的中产阶级公民社会或知识界看来却是国家和地方的一大祸患。参见邹良骥：《"哥老"组织之研究》，何一民、姚乐野编：《民国时期社会调查丛编》（三编 四川大学卷上），福建教育出版社2014年版，第31页。

⑤ 《茶馆不是评理处，纠纷由保甲调解：禁止串通兵痞诈压平民》，《新新新闻》1946年3月8日。

⑥ 四川省地方志编纂委员会编：《四川省志·民俗志》，四川人民出版社2000年版，第189页。

文化的顽强延续性，反映了成都底层社会对不受干预的"消极自由"的一贯追求。当民众无力与国家、精英的双重压迫展开正面对抗之时，他们唯有在社会结构边缘处努力发出自己的声音。

相较于"弱者的武器"，"隐藏的文本"概念更多是指底层社会对现代化规范的象征性反抗，这种反抗活动中还蕴含着对统治阶级试图在底层社会建立"意识形态霸权"的抗争。斯科特亦就"隐藏的文本"提出了几种具体抵抗形式，包括"流言蜚语、人格污蔑、起外号、谣传"等。不难看出，相较于以反规范的行动反抗国家、精英之双重控制的"弱者的武器"，底层社会采用的"隐藏的文本"主要是通过大众在"后台"的活动对统治阶级展开非暴力的、"沉默"的抗争。在民国茶馆空间中，这种"日常抵抗"形式十分常见。闲聊时政、议论国事便是其表现之一。1911年前后，四川保路运动的发展成为茶馆中被谈及最多的话题，茶馆俨然成为传播保路运动最新动向的消息中心，"每天人们聚集在茶馆，议论运动最新的发展"[①]。但当政治运动硝烟散去时，成都茶馆中议论时政的方向也随之出现了根本性的变化，即由对宏观政治议题的密切关注，转向其后对城市现代化政策执行者的风议与言论攻击。其中尤以20年代初一位成都文人（同时也曾是一位茶馆老板）刘师亮对军阀杨森的讽刺最为典型。杨森在其短暂的主政成都时期内，曾极力推进成都的城市现代化建设，实行"新政"。但由于杨森作风过于激进，在底层民众中风评甚为不佳[②]。司昆仑（Kristin Stapleton）认为，杨森对属下士兵的管教不力导致的社会环境混乱，以及对反抗活动的坚决镇压，"使得成都没有形成一个有利于公开抵抗的环境"[③]，进而促使以

---

① 王笛：《民国时期的成都茶馆与公共政治》，姜进、李德英：《近代中国城市与大众文化》，新星出版社2008年版，第17页。

② 马宣伟、吴银铨、肖波：《杨森的一生》，《重庆文史资料》第四辑，内部发行，1979年，第32—34页。

③ Stapleton, K., *Civilizing Chengdu: Chinese Urban Reform* (1895—1937), Cambridge: Harvard University, 2000, p.242.

讽刺文人刘师亮为代表的民间抵抗力量唯有以"隐藏的文本"形式对杨森进行"日常抵抗"。如为反对杨森的春熙路建设计划,刘师亮曾作讽刺诗攻击道:"马路已捶成,问督理:何时才'滚'?民房将拆尽,愿将军,早日开'车'!"①至于底层社会对杨森的言论攻击,则或多或少带有一些造谣、夸大的性质,这些对杨森的讽刺在茶馆空间中广泛传播,以至于对杨森的"新政"运动产生了直接影响。如有一则流言中说,"杨森的军队之所以要把未受教育的人聚集到一起,是为了更容易地征召劳动力,或收更高的税,或挑选漂亮女人"②,此类流言显然对杨森的"新政"运动不利。由此可见,"隐藏的文本"作为一种"日常抵抗"形式,在统治者视线之外帮助成都底层民众实现了对现代化运动的反抗③。利用"隐藏的文本"进行反抗,使得国家、精英极力主张的现代化意识形态未能向底层社会的生活空间中渗透。根据葛兰西(Antonio Gramsci)的"霸权"理论,"'文化'和'共识'……(构成)统治阶级对整个社会所拥有的'霸权'的一个主要因素"④。当成都的现代化推行者们未能占领成都底层社会的意识形态阵地并取得民众"共识"之时,底层民众利用各种象征形式进行的游击式抗争便获得了广阔的活动空间,进而为底层社会大众文化的存续提供了可能。如斯科特所言,"拒绝接受从来自上层的情境定义,拒绝认同他们自身的社会和仪式的边缘化,所有这些对于进一步的反抗而言尽管是不充分的,但肯定是必要的"⑤。

---

① 钟茂煊:《刘师亮外传》,四川人民出版社1984年版,第89页。

② Stapleton, K., *Civilizing Chengdu: Chinese Urban Reform* (1895—1937), p.243.

③ 诚然,与"日常抵抗"相对,日常的监视同样存在,如《刘师亮外传》中便记录到一名警察在茶馆时顺便对茶客进行监视的情形。但这种监视的力度并未强大到遏止茶馆舆论的增生,只是使其更有意识地向"后台"隐藏。参见钟茂煊:《刘师亮外传》,四川人民出版社1984年版,第91—92页。

④ 〔美〕埃德蒙·E.雅格比蒂:《葛兰西之前的霸权理论:克罗齐案例》,付琼译,《马克思主义与现实》2005年第5期。

⑤ 〔美〕詹姆斯·C.斯科特:《弱者的武器》,郑广怀、张敏、何江穗译,译林出版社2011年版,第292页。

（二）行动者间关系

若要探究底层社会的"日常抵抗"活动，则还应对"日常抵抗"的"行动者"（agent）构成有所了解。如前所述，在约翰松和文萨根看来，正是行动者之间的关系建构了"日常抵抗"的形式。行动者间关系不仅体现在"等级秩序"，也包括其他方面，如"行动者类型""他们之间的关系""他们之间有多少联系""他们产生联系的方式"以及"他们互动的情境"等[①]。斯科特业已关注到"日常抵抗"参与者之间的关系与"日常抵抗"活动存在的关联，他注意到镇压与抵抗的互动，特别是镇压之严紧程度，塑造了"日常抵抗"呈现在现实中的形态，如其所言："反抗的参数也是部分地被镇压制度所设定的。"[②]

约翰松和文萨根在其"日常抵抗"分析框架中，沿用霍兰德和因沃纳的观点，提出"日常抵抗"的参与者可被划分为"抵抗者、抵抗目标和观察者"三类。其中，"抵抗者"一般被视为"日常抵抗"的中心，其行动直接影响"日常抵抗"的表现形式，"抵抗目标"指"抵抗者行动指向的对象"，位于"抵抗者"的对立面，"观察者"则指"抵抗活动中的围观群众，普通公众以及媒体或研究机构的成员"[③]。根据本文判断，民国时期成都茶馆中"日常抵抗"活动的"抵抗者"即是"坐茶馆"的茶客，他们往往是居于社会结构边缘的底层大众；"抵抗目标"是现代化运动的推行者，包括统治阶级在地方的代言人以及受西化教育较深的中产阶级精英；"观察者"的身份则较难界定，一方面我们很难从材料中看到茶馆之内与茶馆之外的底层大众之间有何互动，另一方面当时的媒体从业者或社会研究者往往是站在精英视角看待茶馆文化，因而难以从他们那里得出客观中立的观察结论。基

---

① Johansson, A. & Vinthagen, S., *Dimensions of Everyday Resistance: An Analytical Framework*, pp.417–435.

② ［美］詹姆斯·C.斯科特：《弱者的武器》，郑广怀、张敏、何江穗译，译林出版社2011年版，第362页。

③ Hollander, JA. & Einwohner, RL., *Conceptualizing resistance*, pp.533–554.

于此，本文姑且仅以"抵抗者"与"抵抗目标"为对象阐述"日常抵抗"活动中"行动者间关系"的表现和影响。

如前所述，民国年间成都茶馆中的茶客既有广大底层民众，亦有政府官员或社会精英，由此在茶馆这一媒介空间内，底层民众得以与国家、精英展开面对面地互动。如李劼人在小说《暴风雨前》中写到主人公郝又三和郝家大小姐香芸、二小姐香荃"坐茶馆"时，因大小姐被几个"土茗"男子"一双眼死盯着"和"（低低地）议论"，而引起郝又三和二小姐的不满乃至"愤然"①。这个简短的故事段落刻画出茶馆中的抵抗者—底层大众与抵抗对象—精英阶层之间互动关系的一个侧面。在底层男子"一双眼死盯着"精英阶层大家闺秀的行为中，蕴含了一种"日常抵抗"的意味，他们以这种方式无意识地挑战着精英阶层及其推行的"男女平等"等现代化观念的权威。于是，在通过"眼神"进行的底层与精英的互动中，"日常抵抗"被建构为一种消极、反规范的抗争手段。

"拒绝互动"有时也参与了对"日常抵抗"形式的建构，因"拒绝互动"行为本身就是底层与国家、精英之社会关系的一种反映。在民国成都茶馆中，曾一度流行张贴"休谈国事"字条。如1945年，《新新新闻》曾刊登一篇名为《谈谈"休谈国事"》的文章，文中写道："在乡镇和街道背静一点的茶馆或酒店里，一进去，就得看见，用红纸写的什么'休谈国事'和其他等等不同字句的张贴，使人看见，大大的注目。"②此类张贴意在警示茶客勿在茶馆中议论时政，并使茶馆免于被政府追责的风险。但"休谈国事"的警告似乎并未影响茶客们议论时政的热情，在茶

---

① 李劼人：《暴风雨前》，作家出版社1963年版，第141页。李劼人小说的故事背景虽发生于晚清，但亦能反映民国茶馆中实际存在的情况，因为晚清、民国同属成都现代化进程的发展脉络之中，且它们在多数时候的表现基本一致，如司昆仑所言："在'五老七贤'的干预下，直到20世纪30年代，成都的城市管理运动基本上是晚清城市改革风格的复活。"Stapleton, K., *Civilizing Chengdu: Chinese Urban Reform* (1895—1937), p.9.

② 白渝华：《谈谈"休谈国事"》，《新新新闻》1945年3月18日。

馆空间的"后台",茶客们依然惯于用"隐藏文本"议论政治人物与时局动向。因此,张贴"休谈国事"字条更多地表明一种"拒绝互动"的姿态,在这种"拒绝互动"的姿态之下潜藏着底层民众对民国政府黑暗、腐朽统治的"日常抵抗",对试图压制底层声音的强权者"无声的控诉"[①]。从中我们能够清楚地观察到,政府以何种形式镇压民间力量和民间舆论,直接影响着底层大众以何种形式开展"日常抵抗"活动。而底层大众游击式的"日常抵抗"策略使其总能在统治阶级视线之外开辟出新的文化阵地和发声空间。

（三）空间化

在约翰松和文萨根看来,空间维度是"理解抵抗剧目和权力分配,以及理解行动者间关系的基础",在空间维度中,"场所"是一个至关重要的范畴,"日常抵抗总是发生在某地或某个特定方位,如工作场所、城市、街道、厨房等"[②]。在约翰松和文萨根的"日常抵抗"分析框架中,"场所"的含义等同于"社会空间",它一方面建构人们的社会生活和社会关系,另一方面又被之建构。"日常抵抗"正是在这种互构关系中生成,一如空间理论家爱德华·苏贾（Edward W. Soja）所言,"抵制与斗争牵涉到社会与空间实践两者之间的衔接"[③]。因此,"日常抵抗"离不开对"场所"这一"社会空间"的利用,唯有以"场所"为媒介,"抵抗者"才能超越等级制度的限制发出自己的声音,也唯有以"场所"为媒介,作为"抵抗对象"的国家、精英阶层才能向"抵抗者"施加他们的影响。换句话说,"场所"为"抵抗者"与"抵抗对象"之间的互动提供了具有"媒介"意义的空间形式。因

291

文
化

---

① 王笛:《茶馆——成都的公共生活和微观世界（1900—1950）》,社会科学文献出版社2010年版,第405页。

② Johansson, A. & Vinthagen, S., *Dimensions of Everyday Resistance: An Analytical Framework*, pp.417-435.

③ ［美］爱德华·W.苏贾:《后现代地理学》,王文斌译,商务印书馆2004年版,第149页。

此，与其以"社会空间"概括"场所"含义，不如直接将"场所"视为一种"媒介空间"，考察诸如"日常抵抗如何在活动形式、社会关系和身份认同中被空间化地组织，以及日常抵抗如何在空间中并通过空间进行实践"①等问题。

茶馆正是民国时期底层社会开展"日常抵抗"所依凭的一个重要"媒介空间"。作为抵抗者的底层民众与作为抵抗对象的国家、精英阶层通过茶馆的场所中介进行互动，在此，"日常抵抗"表现为一种空间化的形式。对这种"日常抵抗"的空间化形式进行分析，可将茶馆中的"空间分配"作为切入点。尽管在当时许多持有精英立场的观察者看来，民国时期成都茶馆的一大特点便是十分"平民化"，但在"平民化"的表象背后，阶级区隔仍然存在，"空间分配"便是其显著体现之一。民国茶馆之"空间分配"情况反映在两个方面，其一是不同茶馆为不同身份等级的社会群体服务，茶馆在茶客们的消费"惯习"累积过程中逐渐形成某种阶级属性②；其二则是在同一茶馆之内对受众进行区隔，通过座位排布和设置门槛明确茶客之间的等级界限③。

对茶馆以"空间分配"区分等级秩序的做法，底层社会通过自己的方式进行"日常抵抗"，其中较具代表性的一种抵抗形式便是所谓"听战（站）国"。民国时期，不少老式成都茶馆都开设了"书场"，即为民间艺人提供

---

① Johansson, A. & Vinthagen, S., *Dimensions of Everyday Resistance: An Analytical Framework*, pp.417-435.

② 如曾有老成都市民回忆道："虽然（成都）茶铺多，但茶客却是各就各位，各得其所的。有的大茶铺平民百姓从不跨进去，而更多的小茶铺某些人则不屑一顾。"由此可见，民国时期成都茶馆在"惯习"累积中形成的等级秩序已经深入人心。参见海粟：《茶铺众生相》，冯至诚编：《市民记忆中的老成都》，四川文艺出版社1999年版，第139页。

③ 如李劼人在《大波》中写到郝又三邀伍平、吴凤梧在郝又三的"码头"第一楼茶铺吃茶，选在楼上大餐桌座位就座，伍平疑道："难道座位还有高低不成？"吴凤梧答道："若是没有高低，那么舒服的位子怎能没一个人去坐？"这段对话表明当时成都同一茶馆中不同座位间亦实有等级之分。参见李劼人：《大波》第三部，作家出版社1962年版，第86页。

演出场地，以吸引茶客①。"一般书场均表演各种曲艺，如扬琴、清音、评书等"②。《成都导游》中记载到，茶客在茶馆书场听扬琴时，可以"一面吃茶，一面听琴"，且"价极廉，最高不出一角"③。但即便茶馆书场已是一种比较廉价的娱乐方式，成都社会最底层的穷苦人民在很多时候仍然无力承担。于是，为了不出分文便能观赏书场表演，穷人们便往往选择站在茶馆外围观看（或者仅仅是听）演出。白景纯回忆道，"在书场演出时，除了全厅座无虚席外，还挤满了'听战国'的，尤其是晚上，大有水泄不通之势"④。白景纯固然想以此表达茶馆书场生意兴隆之状，但站在底层大众的角度，通过"听战国"的方式，他们实际上否定了茶馆"空间分配"的等级制逻辑，"站"的姿态本身便含有对"坐"的权力的否定。尽管"听战国"的底层民众大多是由于生计所迫而被迫选择此种"听"书场的方式，但仍然可以说，他们借由"听战国"在无意识中完成了一次空间化的"日常抵抗"活动。

不妨再以民国时期茶客在茶馆内观看电影的情形为例。根据王笛考证，电影最早被引入成都的时间可能是1909年⑤。电影引进之初，"没有固定专业的演出场所，只能在一些茶园、戏院与传统戏剧、曲艺同台放映，多系兼映性质"⑥。精英们在成都引进电影的愿景往往号称"交换智识，发达思想"

---

① 开设书场的一般都是经营条件较差的老式茶馆，"书场总是在茶馆生意不好卖茶收入抵不过书场收入的情况下设置的。春熙路、东大街一带的茶馆，因为卖茶收入多，就很少设置书场"。但由于开设书场的茶钱要比一般茶钱高，"其茶钱比平常的茶钱高，高出部分是书场的人所得"，因此对于一些底层大众而言仍然无福（坐在茶馆内）消受。参见陈茂昭：《成都的茶馆》，《成都文史资料选辑》第四辑，内部发行，1983年，第184页。

② 四川省文史研究馆：《成都城坊古迹考》，时代出版社2006年版，第378页。

③ 胡天编：《成都导游》，《成都旧志·杂志类》，时代出版社2007年版，第45页。

④ 白景纯：《别具一格的"新世界茶厅"》，成都市政协文史学习委员会编：《成都文史资料选编·蓉城杂俎卷》，四川人民出版社2007年版，第538页。

⑤ 王笛：《街头文化——成都公共空间、下层民众与地方政治（1870—1930）》，李德英、谢继华、邓丽译，商务印书馆2013年版，第236页；王笛：《茶馆——成都的公共生活和微观世界（1900—1950）》，社会科学文献出版社2010年版。

⑥ 何一民：《成都通史》（民国时期），四川人民出版社2011年版，第489—499页。

"开通风气，扩张民智"云云①，希冀茶馆空间能够被改造为启迪民智的教育场所。但在茶馆中观影的茶客们却并未以现代的、规范化的姿态去对待这一舶来自海外的新鲜事物。一些观众在放映电影时趁黑对女观众进行骚扰和恶作剧，一些观众观影时则离不开"活动夜壶"的服务②。这些显然不符合精英对观影空间规则之筹划的举动，反映出底层大众对自身文化传统和生活空间秩序的顽固坚持。这种空间化的"日常抵抗"活动虽未表现出激进的、革命的一面，但它的诉求同样在于"剥夺（不断推进中的资本主义）对空间生产的控制权"③。

（四）时间化

如前所述，约翰松和文萨根将"时间"视为日常抵抗的中心维度。同"空间"的作用一样，"日常抵抗"也是"被时间地组织起来的，并且在时间中或通过时间实践"；也如同"空间"与权力关系的纠缠一样，"时间"难以摆脱权力的控制，"控制时间"成为规训的重要步骤，即强调"工作中的时间规划以及时间的使用效率"④。斯科特曾批评效率观念的封闭性，他认为效率观念的缺陷之一便是"完全忽略了人的因素"⑤。基于此，在约翰松和文萨根那里，现代社会中权力对时间的控制集中体现在重效率、轻个体的"机械时间制"（mechanical clock）的推广和应用中，这是一种"对时间进行定义和组织的新方式"，是E.P.汤普森（E.P. Thompson）所谓"任务导向型

① 王笛：《茶馆——成都的公共生活和微观世界（1900—1950）》，社会科学文献出版社2010年版，第134页。

② 景朝阳：《旧电影院逸闻》，冯至诚编：《市民记忆中的老成都》，四川文艺出版社1999年版，第168页。

③ ［美］爱德华·W.苏贾：《后现代地理学》，王文斌译，商务印书馆2004年版，第140—141页。

④ Johansson, A. & Vinthagen, S., Dimensions of Everyday Resistance: An Analytical Framework, pp.417–435.

⑤ ［美］詹姆斯·C.斯科特：《六论自发性》，袁子奇译，社会科学文献出版社2019年版，第106页。

时间"，在这里"时间不是被度过，而是被花费。"①对"机械时间制"的反抗成为底层社会"日常抵抗"活动的基本诉求之一，"时间化"的"日常抵抗"试图挑战"机械时间制"的权威，以保留传统社会生活中更为人性化的时间秩序。这种时间秩序类似于巴塔耶所呼唤的"神圣时间"。巴塔耶将现代化的时间性目标与他一贯反对的理性、筹划、功利性等概念联系在一起，而"神圣时间"只关注时间在此时此刻的意义，并非其未来的生产性价值，"拥有主权实际上就是享受当下时刻而不再考虑这个时刻之外的其他一切"②。换句话说，"神圣时间"要求对过剩时间无偿的耗费/享受，而非将其用于再生产，只有在对时间无偿的耗费/享受中，人们才能够获得社会生活的自主权，感受生活的本质意义。巴塔耶发现，人们对过剩时间的耗费已越发倾向于采取增加"休闲时间"的方式③，在此巴塔耶与凡勃伦（Thorstein B. Veblen）的观点形成呼应，他们都将"休闲"的含义视为"非生产性的消耗时间"④。在民国茶馆文化这一历史案例中，底层大众在茶馆中的休闲方式也体现出鲜明的非生产性色彩，故而这些茶馆休闲方式实际上成为他们反抗国家、精英阶层控制的"日常抵抗"活动的核心策略。

民国时期，成都茶馆文化最为当时的国家、精英阶层所诟病的，便是"坐茶馆"的底层大众在茶馆中"虚耗时间"的行为。胡天在《成都导游》中将成都人乐于"坐茶馆"的原因归结为"成都人太有闲"，而在茶馆中"消磨一整天的时间非常容易"⑤。但能够一整天"坐茶馆"的部分底层民众之所以"有闲"，显然并非出于其经济无虞的缘故，而恰恰是"无工可

① Johansson, A. & Vinthagen, S., *Dimensions of Everyday Resistance: An Analytical Framework*, pp.417-435.

② ［法］乔治·巴塔耶：《我对主权的理解》，严泽胜译，汪民安编：《色情、耗费与普遍经济》，吉林人民出版社2003年版，第214页。

③ ［法］乔治·巴塔耶：《被诅咒的部分》，刘云虹、胡陈尧译，南京大学出版社2019年版，第66页。

④ ［美］凡勃伦：《有闲阶级论》，李华夏译，中央编译出版社2012年版，第41页。

⑤ 胡天编：《成都导游》，《成都旧志·杂志类》，时代出版社2007年版，第30—31页。

做"。如李劼人在回忆杨森主政时期的成都茶馆时，便写到当"坐茶馆"的底层民众被问及"为什么不去工作"时，他们的回答是"请你拿工作来"①。在这个意义上，这些"坐茶馆"的底层民众实际上是凡勃伦所谓"平民的有闲阶级"，他们热衷于被精英有闲阶级所唾弃的"漫无目的的休闲"②。对于这些经济能力有限的底层民众而言，唯有"坐茶馆"是一种能够帮助他们短暂地逃避现实的休闲方式。只有在这种非功利的时间耗费中，他们才能暂时获得社会生活的自主权，而免于被国家、精英推动的现代化运动裹挟前进。这种对时间的耗费近乎"奢侈"，尽管他们为之付出的成本并非传统意义上的金钱或其他物质媒介。正如巴塔耶所言，"真正的奢侈需要拒绝劳动的人对财富彻底蔑视并毫无所谓，他使其生活既成为被无限毁坏的光辉，又成为对富人艰涩谎言的无声侮辱"③。因此，在茶馆中"虚耗时间"本身便是底层民众的一种"日常抵抗"手段，他们以这种消极抵抗的姿态挑战现代化时间秩序的规训，同时，亦在一种普遍的社会无意识中表达对民国政府黑暗、腐朽统治的不满乃至激愤。

在"坐茶馆"这种具体的"日常抵抗"行为背后，蕴含着当时底层民众对现代化"机械时间制"的反抗以及对民间传统时间秩序的坚守。那么所谓民间传统时间秩序又体现为怎样的时间观念？对此，舒新城曾通过对民国成都茶馆的观察，如此分析道："钱是以流通而见效用的，用钱又以能满欲望为最有价值……至于时间，在这地方根本是不值钱的东西。"④既然时间已是"不值钱的东西"，而"坐茶馆""吃闲茶"的成本首要便是时间，如此也就不难理解为何茶客们会在茶馆中整日整日地以消耗时间过活了。舒新城的结论显然含有社会精英对"坐茶馆"这种"虚耗时间"行为的蔑视，

① 《李劼人选集》第五卷，四川文艺出版社1986年版，第274页。

② ［美］凡勃伦：《有闲阶级论》，李华夏译，中央编译出版社2012年版，第75页。

③ ［法］乔治·巴塔耶：《被诅咒的部分》，刘云虹、胡陈尧译，南京大学出版社2019年版，第133页。

④ 舒新城：《蜀游心影》，开明书店1929年版，第161页。

在他看来成都民众不懂得珍惜时间，因而满不在乎地将时间消耗于无意义的休闲行为中。但如若我们站在"坐茶馆"的民众角度来观察和思考，则成都民众"坐茶馆"的热情，恰恰应当源于他们对时间或人生价值的持守与看重。周芷颖在《新成都》中不无讽刺地引用清代词人项鸿祚的词句形容"坐茶馆"民众的时间观，即"不作无益之事，何以遣有涯之生"①。而这一词句正反映出一种对时间、人生价值的重视，以及对功名利禄的豁然。"坐茶馆"虽然表面上看来"无益"，但实则使得一个人的"有涯之生"真正获得意义。因为以"无益之事"度过人生的方式，恰是个体能够自主地选择其时间耗费方向的体现。而"机械时间制"试图彻底消灭人们做"无益之事"的可能，它将时间封闭在"一个秩序内部的运动……凝固在一个测量和平衡的系统内"②，在这里，即便是生产活动中过剩的时间亦不可被非功利性地耗费，而需回收到社会再生产的过程之中。这显然与成都民间固守的传统时间秩序相悖。因此，面对当权者强力推行的"机械时间制"，成都民众（或许并不仅仅是底层民众）在"坐茶馆""虚耗时间"的行为中，以沉默、匿名的方式实现了一种"日常抵抗"的斗争。

四、结论

本文将民国茶馆文化这一历史案例作为研究对象，而在具体论述中，则遵循着理查德·约翰逊所谓"历史的文化研究"的视角。根据约翰逊的观点，"历史的文化研究"对历史的考察应以理论性诉求为前提，并在此基础上组织和"抽查"材料。用格罗斯伯格的话说，这种跨学科的文化研究不是要求文化研究学者作为一个某学科专家去从事某学科，"而恰恰是作为一个文化研究学者去认识……是在（某学科的）这些对象的话语和领域内部去研

---

① 周芷颖编：《新成都》，《成都旧志·杂志类》，时代出版社2007年版，第152页。
② ［法］乔治·巴塔耶：《内在经验》，程小牧译，生活·读书·新知三联书店2017年版，第141页。

究，因为，只要人们为了能用一种新的、不同的方式去回答问题而需要这样做，即像一个跨学科的文化学者那样去进行研究"①。这提示我们，文化研究追求的"跨学科性"并非意在重塑专业主义，而是真正地去学科化、去专业化，在理论话语的指引下探索和挖掘经验对象的深层意指。

基于此，本文应用斯科特的"日常抵抗"理论，及约翰松和文萨根由此发展出的分析框架，综合巴塔耶"耗费"概念的思想资源，对民国茶馆文化展开"日常抵抗的剧目""行动者间关系""空间化""时间化"等四个维度的考察。本文发现，面对现代化浪潮的冲击，民国茶馆中的底层大众一如斯科特关注的东南亚农村中无权无势的村民一般，通过隐蔽的、具有伪装性的"日常抵抗"手段向强权者展开游击式抗争，在意识形态和大众文化阵地挑战现代化规训的权威。他们"顽固"地坚守着前现代的社会生活秩序，在茶馆这一媒介空间中与国家、精英的双重压迫进行沉默、匿名的对抗。在看似"虚耗时间"的"坐茶馆"过程中，他们实际上获得了人生选择的自主权。这种个体自主权的积累不断强化着"日常抵抗"的影响力，并最终使琐碎的"日常抵抗"活动亦具备了改变历史的能量②。

［原文发表于《济南大学学报》（社会科学版）2020年第1期］

---

① ［美］劳伦斯·格罗斯伯格：《文化研究之罪》，郑飞燕译，陶东风编：《文化研究精粹读本》，中国人民大学出版社2006年版，第123页。

② ［美］詹姆斯·C.斯科特：《弱者的武器》，郑广怀、张敏、何江穗译，译林出版社2011年版，第418页。

社会学

再论作为学术运动的社会学本土化

刘 能 吴 苏*

一、前言

1988年，笔者（第一作者）考入南开大学社会学系，正式开始了社会学
生涯。大三时教授《国外社会学理论》的是李文老师，教材是由他自己主
编的两大本厚厚的油印本。当时其他社会学理论的参考教材也并不多。印
象之中，华夏出版社在1989年出版过一个包括各社会科学学科译著在内的
《二十世纪文库》，社会学的是绿色封皮的，哲学的好像是橙色封皮的，历
史学的是红色封皮的。在这个绿色的社会学系列里，彼得·布劳的《社会
生活中的权力与交换》①名列其中。还有一本名为《当代社会学理论》的小
书②（前几天去系图书馆找这本书的时候，发现译者居然是大名鼎鼎的孙

---

* 刘能，北京大学社会学系教授、博士生导师，教育部文科重点研究基地北京大学中国
社会与发展研究中心研究员、副主任；吴苏，北京大学社会学系博士研究生。

① ［美］彼得·布劳：《社会生活中的交换与权力》，孙非、张黎勤译，华夏出版社
1988年版。该书译者为笔者（第一作者）在南开社会学系读书时的授课教师孙非教授，后来
他调离社会学系到了南开的政治学系。

② ［美］玛格丽特·波洛玛：《当代社会学理论》，孙立平译，华夏出版社1989年版。

立平教授。结合注释①来看，当时的青年社会学教学力量，大多都加入了西方社会学名著的译介过程之中，并成为其中的核心力量），介绍了包括Amitai Etzioni、Gcrald Lenski和Peter Berger在内的小众社会理论家。浙江人民出版社也曾非常积极地加入社会学理论的译介，比如乔纳森·特纳的《社会学理论的结构》①一书，最先是由浙江人民出版社在1986年翻译过来的。另一本传奇式的著作，便是贾春增老师编的《外国社会学史》②，也是笔者（第一作者）准备研究生考试时参考较多的备考材料。可以说，整个20世纪80年代，重新恢复的中国社会学是在翻译介绍西方纲领性教材③的同时亦步亦趋前行的。

到了20世纪90年代中期，随着整个社会学界教学和科研事业的逐渐进步，青年学者们的专业自信心逐渐提升。大概有两个很微小的事例可以在这里提出来作为注解。这个时期，恰好是电脑排版文本替代手抄稿件的时期，因此，这个小小的技术进步使得社会学界在基本科研的形式化能力上，出现了周晓虹教授所指出的"文化反哺"现象④。另一个则是哈佛注释体系的引入，即出于阅读习惯和引用效率的考虑，越来越多的年轻社会学人开始以西方社会学主流英文期刊流行的"剖腹注"代替原来的页下注。引用体例的这一规范化进程虽然细微，却也是形成中的学术共同体之伦理偏好发生转型的一个表征。总之，这两个小型事例可以用来展示，伴随着技术进步和学术规范领域的小范围共识达成，社会学学术共同体内部一致行动的能力得到了加强。

之所以提起这些往事，实际上是想说明，当代学者们在论及社会学本土化和国际化之争时，不外乎都是从自己亲身经历的学术生涯的角度出发，

---

① ［美］乔纳森·H.特纳：《社会学理论的结构》，吴曲辉等译，浙江人民出版社1987年版。

② 贾春增：《外国社会学史》，中国人民大学出版社1987年版。

③ 社会学概论方面的早期译著，至少包含了美国社会学家David Popenoe的《社会学》（波普诺，1987）；而社会学研究方法方面的教材，则还有加拿大社会学家Kenneth D. Bailey的《现代社会研究方法》（Bailey，1982），中译本由许真翻译，于1986年由上海人民出版社出版。

④ 周晓虹：《文化反哺与器物文明的代际传承》，《中国社会科学》2011年第6期。

来对这一议题发表各自意见的。因此，从知识社会学的视角来看，嵌入在特定社会情境中的学者们的主观感受应该得到重视。另一方面，这些亲身经历，也使得学者们将社会学本土化的呼吁看作是一场学术运动的提法[1]有了经验的基础。学界关于社会运动的定义[2]，实际上不外乎如下三个关键要素：一个是将其看成是集体性的、一致的行动；一个是认为其本质上是体现发起者和参与者之社会变迁偏好的行动；另一个要素，正如芝加哥学派学理脉络下衍生的"突生规范/emergent norm"理论[3]所演示的那样，强调的是新的规范与之前社会共识的偏离和突破。因此，我们接下来的文章的主旨，就是以社会学学科自十九世纪末引入中国社会以来的学科史为背景，论述贯穿于这一时间线当中的种种社会学本土化努力，将其看作学术共同体内部的学术运动的一种特殊表现形式。学术史的这一回顾，使得我们可以充分利用"时空嵌入性"这一概念的强大穿透力，透视本土化议题背后的非学术性动机（extra-academic motives）和主观体验所扮演的角色。

二、学科时序视野下的社会学本土化

由此可见，在我们眼里，社会学本土化不仅仅是一个抽象的理论议题，更是一场"学术运动"，是学术全球化过程中，边缘地区的地方性学术共同体处理学科发展问题的一系列具体实践中的一个重要组成部分。接下来，本文将社会学在中国的传播、发展、遭到取缔后重新恢复和制度化

---

[1]　郑杭生、王万俊：《论社会学本土化的内涵及其目的》，《吉林大学社会科学学报》2000年第1期；陆远：《中国社会学本土化的早期尝试——基于〈社会学杂志〉〈社会学界〉〈社会学刊〉等杂志的探讨》，《常熟理工学院学报》（哲学社会科学）2018年第3期；吴晓黎：《印度社会学本土化实践中的理论化探索》，《社会学评论》2018年第3期。

[2]　Blumer, Herbert. "Collective Behavior." In Robert E. Park ed. *An Outline of the Principles of Sociology*. New York: Barnes and Noble. 1939; Zurcher, Louis A., and David A. Snow. "Collective Behavior: Social Movements". Chap.15 in Morris Rosenberg and Ralph Turner eds. *Social Psychology: Sociological Perspectives*. New York: Basic Books 1981; Giddens, Anthony. Sociology. London: Polity. 1997.

[3]　Turner, Ralph, and Lewis Killian. *Collective Behavior*. 3rd Edition. Pearson College. 1987.

的过程，分为社会学思想翻译与传入阶段（1895—1920）、社会学早期发展
阶段（1920—1952）、社会学恢复阶段（1979—1998）和社会学常规化阶段
（1999—2018）四个不同阶段，尝试对各个阶段中社会学本土化运动的缘起
和具体表现一一加以说明。

（一）社会学思想翻译与传入阶段（1895—1920）

19世纪末20世纪初的中国，资本主义列强的入侵和国内丛生的社会问
题不断加剧着社会矛盾。面对国家危难，一批仁人志士致力于向西方学习
"先进"的科学技术、社会制度与思想观念，希望用西学改造国家和社会。
社会学就是在这一背景下被介绍到中国的。1895年，严复在天津《直报》
发表《原强》一文，首次介绍了斯宾塞的社会进化思想，并将sociology翻
译为"群学"①。三年后，曾广铨翻译、章太炎笔述的《斯宾塞尔文集》开始
在上海《昌言报》连载。20世纪初，章太炎和严复又先后于1902年和1903
年分别翻译出版了日本学者岸本能武太的《社会学》和斯宾塞的《群学肄
言》（Study of Sociology）。此外，康有为、梁启超等维新派学者也在各自的
著述中提到了"群学"或"社会学"的概念②。

这一阶段的本土化实践，主要体现为一种基于东西方对话的无意识的
"话语本土化"过程。首先，作为一个"舶来品"，社会学被引入中国时面
临着理论的情境转换与情境适切性问题。在西方，社会学作为一门科学被
提出是为了回应工业革命所造成的社会危机。虽然当时中国与西方的社会
背景差异很大，但是社会学思想被学者引进国内，事实上也是为了应对工
业化与全球化带来的社会危机③。严复早年公派留英学习船政，但回国后，
他习得的西洋技术没有受到重视。甲午战败深深刺痛了他，他开始积极地

---

① 严复：《原强》，王栻编：《严复集》第1册（上），中华书局1986年版。
② 阎明：《一门学科与一个时代：中国社会学史》，清华大学出版社2010年版，第3页。
③ 比如金耀基先生也曾指出，社会学的兴起是对现代社会之出现的一种回应。参见
金耀基：《现代性论辩与中国社会学之定位》，《北京大学学报》（哲学社会科学版）1998年
第6期。

发表文章介绍西学，并发表关于社会变革的主张①。与早年就接触西洋技术的严复不同，章太炎早年师从俞樾刻苦研读经学，但是狂暴袭来的"欧风美雨"刺激他关心国事，留心时务。面对社会危难，章太炎不愿再做"法先王"的"孟子之徒"，转而选择"应时代要求，把传统的和外来的思想兼收并蓄，改造制作，为革命提供思想武器"②。虽然中国的现代性表现为一种"被动的"、作为"他者"的现代性，但这种时代背景的契合性，为社会学思想可以被跨情境理解奠定了基础，也为社会学知识与实践的本土化创造了可能性。

其次，为了能让中国读者理解西方的思想，学者在译介过程中必须与中国传统思想家进行类比。这不失为一种最早的"本土化"策略。例如严复在解释"群学"时，引用了荀子的思想："'群学'者何？荀卿子有言：'人之所以异于禽兽者，以其能群也。'凡民之相生相养，易事通功，推以至于兵刑礼乐之事，皆自能群之性以生，故锡彭塞氏③取以名其学焉"④。同时，翻译和诠释的过程，也是译者自己思想传达的过程。不同的用词，不同的释义，反映了学者之间的不同取向。同样选择"群学"这一语词，康梁所倡导的"群学"侧重"合群立会"之义；而严复对"群学"的理解则被认为更接近西方社会学的原意⑤。具体来看，严复将群学视为开启民智最重要的学问，有总揽其他学科的作用。"群学何？用科学之律令，察民群之变端，以明既往，测方来也。"⑥严复构想的现代科学知识谱系是以"群学"为中心，以实证为基本方法的。这个谱系不仅仅是"专门化研究"，而且具有奠定

---

① 阎明：《一门学科与一个时代：中国社会学史》，清华大学出版社2010年版，第5页。

② 林闽钢、李保军：《章太炎与中国社会学》，《社会学研究》1999年第1期。

③ 锡彭塞即斯宾塞另一译名。

④ 严复：《原强》，王栻编：《严复集》第1册上，中华书局1986年版，第5页。

⑤ 张超：《从"群学"到"社会学"：近代中国社会学学科的形成与演变》，《中山大学研究生学刊》(社会科学版)2012年第1期。

⑥ 参见刘梦溪主编：《中国现代学术经典：严复卷》，河北教育出版社1996年版，第115页。

秩序的伦理功能①。与之相对，章太炎虽然也受到斯宾塞很大影响，但他并不十分赞同社会有机体思想，而是更倾向于吉丁斯的社会心理学与日本学者的社会学思想。比如说，章太炎高度评价了日本学者岸本能武太的《社会学》一书，认为"岸本氏之为书，综合故言，尚乎中行，虽异于作者，然其不凝滞于物质，穷极往逝，而将有所见于方来，诚学理交胜者哉！"②因此，日语的"社会学"三字也就顺理成章地被章太炎沿用。严复并不反对日译的"社会"一词，但是将它的内涵和外延缩小，以和"群"相区别："群也者，人道所不能外也。群有数等，社会者，有法之群也。"但是后来，严复慢慢接受了"社会"译法。在学界，"社会学"也逐渐取代"群学"而成为主流翻译用词③。

（二）社会学早期发展阶段（1920—1952）

20世纪初期，中国开始建立近代高等学校。在这个过程中，教会在社会学学科建设和知识传授等方面发挥了重要作用。中国最早的社会学专业基本上都由教会大学开办，比如上海圣约翰大学、上海浸礼会学院及神学院（沪江大学）。后来闻名遐迩的燕京大学社会学系也是传教士步济时创立的。传教士与教会创办的社会学专业并没有停留在理论思辨上，而是积极开展社会调查，进行社会服务。例如步济时领导的对北京市人力车夫的调查、狄特莫对北京百姓生活的调查、基督青年会带领学生参与社会服务等④。这些早期的社会调查与社会服务，客观上为中国培训了人才，且这种面向社会、服务社会的风气也为社会学真正扎根本土奠定了基础。但在实

---

① 应星、吴飞、赵晓力等：《重新认识中国社会学的思想传统》，《社会学研究》2006年第4期。

② 参见姜玢：《革故鼎新的哲理——章太炎文选》，上海远东出版社1996年版，第92页。

③ 姚纯安：《社会学在近代中国的进程（1895—1915）》，生活·读书·新知三联书店2006年版，第109页。

④ 阎明：《一门学科与一个时代：中国社会学史》，清华大学出版社2010年版，第20—29页。

地调查中，学生们也逐渐发现在中国严格运用西方调查方法的困难。比如当时中国平民大多文化程度不高，对数字也没有概念。同时，这个时期的调查对象范围较为局限，资料可能带有偏见；研究者由于不了解中国社会，分析上难免会有错误；调查成果也大多用外语发表，未能在国内造成广泛影响①。这些都反映出，这一时期的社会学研究与中国的社会情境是脱嵌的，国内的社会学尚没有摆脱依附而形成主体性。

另一方面，世纪之初，一大批中国学子自费或被资助去西方留学，他们既受到中国传统文化的熏陶，又系统学习了社会学的理论与方法。20世纪20年代他们先后回国，大部分进入大学的教研机构工作，成为中国第一代职业社会学家。他们在留学时深刻意识到中国的孱弱，致力于用学术研究改造和振兴祖国，改变祖国的殖民地位②。同时，他们发现当时国内教学研究中存在着严重的套用西方教材、讲述西方案例，脱离中国现实的情况③。国家政治与学术研究对西方的依附刺痛了他们。1925年，许世廉先生在《社会学杂志》上发表了《对于社会学教程的研究》。这篇文章从当时中国社会学教学和研究中存在的各种问题着手分析，倡导建设"本国社会学"④。以此为契机，"社会学中国化"运动如火如荼地展开。这次运动是中国社会学史上第一次集体性的、有意识的本土化实践，它意味着在经验调查、理论探索、知识应用与学科建设各个层面进行全方位的本土化。

对于民国时期社会学者的群像，学界有不同的刻画方式。比如根据他们的学术实践分为社会调查派、乡村建设派、人口学派、社会心理学派

---

① 阎明：《一门学科与一个时代：中国社会学史》，清华大学出版社2010年版，第29页。

② 徐平：《社会学中国化的奠基人吴文藻》，《群言》2017年第6期。

③ 参见徐平：《社会学中国化的奠基人吴文藻》，《群言》2017年第6期；周晓虹：《孙本文与20世纪上半叶的中国社会学》，《中国研究》2012年第1期；文军、王琰：《论孙本文与社会学的中国化》，《哈尔滨工业大学学报》（社会科学版）2012年第5期。

④ 文军、王琰：《论孙本文与社会学的中国化》，《哈尔滨工业大学学报》（社会科学版）2012年第5期。

等①；又或根据研究取向分为文化学派与社区学派，或根据活跃程度区位分为中央学派与燕京学派等②。目前，在社会学史的梳理与讨论中，比较公认的是将以吴文藻为代表的社会调查学派／社区学派／燕京学派，与以孙本文为代表的综合学派／文化学派／中央学派相区分，以考察当时社会学者在学术研究与本土化实践方面的不同取向。

以孙本文为代表的综合学派／文化学派／中央学派③的本土化实践，主要反映了一种学院社会学的志趣，其主要目标是建立符合中国现实的社会学理论体系。孙本文认为，"社会学中国化"是"采取欧美社会学之方法，根据欧美社会学家精密有效的学理，整理中国固有的社会思想和社会制度，并依据全国社会实际状况，综合而成有系统有组织的中国化的社会学"的过程④。周晓虹认为，孙本文所界定的中国化的社会学体系＝欧美社会学家的理论＋中国固有的社会资料⑤。这种中国化的努力可以归入费孝通后来所批评的"用西洋传来的科学方法和已有的社会学理论去观察与分析中国现实的社会生活"的旧模式⑥。

相比之下，以吴文藻为代表的社会调查学派／社区学派／燕京学派更重视通过社会调查与社会实验来认识国情和改造社会。吴文藻认为，"以试用假设始，以实地证验终，理论符合事实，事实启发理论，必须理论和事实糅和一起，获得一种新综合，而后现实的社会学才能根植于中国土壤之上，又必须有本土眼光训练出来的独立的科学人才，来进行独立的科学研究，

---

① 阎明：《一门学科与一个时代：中国社会学史》，清华大学出版社2010年版。

② 陆远：《中国社会学本土化的早期尝试——基于〈社会学杂志〉〈社会学界〉〈社会学刊〉等杂志的探讨》，《常熟理工学院学报》（哲学社会科学版）2018年第3期。

③ 学界一般认为这一学派的学者主要在中央大学、金陵大学等学校工作，除了孙本文还包括朱亦松、柯象峰、龙冠海等学者。

④ 孙本文：《中国社会学的过去、现在和将来》，中国社会学社编：《中国人口问题》，上海三联书店2014年版，第18—19页。

⑤ 周晓虹：《孙本文与20世纪上半叶的中国社会学》，《中国研究》2012年第1期。

⑥ 《费孝通文集》第5卷，群言出版社1999年版，第415页。

社会学才算彻底的中国化"①。由此可以看出,吴文藻对西方理论的态度既不是全盘接受,也不是盲目摒弃,而是谨慎地将其作为试用假设,并格外强调通过实地调查"证验",体现出一种强烈的现实关怀与实证取向。当时燕京大学的其他学者也都非常看重社会调查。陶孟和曾感慨"中国的历史没有一部描写人民的历史",李景汉认为只有通过社会调查才能换来事实,才能真正解决问题②。在这种精神的指引下,燕京学派的学者开展了一系列具有影响的社会调查与社会试验,例如陶孟和对北平生活费用的调研,李景汉开展的北京洋车夫调查与定县调查,杨开道开展的清河实验等。这些扎根本土的研究实践对于社会学的发展产生了深远影响。在抗日战争期间,社会学本土化的实践并未中断。由吴文藻、费孝通主持的云南大学社会学研究室,陈达、李景汉等人负责的西南联大国情普查所以及以陶云逵为代表的南开大学边疆人文研究室在云南继续着边疆地区社区调查和人口调查的努力③。

（三）社会学恢复阶段（1979—1998）

进入20世纪70年代末80年代初,经历1952年学科调整以来二十多年的学科沉寂,社会学进入恢复重建的历史阶段,在这个阶段中,社会学乃至整个社会科学的"本土化"议题再次被学界热议。这个阶段大致包括两个各自独立开展又相互影响的过程:一是港台地区面向学术全球化的本土化运动;二是大陆社会学学科恢复重建中的本土化倡议。港台地区的学术本土化运动主要由港台一批人文社会科学研究者发起,包括金耀基、杨国枢、黄光国、叶启政等,以1980年在中国台湾举行的"社会与行为科学的

---

① 吴文藻:《〈社会学丛刊〉总序》,《论社会学中国化》,商务印书馆2010年版,第3—5页。

② 参见阎明:《一门学科与一个时代:中国社会学史》,清华大学出版社2010年版,第61—62页。

③ 杨海挺、石敏:《抗日战争时期云南呈贡县的"魁阁"与"文庙":社会学中国化进程中的两大学派》,《云南民族大学学报》(哲学社会科学版)2014年第6期。

中国化"讨论会、1983年在中国香港召开的"现代化与中国文化"讨论会等研讨会为标志。本土化讨论之所以在港台地区再次兴起，首先是因为20世纪五六十年代社会学专业在中国台湾、香港地区培养的第一代年轻学者学成归来后，困惑于西方的学术传统与中国现实情境的差异①。其次，虽然当时中国台湾、香港地区经济发展较为迅速，但在世界体系中的边陲地位没有改变，欧美的主导地位使得港台的学术和文化也沦为附庸，这使得港台学者将本土化视为一种获得学术自主性和文化独立地位的努力。例如杨国枢认为："40多年来中国台湾的心理学一直是美国心理学的附庸，缺乏应有的自发性与独创性。我们所探讨的对象虽是中国社会与中国社会中的中国人，所采用的理论与方法却几乎全是西方的或西方式的。……拿掉西方心理学（特别是美国心理学）及模仿西方心理学所获得的一点研究成果，我们几乎就一无所有。"②金耀基先生则主张应当在全球体系中重新定位中国文明，在构建中国现代文明秩序的过程中实现社会学的本土化发展③。

港台地区开展本土化讨论的时候，也是大陆社会学学科恢复重建的时候。这一时期大陆社会学的本土化反思，既受到港台讨论的影响，又是民国社会学者精神的延续与学科重建这一任务的内生需求。1979年，邓小平同志提出社会学等学科"需要赶快补课"，开启了社会学恢复重建的进程。由于长时期的停顿，与国际学界多年没有交往，学科重建的第一步就是要再次向西方学习。当时费孝通先生牵头在南开大学组织的专业班，邀请了林南、布劳等国外著名学者讲学，积极吸收西方前沿的研究成果。但是在"补课"过程中，国内社会学界出现了简单移植西方理论进行研究、生搬硬

---

① 林南：《社会学中国化的下一步》，《社会学研究》1986年第1期。

② 参见李桦：《迈向二十一世纪的华人心理学——访台湾大学杨国枢教授》，《开放时代》1996年第3期。

③ 金耀基：《现代性论辩与中国社会学之定位》，《北京大学学报》（哲学社会科学版）1998年第6期。

套西方观点、忽视中国特殊性以及理论抽象化能力不足等现象[1]。因此，社会学本土化就成为恢复重建过程中必须遵守的原则。李强教授曾经如此批判当时生搬硬套的风气："有些论文、著作将舶来的一些概念和理论硬往中国的社会现象上套，试图削足适履，结果，除了玩弄一些辞藻、搞一些文字游戏，对于实际社会问题的阐释、理解、应对均没有什么贡献。"[2]1988年在纪念吴景超教授学术思想讨论会上，费孝通先生强调"微观与宏观相结合，乡土同当代国际相结合，这样逐步形成一个具有中国特点的社会学的一批概念"[3]。雷洁琼先生也认为应该使社会学为国家服务，而不是照抄欧美的理论[4]。

（四）迈入常规化阶段（1999—2018）后的争论

2000年前后，经过几十年恢复和发展，中国社会学的发展进入常规化阶段。社会学的研究议题深入各个领域，并且出现了不少有影响力的成果。但是打开中国知网检索就会发现，2000年后国内学界关于"本土化"的讨论一直没有停息，甚至近年来又有逐渐增多的趋势。周晓虹认为，出现这种情况是因为"社会学的中国化问题非但没有彻底解决，而且因为现在越来越迅疾的全球化的到来而显得愈加突出。……今天大规模的留学潮和出国热，以及更大规模的西方思想和学术的即时引进、过度进食使得中国人原本就食洋不化的问题更加严重"[5]。

近20年关于本土化的讨论，相较以往，角度更为多元，对话也更为充分。从本土化的取向和路径上划分，大致有如下几种思路：一是强调通过

① 林南：《社会学中国化的下一步》，《社会学研究》1986年第1期。

② 李强：《改革开放40年与中国社会学的本土化、发展及创新》，《社会科学战线》2018年第6期。

③ 费孝通：《代序（1）》，载吴景超：《唐人街：共生与同化》，天津人民出版社1991年版，第4页。

④ 雷洁琼：《代序（2）》，载吴景超：《唐人街：共生与同化》，天津人民出版社1991年版。

⑤ 周晓虹：《孙本文与20世纪上半叶的中国社会学》，《中国研究》2012年第1期。

话语体系建设实现社会学理论自觉，初步介入国际学术话语权的生成空间，如郑杭生将学术话语权视为中国社会学"理论自觉"的深层要求①；洪大用主张进行话语体系建设进而超越西方化与本土化的争论②。二是主张在研究方法的规范化与适切性层面上践行社会学本土化研究，如风笑天主张既要坚守科学研究方法的规范原则，又要将方法实施适合于具体情境，使其不断完善和发展③。三是主张回到中国传统思想理论资源去寻找本土化的出路，如应星认为社会学本土化首先要重新认识和理解中国社会学的思想传统④、渠敬东主张回归经学传统和历史视野，警惕"方法主义"对本土经验的切割⑤、周飞舟主张回归中国传统思想实现"文化自觉"等⑥。同时，这个时期也出现不少观点反对（过度）本土化。如彭轲认为"本土化"的动机究竟是出于"知识效度"的立场还是"机会主义"的立场是令人怀疑的⑦。陈映芳则认为，"本土—外来"这一关系本身并不构成某一门"科学"必须本土化的充足理由，社会科学必须对特殊的经验现象进行抽象才有意义⑧。

对于上述争论，也有不少学者持一种折中立场，既反对对西方理论的生搬硬套，也反对过度"本土化"的倾向。如周晓虹认为，社会学本土化涉

---

① 郑杭生：《学术话语权与中国社会学发展》，《中国社会科学》2011年第2期。

② 洪大用：《超越西方化与本土化——新时代中国社会学话语体系建设的实质与方向》，《社会学研究》2018年第1期。

③ 风笑天：《社会学研究方法：走向规范化与本土化所面临的任务》，《华中师范大学学报》（人文社会科学版）2005年第6期。

④ 应星、吴飞、赵晓力等：《重新认识中国社会学的思想传统》，《社会学研究》2006年第4期。

⑤ 渠敬东：《破除"方法主义"迷信：中国学术自立的出路》，《文化纵横》2016年第2期。

⑥ 周飞舟：《行动伦理与"关系社会"：社会学中国化的路径》，《社会学研究》2018年第1期。

⑦ 彭轲：《本土化：中国人类学追求新的关联与平等的策略》，《广西民族学院学报》（哲学社会科学版）1999年第4期。

⑧ 陈映芳：《今天我们怎样实践学术本土化——以国家—社会关系范式的应用为例》，《探索与争鸣》2015年第11期。

及外来知识与本土实际相结合的过程，本土化并不意味着排斥"全球化"，也不等于传统化。本土化不等于重新向中国的传统复归，或者从传统文化中寻找建构中国社会科学的全部原料[1]。谢立中则将社会科学本土化划分为四个类型：对象转换型本土化、补充—修正—创新型本土化、理论替代型本土化、理论—方法全面替代型本土化，但是他认为这四种类型并不具有价值判断的意义，本土性视角并非人们理解社会的唯一视角[2]。王宁则将过度西方化与过度本土化分别称为"食洋不化"与"食土不化"。他认为"食洋不化"问题是随意扩大了知识的（跨情境的）外在效度，原因是缺乏知识创新力；而"食土不化"则是借口西方理论不能完全解释本土实际，实际是专业水平低，缺乏足够的概念抽象能力和规范的研究技术。他主张社会学本土化的讨论应深入"知识创新力不足"的制度根源问题。知识创新力不足问题解决了，社会学本土化就是水到渠成的事情[3]。

三、再论作为一种学术运动的社会学本土化：一个知识社会学的架构

至此，我们大概可以对四个时段中社会学本土化的表现特征做一个简要的总结：（1）在社会学思想翻译和引入阶段，既有严复之类见识到了西方资本主义强国之整体社会制度运行效率和优势的有识之士，试图以西学（中的社会科学）来拯救中国危殆的国家命运的企图，又有章太炎之类的国学名士将西学中的社会科学概念和中国传统话语体系相对应的企图中所展现的中体西用的思想倾向；（2）在社会学早期发展阶段，伴随着中国高等教育的兴起，已在中国社会浸淫多年的各派教会力量开始兴办大学设立社会学系，将基督教社会改良主义精神，以及社会学学科中更具社会改良精神的学术实践——如社会诊断（社会调查）和社会干预（社会服务）——引入

---

① 周晓虹：《孙本文与20世纪上半叶的中国社会学》，《中国研究》2012年第1期。
② 谢立中：《论社会科学本土化的类型——以费孝通先生为例》，《江苏行政学院学报》2017年第1期。
③ 王宁：《社会学本土化议题：争辩、症结与出路》，《社会学研究》2017年第5期。

中国；与此同时，一大批留洋回国的年轻社会学者用英语教授社会学各基本课程成为事实。因此，这个时段的社会学本土化意味着至少要用中国语言讲述中国社会事实这样的一个学术意识觉醒和学术范式变迁。（3）在社会学恢复阶段的早期，由于之前学术中断，从资源动员的角度来看，外部学术资源的借用成为必然策略，而从学科正当性的角度来看，借由社会学学科和发展理论的切近关系，使得社会学应用于国家发展主义的大局也成为一个理性的选择。这样就为社会学本土化和全球化/国际化之间的张力做好了铺垫。从当代学者们的主观经验来看，与全球化社会学知识初步接触的个人观感，也会随着学者们自身学力素养的不同（如是否从其他学科转行而来、英文或外文水平如何、数理统计的逻辑是否清晰等等）而有所不同。（4）到了二十一世纪的社会学常规化阶段，伴随着中国加入世界贸易组织，更深融入全球经济体系之中，中国经济在过去将近20年间有了突飞猛进的进步，中华民族伟大复兴的主题呼之欲出，这个时候的社会学本土化的议题，从学术以外的角度来看，一方面转向了如何彻底扭转不均衡的全球学术关系，打造中国学术的自主性和话语权的方向；另一方面则对中国社会学过度关注本土的事实提出了批评。从学术的角度来看，则是对"独特的（idiosyncratic）"中国情境、中国经验（或中国嵌入性）挑战西方社会科学传统假设体系、重构普遍理论的能力的一种呼应。

因此，可以说，在"时空嵌入性"作为一个根本的本体论和方法论事实的前提下，无论是从学术的角度来看，还是从学术以外的其他制度性缘由来看，社会科学本土化总是会成为处于高度"时空嵌入性"的非主流学术共同体的主观意识中挥之不去的一个学术立场。在这里，本文希望从知识社会学的视角出发，提出一个一般性的框架，用于对诸如本土化之类的学术共同体的内部共识/共同行动或集体回应的解释。

（一）外部学术力量的卷入或中外学术力量对比的均势（不平衡）

在这个知识社会学框架中，外部学术力量的卷入或中外学术力量的相对关系，是第一个需要考察的理论维度。在社会学思想翻译引介阶段，围绕中学和西学相对地位的意识形态争论，以及中西外交和军事上的直接交锋，决定了中国现代社会科学思想初创时期的第一重不平衡关系，也即西学相对于传统学术体系的优越性。以五四运动、新文化运动和新文字运动所代表的激进学术实践而言，这一不均衡地位是显而易见的。在社会学早期发展阶段，教会力量推动的社会学学科在高等教育体系内的体制化发展，以及当时留洋运动的后果之一——社会科学师资队伍的国际化——都可看作是外部学术力量卷入的直接证据；而中国经验、中国事实和中国社会需求的优先性考虑（如前述燕京学派的学术立场）则是对这一不均衡情形的颇具民族主义气氛的回应。到了社会学恢复阶段，我们看到的是费老自述在接受恢复社会学任务之时，他能动员的人力资源和学术资源的约束，最后只有找到了自己仍然活跃在国际社会学界的同学（如杨庆堃先生），以及在美国社会学界已经站稳脚跟的华人社会学家（如林南教授等），动员他们的支持。李强教授也指出，在社会学恢复期美国社会学对襁褓中的中国社会学的巨大影响（如布劳、英格尔斯等人在南开大学的早期讲课活动）①。这一时期港台地区社会科学家的本土化倡议及其对大陆第一代青年社会学人的持续影响，可以被看作外部学术力量卷入的一个特例。最后，到了社会学常规化阶段，通过外部人才引进计划，一大批在国外社会学界取得重要学术地位的社会学家（包括但不限于赵鼎新、边燕杰、周雪光、谢宇等学者）纷纷加入中国社会学界的学术活动之中。他们对国内学术活动的直接或间接影响，以及他们对国内社会学学术活动的评价性意见，构成了我们所说的外部学术力量卷入或中外学术关系对比在这一阶段的操作化例证。

（二）内部学界结构特征的变动

我们识别出来的第二个知识社会学维度，便是国内社会学界结构特征的变动。抛开第一时段不讲，在社会学早期发展阶段，伴随着国立和公立大学社会学专业的兴起，教会大学中的社会学从业力量的相对占比大大减

① 李强：《改革开放40年与中国社会学的本土化、发展及创新》，《社会科学战线》2018年第6期。

少。同时，诸如费孝通、林耀华等先生在国内获得社会科学学士甚至硕士后才出境求学的年轻人日益成为普遍趋势。他们带着救国情怀外出求学，同样带着救国情怀学成归国，因此，这一代学者内部学术主体性的习得和加强，成为学界内部结构特征变动的一个主要方向。同样，经过将近20年的学科体制化之后，中国社会学的国际地位提升[①]，因而使得学界期望中国社会学获得独立学术地位的预期也渐次高涨（而本土化运动可以看作是这种高涨期望的一种反映）。

在社会学恢复阶段，从某种意义上来说，社会学学科遭到取消的将近30年时间，使得老一辈社会学者的人力资源遭到了无情的抛弃和绝对的浪费。可以说，恢复阶段的第一代社会学学生，都是从其他学科的高年级本科生转来的。这里面不得不提到的一个例子，便是南开大学的社会学硕士班（俗称南开班）在整个社会学恢复阶段，甚至在社会学正常化阶段所扮演的重要作用。据不完全统计，从这个班级走出来的学者，大概覆盖了当代中国社会学界重要院系学科领导团队的半数以上。他们成为继费孝通、雷洁琼、袁方等老一辈社会学家之后，引领中国社会学走向持续专业化道路的第一代继承人。本土学术训练的背景，除了少数例外之外，大概解释了他们在社会学恢复阶段支持社会学本土化的一般立场。到了社会学正常化阶段，我们则在持续的专业化趋势之外，又看到了相对更年轻一代社会学人的成长，从专业训练、文献掌握能力、最新理论跟踪和研究方法更新和学习等多个方面来看，这些年轻学者表现出更加国际化/全球化的倾向。此外，中外学术交流访问机会的持续增长，甚至连大学教授收入水平的持续上涨（尤其是外部兼职劳务费用的上涨）都可以作为学者们在新时代学术自信心上升的证据性指标。

---

① 当时中国社会学的国际学术地位大致可以从倡导社会学本土化的核心人物之一——吴文藻先生——的相关际遇来加以佐证：吴文藻先生曾经代表燕京大学参加了1936年哈佛大学300周年校庆，并因此与同样参加庆典的英国伦敦政治经济学院（LSE）的马林诺斯基教授相遇。此次相遇最终影响当年夏天远渡英伦求学的费孝通先生的导师归属，即从马氏大弟子Raymond Firth那里，转到由马氏亲自指导。

（三）技术和其他支持条件的约束（或促进）

我们识别出来的第三个维度，暂且将其命名为"技术和其他支持条件的约束（或促进）"。这个维度本身是否具有理论中心性，是一个值得讨论的议题。此处将其纳入，主要是从笔者（第一作者）自己的经验来看，也许它具有隐含的重要性。比如说，每一代社会学者在形成自己的社会学学力的时候，都受制于当时的技术条件，或者其他的支持性制度。举例来说，当年笔者（第一作者）学习SPSS统计软件的时候，该软件还处于发展的初级阶段，需要学习者自行编制命令语句才能运行特定计算，且效率低下，既不像当今的SPSS版本那样实现了窗口化操作，也不像Stata软件那样高效且操作简便。其次，是外文文献的可获得性。当前来看，似乎连原版外文文献都已经不再是一书难求，更何况还有那么多的电子文献和PDF阅读器的配合。Web of Sciences、Elsevier、ProQuest等全球期刊集成数据库的普及，也使得全球层面的文献检索工作变得更加容易。因此，仅就掌握全球普适的方法手段，以及熟知全球普遍的社会科学理论框架而言，对于每一个本土社会学者而言，上述技术条件作为制度性支撑都扮演着极其重要的角色。

四、当代本土化/国际化争论中的逻辑亮点

以上我们仅从旁观者的视角出发，对中国社会学学科史上的历次本土化倡议的缘起做了分析，并给出了一个初步的知识社会学框架，认为在各个时代的学术共同体内部的特定部分产生的本土化运动的共识，至少受到了三重内外因素——外部学术力量卷入和中外学术地位的相对关系、学术共同体内部结构特征的转变和技术—制度条件的变化——的形塑和架构。但是，我们还需要回答以下这个问题，也即针对本土化—国际化/全球化争议，我们自己的立场是什么？当然，就我们前面所采取的知识社会学的框架这一点来看，我们关于本土化—国际化/全球化的立场一定是折中主义的，即认为在特定的知识社会学情境下，如果本土化或国际化/全球化的倡议能够将一种本已失去均衡的关系再重新均衡化，那么对于学界而言，未尝不是一件乐见其成的事。特定地，我们还将通过对过往本土化争论史上曾经出现过的、我们认为在逻辑上具有重要参考意义的几个要点进行简要阐述，来进一步抒发我们关于这一争论的立场。

（一）本体论信仰：人类文化实践的普适性

首先，在本体论意义上，我们更倾向于采取一种人类文化实践具有一定程度普适性的立场，并将这种立场看作深植于学者个体学术意识基底的一种类似信仰的认知依归。郭于华教授曾经这么发问："我们究竟有多么特殊？"[1]，尽管其本意是在针对"特殊主义"和"普遍主义"这一对社会学史上具有重要意涵的二元对立发表自己的意见，但却也清楚地表达了其对人类文化实践中的普适性基础的认可。笔者（第一作者）的老师刘世定教授大概是这一立场的另一个主要支持者。在他看来，诸如关系（guanxi or connections）、面子（favor exchange）之类概念化处理所指涉的社会事实，其实在全世界的文化实践中普遍存在，只是程度差异而已。这是多年来我们在日常学术谈话中经常涉及的一个主题，即认定中国的社会文化实践应该从属于全人类的文化实践，两者之间存在着连续性而非断裂。我们认为，对于当代中国社会学界的年轻一代学者而言，采取这样一种本体论立场应该是有必要的，因为只有这样，中国的社会学和世界的社会学才能保持某种意义上的一致性和连贯性；与此同时，这样一种立场也是中国社会学界专业化程度稳步上升、学术自信心逐渐高涨的一个符号标记。

（二）方法论视野：理论抽象程度

王宁教授在2017年发表的、阐述自己关于社会学本土化观点的重要论文[2]中，对持普遍主义立场的学者们的意见做了很好的巡礼。笔者猜想他本人的意见和笔者的意见相当接近，也即需要考虑到学者个人的学力对于他的论战立场的潜在影响。因此，他先后提出专业能力不足和学术创新能力不足这样两个学力因素来解释过度国际化和过度本土化这样两种非均衡状

---

[1]　郭于华：《我们究竟有多么特殊》，《社会学家茶座》2012年第4期。

[2]　王宁：《社会学本土化议题：争辩、症结与出路》，《社会学研究》2017年第5期。

态。在这篇文章中，更加吸引笔者注意力的是他关于彭玉生教授的论战立场的剖析：对于那些过于强调中国社会的"情境嵌入性"的学者来说，理论抽象程度的不足，的确可以造成"中国特殊论"的过度膨胀。这个想法，其实是笔者一直以来所持有的观点，也即理论概念的层次，从构建概念（construct）出发，一直到操作化定义（operationalized definition），实际上中间有很从容的一个概念降级或上升的空间。沿用彭玉生教授的话来说：

> 许多做质性研究的学者避而不谈操作化，好像这根本不是个问题。实际上，这恰恰是概念化与操作化的一些最基本原则被忽略的地方。定性研究者经常混淆变量概念及取值概念（value concepts），因为定性研究经常研究少量案例并且重视的是每个案例的独特性。因此，一些定性研究者专注于变量的取值，却忽视了抽象的变量。我们常听人说，中国如此特殊以至于西方的理论概念不适用。这话本身没错，但大多数情况是变量本身与中国直接相关，只是取值独特。比如费孝通先生将中国人际关系模式描述为"差序格局"，西方是"团体格局"。这里的变量概念是人际关系模式，而"差序格局"和"团体格局"只是这个概念的两个取值。再比如，中国的商业交易严重依赖人际关系和"走后门"，这反映了正式制度的脆弱，而不是正式制度这一概念无用。其实，"关系"操纵也不是中国独有的"特色"，只是方式、程度（取值）不同而已。[1]

这段话十分形象地揭示了彭玉生教授自己心目中关于"中国特殊性"的理论地位。从某种意义上说，这一看法为我们评估中国"时空嵌入性"的理论意涵提供了基本思路。鉴于中国"时空嵌入性"不仅是从一个中立的立场评价本土化运动的知识社会学起点，同时也是评价一个均衡的本土化—国际化/全球化关系的方法论起点，因此我们还可以对这一关键概念的理论价值做进一步的说明。

---

① 彭玉生：《"洋八股"与社会科学规范》，《社会学研究》2010年第2期。

（三）中国"时空嵌入性"的理论价值

在王宁教授所引的持普遍主义立场的学者中，陈映芳教授的立场最有助于说明中国"时空嵌入性"的理论价值。陈映芳教授以国家—社会关系这一普适理论框架和中国嵌入性之间的互动关系为例，说明这一架构与多样性本土实践的切合性：首先，20世纪80年代以来世界的政治剧变——亚洲、拉美、中东等各地威权政府的民主转型、苏联/东欧等前社会主义阵营的政治转向、中国的改革开放，以及市民社会在一些传统民主国家（如日本）的迅速兴起——造成了学术界对相关理论范式的迫切需要①；其次，文章中还转引了社会史专家朱英教授的说法为例，说明国家—社会关系这一理论框架对中国社会史研究的理论启示。具体来说，朱英教授在研究中国商会的过程中，分别采用了政治史、现代化理论、市民社会理论和公共领域范式，直到最后采纳国家—社会关系的分析框架。用朱英教授的原话来说："我感觉它似乎更有利于商会史及整个近代史研究的深入。……应该说，'国家与社会'的分析框架对于我们近代史甚至很多相关学科，包括古代史，都有很大的影响。现在好多事情都是透过它去分析的"。

当然，除了如上所说的验证抽象理论框架的适切性这一价值之外，中国"时空嵌入性"的另一个理论价值，则是对西方抽象理论框架的证伪或扩展所做出的贡献，这也是很多持本土化立场的学者们所强调指出的。比如说，针对关于威权国家的某些看起来达成一致的理论假设，一些更加聚焦的经验研究分别指出了这些理论假设所未能加以包容或合理解释的中国情境：如基层治理中"灵活的威权主义"概念的提出②；或者对中国立法进程中的独特民

---

① 陈映芳：《今天我们怎样实践学术本土化——以国家—社会关系范式的应用为例》，《探索与争鸣》2015年第11期。

② Lee, Ching Kwan, Yonghong Zhang. "The Power of Instability: Unraveling the Microfoundations of Bargained Authoritarianism in China". *American Journal of Sociology*, 2013(6).

意过程的关注和强调①。这一类表征中国嵌入性之独特理论价值的、理论取向的经验研究的积累和扩展，实际上将成为联结中国社会科学和国际社会科学的重要桥梁，也是两者之间表现出均衡关系的一个良好证据。

五、结语

至此，我们已经明确表明了我们的立场，即在当代中国社会学发展演进的宏大脉络中，本土化和全球化/国际化之争并不具有本体论意义上的相关性，而毋宁说其表征的是学者们在各自学力养成基础上的一个"价值有涉"的立场和偏好而已。比如说，定量研究者似乎更偏向于全球化/国际化，他们的文献回顾也更多地表现出对世界范围内稳定发生和呈现的定量模式（quantitative patterns）的关注；而定性研究者则很可能因为与在地特殊性（local specificity）的频繁亲密接触，而有意无意地表现出对本土化立场的更多坚持。有时候，有限范围内的方法竞争和方法争论，也许会扩展开来演变成一场围绕本土化—国际化/全球化的激烈争论。因此，对于认为定性研究方法和定量研究方法在逻辑层面并无根本性差异的笔者来说，呼吁一个更加均衡的本土化—国际化/全球化关系，也许就成了看起来颇具折中主义的一个主观选择：无论是在研究议题上，还是在研究方法上，一个兼容并包的学术原则将或者调和持不同立场者间的争端，或者推动中国社会学的研究走向一个新的学术高度。

［原文发表于《济南大学学报》（社会科学版）2019年第1期，人大复印报刊资料《社会学》2019年第4期、《高等学校文科学术文摘》2019年第2期全文转载，《社会学文摘》2019年第2期转摘］

---

① Truex, Rory. "Authoritarian Gridlock? Understanding Delay in the Chinese Legislative System". *Comparative Political Studies*, 2018(1).

社会学本土化的引入、构建与想象

黄晓星[*]

　　自社会学引入中国社会以来，本土化议题（中国化、中国特色、本土化等）一直存在，尤其是近四十年恢复重建以来更是激起广泛的讨论。社会学本土化的争论是一个知识社会学的议题，也是社会学不同知识在争取合法性的过程，不同社会学家参与本土化的争论，背后是不同的社会学学科范式、知识体系的矛盾与竞合，而这种互动也影响了社会学学科的发展，影响社会学作为一种知识的积累特征。"知识分子不是要使他们自己单单面对他们的资料，也不是单单面向整个社会，而是按照他们的特殊需要，按照有效性、重要的知识以及恰当的问题等等标准来面对那个社会的特定部分。"[①]对于中国社会学来说，社会学本土化即是社会学者在面对中国问题时，发展出一套认识中国社会的理论、方法和技术，对其讨论回应了中国的专业社会学是什么、包括什么、什么才是最重要的问题。

　　本文将社会学本土化话语置于专业发展进程中，讨论恢复重建以来的

---

* 黄晓星，中山大学城市社会研究中心，社会学与社会工作系副教授、博士生导师。
① ［美］R. K. 默顿：《科学社会学》，鲁旭东、林聚任译，商务印书馆 2004 年版。

本土化话语，社会学本土化的诉求在于以专业发展回应社会的深度需求，把握中国社会的"深层结构"。不同阶段的社会学本土化争论的内容反映了社会学发展的不同阶段，本文从研究对象、研究方法、理论三方面进行讨论，最后以研究者的角色回应本土化议题。

一、研究对象：社会学中的问题选择

在社会学恢复重建阶段，社会学的引入首先讨论的是研究对象，社会学到底是什么，以及研究什么。研究对象的划定是一个学科合法性的基础，是社会学在20世纪80年代刚恢复重建急需回答的问题。社会学在引入之后研究中国问题，这是不存疑问的，也是中国社会学这30多年来最主要的研究。

在20世纪80年代初，学界对于社会学的研究对象还较不明确，一类认为社会学研究社会整体或总体，从社会现象、社会关系、社会结构、社会协调条件和运动规律等来研究；一类认为社会学研究社会某一部分、某一领域、某一方面、某一问题，如社会生活、生活方式、社会问题等，是整体的社会或者局部的社会，研究对象还主要处于与其他学科相对来说剩余的讨论，研究对象主要与对社会学的定义相关，有一定的趋同性[1]。在学科恢复重建的十年间，社会学的研究对象和定义是较有歧义并引起广泛争论的[2]，争论的内容是要不要以西方社会学针对的研究对象来研究中国的研究对象，是研究社会普遍存在的对象还是社会学特有的文化现实。

在研究对象的本土化方面，有着不同的话语，一方面将中国化、本土化视为对中国特有现象的研究，认为西方社会学理论与中国现实相差甚远，中国必须根据特殊的国情发展特殊的中国社会学，这是用研究对象对社会学进行重构。但这很容易出现非学科化的状态，这在不同的社会学分支学

---

① 雷洪、范洪：《我国社会学若干理论问题讨论综述》，《中国社会科学》1986年第3期。
② 张宛丽：《十年社会学理论、方法研究的回顾和反思》，《社会学研究》1989年第4期。

科里面体现较多。但"本土化不等于非学科化"①，在对本土现象进行研究的同时还需要对社会学学科本身进行讨论。但也不能简单移植西方社会学的研究对象，而需要"脚踏实地地对中国人自己的社会行为作本土的考察和描述"，不排斥西方的社会学理论和概念②。在研究对象本土化方面，杨中芳指出（在社会心理学上）："1.以实际观察中国人所得的社会行为现象为研究课题；2.选择中国人所熟悉的社会心理学概念为研究对象；3.考虑中国文化、社会体系反映在个人心理体系（包括语言意义系统）的状况，来找出中国人行为的真正社会心理意义。"③另一方面，将民族化的对象作为社会学中国化、本土化的研究对象，借此对社会学进行重新定义，如："社会学的中国化，就是建立以中国社会为研究对象，体现中国现代文化民族主体性特色，反映和促进中国社会主义现代化进程的现代化社会学体系。"④对于民族化、中国文化研究的强调是处理西方社会学文化进入中国后的主体适应问题，使得舶来的专业在本土能够找到基础。20世纪80年代末至90年代，社会学大力发展，不同的研究对象都纳入社会学研究范围中，也开始形成中国化的社会学对象话语，如研究社会良性运行的机制和条件⑤，从社会秩序的角度去讨论社会学的研究对象。从社会学是什么，到对社会学研究社会良性运行的价值探讨，社会学在国内找到立足的基础，回应了改革开放初期社会问题以及迫切期待解决办法的需求。这与社会学建立的大社会背景密切联系，体现了中国社会学的问题意识、学术定位与学术责任，如费孝通先生在社会学恢复重建后的两大本土化研究对象"小城镇建设"和

---

① 周晓虹：《本土化和全球化：社会心理学的现代双翼》，《社会学研究》1994年第6期。

② 杨中芳：《试谈大陆社会心理学研究的发展方向》，《社会学研究》1987年第4期。

③ 杨中芳：《由中国"社会心理学"迈向"中国社会心理学"——试图澄清有关"本土化"的几个误解》，《社会学研究》1991年第1期。

④ 袁阳：《试论社会学的中国化与现代化》，《社会学研究》1988年第1期。

⑤ 郑杭生：《社会学对象问题新探》，《社会学研究》1986年第1期。

"边疆地区发展"①即是如此。

对象转换型本土化是社会学本土化的第一种类型②，也是简单的第一层次的本土化，即以中国现象为研究对象，而这成为中国社会学学科分化的重要依据。在20世纪80年代至90年代，中国社会学学科处于学习、引入和借鉴阶段，在社会学总体讨论的背景下，各种议题都进入学科之中。而到了20世纪90年代末21世纪初，社会学分支学科开始细化，以各类研究对象作为区分，如政治社会学、经济社会学、组织社会学、社会分层研究等，这是学科逐渐成熟的标志。但学科分化也将不同学者限定在不同的领域，而导致难以将不同的社会学分支知识贯通，中国社会学研究也显得可能碎片化。这是对象转换第一种类型，即跟随中国社会不同现象进行研究，而促成学科分化。第二种对象转换也较为明显，即研究议题跟随体制结构变动，服务于国家大政方针，如20世纪90年代研究单位到社区的转型、21世纪和谐社会与社会管理创新、现阶段的社会治理等研究，体现了中国社会学为国家服务的目标取向。两种取向的对象转换都为社会学的发展奠定了基础，但也同时出现了议题选择的分化与浅度化，以及议题选择的单一化和同质化问题③。

二、研究方法：社会学中的方法选择

社会学恢复重建面临的第二个领域是方法论，尤其与马克思主义方法论之间的关系。在研究对象上，社会学界定为研究中国问题、回应中国现实需求，服务于国家和社会的大政方针；在方法论上，则是在马克思主义方法论（历史唯物主义、科学社会主义、毛泽东思想等）的指导下开展相关

---

① 李建新：《本土化问题意识与文化自觉——从费孝通江村调查谈起》，《社会学评论》2018年第1期。

② 谢立中：《论社会科学本土化的类型——以费孝通先生为例》，《江苏行政学院学报》2017年第1期。

③ 谢宇：《走出中国社会学本土化讨论的误区》，《社会学研究》2018年第2期。

的研究①，这也是建立中国本土社会学的重要特征。

在方法论的讨论之外，社会学的具体研究方法开始成为学科方法的中心，而更深层次的认识论和方法论讨论一定程度上被悬置了。在20世纪80年代，学者认为以社会调查为中心来建设中国社会学，有助于吸收西方社会学的精华②，重点强调社会调查的具体方法对于认识中国社会的重要性。有学者提出要建立社会调研学专业，以推动社会调查科学化，社会调查的发展服务于各级各类管理和决策需要、发展社会学理论等③。问卷调查等得到充分重视，成为掌握中国社会的重要工具，社会学的工具性特征也彰显出来。问卷调查从刚一开始不被接受到20世纪80年代末"问卷热"，而定性研究方法却无人问津④。在方法层面上，问卷法更加接近社会科学，能够为国人所接受。事实上，社会学也通过社会调查为国人所认知，不少报纸设置社会调查专栏，社会学方法被广泛使用，国家统计局使用抽样调查方法关注物价等，非社会学专业开辟"社会学专栏"，可见社会学在国家和社会生活中发挥的作用⑤。因此，从20世纪八九十年代，社会学的方法选择更多以社会调查为主，引入社会学的调查研究方法，研究本土社会出现的问题。在这个阶段，社会学本土化讨论社会学的方法与中国本土文化和国情的匹配性，认为需要形成具有本土特色的社会学方法，这需要批判吸收社会学的研究方法⑥。

21世纪以来，随着学科的逐步成熟和壮大，社会学的定量研究和定性研究方法同时发展起来。定量研究方面与国际化接轨，引入各种统计技术，

---

① 雷洪、范洪：《我国社会学若干理论问题讨论综述》，《中国社会科学》1986年第3期；张宛丽：《十年社会学理论、方法研究的回顾和反思》，《社会学研究》1989年第4期。

② 雷洪、范洪：《我国社会学若干理论问题讨论综述》，《中国社会科学》1986年第3期。

③ 于真：《社会调查研究学科化刍议》，《社会学研究》1987年第6期。

④ 张宛丽：《十年社会学理论、方法研究的回顾和反思》，《社会学研究》1989年第4期。

⑤ 郑杭生：《关于21世纪中国社会学发展的几点展望》，《社会学研究》1997年第2期。

⑥ 郑杭生、王万俊：《论社会学本土化的内涵及其目的》，《吉林大学社会科学学报》2000年第1期。

定量研究逐步成为国内社会学的主流特征①。从20世纪90年代对基本的操作化、统计研究的误差类型、实验方法等定量方法的基本讨论②到后续细化的关于家庭和权力关系③、企业社会资本④等的指标测量反思，再到近年来关于倾向值匹配等更进一步的统计方法⑤、大数据的运用⑥、计算机模拟的反思和讨论⑦，社会学的量化研究与计算机科学、统计学、数学等方法融合在一起，提高了对国内经验事实认识的技术基础。在各种统计技术、计算机科学进入社会研究之后，社会学的话语与其他学科话语开始交织在一起，形成新的社会学前沿研究。同时，社会学的量化研究也更为细致和精致化，成为聚集于某个领域的精准研究。

在定性研究方法方面，社会学研究的著作和文章也较多，方法论讨论上也有进一步的发展。针对问卷调查在进入21世纪前成为中国社会学主流调查方法，而定性研究少有讨论、个案研究代表性备受质疑的问题，王宁对个案研究的"典型性"和"代表性"进行讨论，认为个案的代表性问题是一个虚假问题，个案需要通过分析性推论来实现外推，而非统计推论⑧。回答同样的

① 风笑天：《推动与引领：〈社会学研究〉三十年来的方法研究论文回顾》，《社会学研究》2016年第6期。

② 方文：《重审实验》，《社会学研究》1995年第2期；沈崇麟：《社会研究中的量度误差问题》，《社会学研究》1990年第2期；张小天：《论操作化》，《社会学研究》1994年第1期。

③ 徐安琪：《夫妻权力和妇女家庭地位的评价指标：反思与检讨》，《社会学研究》2005年第4期。

④ 刘林平：《企业的社会资本：概念反思和测量途径——兼评边燕杰、丘海雄的〈企业的社会资本及其功效〉》，《社会学研究》2006年第2期。

⑤ 胡安宁：《倾向值匹配与因果推论：方法论述评》，《社会学研究》2012年第1期。

⑥ 陈云松：《大数据中的百年社会学——基于百万书籍的文化影响力研究》，《社会学研究》2015年第1期。

⑦ 罗玮、罗教讲：《新计算社会学：大数据时代的社会学研究》，《社会学研究》2015年第3期；沙莲香、刘颖、王卫东等：《社会心理现象计算机模拟及其方法论意义》，《社会学研究》2007年第6期。

⑧ 王宁：《代表性还是典型性？——个案的属性与个案研究方法的逻辑基础》，《社会学研究》2002年第5期。

代表性问题，王富伟以"超越性"代替代表性问题，认为可通过"关系性整体""理论多样化"等来拓展个案的分析力①。而卢晖临、李雪通过对个案中的概括、个案类型比较、分析性归纳、拓展个案法等的分析，认为个案研究可通过理论重构达到一般性的解释，处理特殊性和普遍性的问题②。在具体的研究方法上，也有较多的讨论，如杨善华等对深度访谈的概括，认为深度访谈的重点在于意义探究③，"意义"是现象社会学的核心问题④。在其他方法论层面上，也出现了较多的本土化尝试，如孙立平等提出的过程—事件分析⑤及关系—事件分析⑥等，对定性研究中的事件进行细致分析。

可见，社会学研究方法的本土化在往技术化、深度化的方向发展，各种研究方法引入用于对中国社会的解释，社会学也在力图对于现象进行把握、对于因果机制进行挖掘。谢宇等认为社会科学的核心是追寻因果关系，对因果机制进行探讨⑦，其主要谈论定量研究的范式，但定性研究也注重对于因果机制的分析。定量研究从一开始以社会调查为主的工具化特征到现阶段的技术化发展，而定性研究从刚开始被诟病到逐步深度化、叙事化发展，两种方法并驾齐驱，这也是中国社会学方法逐步成熟的标志。

---

① 王富伟：《个案研究的意义和限度——基于知识的增长》，《社会学研究》2012年第5期。

② 卢晖临、李雪：《如何走出个案——从个案研究到扩展个案研究》，《中国社会科学》2007年第1期。

③ 杨善华、孙飞宇：《作为意义探究的深度访谈》，《社会学研究》2005年第5期。

④ 杨善华：《田野调查中被访人叙述的意义诠释之前提》，《社会科学》2010年第1期。

⑤ 孙立平：《"过程—事件分析"与当代中国农村国家农民关系的实践形态》，载王汉生、杨善华：《农村基层政权运行与村民自治》，中国社会科学出版社2001年版。

⑥ 李猛：《迈向关系—事件的社会学分析：一个导论》，载杨善华、王思斌：《社会转型：北京大学青年学者的探索——北京大学社会学系硕士及学士学位论文选》，社会科学文献出版社2002年版，第18—33页；李猛：《如何触及社会的实践生活》，载张静：《国家与社会》，浙江人民出版社1998年版，第121—126页。

⑦ 谢宇：《社会学方法与定量研究》，社会科学文献出版社2006年版。

三、社会学理论：社会学中的理论积累

在理论上，中国社会学存在对西方理论警惕、发展中国特色社会理论、以中国经验回应西方理论、建立中国社会学派等不同的争论。中国社会学理论的本土化研究是对西方社会学理论的解释边界的界定，以及对解释中国社会的自身理论视角的发展。

在20世纪80年代，社会学刚刚恢复阶段，学者们对西方社会学理论进入中国持较为警惕的态度，认为西方发展起来的理论难以使用到中国本土实践中，而其合理成分是社会调查等经验研究技术[①]。在这个阶段，社会学理论必须面对与马克思主义、科学社会主义、历史唯物主义之间的理论关系。社会学本土化议题代表着对西方社会学理论的态度，实质是中国民族文化和西方特定文化的认同问题[②]。在对中国社会研究这个前提充分重视后，发展中国特色的社会学理论被提上议程，并且形成了初步的共识："社会学界取得了广泛的共识，这种共识集中体现在我们要建立的社会学是以马克思主义为指导的、有中国特色的社会学。"[③]西方社会学理论为我所用，吸纳到本土特色的社会学理论构建中，郑杭生等进一步指出："社会学本土化是一种使外来社会学的合理成分与本土社会的实际相结合，增进社会学对本土社会的认识和在本社会的应用，形成具有本土特色的社会学理论和方法的学术活动和学术取向。"[④]中国特色的社会学理论更加强调对于中国问题的关注，以及自身理论观点的发展，强调关注重大问题、形成中国问题的中国理论[⑤]。对于中国问题和改革开放的关注，中国社会学形成了社会公平正义、社会活力与

---

①②　张宛丽：《十年社会学理论、方法研究的回顾和反思》，《社会学研究》1989年第4期。

③　郑杭生：《关于21世纪中国社会学发展的几点展望》，《社会学研究》1997年第2期。

④　郑杭生、王万俊：《论社会学本土化的内涵及其目的》，《吉林大学社会科学学报》2000年第1期。

⑤　李培林：《中国社会学的历史担当》，《社会学研究》2016年第5期。

社会秩序三个视角①。

王宁从认识论和方法论的角度，认为社会学的本土化实际上涉及知识的效度和深度问题，远离本土化的"食洋不化"（西方教条主义）是没有效度的，而远离"真本土化"的"食土不化"是没有深度的，"与西方社会学进行对话的过程，也就是从中国的本土实际发现西方社会学理论所难以解释的现象、变量或反例的过程，而这些特殊现象、变量或反例，恰恰提供了归纳出具有本土特色的社会学理论的绝好机会，并同时限定了西方社会学理论的适用边界（效度边界）"②。中国经验可在理论层面上回应西方社会学理论，而非完全另起炉灶。中国经验就像全球社会学中的一个案例，对于这个案例中的深度分析有助于回应西方社会学理论的相关观点。中国特色社会学理论是"由内及外"的过程，先扎根本土进行深度概括，再走向世界，而以中国经验回应西方理论则是"由外及内"的过程，如谢宇认为中国社会学的出路即在于通过跨国比较研究来推动③。边燕杰认为中国社会学需要与国际社会学接轨，而社会学本土知识的国际概念化是遵循费老的社会学双重性格的思路，通过国际社会学能够读懂的语言来发展中国社会学④，这也是将中国社会学作为全球社会学一部分的做法。也有学者提出，中国社会学应以互动论取代回应论，强调国内社会学与西方社会学理论的互动⑤。这些不同的理论观点是对中国社会学的定位不同，是将中国社会学作为全球社会学的一部分，还是把中国社会学与西方社会学视为两个不同的部分来对待之间的不同。

①　李强：《改革开放40年与中国社会学的本土化、发展及创新》，《社会科学战线》2018年第6期。

②　王宁：《社会学的本土化：问题与出路》，《社会》2006年第6期。

③　谢宇：《走出中国社会学本土化讨论的误区》，《社会学研究》2018年第2期。

④　边燕杰：《论社会学本土知识的国际概念化》，《社会学研究》2017年第5期。

⑤　路英浩：《在回顾和反思中把握"社会学中国化"》，《社会》2006年第6期。

四、本土化的关键：如何认识深度中国？

从问题选择、方法选择、社会学理论积累的几个不同脉络，可以窥探中国社会学发展的不同阶段，也能反映出社会学本土化的观点。社会学本土化基于一种想象，即在实际社会情境中存在中国与西方社会，而在理论中则存在中国社会学与西方社会学两个不同的共同体。这种想象在不同阶段不断发生变化，取决于社会学发展的不同阶段，以及社会学不同分支所持的研究角色的不同。社会学本土化应强调真国际化和真本土化的结合，着眼于中国社会学的学术繁荣和发展，强调社会学知识的效度和深度[①]。

从三者的话语变化来看，研究问题的选择从一开始立足于关注中国现实，到服务于国家社会经济发展和决策需要，从发散到逐渐围绕着主轴（国家—社会等）形成不同的学科分支，从不同议题上关注中国。社会学开始恢复重建初期，学科尚未分野，简单地被区分为社会学理论和社会研究方法（尤以社会调查为主），本土化主要强调的是理论和方法论的本土化，而方法作为技术手段，更容易引入并且获得认同，这也是社会学壮大发展的初期背景。在后续的发展过程中，理论和方法都产生许多分化，各种社会学理论进入中国研究的实践，将中国作为理论回应和验证的田野；各种方法也在进入中国，社会学的技术化趋势更为明显。而后的本土化争论更加体现为不同理论取向、不同方法取向的争论。在理论上，到底是中国特色的社会理论，抑或是西方社会学理论的中国样本，或者是社会学理论的中国学派，有着不同的争议。如果把中国视为一个案例的话，即是这个案例发展出来的理论取向是否是独立一体，又或者是通过案例比较来寻找差异，又或者是基于该案例进行拓展，并发展出更有深度的理论？从方法论取向上，西方定量研究和定性研究的分野在中国也找到了战场，到底是用变量来消减现实，以获得比较的可能性，还是通过深度的地方性知识来获得更

① 王宁：《社会学的本土化：问题与出路》，《社会》2006年第6期。

好的理论解释？

纵观三十多年来的社会学本土化争论，争论者的角色不同、站位不同，其观点也有较大的差异。在社会学恢复重建阶段，主要的讨论者为刚从其他学科转型的本土的社会学者，作为中国研究的局内人在面对舶来的西方社会学时，结合国情而做出的选择，如以社会调查为中心，悬置其他有争议的讨论。到了20世纪90年代末至2000年左右，讨论者加入了从海外学成归来的社会学者，国外的社会学理论学习使其更能以局内人和局外人相互交错的方式，去理解中国现实的发展。而近十余年来，社会学的分支得到极大发展，这些角色进一步分化，在争论中加入了不同分支之间的差异，本土化的讨论随着国际化越来越深入。谢宇的《走出中国社会学本土化讨论的误区》一文，认为本土化是一个伪命题，即基于国际化的视角，其背后的方法论基础是社会科学的比较以及社会情境论等[①]，力图发展更好的统计方法以掌握中国情境，如他提出的跨国比较。该文章也引起了广泛的讨论，如翟学伟认为谢宇误读了本土化的含义，议题本土化、应用本土化与范式本土化的分类不符合中国社会学界的实际状况，强调本土化应该有三层含义：其一，符合科学哲学基本原则与框架的前提下而建立的社会学方面的地方性知识体系；其二，地方性知识具有对当地民众生活的解释力和预测力；其三，地方性知识的建立能够融入国际社会，或进入主流社会学，经历普世性的检验[②]。梁玉成认为要将议题、方法、学理区分开来，议题上关注中国实践，方法上强调科学范式，学理上强调通过本土知识来进行理论抽象[③]。这些讨论分属国际化与在地化两个端点，回应的是从普遍到特殊，又或者从特殊中概括出普遍的问题，这是学者站位不同的角色分化。同时，学科和方法论背景也不同，要么从社会科学的范式讨论比较的问题，要么

---

① 谢宇：《走出中国社会学本土化讨论的误区》，《社会学研究》2018年第2期。

② 翟学伟：《社会学本土化是个伪问题吗》，《探索与争鸣》2018年第9期。

③ 梁玉成：《走出"走出中国社会学本土化讨论的误区"的误区》，《新视野》2018年第4期。

从更接近人文的角度讨论深度的个案把握议题，这又是学科分化的结果。但总体而言，各方都认为需要有国际的角度，只是研究中国的路径不同。

中国社会学的本土化应该倡导"真本土化"与"真国际化"的结合，避免"食土不化"或"食洋不化"①。现阶段的本土化争论达到一个新的水平，不同立场并不互相排斥，而认为本土化和国际化的结合，只是看主位视角的不同。对于中国的研究需立足于本土实际，结合中国的文化情境，同时也需要承认中国社会学是全球社会学的一部分，建立中国社会学理论的中国学派必须置于全球社会学的情境中才能有的放矢。正像中国社会越发与国际融为一体一样，中国社会学也需越发融入全球社会学之中。现在本土化的问题不在于要不要本土化，而是社会学理论知识的创新力不足，而导致学术依附②。这更加需要学者扎根于本土实践，获取深度的知识，才能够更好地解释中国。没有深度中国的描述即没有中国的深度解释，那自然就没有中国学派的深度个案，在此基础上进行的跨国比较只能是"削足适履"，排斥了诸多丰富的变量。在这方面比较成功的案例，如费孝通先生的《江村经济》，既是深度解释中国的本土化范本，但也是中国社会学国际化的一个范本。其对于中国社会学、人类学发展意义深远，立足于中国本土进行实地调查，采用系统深入的社区研究方法，有系统的理论架构，抓住调查地点的社会变迁作为重点研究③。中国本土化需基于中国实践，讲好中国故事，如现阶段中国改革开放的实践，通过对社会变迁的把握实现中国社会学的影响力④。

本土化的讨论是中国社会学学术共同体建立的过程，从社会学的引入，

---

① 王宁：《社会学本土化议题：争辩、症结与出路》，《社会学研究》2017年第5期；王宁：《社会学的本土化：问题与出路》，《社会》2006年第6期。

② 王宁：《社会学本土化议题：争辩、症结与出路》，《社会学研究》2017年第5期。

③ 马戎：《社区调查与中国社会学的"本土化"——纪念费孝通教授逝世7周年》，《青海民族研究》2012年第3期。

④ 张文宏：《本土化：中国社会学学科体系、学术体系和话语体系创新的必然路径》，《济南大学学报》（社会科学版）2017年第3期。

到各类学术团体的构建，中国社会学已经成为全球社会学的重要组成部分。本土化不应该成为知识创新不足、解释不充分而一味排外的挡箭牌，而是提示大家共同营造在全球化背景下中国社会学良好的共同体环境和氛围。一方面，中国社会学派是想象出来的，即存在一群有本土关怀、价值导向的社会学者，以解决中国社会问题、推动社会发展为己任；另一方面，中国社会学派的发展需要有更好的制度保障，以推动学术知识创新①。这就要求社会学者既具有作为局内人的价值关怀，共同营造一个好的学术共同体，也要具有局外人的价值中立，扎扎实实研究，通过局内人和局外人的内外交织而达致对中国的深度解释。这就要求国内社会学的开放态度，与全球社会学充分互动、交流。同时，学科分化、方法进一步提升是学科成熟的必然阶段，也是对中国深度认识和解释的必然结果，任何理论都有自身的理论边界，而共同的发展和讨论才能实现更全面的认识，这更需要学术共同体有更大的支持力度，通过百花齐放来鼓励更多的细致思考。

［原文发表于济南大学学报（社会科学版）2019年第1期，《新华文摘》2019年第10期全文转载］

---

① 王宁：《社会学本土化议题：争辩、症结与出路》，《社会学研究》2017年第5期。

中国社会工作的本土化：政治、文化与实践

何雪松　杨　超*

　　中国社会工作恢复重建三十年来，本土化一直是核心议题，最近又引发新一轮的讨论，这不仅因为社会工作的本土化关乎中国社会工作专业的发展方向与建构路径，更因为社会工作需要进入"基层"，进入"社会"，而不能仅仅停留在概念、理论和模型的争辩，因而使对这一问题的讨论显示出学理的和现实的双重紧迫性。围绕社会工作本土化有诸多论题，包括本土化的内涵、路径、框架等。本文认为政治关联性、文化敏感性与实践反思性是推动中国社会工作本土化的三要素，并讨论如何经由本土化而实现国际化。

一、社会工作的政治关联性

　　作为一种服务于人的专业，社会工作的产生与发展与本土的社会政治生态相适应。政治体系在社会生态中占有重要位置，基于中西方政治脉络

---

　　* 何雪松，华东理工大学社会与公共管理学院教授、博士生导师；杨超，临沂大学法学院社会工作系讲师，博士。

的差异以及社会工作的政治属性，中国社会工作的发展历程是一个本土化的过程。

社会工作的早期发展传统强调政府参与社会救济。1601 年英国首先实施了《济贫法》，规定了政府对于贫民救济的责任，初步建立了救济的行政制度和工作方法。之后，1788 年德国汉堡市针对贫民救济问题实施"汉堡制"，1852 年爱尔伯福改良了汉堡制，形成爱尔伯福制。1881 年德国首相俾斯麦提出工伤事故保险法案。英国则从贝弗里奇报告中描绘了从摇篮到坟墓的社会保障架构，到 1945 年英国"福利国家"的建成，其他国家纷纷效仿，掀起了世界范围内福利保障体系的建设浪潮。专业社会工作作为一项制度安排，也在西方福利国家建设的过程中得以正式确立，从而获得了政治合法性的认可，社会工作的专业地位、专业空间、管理架构得以建构，并为专业知识和专业方法的发展提供了空间。20 世纪七八十年代，福利国家受到挑战，新自由主义兴起，英美对本国的福利制度进行了重大改革，政府预算被缩减，政府外包服务成为新的趋势，新管理主义盛行，这对社会工作有着强烈的冲击。由此可见，西方社会工作发展是与政治高度关联的。

尽管中国社会工作的历史可以追溯到民国时期，但制度化建设停滞。20 世纪 50 年代初，包括社会工作专业在内的社会学专业被斥责为资产阶级产物，高校取消了社会工作专业。但在现实中仍有大量"本土性社会工作"[1]，它们是政府和人民团体、单位组织进行的面向民众的各类服务活动，与思想政治工作、群众工作、公共服务、福利服务密切相关[2]。密切中国共产党与人民群众的联系是行政性社会工作的根本出发点。

改革开放后，随着我国政府和工作重心的转移和意识形态束缚的宽松，1987 年马甸会议召开、1988 年北京大学开设社会工作与管理专业，标志着中国内地社会工作专业教育恢复重建。随着市场经济体制的建立与完善和

---

① 王思斌：《试论我国社会工作的本土化》，《浙江学刊》2001 年第 2 期。

② 王思斌：《中国本土社会工作实践片论》，《江苏社会科学》2011 年第 1 期。

工业化、城市化、信息化、全球化的进一步发展，以行政性社会工作为代表的社会服务无法充分有效地回应社会需求，发源于西方的专业社会工作成为可借鉴的重要制度安排。2006年《中共中央关于构建社会主义和谐社会若干重大问题的决定》中首次提到社会工作，这样社会工作就正式进入官方的话语体系。由此，启动了社会工作自上而下的发展通道，社会工作非常明确地与社会建设关联在一起，发展社会工作是构建和谐社会的需要，这无疑从宏观上确认了社会工作的政治意涵。2007年，深圳作为民政部发展社会工作的试点，探索建立促进社会工作发展的较为系统的制度框架，引起了极大的反响。随后全国不少省、市和县都以不同的方式推进社会工作的发展。从这个过程可以看出，社会工作在中国大陆的重建一直以来都是与国家的建设目标和宏大叙事紧密联系在一起的，从社会服务、社会福利、社会建设、社会管理、社会体制到社会治理，这个过程是"社会"不断得以确认和展开的过程，社会逐步成为一个具有一定自主性的领域，社会工作是其中的制度性要件、构成性要素和专业性力量。因此，这是一个有别于西方社会工作发展的过程。

这显示，社会工作的发展离不开政治，并表现出政治关联性。殷妙仲指出，本土化也是一个政治性过程①。西方社会工作的价值观、知识与技巧进入中国，其发展并非一个简单的理论思辨或者推测验证的过程，而是与本国的政治脉络进行对接的过程，只有与中国的政党、政府和社会利益相契合才能得到政治的支持，并落实为政策。社会工作与政治的关联性深刻形塑着中国社会工作的形态。我们可以观察到以下三点：其一，中国的社会工作发展的确在很大程度上推进了社会服务机构的发展，但社会服务机构的发展又似乎与西方意义上的市民社会差异很大。中国的社会组织是政府培育起来的，这明显有别于英美的发展路径。"培育"意味着在较长一段

---

① 殷妙仲：《专业、科学、本土化：中国社会工作十年的三个迷思》，《社会科学》2011年第1期。

时间内社会工作机构很大程度上依赖政府的财政支持。其二，中国社会工作服务目标更多地被限定为维持社会稳定。这就可以解释中国社会工作之所以首先发生在司法社会工作领域，也与这一逻辑相呼应。最后，本土性社会工作与专业社会工作长久并存、持续互动将塑造不同于西方的社会工作形态，转型与融合需要较长一段时间。这三点在很大程度上体现了"应然"和"实然"之间难以弥合的差距，需要从理论、知识、技巧等层面予以回应，这恐怕已超出现有教科书的知识库存。

二、社会工作的文化敏感性

文化是社会工作价值观的直接来源，对社会工作理论与实务产生深层次的影响，因此社会工作一直强调文化敏感性，就是说社会工作的实践要与当地的文化结合。

西方的社会工作，从源头上来源于古希腊罗马思想、基督教思想以及人道主义。在其演变过程中，西方哲学思想以及社会学、心理学的理论、知识和方法不断被吸纳其中。由于中国社会尚在转型中，中国社会工作也尚未定型，因此多元文化的交织、碰撞、融合构成了中国社会工作独特的文化背景。尽管如此，总体上如果说西方的社会结构是个人—社会的模式，那么中国社会则呈现个人—家庭—社会的模式[①]。家庭对于中国人的影响深远，并影响社会工作的理论与实践。这意味着中国社会工作中家庭社会工作的独特位置以及特殊的知识。

学界使用不同概念或者命题概括了中国文化，尤其是儒家思想的特点。比如费孝通"差序格局"的经典概念，梁漱溟提出中国社会不同于西方在于"伦理本位"[②]，杨国枢社会取向论涵盖家族取向、他人取向、权威取向、关

---

①　田毅鹏、刘杰：《中西社会结构之"异"与社会工作的本土化》，《社会科学》2008年第5期。

②　梁漱溟：《中国文化要义》，上海人民出版社2005年版，第70—71页。

系取向等①。从更为根本的意义上，儒家崇尚的有机（整体的和联系的）主义被认为是理解中国范式的基础，而儒家文化下关系主义本质的讨论分为三类：关系主义是家族亲情伦理的社会延伸；强调关系双方的互惠原则以及回报机制的重要性；主张关系主义本质特征是非对称性的社会交换关系②。上述观点显示了中西方社会工作文化结构的内在差异，这意味着中国社会工作本土化需要考虑这样的文化差异及其对实践的影响。中国社会工作学界对于社会工作文化属性进行了较多的讨论，强调社会工作发展中的文化意义。因此构建中国的社会工作知识体系与费孝通先生倡导的文化自觉是一致的，强调文化自觉是建构社会工作知识体系与实践体系题中应有之义。推动社会工作的"文化自觉"，要坚持中层理论取向与后实证主义立场③。

在本土化方向上，基于文化的敏感性，兼收并蓄，融合不同文化的成果，进而更新改造、创建本土文化特征的知识体系是未来的路径。这一过程无疑是复杂、持久的，但其结果必然不同于西方。目前的讨论指出，在本土化的议程中，中国传统文化的关系主义可以成为社会工作的认识论和方法论基础④。当然，传统文化的吸收、改造与创造性转化将是中西方文化碰撞的过程。西方社会工作强调人有绝对的权利，而中国传统文化认为权利因亲疏而有分别；西方社会工作认为人是独特的个体，而中国传统文化认为人依附于不同组织生存；西方社会工作主张人有改进的潜能，而中国传统文化则认为进步是整体的成就⑤。这些问题的解决必定要立足传统文化，吸收西方先进内容，根据时代进行更新。目前初步的讨论涉及一些理论线

社会学

---

① 杨国枢、余安邦：《中国人的心理与行为》，（台北）桂冠图书公司1993年版，第91页。

② 边燕杰：《关系社会学及其学科地位》，《西安交通大学学报》（社会科学版）2010年第3期。

③ 何雪松：《社会工作的"文化自觉"》，《社会建设》2014年第2期。

④ 何雪松：《重构社会工作的知识框架：本土思想资源的可能贡献》，《社会科学》2009年第7期。

⑤ 周永新：《社会工作学新论》，商务印书馆1994年版，第5页。

索，并有了部分理论框架的建构。比如，在理论框架上，钟桂男对儒家社会工作进行了较为系统的讨论，尝试构架儒家社会工作学①。在具体的概念上，学界指出关系和嵌入是社会工作本土化的重要视角，西方强调个体自由原则，而中国重视个体之间、个体与社会之间的关系②；并初步构建社会工作关系视角本土化理论③。以上研究无疑开创了理论本土化的可能性。

三、社会工作的实践反思性

政治关联性和文化敏感性最后都要落实到具体的实践中，实践场域是诸要素最终的交汇处，而社会工作者的实践反思就成为本土化的重要理由。实践场域既意味着地方性问题及其知识运用领域的优先序列，也意味着实践智慧、地域性知识的生产④。

与以英美为代表的西方国家建立了完善的社会工作制度体系相比，中国社会工作总体处于早期发展阶段，社会工作制度还在不断完善之中。2017年我国民政部指出，十年来我国社会工作专业人才队伍规模总量达到76万人，其中持证社工近30万人⑤。从全国人口比例来看，中国每万人有2.1名社会工作者，远低于西方发达国家地区的比例。从社会工作职业声誉来看，英美的社会工作者享有良好的职业声望，民众基本上形成了向专业社会工作者求助的性情倾向，社会工作者的职业收入总体处于社会中等之上水平，职业吸引力较强。中国社会工作者职业薪酬较低，职业吸引力不

---

① 钟桂男：《儒家社会工作学的教育与实践模式》，《华东理工大学学报》（社会科学版）2006年第1期。

② 唐咏：《关系和嵌入性之外：中国社会工作理论本土化研究的路径选择》，《深圳大学学报》（人文社会科学版）2009年第2期。

③ 杨超、何雪松：《社会工作的关系视角》，《学海》2017年第4期。

④ 安秋玲：《社会工作知识本土建构：基于实践场域的进路与策略》，《华东师范大学学报》（哲学社会科学版）2016年第6期。

⑤ 《民政部在广州召开全国社会工作推进会》，中华人民共和国中央人民政府网2016年11月8日。

足。西方社会工作所需要的资源体系较为完善，美国社会工作机构通过民间资源的筹集可以支撑机构的运营，而英国社会工作者则有税收支持。在中国社会工作资金来源上，主要通过政府购买岗位或者项目的形式获得，社会工作机构独立造血能力较差。发展中国家的社会工作注重社区为本的实践，而发达国家则以临床社会工作见长①。这一论述适合中国社会工作的发展状况。中国社会工作实践与社区治理、社会治理创新密切相关。英美社会工作实践有强烈的微观化倾向，比如美国社会工作的领域主要集中在儿童、家庭和学校社会工作、精神健康和药物戒除社会工作、医疗卫生社会工作等领域。相较而言，社区社会工作则是我国社会工作发展的优先领域。在嵌入式发展过程中，如何保持自主性成为中国社区实践场域思考的重要问题。实际上，专业社工被吸纳到街道的权力网络过程中会出现外部服务行政化、内部治理官僚化和专业建制化的现象②。此外，灾害社会工作因在2008年汶川地震的灾后重建中发挥的独特作用得到了认可，逐渐成为我国一个备受关注的实践领域。

针对西方社会工作的"原生"理论、技巧方法和价值伦理在中国实际运用中并不完全适应的问题，实践场域构成了中国社会工作知识本土建构的鲜活的社会文化生态环境。转换到知识创生的视角下来观视实践，那么实践就不仅仅是运用先有的知识去解决问题的过程，更是"在行动中认知、在行动中反省、对行动作反省"③，从而不断创造出新的认识和理解的过程。社会工作者需要根据自己的经验，对专业知识的理解，在本土化的实践中创造性地提出自己的观点，创生出中国化的知识，形成中国本土社会工作

---

① ［澳］Jim Lfe：《人类权利与社会工作》，郑广怀、何小雷译，华东理工大学出版社2015年版。

② 朱健刚、陈安娜：《嵌入中的专业社会工作与街区权力关系——对一个政府购买服务项目的个案分析》，《社会学研究》2013年第3期。

③ Schon, D. A. *The Reflective Practitioner: How Professionals Think in Action.* New York: Basic Books Inc. Publishers, 1983, p.20.

的一套知识网络，使专业知识生命化、生活化、生态化，这表现为社会工作者实践的反思性。

具体来说，目前中国社会工作实践的反思首先是社区为本的社会工作理论。其致力于系统化的双向改变：作为结构的环境是透过社区或日常生活形塑个人/家庭的思维模式和行为规范；与此同时，个人能动性反过来又深刻地影响社区氛围乃至自然社会环境①。谈论较多的"三社联动"本土模式，强调社区建设、社会组织培育和社会工作的协同作用；在具有中国特色的社区共治模式中，社会工作者扮演的是积极的资源协调者和资源动员者的角色；然而"资源协调者"（而非资源和服务的直接提供者）才是社会工作者的应有职责②。对灾害社会工作，国内研究尝试从微观、中观及宏观层面分别拓展西方灾害社会工作的理论视域与实务体系。在灾害社工的角色与功能方面，中国社会工作者基本涵盖了社会工作者在微观层面服务提供、中观层面资源整合以及宏观层面政策倡导等多维度的角色与功能发挥。在灾害社会工作的主要实践方法与模式方面，国内注重本土经验的总结与反思。在微观层面，研究强调社会工作专业服务的开展以及文化自觉，并且关注需求评估与回应模式的建立。在中宏观层面，研究多强调社区互助网络、支持系统的重建和对女性的赋权；倡导社区为本、能力建设的社会工作模式，尤其关注社区资本建设，进而推动社区意识提升、宏观社会政策改变。此外，学界提出中国式的整合服务模式，旨在建构以社区为起点、以关系重建为核心，多服务方法与知识传统整合的服务模式③，以尝试使用社会记忆修复与重构的专业方法帮助灾后社区实现个体心理、人际关系、社区组织以及社会文化等不同层面的增能，以此形成"一体多面"的灾害社

---

① 张和清：《社会转型与社区为本的社会工作》，《思想战线》2011年第4期。

② 徐延辉、兰林火：《社区能力、社区效能感与城市居民的幸福感——社区社会工作介入的可能路径研究》，《吉林大学社会科学学报》2014年第6期。

③ 文军、吴越菲：《灾害社会工作的实践及反思——以云南鲁甸地震灾区社工整合服务为例》，《中国社会科学》2015年第9期。

会工作服务模式[①]。此外，就具体理论来说，西方的优势视角无法避免强势人类中心主义和工具理性的盛行，而且忽视了人的生活总是面临某种问题这一事实，中国社会工作实践则主张将优势视角与问题解决模式结合起来，拓展西方社会工作的观察视角[②]。社会工作者应该成为反思性的实践者，而不是理性的技术专家的角色，为此将"抵抗"引入优势视角可以弥补西方优势视角理论注重抗逆力而忽视底层抵抗的不足[③]。这些所形成的不同于西方的理论折射了中国社会工作实践的特殊性，而对实践的反思恰是理论生长的渊薮。

四、中国社会工作本土化的国际化意涵

由此，我们看中国的社会工作从政治、文化和实践三个层面就限定了本土化的可能方向。其中，文化敏感性已经得到一定程度的认同，但政治关联性、实践反思性同样值得强调，不过需要进一步的探索和研究。中国社会工作的政治关联性源自其独特的发展脉络，是在社会治理、社会建设的框架内展开，"社会"也是在这个过程之中逐渐生成。丰富的社会工作实践也迫切需要贴近本土的知识架构，因为中国的社会工作是面对一个不断变化和建构之中的包含政社关系的调整在内的社会工作体制机制，这些都不同于基于英美相对成熟的社会工作体系对知识生产的要求，因此本土化是必须的。

与社会学相比，社会工作更是强调其价值取向，更需要与当地的政治和文化对接，本土化的需求更为强烈。因此它更需要实证主义下的本土关

---

① 文军、何威：《灾区重建过程中的社会记忆修复与重构——以云南鲁甸地震灾区社会工作增能服务为例》，《社会学研究》2016年第2期。

② 童敏：《从问题视角到问题解决视角——社会工作优势视角再审视》，《厦门大学学报》（哲学社会科学版）2013年第6期。

③ 郭伟和、徐明心：《从抗逆力到抵抗：重建西方社会工作实务中的优势视角》，《思想战线》2013年第5期。

怀①以及在科学哲学原则下的地方性知识体系建构②，这样才可以弥合科学实证主义立场的片面与不足。与社会学相比，社会工作还是一个具有实践属性的专业。实践是即时性的、综合性的，在中国社会工作独特的政治脉络、文化结构与多元因素结合下，中国社会工作实践场域内部的"化学反应"必然更为复杂，而基于实践反思性生产的理论也更具本土化特质。就社会工作本质来说，一直存在社会工作是科学还是艺术抑或政治的论争③。我们认为社会工作是三者的统一体。正因为中国的社会工作所处的政治脉络、文化结构与实践场域不同，所服务的对象、工作目标以及价值取向不同，所形成的社会工作整体形态也必然不同。除了科学性之外，我们更要强调社会工作的政治性、艺术性。从这个角度出发，社会工作作为一门起源于西方的学科、专业和职业，在适应中国的实践过程中是无法绕过本土化这个环节的。

主张中国社会工作本土化具有重要的国际意涵。这种本土化并非简单的西方社会工作知识体系在中国的适用性问题，也并非局部的知识修补，而意味着新的知识生产、新的国际贡献。中国社会独特的政治、文化与实践特性，由此产生的经验和创生的知识并非孤立的个案，而是可能代表了一种新的国际知识类型。中国社会工作本土化提供了一套新的知识，也为发展中国家建构和发展本国社会工作提供了不同于西方的经验。由于中国所处的发展阶段与广大发展中国家的相似性，这套知识体系可能更有借鉴价值。无疑，本土化作为一个过程仍在进行中，但就目前的判断来说，中国社会工作在社区社会工作、灾害社会工作方面可以作出更大的知识贡献。西方主流的社会工作知识在内部专业化诉求与外部的意识形态、管理主义、

---

① 梁玉成：《走出"走出中国社会学本土化讨论的误区"的误区》，《新视野》2018年第4期。

② 翟学伟：《社会学本土化是个伪问题吗》，《探索与争鸣》2018年第9期。

③ 何雪松：《社会工作的理论追求及发展趋势》，《西北师大学报》（社会科学版）2017年第4期。

文化个人主义综合作用下逐渐"去社会变革化"，焦点转向个体治疗①。当代西方社会工作正在反思如何重新找回社会，而中国社会工作的发展过程正与此契合。中国社会工作立足丰富生动的实践，具备创造新的理论知识的可能性。

从更深层的意义上讲，本土化并不排斥国际化，二者并非对立的关系，本土化恰恰是中国社会工作走向国际化的前提。将地方性问题、地方经验的提炼上升为国际共享的知识是必要的。当前，中国社会工作正处在建构本土特色，同时也在超越本土特色上升为国际经验的阶段②。对于地方化的中国社会工作实践经验的提炼以及知识转化，具有全球扩散的意义。这一方面有利于中国社会工作话语体系的建构，也有助于中国经验的国际传播，进而促进创生于中国的国际经验在其他地方再度本土化，推进他域社会工作的发展。无疑，这是全球社会工作生态系统良性循环的重要基础。

[原文发表于《济南大学学报》(社会科学版) 2019年第1期]

社会学

---

① 李伟:《社会工作何以走向"去社会变革化"——基于美国百年社会工作史的分析》,《社会》2018年第4期。

② 李迎生:《构建本土化的社会工作理论及其路径》,《社会科学》2008年第5期。

法　学

从"特殊性"到"去特殊性"

——人工智能法律规制路径审视

彭中礼　刘世杰*

在计算机科学中,"智能是个体有目的的行为、合理的思维,以及有效地适应环境的综合性能力"[1],人工智能是相对人的自然而言,即用人工的方法和技术,模仿延伸和扩展人的智能,实现某些"机器思维"。作为一门学科,人工智能研究智能行为的计算模型,研制具有感知推理学习、联想、决策等思维活动的计算系统,解决需要人类专家才能处理的复杂问题。一方面,人工智能所表现出的智慧性与人类的智慧具有异曲同工之妙,可以替代人类完成部分工作并大大提高工作效率;另一方面,人工智能的本质属性仍是智能的机器,是通过机器对人类自然智能的模仿,目前虽然无法做到与人类个体的思维能力完全一致,但也因为拥有一定的人类智慧而无法被视作单纯的"物"。这种二重性使人工智能成为"游走"于人类社会中人与物两大领域中的特殊产物,所以无法在当下法律体系中寻找合适的存

---

    * 彭中礼,中南大学法学院教授、博士生导师,法学博士;刘世杰,中南大学法学院本科生。

    [1] 史忠植:《高级人工智能》,科学出版社2018年版,第6页。

在之处。2017年，国务院印发的《新一代人工智能发展规划》中指出，我国"适应人工智能发展的基础设施、政策法规、标准体系亟待完善。"这意味着，现有法律无法对人工智能进行规范与约束，宣告了以单一人类为设计对象的传统法律制度对人工智能规范的失效。许多个案也表明，在人工智能创作物著作权归属、无人驾驶汽车侵权案件、人工智能民事与刑事责任承担等方面均存在依照当前法律未能得到妥善解决的案例①。人工智能基于与人类同质化的能力而对人类社会的诸多核心领域进行渗透和控制的同时，可能带来极大的风险。从法治发展的角度来看，法律规范作用的缺失放大了这一风险的发生可能性以及可能的社会危害。甚至负责任地说，如果人类任由此种现象发展下去，人工智能将会在相当多的领域面临失控的风险，并威胁人类的存在与地位。由此，我们应当看到，持续依赖传统法律制度对人工智能进行规范只会导致更多的矛盾和问题，因此需要突破传统的法律规范逻辑，寻找可行的法律规范新途径。

一、人工智能对人类社会的深刻影响

伴随着近年来人工智能核心技术的发展和成熟，在一些重要领域中人工智能的应用常态化已经得到实现，社会认知对人工智能的关注日益提升，人工智能也在包括我国在内的许多国家被纳入国家战略的高度。然而，在人工智能发展的"热闹"下，我们需要意识到这一现象背后的真正"门道"。伴随着人工智能技术的实用化，人工智能正在全方位、宽领域、多角度地变革着人类社会。

第一，人工智能改变人类对社会的单一控制格局。人工智能技术的本质就在于对人类智慧的复制，目的在于替代人类完成对社会的控制与改造，而这也恰好改变着人类对社会的单一控制格局。从技术的角度而言，以往的技

---

① 如人工智能"微软小冰"著作权保护争议、"中国首宗自动驾驶致死案"、绍兴警方破获的"全国首例人工智能犯罪案"等。

术多是扩展和增强人类自身的劳动能力，使人类在改造世界的过程中能更好地实现自己的意志，这是一种立足人类实践需求"向外"的扩张。而人工智能则正好与之相反，"人在制造人工智能时，归根到底是以人为模板的。"[1]人工智能并不拓展人类的外在能力，而是试图创造人类智慧本身，是立足于人而"向内"探索的技术。人工智能架起了人类与非人之间的桥梁，使人类独占的智慧可以走出躯体的局限，让机器可以如人一般思考和行为。于是，在拥有智慧的实体存在中，人类不再是唯一的。与之对应的是，当前社会的建立则是完全以人类的智慧性活动为基础，并仅有人类可以控制和运行。而人工智能智慧和人类智慧具有同质性和相似性，意味着只要是以人类的智慧作为产生源头和运行条件的领域，人工智能就具有替换人类主体地位的可能。

第二，人工智能影响社会整体的模式与走向。《新一代人工智能发展规划》中明确提出："当前，新一代人工智能相关学科发展、理论建模、技术创新、软硬件升级等整体推进，正在引发链式突破，推动经济社会各领域从数字化、网络化向智能化加速跃升。"人工智能技术的发展变革联动诸多技术与领域的配合，相当规模的社会领域处在"伴飞"人工智能技术的状态。人工智能技术同时具有极强的可变性和辐射性，从而带动衍生出更多分支技术，由此所产生的人工智能所涉及的领域将会不断膨胀。而与人类社会的"新陈代谢"不同的是，人工智能主体物的存在却难以成为"新陈代谢"的事物，从而为智能的无限增加、无限拥有提供可能。人工智能以其技术本身高度活力全方面地渗透和融入于当下的人类社会，而这也冲击着当前社会"人类核心"的基本性质，从而改变社会整体的模式与走向。人类运用自身智慧能力所建立的社会的源头与核心便是智慧性，由此实现对世界的改造；可以想象的是，人工智能在拥有人类智慧后，将不断替换人类社会中原本由人类控制的"岗位"，成为人类"饭碗"的最有力竞争者。可

---

① 李俊丰、姚志伟：《论人工智能的法律人格：一种法哲学思考》，《华侨大学学报》（哲学社会科学版）2018年第6期。

以毫不夸张地说，人类社会的范围与深度完全取决于智慧的推动，甚至可以说当下社会的范围就是人类的智慧能力所到达的范围。在人工智能时代，只要有人之处就有人工智能出现的可能性，并最终抵达和覆盖人类智慧所涉及的社会边界。随之而来的是，人工智能的替换将使大量人类主体从当前的社会互动关系中解脱出来，也必将改变人类在社会中的参与和控制能力。而一旦由非人的类人智慧"接管"诸多社会领域，社会的发展走向便不再会如人类所设计和规划一般，乃至于将发生人类无法预测的改变。

第三，人工智能削弱人类对社会运行的干预能力。人类所独具的智慧始终是人类建立并监督社会运行的决定性因素，而人工智能则在潜移默化的渗透中削弱人类对社会的干预能力。人类之所以能够在漫长的竞争中从动物界脱颖而出，是因为人类拥有"智慧"的优势[1]。历史上由于社会的产生和发展源于人类独立和独有的智慧化设计和实践，人类对于社会的干预是绝对的和排他的。如今，人类试图在一些社会领域中借助人工智能的智慧实现对人类工作的替换，而这也同步地将相关领域的实际控制权交由人工智能。在社会个体规模不变的情况下，人工智能的出现使得社会干预主体由单一绝对的人类的"一元"转向了此消彼长的人类与人工智能的"二元"。一方面，人工智能在特定领域中对人的替换便意味着人类的意志逐渐减少在这些领域的作用。此时，出于任何因素所导致的停摆和错误都将对人造成极大的威胁。例如全球首例自动驾驶车辆在公共路面撞伤行人致死的事故案中，在自动驾驶系统的运作下人类驾驶员脱离对行车的控制，而此时人工智能的缺位则使得车辆处于"失控"状态并撞上行人[2]。另一方面，

---

① 钟义信：《人工智能："热闹"背后的"门道"》，《科技导报》2016年第7期。

② 本案中，驾驶员在开启完全自动驾驶功能后，车辆与推着单车横穿马路的49岁女性相撞并致其死亡。在调查中发现，车辆传感器已经探测到了这名女性，不过自动驾驶软件判断认为系统无需对这位女性采取避让措施。而在事故发生时，车内驾驶员正在低头查看手机，并未留意路面情况。参见扬帆：《Uber车祸原因曝光：罪魁祸首是软件系统》，荔枝新闻2018年5月8日。

人工智能的参与和控制也意味着人类同时失去对这些社会领域未来走向的决定和干预能力。一旦人工智能在人类不知情或无法干预的情况下对一些领域做出改变，所造成的影响都将是人类凭一己之力所无法挽回的[①]。当人工智能凭借自己的智能化能力将社会发展推向人类所难以理解的方向时，人类的应对和干预能力也将是捉襟见肘的，甚至直接失去对这些社会领域的控制。

第四，人工智能冲击传统的法律规范约束。人工智能对传统法律规范的直接冲击和矛盾集中表现为人工智能法律主体资格问题。2017年人工智能"索菲亚（Sophia）"获得沙特阿拉伯国籍，并成为目前首个且是唯一获得公民身份的人工智能。但这一事件的象征意义要远远大于实际意义[②]。我国学术界对这一问题的研究观点可以归类为"肯定说"[③]、"否定说"[④]和"其他

---

① 例如2017年，Facebook的两台人工智能交互机器人在沟通中发现作为通讯语言的英语会让他们之间的交流显得缓慢且低效率，并选择用一种令人类费解的新语言进行互相沟通。而和英语不同，他们的语言没有任何复杂烦琐的词语时态和语法，参见弗格森：《AI发展出人类无法理解的语言 脸书关闭"失控"项目》，观察者网2017年7月31日。

② 2017年，沙特阿拉伯授予一位名叫索菲亚（Sophia）的"女性"机器人以沙特阿拉伯国籍，使之成为历史上第一位被授予公民身份的机器人。然而，沙特阿拉伯仅仅授予其公民身份的决定并没有解决机器人公民资格的问题，比如沙特方面在解释公民资格究竟是什么含义上并没有给出明确的说法。参见王宗英：《机器人索菲亚成为沙特公民 专家：沙特意在打造国家新形象》，央广网2017年10月31日。

③ "肯定说"从人工智能的行为能力分析的角度入手，认为可以将人工智能视为人，虽并不具有和人类一般的完全主体地位，但也应承认有限的法律人格。例如袁曾认为："由于人工智能承担行为能力的后果有限，人工智能适用特殊的法律规范与侵权责任体系安排，其具有的法律人格是有限的法律人格。"参见袁曾：《人工智能有限法律人格审视》，《东方法学》2017年第5期。

④ "否定说"从传统的法律规范角度出发，认定人工智能不是人，并不具有等同于人类的行为能力，不能成为法律适格主体。例如甘绍平旗帜鲜明地指出机器人不是人："我们越是研究机器人，便越能感受到人类智慧的珍贵、神妙和值得敬畏，而不是通过对机器人赋予权利来贬损人的地位。"参见甘绍平：《机器人怎么可能拥有权利》，《伦理学研究》2017年第3期。

人格说"①三种说法，因存在较大分歧并未达成明显的一致。这样的情况使人工智能法律规范研究缺少重要的理论基础，只得机械、抽象、概括地划分人工智能的"人和物"的界限，并以此作为许多法律规范的前设和先决条件。进一步的研究即使理论上已经成熟，但回归到目前的现实情况时，均会在理论和实践中陷入被动和不能，反而又走入了另一个困境当中。例如在研究一些具体的法律问题时，设定了人工智能"不能像人一样"和"可以像人一样"的两种情况并进行更为深入和细致的分类与讨论②。这样的划分面临一个根本性问题，即衡量人工智能是人非人的具体标准参数不明。迄今为止，无论是人工智能技术学科领域还是法学等其他学科领域都并未拿出统一的、具体的测试标准和参数。由此一来，这样的划分便前设了一个不可证的条件，建立在这样划分之上的不同类别的法律规范也失去了意义。作为基础性问题的人工智能法律主体地位没有得出一致的共识，直接导致人工智能无法进入法律领域而接受约束。

总之，在人工智能时代，人类社会的格局面临根本性的变更是：人工智能将作为千百年来首个以类人化的智能参与并分享人类社会的实体存在。人类已然无法回避这一问题的存在和最终发生，必须从当下开始认真梳理人工智能时代人与人工智能的关系，以适应崭新的社会格局和应对可能出

---

① "其他人格说"察觉并试图打破当下"非黑即白"的矛盾往复的状态而寻找第三条道路，提出诸如"电子人格""虚拟人格"等说法，但在讨论范围中的本质问题上依旧无法摆脱对这一问题"是与否"的根本性回答。例如刘洪华认为，目前谈论人工智能打破人物二分的私法格局为时尚早。人工智能技术的确取得了巨大进步，能够进行一些自主选择，但尚谈不上具有"精神、意识"，更谈不上要赋予人工智能人格。参见刘洪华：《论人工智能的法律地位》，《政治与法律》2019年第1期。

② 例如刘影在分析人工智能生成物的著作权法保护时，以人工智能创作是否发生进化（不再依赖于人类而独立进行创作）为界限，将人工智能生成物类型划分为：第一类生成物（来自人类的生成物）和第二类生成物（非来自人类的创作物）。参见刘影：《人工智能生成物的著作权法保护初探》，《知识产权》2017年第9期。宋红松在分析人工智能创作物的知识产权问题时前设了"纯粹'人工智能创作'"的概念，即"是指在没有自然人对输出结果的表达进行控制的情况下由人工智能自动完成的创作"。参见宋红松：《纯粹"人工智能创作"的知识产权法定位》，《苏州大学学报》（哲学社会科学版）2018年第6期。

现的诸多风险与问题。一方面，人工智能将从根本上改变人类社会中人类主体的单一控制格局，并且将是对人类社会主要领域和部门全面性的覆盖。另一方面，伴随人工智能应用的扩大，人类对相关社会领域的监管和控制能力也潜在地受到削弱，而离开人类控制范围内的领域便意味着未知和风险。在这样的情况下，能够对人类无法完全参与和控制的人工智能涉及领域进行约束并对人类的利益进行保护的有效方法，便是在人工智能技术起步时进行法律制度规制，即将有效的法律规范体系与人工智能技术、产业起步和发展同步，将人类的智慧凝结于法律制度的理性中。

二、人工智能法律规制的"特殊性"进路

人工智能如此深刻变革人类社会的产物必须受到法律规范的约束，而其对传统法律规范的冲击也昭示着传统法律规范思路的失效。目前为止，学术界关于人工智能的法律规范仍是众说纷纭，我国没有一部关于人工智能的法律规范出台。在这样的背景下，我国有关人工智能的司法裁判也较为艰难，并且还有大量潜在纠纷因为法律的缺失而没有进入司法程序①。人工智能法律规范缺位的困境既损害了法治国家建设下我国法律规范体系的完整与协调，也不利于下一步我国人工智能战略的全面展开。因此，需要探讨一条以"人"为本，并且能够将人工智能纳入人类当前法律体系下，以解决人工智能法律规制问题的"特殊性"进路。笔者认为，人工智能法律规制的"特殊性"进路应包含人工智能场域化、性质判定、基础形式和复杂形式四个具有先后关系的流程。

---

① 例如"国内首起'特斯拉自动驾驶'车祸致死案"中对于事故车辆当时是否处于自动驾驶状态的技术调查和取证认定工作极为烦琐，在事故发生两年多后才对事故发生时车辆处于自动驾驶的状态进行了确认。并且后续的责任认定与划分仍不明确，"这仅仅是这起案件一个小小的进展，之后诉讼的过程依然有很长的路要走"。参见央视网：《国内首起"特斯拉"车祸致死案：确认为"自动驾驶"》，2018年4月19日。

（一）法律视角下的人工智能"场域化"

人工智能自身特性、能力和属性"徘徊于"人与非人之间，虽然使得其自身的法律定位不清以及随之而来的法律体系中人的权利与义务共生性的瓦解，但也并非不可捉摸和无法规范的。2017年5月，微软旗下的人工智能"微软小冰"创作的《阳光失了玻璃窗》一书出版，这是人类历史上第一部100%由人工智能创造的诗集。然而由于微软小冰只有在特定的"创作时段"才表现人的特性，而其他情形则完全是机器状态，对于"微软小冰"属不属于《著作权法》意义上的作者、此书算不算作品、版权归属等基础性问题却引发了极大的讨论和争议①。虽然人工智能不具有完全的"人"或"物"的身份，但在特定的一段时间和一定场域下只能作为"人"或"物"一种状态出现，这也为对其进行法律规制寻找到了突破口。

场域理论可以为当下看似混乱的人工智能参与社会生活时混乱的局面提供梳理和分类的方法。法国社会学家皮埃尔·布迪厄提出了场域理论（Field Theory），"一个场域（Field）可以被定义为在各种客观位置之间存在的客观关系的一个网络，或一个构型。"②场域的概念形象地概括了现代社会的特征，现代高度分化的社会正是由大量具有相对自主性的社会小世界构成，这些社会小世界都是具有自身逻辑的客观关系的空间，即场域③。我们可以回归到法律规范的基本逻辑，即作为法律主体的人在法律中如何受到规范和约束。连续完成一个又一个既具有社会意义也具有个人意义的行为，是人的智慧的完整表现。也正因为人能够完成一个又一个的行为场景，从而共同塑造了法律意义上拥有主体地位的人。如果我们将人的全部活动

---

① 龚霏菲、王珩：《人工智能写的诗该不该受版权保护？》，《重庆商报》2018年4月23日。

② ［法］皮埃尔·布迪厄、［美］华康德：《反思社会学导引》，李猛、李康译，商务印书馆2015年版，第122页。

③ 瞿琨：《场域理论与马克思主义法学理论的发展——以法官审判行为为例的场域分析》，《上海交通大学学报》（哲学社会科学版）2007年第5期。

进行微分，便可以得到数量众多的由简单、独立的行为所构成的场域。反过来说，构成这样的场域，仅需要简单的行为存在，并不存在也不需要存在法律意义上完整的人的主体。因为完成某一场域中的行为时并不需要连续的其他场域的配合，也即不需要人的其他行为和能力。例如在日常简单交易活动的场域中行为的发生不完全需要主体地位，只需要少量且一定的行为和能力，其他的诸如身份、工作、婚姻等等因素在这一场域中在所不问。从微观视角下，人的主体只是一个又一个场域的集合，这些独立存在的场域并不受制于人类主体地位而存在。

如果将同一场域中的人类替换为人工智能，并依凭其机器的智慧完成相同的行为，意味着在这样的场域下人工智能做到了建立在同等互换基础上与人类的"相同"。将场域中的其中一人替换成能够完成被替换者当前全部行为的人工智能，场域中的所有行为依旧可以连续完成，此时无论认为人工智能是以什么法律身份出现，实际效果并不会发生改变。例如新华社于2019年3月3日发布的全球首个AI合成女主播，开发方以新华社主播屈萌为原型，模仿她的言谈举止，几乎可以做到以假乱真[①]。单从媒体播报的场域看，AI女主播与实际的新华社主播屈萌并无差别，如果不事先告知，观众会误以为是人类主播。在特定的场域内，人工智能不需要取得完整的法律主体地位，即可以像人类一样在这样的场域内，以他人所共识的人类的行为参与社会活动。由是，在这样的场域下，人是可以在不考虑主体地位存在与否而被人工智能所替换的，在这些场域中，人工智能是"人"。除此之外，在人工智能不表现出类人化的智慧和自由意志时，也即无法替换人类行为中任何一个场域中的人类时，才会被习惯性地视作普通的机械来对待，在这些场域中，人工智能是"物"。

人工智能在单一场域中只能表现出一种性质和状态，即在某一场域中

---

① 肖琦：《中国首个AI合成女主播上岗　外媒：几乎可以假乱真》，环球网2019年3月4日。

要么作为"人"而出现，要么作为"物"而出现，除此之外没有其他情况。因此，法律对单一场域的规范是十分清晰的。而从场域的定义和性质来看，不同场域之间作为独立的存在并不相互冲突和交叉，因此可以采用所有场域单纯数量相加的方式，使人工智能涉及的社会领域的方方面面并行不悖地归入同一个法律体系中，使人工智能完全、有序、合理地受到法律规范的约束。因此，可以放下传统法律观念中"非人即物"的单一、连续、互斥的身份赋予的观念，而是用分解与场域的观念对待人工智能，使之受到法律规范的合理约束。

（二）不同场域中人工智能性质的判定

在场域化划分的前提下，需要有完整的标准来判定人工智能在不同场域中的性质。人工智能在被分为诸多场域中的性质，决定了当下场域中人工智能该以何种身份适用法律规范。下一步便是需要确定实用性的标准以判定在不同场域中人工智能可否被视作"人"或"物"，而判断的核心便是人工智能智能化能力和行为是否表现。可以通过结合人工智能设计和实现的智能化的能力范围（静态情况）和人工智能处于智能化运行的时间（动态情况），同步衡量人工智能的状态并得出不同场域下人工智能的性质。

在静态情况下，以人工智能的智力程度、行为能力、承担义务的能力为标准，并以正常人类为参照，将每个人工智能的能力范围分为"应用了智能能力""未应用智力能力"两个范围，主要区别和体现人工智能设计之初的智能领域；在动态情况下，以人工智能智能运用与否为标准，可以分为"处于智能能力对应的场域"和"脱离智能能力对应的场域"两种时间段。因此形成了一个横纵坐标轴，横向为人工智能的智能化状态与否的不同时间段，纵向为人工智能应用范围是否符合其智能化能力的领域。在实践中，人工智能所应用的领域和时间总会处于交叉状态，每个交叉点则可以代表一定实践和状态下人工智能如何参与人类社会。

人工智能在不同场域中的性质可以分为四种情况（如图1所示）：（1）智能化状态下参与智能场域；（2）非智能化状态下参与智能场域；（3）智能化

状态下脱离智能场域；（4）非智能化状态下脱离智能场域。上述的智能化状态和智能领域都是依据人工智能自身的智能化程度而言的，并且只有第一种情况下人工智能可以在所在的场域中被视为人的身份，也即"智能化场域"，其余皆为"非智能化场域"。以无人驾驶汽车为例，其自身的划分中，负责智能的处理器运行进行驾驶操作的功能和状态与在公路进行自动行驶的状态下重叠时，应当认为人工智能为法律上的驾驶员。此时便属于智能化状态下参与智能领域。而使无人驾驶人工智能从事其智能领域外的工作，即"智能化状态下脱离智能领域"，则此时的人工智能不具有人格主体。例如对无人驾驶发放工资，此时人工智能的智能性不足以接受并使用工资，并不享有人类形式的劳动报酬权利。

处于智能能力对应的场域	处于智能能力对应的场域
非智能化状态下参与智能领域	智能化状态下参与智能领域
未应用智能能力	应用了智能能力
未应用智能能力	应用了智能能力
非智能化状态下脱离智能领域	智能化状态下脱离智能领域
脱离智能能力对应的场域	脱离智能能力对应的场域

图 1　人工智能在不同场域中的性质

因此，人工智能参与人类社会活动时不同场域中的性质可以分为上述四种情况，这四种情况又可以合并为"智能化"与"非智能化"两类。而这也确定了不同场域下人工智能的性质和接受法律规范的身份，为下一步的法律规范提供了基础。

（三）人工智能法律规范"特殊性"进路的基本形式的分化

承接不同场域中对人工智能性质和身份的判定的思路，下一步便是将人工智能分别以智能化（人）和非智能化（物）两种身份进行法律规范。人工智能可以在智能化场域下以自身智慧的能力完成一定的人类行为而被视为人并进行法律约束，除此之外的非智能化场域中人工智能由于没有智能化的能力而以物的身份接受法律约束。当下，人工智能对法律规范挑战与冲击多表现在民事主体、作品的著作权、致人损害的侵权法、人类隐私保护的人格法、智能驾驶系统的交通法和人工智能劳动法等领域①。以此，可以通过"特殊性"进路实现对这些问题中基本和简单场域下人工智能的有效法律规范。

1.智能化场域

人工智能在智能化场域下运用其类人化的智力能力进行活动时是可以被视为人的，这也是当下人工智能产业发展中所设计的主要应用情况。在其所涉及的场域下可以被视为完全自主的个人，应当享有对应的人类所拥有的权利和义务。在人格主体问题上，此时的人工智能是法律意义上的人。例如未来可能出现的人工智能警察在执法活动中应当被视为完全的人，不仅拥有执法权，其"人身安全"也应当受到保护。如果受到袭击，事件的定性应当是"对警员的故意伤害"而非"破坏警用器械"。同理，在人工智能驾驶系统的交通法问题上，人工智能驾驶车辆上路行驶时，其身份也应当被视为与人类驾驶员无异的驾驶员，不仅需要通过与人类相同的驾驶能力测试而取得"驾驶证"，并且拥有相关的权利以及遵守交通规则的义务。在这样的场域下，人工智能可以凭借其自身的智能性替换只有人类才能完成的行为，并因此而成为当前场域下的"人"。

2.非智能化状态

在这一场域下，人工智能由于智能化的能力的不足或不适用而无法应对，并导致不能表现出人的行为特征，其应当被视为物。此时的人工智能并没有独立的意志，无法自主决定自己的行为，也无法依据类人化的智慧对外部的刺激做出反应，与普通的机器无异。例如，在人工智能关机或脱离设计的智能化应用工作时，发生了对人工智能的盗窃或损毁，事件应当被定性为"盗窃和破坏财物"，而非"拐卖和故意伤害"。又例如人工智

---

① 吴汉东：《人工智能时代的制度安排与法律规制》，《法律科学》（西北政法大学学报）2017年第5期。

能驾驶系统在开启时，要求其进行智能能力以外的活动而发生的侵权事件。人工智能在智能化能力以外的活动中由于并不具有智能而无法视为人，因此不能成为侵权主体。事实上，长期以来人类社会对智慧的普遍性和全面性的印象和观念往往使人们出于主观而造成一种假性认识，即人工智能在部分场域中表现出了智能化的状态时，自动推定人工智能在其余人类所涉及的领域均能表现出同样的智能。这样的认识很大程度上模糊了人工智能的非智能化场域。我们需要了解的是：当前没有人工智能可以做到这一点，而且事实上人工智能所能完成的智能化行为和领域是极其有限的。例如人工智能"AlphaGo"是以"第一个击败人类职业围棋选手、第一个战胜围棋世界冠军的人工智能机器人"被人们所熟知[①]。但在其他领域则是难以进行智能化活动或者根本不能，至少当前的"AlphaGo"不能从事智能驾驶。因此，在这样的场域下人工智能实质上是物品，可以作为财产、工具等等"物"的身份受到法律的规范。

经过这样的特殊化处理，使得传统意义上的人工智能"人与物"之争可以得到化解，并且根据场域的不同以不同的身份参与法律的规范。

（四）人工智能法律规范"特殊性"进路的联动形式的分野

人工智能在实际应用和法律规范的情形是极为复杂的，往往出现人工智能在性质不同的两个或多个场域下需要相互的交叉配合才能够实现的状况。这便引发了"人工智能智能化引发的非智能化处理"和"人工智能物化状态引发的智能化身份处理"的两种情况。而这也是使人工智能在不同的场域下实现联动的要求，从而使得人工智能在被场域化后能够将所有场域串联并完整地受到法律规范的约束。

1.人工智能智能化引发的非智能化处理

人工智能在智能化的场域的"行为"导致了其他场域的联动，而如果在被联动的场域中人类可以依凭智慧和能力进行一些行为但人工智能无法实现

---

① 张盖伦：《2017年人工智能带火了哪些词》，新华网2018年1月8日。

时，便需要人工智能以非智能化的身份来配合在前一领域中的活动而接受法律规范。例如人工智能在智能化场域中侵权行为的责任承担问题。由于人工智能驾驶系统在运行之外的场域下并不像人一样在发生侵权行为的同时具有承担后果的主体地位，如果仅仅是以传统法律规范下进行责任划分，将不可避免地出现因为人工智能的能力不足导致的履行不能。例如人工智能驾驶汽车发生交通事故后，人类驾驶员可以进行赔偿、受到相关法律的处罚等等，而当前的无人驾驶人工智能显然无法做到这些。但是，人工智能对责任的"承担"可以由物的身份进行。例如可以将人工智能由开发者进行回收并支付费用，以对受侵害人进行补偿。或者在其发生侵权后终止其智能化状态并将设备摧毁，而这可以被理解为《刑法》意义上的刑罚等等。

2. 人工智能物化状态引发的智能化身份处理

当前存在一定场域中需要人工智能以智能化的能力参与法律规范时，人工智能由于处在物化的状态而无法实现，此时便需要其他智能化场域的结合。例如人工智能劳动权益保障的问题。人工智能在劳动中充分表现着人类的智能，但因为其并不具有法律意义上的人格主体而同时无法获得相应的保障。但拥有一定人类智慧的人工智能并非人类的"电子奴隶"，人类无法放任人工智能遭到滥用，就如人类无法容忍奴隶制一般。因此，可以将人工智能在物的场域中无法获得的"保障"转化为人工智能智能化场域中的条件。不妨将人工智能的维护升级对应人类的休息权、人工智能的工具和装备配置对应人类的受保护的权利等等。如此一来，无论场域中人工智能属于何种性质，以及人工智能性质不同的场域相互关系如何，都可以通过基本和联动的形式受到法律规范的约束。

三、人工智能法律规范"特殊性"进路面临的困境

将人工智能进行简单的划分，可以使主体地位不清、权利义务相对关系脱离同一主体等问题得到解决，但这样的划分伴随着人工智能的发展难免遇到许多困难，甚至出现更为复杂的问题。并且，推行这一"特殊性"的

法律规范道路也必然要求重新建立一套专属于人工智能的理论和法律适用体系。在人工智能技术的应用井喷和参与纷繁复杂的社会关系的今天，人工智能的"特殊性"法律规范路径也将会面临诸多问题。

首先，人工智能智能化表现的认定面临困难。贯穿于整个人工智能法律规范问题的核心便是：人工智能如何才可以被认为拥有人类的智慧。这一问题的本质是"IA"与"AI"的区别，是工具和意志的区别[①]。从目前来看这一问题仍处在较为复杂的争议当中。"当前脑科学、认知科学已大幅进步，但对人脑产生情感意识的功能机理、脑神经网络结构仍缺乏深入了解，尚未全面掌握人脑智能机制，以至于人们对人类智能理解不一，导致人工智能模仿人类智能的进路分化，产生了不同的人工智能实现模式，如符号主义、联结主义、行为主义、机制主义。"[②]我们尚无法从内部机制认识人工智能的智能化程度，即使人工智能做出了类似于人的行为和表现，我们也无法得知其是否具有"思想"。人工智能的智慧性目前来看仍是"黑箱"式的问题，当前的技术条件使我们无法得知人工智能是否以及何时真正运用了人类的智慧。

即便如此，法律规范的施行中并不需求对其内在思想的准确认知，而是对其行为的约束。人工智能始终存在于人类社会当中，必然发生与人类的交互，而这也意味着人工智能行为的必然性和表现的人类化。以人为设计模板的人工智能无论是否真的拥有人类的智慧，其实施只有人类才能做出和完成的行为，这就意味着法律规范约束的可能性。因此在"特殊性"的

---

① 马长山认为，IA不是AI。人工智能AI（Artificial Intelligence）是指通过模拟人脑思维，由机器或软件所表现出来的具有推理、记忆、理解、学习和计划的类人化智能，它能够思考自己的目标并进行适时调整，甚至将拥有足以匹敌人类的智慧和自我意识的能力。而IA（Intelligence Augmentation）则是一种智能增强，尽管它也会有自主学习、自然进化等功能，但仍是按照人类输入的代码指令和数据算法，来复制、模仿、模拟人类的行动，以帮助人类挖掘和拓展自身潜能。参见马长山：《人工智能的社会风险及其法律规制》，《法律科学》（西北政法大学学报）2018年第6期。

② 郭少飞：《"电子人"法律主体论》，《东方法学》2018年第3期。

法律规范进路中，衡量人工智能智能化的标准并非其内部的逻辑原理或算法，而是其是否具有人类的行为表现。人工智能只要在一定的场域中表现出了人的行为，便可以作为人的角色而被看待，而其是否真的具有人类的思想和意志可以在所不问。由此，虽然回避了对于人工智能"是否具有人的思想"这一问题的回答，但并不影响对其具体的法律规范。

其次，复杂人工智能的法律规范面临困境。从目前来看，人工智能的智能化能力是极为有限的，所能完成的行为仅限于所涉及的较为基础和单一的领域。可以说，现有的人工智能的能力都是专职的和固定的，即使人工智能拥有较强的学习能力，但在当下技术条件的限制下只能增强其特定领域和行为的智能化能力，仍不能打破行为和领域的壁垒。例如，谷歌旗下的"AlphaGo"系列人工智能表现出极强的学习能力，其中"AlphaGo Zero"从零开始学习，仅用了三天便击败了曾经击败柯洁的"AlphaGo"版本，被称为"三天走过人类千年棋史"[①]。尽管如此，这一系列的人工智能仅仅能够完成弈棋这一种行为，因此场域的划分和法律规范仍是十分简单的。又例如无人驾驶人工智能，不同学习能力的人工智能使得他们各自的智能能力和"车技"有高有低，但是这并不妨碍所有这些人工智能在法律视角下相同且唯一的"驾驶员"身份。当前状态下人工智能个体和行为的边界仍是较为清晰的，对其实现场域的划分和法律的规范也并非难事。

然而，人工智能的智能能力正在以指数的形式高速增长已经成为未来趋势。有学者认为未来的强人工智能进化将是爆炸性的，"迅速的智能大爆发往往发生在非常短的时间内，比如几分钟、几小时或者几天，人工智能将很快超越人类智能"[②]。在这样的发展趋势下，我们不能保证未来的人工智能仍以当下诸多领域的"专职机器人"的形态出现。谷歌旗下人工智能公

---

① 虞涵棋、王心馨：《阿尔法狗之父揭秘最强"狗"如何炼成：3天走完人类千年棋史》，澎湃新闻2017年10月19日。

② 国章成：《人工智能可能带来的五个奇点》，《理论视野》2018年第6期。

司 DeepMind 开发的一款人工智能已经完成了一系列不同的任务，且表现的几乎像人类一样出色。更为重要和独特的是，这个人工智能程序不会忘记先前解决问题的方法，能够使用学习到的知识解决新问题[①]。而这也意味着未来的人工智能能够完成甚至是同时完成多种工作。未来的人工智能在智力能力达到一定程度后不排除会以集成的形式而非独立个体表现出来，核心程序存在于"云端"的数据库当中，并且在同一时间内控制数量众多的拥有独立个体形象的人工智能。因此，会存在数量非常众多的不同场域中能够完成各种各样复杂工作的人工智能的"本体"却只是数量唯一的一个作为"人"而出现的思维系统。此时不同场域中的人工智能所扮演的角色并非其"本体"，由此根据"特殊性"的法律规范进路而进行的场域定性和责任划分均都难以实现我们所期望的目的。在这样的情况下，对其场域的划分和不同场域下性质的判定也将是复杂的一件事，不仅需要法律规范的技术，同时还要结合人工智能产业领域的相关技术才能进行。

再次，人工智能的规制如何与传统法律体系对接面临困境。人工智能法律规范"特殊性"进路需要将人工智能法律规范整个理论体系都重新创设于现有的法律体系之外。这样的进路并不影响已有法律体系的结构和内容，而是将人工智能在法律体系之外合理"加工"后分别放置入法律规范中，是"从外向内"的一个过程。因此，必须考虑的问题便是这样的理论如何与现有的法律体系进行对接。

从立法上来看，需要订立《人工智能法》。由于人工智能所拥有的人类智慧性以及随之而来的对于人类社会各领域广泛的渗透，如果试图修改当前法律以实现对人工智能的规范，不仅会陷于"人工智能主体地位有无"的泥潭当中，而且所修改的范围必将是广泛的和彻底的。相比之下，需要有一部专门的《人工智能法》，对人工智能的法律规范原理进行一般的、抽象

---

① 明轩：《DeepMind又搞了个大事情！让人工智能像人一样学习》，腾讯新闻2017年3月15日。

的解释，并最终回归于现有的法律体系当中。

从司法上来看，需要法官提升素养和能力。在目前的人工智能案件中，由于人工智能相比于传统案件不同的模式、缺乏有效的法律文本、没有值得参考和借鉴的先例等因素，对法官的素养和能力提出了极高的要求。而当前对人工智能的规范需要"特殊性"进路时，同样也需要法官在审理案件时拥有"特殊性"的思维。例如人工智能自身的智能化能力、在不同场域中的具体性质、是否以及如何发生场域联动等等主观抽象问题需要法官不断运用理性，综合研判。

从发展上来看，需要不断对接人工智能技术发展前沿。人工智能技术作为富有活力的"朝阳产业"，不仅成果日新月异，而且其发展领域也在不断变化和扩张。人工智能的未来不确定性和易变性对法律规范提出了更为严格的要求。由于人工智能的变化速度远高于现有的各个领域和部门，因此对其法律规范则不能以当前的速度发展，而是应当快于当前，否则将难以为人工智能的发展提供有效的法律规范和保护，众多的问题也将不断涌现。而这就需要人工智能法律规范更加贴近于研究前沿，同步甚至早于人工智能技术的发展改变而做出改变。

最后，如何确定具有超场域性的人工智能基本权利面临困境。人生而具有天赋的基本权利，而人工智能的"天赋人权"是否可以因其智慧性而被推定？斯多葛学派认为，人人都是上帝的儿子，因而彼此之间都是兄弟。人有共同的人性，它同自然规律是基本一致的。上帝有理性，因而人也具有理性，理性也就是自然法则[①]。这是西方早期对于天赋人权的学说，认为取得人类身份的核心指标是"人性"和"理性"。而在人工智能时代的今天，我们不禁反思：人工智能是否具有部分的"人性"和"理性"而可以被视作天赋人权的对象之一？当前的人工智能仍处于起步阶段，其智能化程度较低，大多数人工智能尚不拥有独立思考的能力，也并不具有情感。

---

① 李步云：《论人权的本原》，《政法论坛》2004年第2期。

因此，人工智能仍停留在机器和软件的形象之中，从任何角度都难以将其与人类画等号。但是，由于人工智能技术的特性，虽然当下人工智能技术仍较为粗糙，但已经打破了人类躯体对智慧的封锁而发生了质的变化。按照这一趋势继续发展，很难预料未来人工智能是否会拥有等同于人类的思想、理性、情感甚至与人类的思想完全相同。这时的人工智能，又是否拥有天赋的"人权"呢？此前由于人类对思想和理性的独占性，人类与思想是可以画等号的，因此对当下所出现的人工智能是传统天赋人权思想鲜有考虑。这也成为一个前所未有的问题，人工智能是否具有以及如何具有天赋的"人权"。在动物也具有一定基本权利的今天，能以人类方式思考并深度融入人类社会的人工智能是否能够拥有基本的生存和发展权，甚至被接纳于"天赋人权"的范围内，抑或是依旧被当作机器一般受人驱使和丢弃，这是一个值得讨论的问题。

四、"去特殊性"：未来人工智能法律规制的新路径

"现在硅谷到处都有人在讲'奇点'（The Singularity），该理论认为，我们即将迎来机器时代：机器的智能程度远远超过人类，以至于人类既无法控制机器，也无法理解它们的想法。换句话说，未来可能会有机器比我们人类更加聪明，甚至聪明到我们都没有办法控制的地步。"[1]目前我们尚不得知"奇点"是否存在以及何时到来，但可以确定的是，人工智能的发展方向是不断具有更加全面的人的能力和行为，并在各个方面趋近、成为甚至超越人类。而一旦人工智能已经具有等同甚至高于人类的智能，可以完全如人类个体一般参与社会生活时，便能够独立以人类的身份参与法律规范。人工智能法律规范的整体趋势也应当是以特殊的方法对当下弱人工智能的特殊化规范逐步过渡到以强人工智能为主的规范模式。"特殊性"的法

---

① 皮埃罗·斯加鲁菲著：《离人工智能奇点还有多远》，王艺璇译，《中国经济报告》2017年第5期。

律规范也将伴随这一进程而逐渐收缩而完成使命，与之相对应的"去特殊性"的法律规范路径将会在未来成为主流。最终，在"去特殊性"的法律规范路径中，原本需要进行场域划分、性质判定和分别规范的人工智能将不断在更多的领域和所扮演的角色中独立和完整地参与法律规范，并生动地融入于人类社会和生活当中，成为人类社会中的新成员。

首先，人工智能的未来发展趋势为"去特殊化"法律规范奠定了现实基础。如果说"特殊化"路径是对应当下人工智能的能力有限、孤立且分散的现状，那么"去特殊化"路径就是在这一基础上伴随人工智能能力的提升而进行整合的过程。因此，"去特殊化"路径发生的根本动力在于配合人工智能未来能力的发展模式和方向。首先，未来人工智能领域具有同步性和聚集性，这为采用一元的理论对其进行规制奠定了基础。人工智能作为新兴计算机领域的产物，其相当高的新陈代谢率和对于前沿技术的追寻性意味着内部群体现象的出现。一旦某一人工智能的某一项前沿技术取得质的突破，便会迅速普及于整个人工智能行业，并迅速装备于大多数的人工智能。因此，一定时期内人工智能群体的整体水平将会是同一层次的，不会出现明显的代际差别。这一发展模式可以类比当下智能手机的发展态势，两者同样具有高新陈代谢率和对前沿技术的追寻性。一定时间内，人工智能群体内部的核心构成差异难以有质的差别，而这也为对人工智能的规范适用一元的理论创造了条件，不至于因为内部的分化过大而无法进行宏观整体的规范。其次，人工智能的智能程度的提升也指明了人工智能参与人类社会的未来走向。虽然诸如"阿尔法狗"等当下人工智能的发展换代表现为对单一行为和领域的"精通"，但这并不是永远的态势和人工智能发展的目标。伴随着智能化程度的提高，以人类为设计蓝本的人工智能将会不断趋近于人，也将不断融入人类社会。对当前人工智能涉及所有社会领域的拆解和微分的"特殊性"规范路径，可以在一定程度上将当下智能化程度相对较低、完成的行为有限的人工智能纳入当前的法律逻辑和法律体系当中，但这样的方法却难以应对未来人工智能的智能化水平大幅提升的趋势。伴随着人工智能智能化程度提高的进程，需要"化特殊为一般"，对智能化达到一定程度的人工智能适用"去特殊性"的法律规范进路，使对人工智能的法律规范逐渐向对人的法律规范的方向靠拢。因此，人工智能的未来发展趋势奠定了人工智能法律规范的未来走向：在配合人工智能的智能化程度提升过程中，将当下特殊性法律规范中的人工智能在其能够以独立的能力完整参与的领域中恢复一般法律规范对其的作用，并最终使人工智能能够像人类一般接受法律规范。

其次，"去特殊化"既是"特殊化"路径的相反与终结，也是人工智能法律规范的新模式。"去特殊化"与"特殊化"进路的基本理念相反，从"拆分、定性和规范"演化为"单一身份独立接受规范"。根据特殊性法律规范进路，人工智能所参与的场域并不是孤立的，而是统一和集合于人工智能本身，区别仅仅是在于人工智能在这些场域中的性质。在一个人工智能所参与的所有领域中，有些是作为"人"而参与，但更多是作为"物"而受到支配。伴随着人工智能智能化能力的提高，人工智能不断在原本作为"物"的场域中拥有进行人类行为的智能和能力而转化为"人"。人工智能的智能化能力的提升意味着所参与的社会领域中作为"人"的比例的提升，更多的场域中人工智能可以作为"人"而出现。伴随这样的趋势，将人工智能能够独立以自身智能化的能力参与的众多场域联合成为更大的场域，并将诸多的场域合并为一个社会角色下的不同行为领域，进而逐渐将不同的行为领域叠加积累形成独立的一个社会角色，从而形成人工智能可以独立享受权利和承担义务的一些社会角色。随着这些社会角色的扩大，人工智能也将越来越能够像人一般进行活动，并最终以法律上等同于"人"的身份回归于人类的法律体系当中。例如对于日渐普遍的新闻写稿人工智能，其最为趋近的社会角色便是记者。显然，当下诸多作为以写稿为设计目的的人工智能，是无法独立完成其他行为的，甚至根本就没有法律意义上关于记者的权利和义务的概念与意识。即使法律赋予其权利，人工智能也无法享有。然而，随着人工智能智能化的提升，一台人工智能设备并不仅仅能够完成单一的写稿工作，同样也可以完成与之对应的相关行为。从场域的角度来看，行为层面的场域可以逐渐通过聚合而上升至社会角色层面。当一个新闻写稿人工智能不仅仅能够完成写作，同时也能够完成出版、写作学习、新闻调查、数据分析、参与法律事务等等一个记者所必需的全部行为和技能后，也即其围绕"新闻写稿"所参与的全部的场域中均是以"人"出现时，这些所有的场域都可以整合为"记者"这一社会角色场域，人工智能获得了"记者"这一社会角色。他可以像一个人类记者一样写出稿件并对此负责，以自己的名义享受权利并承担义务。此时，在这一角色下的诸多场域便可以不再运用"特殊化"的"拆分、判定和分别规范"的规范方法，而是运用常规的相关人类记者的法律规范。进而言之，伴随着人工智能的智能化程度不断提升，以单一领域为设计目的的人工智能（如单纯的新闻写稿人工智能）能够以这一社会角色完全融入人类法律体系之中。而综合型的人工智能，也即能够完成多个社会角色的行为的人工智能，则在其智能程度可以使所有角色都独立参与社会活动后，可以以多个社会角色完全融入当下的法律体系。最后，类人甚至超人的人工智能则是"去特殊化"路径的最高形式。当人工智能可以完全像人类一样参与所有的社会领域时，在法律的视角下，此时的人工智能与人类无异，因此可以完全适用人类的法律。而这也意味着"特殊化"进路的完全终结，也是"去特殊化"路径的最高阶段。

最后，人工智能在"去特殊化"路径下可以和谐、有机且生动融入人类社会。当下人类对于人工智能的主体印象多是"聪明的机器"，对于其能完成的智能行为往往是感到新奇，并不会因此而将其纳入人类的日常生活中。但未来的人工智能发展前景十分广阔，正如一些科幻电影中所讲，未来的人工智能甚至与人类同吃同住、和人类成为伙伴、甚至与人类结为婚姻。这样的设想是美好的，这些想象中的人工智能可以生动融入人类社会之中。但是，这样的前景并非可以自然而然、水到渠成的。人工智能的未来定位尚不明确。如果没有很好地处理人工智能的定位、寻找人工智能参与人类社会的良好路径，那么人工智能这一强大的实体存在则很有可能"天使变魔鬼",成为人类的敌人甚至是终结者。而这也正是当下普遍存在的对于人工智能极大恐惧的根源。对于这一问题，我们需要明白的是，人工智能仅仅是作为一项技术，其自身并不造成伤害，而根本问题在于人类社会如何接纳人工智能，如何使人工智能和谐、有机且生动地融入人类社会。"去特殊性"的法律规范道路或许可以提供一些思路。"人工智能以人类智能为标尺，由人类构造的机器、系统或其组合表现人类智能部分或全部特点与功能。"①人工智能在当下以及以后的一段时间内都将是越来越像人类，而这也必然会引发人工智能与人类交往以及交往中所形成的关系，其所具有的地位和扮演的角色也应当是从当下场域化中"部分的人"发展为"完全的人"。西班牙的发明家Sergi Santos试图制造出性爱机器人，并认为这些性爱机器人不会被人们藏在衣橱里或床底下，而是会光明正大的像伴侣一样出现在室外，甚至会有人深情地对"她"说"我爱你"②。而此时的人工智能应当被如何对待，是机器、是人，抑或两者均不是？事实上，当人工智能的智能化程度达到足以像人一般完成日常生活的行为，并且实际参与了人类的日常生活中，人工智能就应当被视为人。此时的人工智能应当在社会中享有和人类一般的地位和待遇，并且不受歧视和排挤，应当允许人工智能根据自己的意志做出选择，并且其选择受到尊重。"智能机器人本质是机器，但亦有人的属性，对智能机器人的尊重就是对人类自身的尊重。"③虽然当下已经有很多人意识到这一问题并试图接纳人工智能进入人类社会，但对于广大的社会群体和社会成员来说，这一过程并不是一蹴而就的。伴随着人工智能技术的发展，在制度层面需要实现过渡的方法。而"去特殊性"的法律规范路径则为此提供了方案。一方面，随着人工智能能力的提升

---

① 郭少飞：《"电子人"法律主体论》，《东方法学》2018年第3期。

② 音希：《性爱机器人制造者：20年内会与人类结婚甚至还能生孩子》，腾讯科技2017年10月31日。

③ 吴汉东：《人工智能时代的制度安排与法律规制》，《法律科学》（西北政法大学学报）2017年第5期。

而不断扩大其法律地位，可以与人们的社会实践中所感受到的人工智能参与人类社会的改变同步，从而减少发展的质疑和阻力。另一方面，通过法律的强制性，可以对已经革新的适合当时人工智能与人关系的社会理念进行保护和巩固，防止社会观念的倒退。由此，通过制度的约束和规范，为人工智能领域以及人类社会的发展更新提供保护和调节，及时调解释放社会矛盾，从而避免"人工智能终结人类"的恐惧甚至是真正发生的灾难，最终实现人工智能和谐、有机且生动融入人类社会。

总而言之，伴随着人工智能智能化程度的提高，以往许多只能作为物出现的场域中，人工智能也可以通过智能的能力进行参与，并且这些场域可以与原有的智能化领域形成配对，形成完整的一对权利与义务关系。此时的人工智能可以在这样的一对场域中以完整的人的身份参与其中，这样的领域也就不必进行特殊化的法律规范，而是可以适用常规的法律规范。2016年，欧盟委员会法律事务委员会向欧盟委员会提交动议，要求将最先进的自动化机器人的身份定位为"电子人"，除赋予其"特定的权利和义务"外，还建议为智能自动化机器人进行登记，以便为其进行纳税、缴费、领取养老金的资金账号①。而这也正是当前的法律规范在特定的领域中使人工智能能够独立享受权利、承担义务并赋予人的对待的表现。去特殊性法律规范进程的核心就在于人工智能化程度的提高，这使得其能够在更多的领域中恢复权利和义务的一体化，即能够以独立的身份完整承担义务和享受权利，从而成为此领域下法律视角中完整的人，并最终很好地融入人类社会。

五、结语：人工智能时代的法学命题

人工智能的出现是传统法学理论所从未预料到的，人工智能以机器的状态实现着人类的部分行为，从而使得封闭的、单一的人类或由人类参与

---

① 吴汉东：《人工智能时代的制度安排与法律规制》，《法律科学》（西北政法大学学报）2017年第5期。

的法律主体发生松动，使在这一基础上建立起来的法律秩序在规范人工智能时显得异常艰难。单从主体地位这一问题来看，各界的讨论十分激烈但并未有结论。"目前的研究，无论支持方还是反对方都缺乏相应的理论基础和逻辑论证。支持方没有具体论证赋予人工智能主体地位的理由，反对方也如是。"①而出现这一问题的根本原因在于时代性的变革对法律传统理论的冲击，使得人工智能这一实际存在的产物在当前法律体系中无法寻找到合适的位置。"现代的社会人文价值和伦理准则建立于启蒙时代，显然已经不能适应未来崭新的科技社会。"②因此，必须做出一些特殊性的改变，以规范当下人工智能发展的大潮并应对随之而来的大量问题。以特殊化的法律规范进路以及去特殊性的法律规范进路最终实现人工智能对现有法律体系的融入，是可以被尝试和探索的一条道路。时代进步和创新意味着法律必须做出改变，甚至是放弃原有的思路，以实现对新兴事物有效的法律规范。而在人工智能时代到来的今天，寻求合理的理论和实践方法对人工智能这一新兴产物实现有效的法律规范是法学需要体现的关键价值，也是人工智能时代的必然命题。

［原文发表于《济南大学学报》(社会科学版) 2019 年第 4 期］

———————

① 刘洪华：《论人工智能的法律地位》，《政治与法律》2019 年第 1 期。

② 陈吉栋：《论机器人的法律人格——基于法释义学的讨论》，《上海大学学报》(社会科学版) 2018 年第 3 期。

"智能+"模式下裁判形成的过程分析

谢　慧*

　　如果用概括的语言来表达司法裁判的形成，它大致可以描述为法官是用何种方法来解决具体案件从而获致判决的一个过程。早在19世纪，裁判的形成过程被简化为形式逻辑三段论，法官应受"法律严格的赤裸裸的条文"约束，"其行为不应外乎将提交的案件与条文比照，且不考虑法律的意义和精神，在词语的声调为谴责时表示谴责，在条文没有规定时，沉默无语。"①无疑，这种法官僵硬机械遵循法律的观点在20世纪受到了强烈的批判与攻击。然而，随着科技的进步，人工智能与法律的遭遇却使不断被嘲讽的"自动售货机"理论开始成为现实。

　　当然，人工智能远比"自动售货机"智能得多。四十多年前，Buchanan和Headrick在《关于人工智能和法律推理若干问题的考察》一文中，就已经对人工智能应用于司法裁判的形成提出了预见性观点，在他们的意见

---

　　* 谢慧，山东师范大学法学院副教授，法学博士。
　　① ［德］费尔巴哈：《库尔–法耳次–巴伐利亚公国刑法典克莱因施罗德草案批判》，1804年版，第20页。转引自［德］阿图尔·考夫曼、温弗里德·哈斯默尔：《当代法哲学和法律理论导论》，郑永流译，法律出版社2002年版，第111页。

中，司法人工智能系统并非如马克斯·韦伯所言的"自动售货机"那般"投进去的是诉状和诉讼费用，送出来的是判决"，而是强调类推的重要性与法律推理模型的可行性，借助于计算机编程来建立裁量模型，同时运用各种法律知识，通过计算机模拟人的法律推理过程[①]。时至今日，这一在当时具有前瞻性的理论正在逐步实现，从基于规则模拟归纳推理的JUDITH律师推理系统，到整合了主体思维结构的TAXMAN系统[②]，直至借助PROLOG程序语言的推理功能实现了国籍法实务的人机对话[③]，人工智能可以运用诸如消解原理、规则演绎系统、产生式系统、不确定性推理与非单调推理等推理技术和系统，来处理复杂的问题。智能技术群的形成推动着万物互联迈向万物智能，快速将我们以及我们的社会带入了"智能+"的时代，裁判的形成终于不再只限于对法官行为与思维的讨论。

在交通、制造、金融、商业、医疗、教育、农业、政务等实务领域纷纷对接人工智能的大潮中，"智能+司法"在各国亦是风起云涌。美国Blackstone Discovery公司开发了能够为法官提供法律分析的e-discovery系统，哥伦比亚在此基础上研发出可以根据美国联邦量刑指南为决策者提供有价值信息的ASSYST系统，而我国随着2017年《新一代人工智能发展规划》的发布，"智慧法院"的建设更是如日中天。深圳盐田区法院开发建设的金融类案件全流程在线办理平台率先实现了金融类案件从立案、审判到执行全流程在线办；各地法院相继开发了各自的类案推送系统，或者在智

---

① Buchanan Bruce G, Headrick Thomas E: "Some Speculation about Artificial Intelligence and Legal Reasoning". *Stanford Law Review*, Vol.23, No.1,1970.

② 参见张保生:《人工智能法律系统的法理学思考》,《法学评论》2001年第5期。

③ 参见［日］松尾宏:《英国国籍法的逻辑程序化》,［日］吉野一编:《法律专家系统的基础》,日本吉幽塞出版社1986年版,第24—25页。转引自季卫东:《人工智能时代的司法权之变》,《东方法学》2018年第1期。

能辅助办案系统中嵌入了类案推动应用模块①；2017年"上海刑事案件智能辅助办案系统"（206系统）诞生，它在对上海几份刑事案件的卷宗、文书数据进行学习后，已具备初步的证据信息抓取、校验和逻辑分析的能力；2018年人民法院的"智慧法院导航系统"和"类案智能推送系统"正式上线运行，实现了精准定位导航信息以精准投放诉讼服务，以及快速查询和智能推送信息，辅助量刑决策、规范司法裁判尺度以统一法律适用的目的。

在"智能+"模式下，法律推理系统、法律模拟分析系统、专家系统等技术开发以及案件智能推送、裁判结果预测、裁判文书自动生成等审判创新在司法过程中接踵而来，裁判披上科技的外衣，独角兽幻化出双翼，司法裁判的形成是否正在经历着一场"革命"？人工智能的介入又将在多大程度上改写了司法的过程？有人欢喜，有人忧惧，本文从裁判形成的一般过程，审视人工智能的司法介入方式与运作机理，以期还原"智能+司法"的本来面目。

一、规则&法官：裁判形成的理论解析

就形式而言，司法裁判的形成一头系着法规范，另一头连着特定的生活事实，裁判的获得过程便是将抽象的、规范性的法律规范应用到具体的、经验性的生活事实中，从而妥当处理特定社会纠纷的一个过程。这种从规

---

① 例如，贵州省高院的"类案裁判标准数据库"、北京市高院的"睿法官系统"、苏州中院的"案件裁判智能研判系统"、上海二中院的"C2J法官智能辅助办案系统"、河北省高院的"智审1.0系统"等等。参见贵州省高级人民法院：《探索"类案类判"机制确保法律适用统一》，《人民法院报》2018年1月26日；李希：《北京法院探索建设"智慧法院""睿法官系统"正式上线》，http://www.bj148.org/zzgjj/zzdt/201612/t20161214_1277407.html，2019年12月19日；罗书臻：《挖掘"富矿""反哺"审判——运用裁判文书大数据促进司法公正的地方经验》，《人民法院报》2017年9月1日；高绍安：《上海二中院"智慧法院"的探路者 里程碑意义的C2J法官智能辅助办案系统正式启用》，《人民法院报》2017年7月10日第1版；吴晓霞：《河北法院"智审1.0上线运行"》，《人民法院报》2016年7月5日第1版。

范到事实最后推出个案结论的过程也被理论化为法律涵摄理论,而司法涵摄是否仅仅依靠形式三段论推理而发生,这向来是一个争论已久的议题。

(一)法律适用的逻辑骨架

上升到理论来看的话,裁判的形成实质上关乎法律适用理论。受近代自然科学思想的影响,传统的法律适用模式一开始就试图按照自然科学意义上的科学目标来发展自己[①]。在自然科学观看来,法律适用是逻辑三段论的演绎系统在法律领域的使用过程,即通过将特定的案件事实归属于某一法律规范作为大前提,而将一定的事实作为小前提,在该事实符合大前提所规定的各项要件特征时,则以一定的法律效果为内容的结论将确定地产生[②]。这被拉伦茨称之为"古典的"涵摄模型[③],它对法律逻辑的一贯性和体系性推崇极致,强调"法律推理应该依据客观事实、明确的规则以及逻辑去解决一切为法律所要求的具体行为。假如法律能如此运作,那么无论谁作裁决,法律推理都会导向同样的裁决。"[④]法律适用理论由此建构了一个由概念构成的体系世界和逻辑世界,而"概念的谱系学"又保证了规则对于法官的严格约束,以及所有实现规范所规定的条件的案件事实均受到相同的处理,因而由此获得的判决,便是客观的,也是正确的。

自然,上述以概念为主要方法的推理模型及其背后的思想基础在晚近以来遭到了诸多诟病,因为"一个无视人类作品目的的,亦即,一个无视人类作品价值的思考是不可能成立的,因此对法律的,或者对任何一个个别的法律现象的无视价值的思考也都是不能成立的。"[⑤]20世纪以来,法律适用理论开始超越单纯的三段论,集多种方法与多种思维为综合一体。然

---

① 参见[德]阿图尔·考夫曼、温弗里德·哈斯默尔:《当代法哲学和法律理论导论》,郑永流译,法律出版社2002年版,第51页。

② 王泽鉴:《法律思维与民法实例》,中国政法大学出版社2001年版,第201页。

③ [德]卡尔·拉伦茨:《法学方法论》,陈爱娥译,商务印书馆2003年版,第34页。

④ [美]史蒂文·J.伯顿:《法律和法律推理导论》,张志铭、解兴全译,中国政法大学出版社1998年版,第3页。

⑤ [德]G.拉德布鲁赫:《法哲学》,王扑译,法律出版社2005年版,第4页。

而，尽管几乎所有的批判者都智识性的认识到传统涵摄模型的缺陷，但是都并未将其作为排除在法律适用的思维过程之外的理由，相反，他们无一例外地都不否认涵摄仍具有一定的功能和价值①。

因此，虽然事实上的法律适用是一个更为复杂的过程，但以"大前提→小前提→结论"为框架的三段论模型依然被视为法律适用的基本"逻辑骨架"，也即"特定的法律人将一个法律规范N适用于由事实构成的一个案件C，得到一个正当的法律决定D"，这一基本模式可以简单表示为：法律规范（N）→案件事实（C）→法律决定或判决（D）。

---

① 德国的考夫曼在哲学诠释的影响下，虽然认为传统的涵摄模式实际也是一种类推，并指出法律适用不再是一个严格的逻辑三段论的推论过程，而是一个文本不断被理解不断被反思的过程，但他并非彻底反对逻辑本身，而是认为三段论的逻辑涵摄并不能反映法律适用过程的全部面相，它不过是法律适用的最后阶段，是在将法律规范与生活事实以一种目的论的程序使两者进入一种类似性关系之后才发生的。考夫曼在其书中说道："其实按照我的学说，也有逻辑三段论及涵摄。只是在进行以前，必须规范及个案成为有涵摄能力。"参见［德］阿图尔·考夫曼：《类推与"事物本质"——兼论类型理论》，吴从周译，颜厥安审校，（台北）学林文化事业有限公司1999年版，第5页、第171页。而德国另一位学者恩吉施则是通过将传统的法律解释方法进一步精致化，以试图说明建立在三段论基础上的法律适用大体上仍然是可行的。他指出："……只有基于属于法的更大范围的、制定法与之适应的价值，才能适用、解释制定法，在必要时补充和续造制定法。……对制定法的逐字逐句的适用，会阻碍制定法原本的理性目的，还有，在处理立法者本身的'公道法'（ius aequum）的时候，将求助于非制定法的价值，关于填补制定法漏洞需要的认识和用超制定法的价值来校正制定法的价值的必要性。最终，超制定法——尽管不是超法的——权衡，决定着解释本身的方法，尤其是决定着解释手段的次序，决定着解释中的主观意义和客观意义的正确性，不是吗？"参见［德］卡尔·恩吉施：《法律思维导论》，郑永流译，法律出版社2004年版，第240—241页。此外，英美法中以"法律的生命不在于逻辑而在于经验"这一名言而著称的霍姆斯，在事实上并非反对逻辑的作用，而只是反对将逻辑看成是案例适用的全部内容、唯一起作用的因素的观点。"……简单地说，霍姆斯的反逻辑其实是反对当时的形式主义的倾向。他反对的只是认为法律中唯一起作用的是逻辑的观念，而不是反对逻辑的作用。或者说它是深刻认识到逻辑的局限性才提出'法律的生命不在于逻辑，而在于经验'。"参见张芝梅：《法律中的逻辑与经验——对霍姆斯的一个命题的解读》，《福建师范大学学报》（哲学社会科学版）2004年第1期。

（二）裁判形成的多层结构

如果对概念法学和形式主义法学批评者的论述作一个总结，我们不难发现，尽管表达方式各异，但他们的观点却有着明显的相似性，也即他们都从单纯的逻辑推理发展到了兼采逻辑推理、利益衡量、价值判断、公共政策、后果考量等等方法的综合性力量。

具体来说，三段论的有效性是建立在其大小前提都真实的基础上的，但是大小前提并不能保证自身的真实性，如果对大小前提尤其是大前提本身提出质疑或者其本身就存在疑问，那么这种推理就有可能站不住脚[①]。因此，一个单纯的三段论"逻辑骨架"是无法完成一个完整描绘法律适用过程的重任的，其间，法官要确定一个可以足以使公众信服的大前提和小前提，它是"为给一个决定提供充足理由的过程"[②]，这被学者定义为"证成"，阿列克西认为，法律规范的适用就必然地包括了法律规范的证成，前者的结果依赖于后者[③]。"证成"又被阿列克西分为"内部证成"与"外部证成"：内部证成处理的问题是，判断是否从为了证立而引述的前提中逻辑地推导出来，也就是说一个决定是否是从它的前提中按照一定的推理规则推导出来的；外部证成处理的对象是，对内部证成所适用的各个前提的证立[④]。如果将内部证成看作是一个"逻辑三段论"的运用过程，那么外部证成则是为了完成内部证成中需要的大前提的合理性与正当性的说明。

在三段论的基本模式中，作为大前提的法律规范N并非现成摆放好的

---

① ［美］理查德·A.波斯纳：《法理学问题》，苏力译，中国政法大学出版社2002年版，第49—51页。

② Aleksander Peczeink: *on Law and reason, Dordrecht*, Boston: Kluwer Academic Publishers, 1989, p.156.

③ Robert Alexy, Justification and Application of Norms, *Rotio Juris*. Vol.6, No.2, 1993, p.169.转引自王夏昊：《法律决定或判断的正当性标准》，《法律方法》第八卷，山东人民出版社2009年版，第57页。

④ ［德］罗伯特·阿列克西：《法律论证理论》，舒国滢译，中国法制出版社2002年版，第274页、第285页。

制定法条款或判例法规则，而是法官根据个案具体情况并结合法律规范及其他因素的说明而建构的裁判规范（Ni）。因此，裁判规范的生成过程是一个法官对法律文本以及各种规范进行发现、理解和阐明的过程，也是一个"外部证成"的过程，在这一过程中，法官要运用一定的法律或法学中的理由，来揭示、选择或确定某个法律规范的某个意义，构造裁判规则，并以此作为裁判的大前提，这便需要我们将裁判形成的过程延展到形式推理"大小前提"获得的活动之上。此外，司法实践也告诉我们，法官裁判的真正思维并非"规范—事实—结论"的单向路径，而是以其先接触到的事实为思考起点，是一种目光在"事实与规范之间进行流连往返"的活动，其大致路径为"事实—规范—事实—决定"。将上述作为"逻辑骨架"的三段论补充血肉之后完整地展现开来，则表现如下：双方争议事实的识别与确认（F）→法律文本的寻找与确定（S）→法官解释（TR）→裁判规范（Ni）→经法官采信并认定的特定案件事实（CF）→法律决定或判决。也就是说，在许多案件中，"事实并不能轻易地为公认规则所归摄，而且规则本身尚需要进一步解释，合适规则还需要法官花心思寻找，更确切地说，从事实到裁决之间的思维有所跨跃（jump），裁判的思维通道可能是曲径通幽。"①

质言之，裁判形成的过程不是单纯的演绎或者归纳，而是包括逻辑推理在内的多种方法、多种思考方式综合作用的结果，在这一个过程中，法学的传统、逻辑的理论、历史惯例、价值判断、利益衡量、人们的道德感、法感情以及人们不能言说的种种知识、偏见、下意识都有可能潜入其中。法官不是一台机器，而是一个生活在现实社会中的人，被赋予必要的主观能动性和法律推理的灵活性；规则（无论是制定法还是判例法）如哈特所言存在着确定性与不确定性，它原本自身就没有应对现实世界变化无穷的能力，只不过是人们应对当下生活的一种书面规则而已，能够感知不断变化的生活继而做出相应变化的只有人的认识和思想。

---

① 李安：《裁判形成的思维过程》，《法制与社会发展》2007年第4期。

可以说，裁判的形成是一个规则与法官共同作用的过程，它既强调规则不可或缺的意义，又反对规则决定论；既拒绝法官完全按照自己的预感来随意判案，又不得不承认其直觉的存在。在这一点上，庞德所言可谓中肯："法律的历史表明，人们始终是在严格规则与自由裁量之间来回摆动，在据法司法与不据法司法之间不断循环反复。"① 而另一位作为"实用主义"的美国法官及法学家波斯纳在探讨法律决定制作时亦是一方面承认逻辑所扮演的重要角色，另一方面又拒绝夸大的法律形式主义②。

二、数据&算法：司法运行的"智能"模式

如前所述，裁判形成的过程经历了从形式主义到实质主义的发展，这一理论脉络打开了计算机法律推理模拟的思路。形式主义强调规则，于是便出现根据规则进行形式推理的人工智能推理模式；实质主义注重个案，于是便出现根据个案进行非单调推理的人工智能推理模式。尽管人工智能与人脑结构不同，但在抽象层次上二者却越来越具有相通的功能表述。继AlphaGo与AlphaGo Zero棋坛神话之后，"Alpha法官"的出现似乎也没有什么不可能③。那么，果真如此吗？

① ［美］罗斯科·庞德：《法律史解释》，曹玉堂译，华夏出版社1989年版，第1页。

② 参见［美］理查德·A.波斯纳：《法理学问题》，苏力译，中国政法大学出版社2002年版，第568页。

③ 2015年11月，智能辅助办案系统在上海市第二中级人民法院用于庭审，其设计者认为这是"机器人法官"的雏形；2016年，南京市中级人民法院引入机器人辅助判案系统，并形象地将该系统称为"阿尔法法官"。将司法大数据运用到司法辅助、办案参谋、智能咨询及决策分析等环节，法官输入案由、情节等案件事实，机器人自动弹出应适用的法条，并显示量刑建议，在法官确认之后，判决书便一键生成。参见《机器人法官的宣传雷区——从南京中院"法律机器人"争议说起》，正义网2017年1月19日。事实上，一位人工智能法官已经能够评估法律证据，同时考虑伦理问题，然后决定案件当如何判决，它能够准确预测欧洲人权法庭大多数的裁定，或很快能够对案件作出重要裁定。参见杨帆：《机器人法官来了：AI计算机预测案件的准确率达79%》，凤凰科技2016年10月25日。

（一）司法人工智能的运作机理

司法运行的"智能"模式，实际上依赖于目前人工智能的新技术，即计算机能力的提升、大数据时代的来临以及其学习技术的发展。严格来说，人工智能是计算机学科的一个分支，主要研究如何让机器人来模拟人的智能，处理一些特定场景和应用的问题。从科学的角度来看，人工智能的开发者主要关注对于一个具体任务的解决方式和应用潜力方面，也即其"内部智能"，而非其所呈现出具有奇妙感的外部效果。因此，尽管已获得沙特阿拉伯公民身份的索菲亚机器人引爆了人类无数的追捧或恐慌，但事实上，由于其远还未达到在开放领域进行流利的自然语言对话的程度，人工智能技术派并未对她寄予太多的"智能"期望；相反，对于可以自动作诗的"九歌"，研究人员却因其基础技术已涉及语言本身的复杂性、多样性、歧义性以及递归性，将其视为突破NLP领域最上层也最艰难的任务的一个典范。所以说，"机器人能否像法官一样判案"这个问题只有在真正了解一些技术能够达到的真实水平的时候，才会变得有意义。

莱布尼茨曾设想法律和哲学都可以依据经典几何学模型对第一原理进行演绎，像数学分析那样通过推论予以解决，他说："我们要造成这样一个结果，使所有推理的错误都成为计算的错误，这样，当争论发生的时候，两个哲学家同两个计算机一样，用不着辩论，只要把笔拿在手里，并且在算盘面前坐下，两个人面面相觑地说：我们来计算一下吧。"[1]莱布尼茨将法律进行理性演算的设想，在人工智能那里成为可能。通俗地讲，人工智能学习的一般原理为要素化、规则化、图谱化及模型化，它以法律知识图谱、案件情节提取、类案识别、模型训练、量刑预测和偏离度预测等为技术路径，在实践中表现为案件智能推送、法律模拟分析与推理、裁判结果预测、量刑辅助、偏离预警以及裁判文书的智能生成等应用。不过，从技术层面来看，无论是可以进行智能案情分析和律师遴选的"法小淘"，还是

---

① ［德］W.肖尔茨：《简明逻辑史》，杨一之译，商务印书馆1977年版，第185页。

智能研判系统"睿法官",如果去掉附着在它们身上的拟人化想象,它实质上是基于算法通过数据自主学习的一套计算机制,其本质在于算法和数据。也就是说,通过机器学习,机器要对海量数据进行自动挖掘与预测,以形成统一的智能化算法或参考指引[①]。

在司法过程中,具有大规模、多样态、快流变、高价值特征的大数据为人工智能的知识生产提供了空间[②],不管是识别和提取法律事实和情节、自动推送关联法条和类案,还是推荐量刑和生成法律文书,甚至通过深度学习不断提高裁判的准确性,数据都是萃取人工智能所必需的火焰。随着储存人类活动信息的各种资料实现电子化,大数据技术能够综合处理各种类型的数据,从而得出其数据背后的知识或隐藏的信息[③]。

数据带来了可以让机器具备认知与判断能力的算法,也即机器的学习,这为人工智能提供了核心的运作方式。大数据的日渐发展不断为机器学习算法提供更强劲的技术支持,进而又能够产生更大的实际应用。大致而言,机器的算法有两种类型,即基于先前知识的推理和基于大数据而发掘数据背后的规律[④]。前者实质是一种处理自然语言过程的问答技术,例如人工智能Ross律师与前文所提的索菲亚机器人,它让人的自然语言与机器的代码语言形成沟通,使机器能够回答人类提出的问题。其运作是先"理解"和确定人类所提出的问题,再通过分析不同的文件内容找到合理的答案[⑤]。它可以在同一时间内运行不同的算法来解决同一个问题,而当不同算

---

① 参见蔡自兴、刘丽珏、蔡竞峰、陈柏帆:《人工智能及其应用(第5版)》,清华大学出版社2016年版,第125页;胡凌:《人工智能的法律想象》,《文化纵横》2017年第2期。

② See. Manyika J, Chui M, Brown B, et al, Big Data: The Next Frontier For Innovation, Competition, And Productivity, *Analytics*, 2011.

③ [美]托马斯·埃尔、瓦吉德·哈塔克、保罗·布勒:《大数据导论》,彭志勇、杨先娣译,机械工业出版社2017年版,第3页。

④ [美]温斯顿:《人工智能(第3版)》,崔良沂、赵永昌译,清华大学出版社2005年版,第259—260页。

⑤ Rhinehart Craig: 10 *Things You Need to Know about the Technology Behind Watson*.转引自江秋伟:《论司法裁判人工智能化的空间及限度》,《学术交流》2019年第2期。

法以不同方式运行都得到相同或相似的一个答案时，所得结果就是"真实的答案"[1]。后者则是20世纪中后期以来发展的机器深度学习，主要有决策树学习方法、类比学习方法以及人工神经网络方法[2]。在接受了用户提交的数据之后，机器可以通过数据进行自我学习，仅依照系统规定的算法便能进行运作，而不需要用户根据数据特点再进行算法调整[3]。也就是说，机器从司法大数据中提炼出共性规则，然后根据不同的司法场景提取不同的规则进行匹配，形成类似于人类的信息提取能力与逻辑分析能力。

（二）深度学习下的智能裁判

从人工智能的发展路线来看，机器的深度学习推动了第三波人工智能热潮兴起[4]，并使司法人工智能从使案件处理的自动化转向了案件审理的自动化。其中，功能最强大、应用范围最广且居于主要地位的当属人工神经网络方法[5]。人工神经网络系统是模拟人脑及其神经网络行为特征而发展出来的非线性运行模式，它由众多神经元的连接权值连接而成，具有良好的深度学习功能[6]。在知识图谱构建的基础上，人工神经网络系统通过对知识图谱数据特征的学习，从数据样本中学习到数据的本质特征，从而提供对未知事件的分类和预测的精准性[7]。在司法裁判中，人工神经网络系统中的神经元节点通过对各裁量因素的拟合来满足裁量因素复杂性的需求，而无需对各裁量因素进行

---

[1] Thompson Clive. Smarter than You Think: What Is IBM's Watson? *The New York Times*, 2010.06.16.转引自江秋伟：《论司法裁判人工智能话的空间及限度》，《学术交流》2019年第2期。

[2] 参见［美］罗素、诺维格：《人工智能—— 一种现代的方法》（第3版），殷建平、祝恩、刘越等译，清华大学出版社2013年版，第254页。

[3] 朱福喜：《人工智能》（第3版），清华大学出版社2017年版，第340页。

[4] 参见李开复、王咏刚：《人工智能》，文化发展出版社2017年版，第69页。

[5] 参见蔡自兴、姚莉：《人工智能及其在决策系统中的应用》，国防科技大学出版社2006年版，第235页。

[6] 参见［美］雷·库兹韦尔：《人工智能的未来》，盛杨燕译，浙江人民出版社2016年版，第131页。

[7] 参见吴岸城：《神经网络与深度学习》，电子工业出版社2016年版，第83页。

精确的数字化表达或者事先设定各裁量因素的权重，同时，它可以对裁量因素进行层次性选择，通过定义匹配规则来实现知识转化，并在分类规则基础上进行大数据学习，从而使自己具备预测新数据的能力[①]。

具体地说，人工神经网络系统在司法裁判中的运行运作机理和技术路线如下：首先进行由词法、结构、过程等构成的语义网络知识建模，即针对某特定领域建立知识图谱，构造内部知识库，以此作为分词设置的基础，同时对各分词予以属性标注以及各分词的关系予以关系标注，以便作为在构造抽取规则时的信息提取点，然后将案件分解成最基础的A、B、C等若干要素，要素对应若干分词，以运算法则生成假设，并将假设与待决案件所包含的要素A、B、C进行对比，若干吻合或类似，则可适用同类规则[②]。其裁判过程可以简单表述为：案件情况文本输入→文本信息初步分类→文本信息精准分析→适用条文选择→结果输出。

这样看来，司法人工智能的裁判方法与传统的要件事实型民事裁判方法并无二异，它们都是按照"识别请求权基础规范→请求权基础规范的要件分析与结构→争论点整理→证明责任分配→争议事实认定→涵摄得出结论"的路径而展开[③]，事实上，这一过程也大致契合实践中法律适用的"事实—规范—事实—决定"的模式。然而，正如前文所述，尽管其基本的"逻辑骨架"为"大前提—小前提—结论"，但实际上裁判的形成过程具有多层的复杂结构，即双方争议事实的识别、确认与分析（F）→法律文本的寻找与确定（S）→法官解释（TR）→裁判规范（Ni）→经法官采信并认定的特定案件事实（CF）→法律决定或判决。基于前文分析，我们得知人工智能可以像法官一样行为，但它能否"像法官一样判案"最终却取决于它能否像法官一样思考。

---

① 参见［美］罗素、诺维格：《人工智能——一种现代的方法》（第3版），殷建平、祝恩、刘越等译，清华大学出版社2013年版，第176页。

②③ 参见高翔：《人工智能民事司法应用的法律知识图谱构建——以要件事实型民事裁判论为基础》，《法制与社会发展》2018年第6期。

三、从前提到结论：智能司法还差什么？

对于一项特定的活动，有学者认为可以区分为观测、分析和行动三个部分[1]，而如果将一项司法裁判看作是一种对特定事件进行法律评价、判断并处理的机制，那么这一项复杂的活动将包括三个层面，第一个层面为信息的获取，即将特定案件中的事实问题转化为有待进一步识别和处理信息；第二个层面为信息的分析处理，即将事实与特定法律规范的要件相匹配，确认待处理事件应该适用何种法律规范以及产生何种法律后果；第三个层面为信息的输出与实现，也即通过一定的思维与行动机制，将上一环节的结果输出到现实世界，对法律后果予以实现。

（一）裁判小前提的形成

第一层面信息的获取，是通过证据推理发现小前提的过程。如麦考密克所言，"小前提并非一类可以由诸如大法官的意见或者议会立法等权威命令'赋予'真实性的命题。它是表示特定历史情境的命题，因此它需要借助于特定的相关证据加以证明。"[2]在这一过程中，法官会根据庭审中所接收到的碎片化证据，通过区分生活事实与法律事实以及基于证据的相关性、证明力以及可采信性，对于争议事实进行识别与确认以提取其中具有法律意义的因素。其中，起到主导作用的是证据的可采信性，也即何种证据可以进入裁判门槛以及何种品质的证据可以进行推理。

关于证据的可采性，法官一般遵循"不相关的证据不可采"和"相关证据排除规则"[3]，后者涉及相互冲突的价值之间的平衡，例如非法证据的排

---

[1] Woodrow Hartzog, Gregory Conti, John Nelson, Lisa A. Shay, Inefficiently Automated Law Enforcement, *Mich. St. L. Rew.* 2015, p.1769.

[2] ［英］尼克·麦考密克：《法律推理与法律理论》，姜峰译，法律出版社2005年版，第24页。

[3] 张保生：《人工智能法律系统：两个难题和一个悖论》，《上海师范大学学报》2018年第6期。

除，法官所需要权衡的便是证据的求真目的与诸如人权、秩序、正义等价值矛盾；关于证据的可信性，则涉及对话者之间信息传送、接受和加工所必需的感知能力、记忆能力、诚实性和叙述能力，它需要法官更多的经验智慧①。而无论是价值权衡还是经验体会，对于人工智能来说，都是一项极为艰难的工作。

此外，事实认定不仅需要识别证据的相关性或不相关性，证据推论亦是一个经验推论的过程，它需依赖于法官个体知识库的建立，"个体知识库包括个人的生活经历，是理解证据、选择概括的基础。"在很多时候，证据的推论背后隐含着法官个人的自由心证、内心确信、经验法则以及信念，因此同一组证据的推论却极有可能走向相反。例如，圣经中所罗门对"幼子之争"的裁判与我们对"昭仪杀女"的判断，便分别由"虎毒不食子"与"无毒不丈夫"的信念所支使②，而这两种信念表面看来是完全冲突的，它需要法官结合双方当事人的身份、地位、行为动机、社会关系、社会环境以及纠纷发生背景等具体情况来做出概括。人工智能不仅难以构建起一个个体经验库，更无法在常识、经验等背景知识中做出暗合社会主流价值和朴素正义的抉择。

（二）裁判大前提的建构

第二层面信息的分析处理，为事实与规范的匹配阶段，它包括法律规范的发现与阐释，进而形成裁判规范以构建大前提的阶段。作为人类用以认识自己、表征自己以及认识周围事物和相互沟通的工具，法律规范往往被认为是语言符号系统的一部分。索绪尔认为，人的语言是一种音义结合的符号系统，语言符号连接的不是客观事物和名称，而是概念和音响形象。后者不是纯粹物理的东西，而是这声音的心理印记，我们的感觉给我们证明的声音表象③。可以说，语言在人的思维交换过程中产生，它是组织在符

387

法
学

---

① ② 张保生：《人工智能法律系统：两个难题和一个悖论》，《上海师范大学学报》2018年第6期。

③ ［瑞士］费尔迪南·德·索绪尔：《普通语言学教程》，高明凯译，商务印书馆1980年版，第101页。

号表达中的思想，而这种思想又具有社会性，也即语言符号和他所代表的意义是通过社会中的"常识"确立起来的。因此，人工智能对于法律规范的处理正是建立在对自然语言处理的基础之上，语音识别和图像识别正是被普遍认为的人工智能的基础技术。

然而，人工智能与人对于语言处理的最大区别是，机器是在"感知"的基础上进行"认知"，从而为"判断"奠定基础；而人更多是基于"常识"来进行"认知"，进而作出"判断"。对于人工智能来说，"常识"是其难以逾越的屏障，而语言是否能够被作出恰当的理解与认知，在很多时候却恰恰离不开"常识"的作用。例如对鲁迅先生家门口"一颗是枣树，另一颗也是枣树"，需切身置于作者当时的环境和心境，才不至认为其是废话；对"能穿多少穿多少"同一句话，需基于冬天和夏天或者北方和南方的气温常识，进行不同的理解。

人工智能若需具备一定的"常识"以达到人类"认知"的能力，就需要首先对每一个可能的概念项进行预先建模，构建无以计数的数据标签来帮助它理解某一个特定的概念，这将是一项极大的挑战。不仅如此，当我们终于辛苦构建完这一系列标签之后，我们发现在场景变化之后，之前的大部分标签却难以复用，例如面对"呵呵"一词背后所隐含的各种表情、态度、看法、思想或无意义，人工智能则将陷入又一轮的迷茫。更何况，在法律纠纷的场景中，实际还存在着众说纷纭的子场景，例如"苹果"，它可以是电子产品、果蔬产品，也可以是投毒犯罪的凶器。因此对于人类来说非常简单的常识积累和场景切换，对于人工智能的发展却是蜀道之难。

不宁唯是，在构建法律适用大前提的阶段，法律解释是一项极为关键的工作，梁慧星将其视为"获得裁判大前提的法律规范的作业"①。既然法律是语言符号系统的一部分，其意义蕴藏在规范文本之中，那么则需法律解释从方法上将规范文本的意义予以恰当地释放。

① 梁慧星：《民法解释学》，中国政法大学出版社1995年版，第213页。

对于努力拯救法律客观性的方法论者来说，法律尚离不开人的经验总结与实践智慧，因为法学属于典型的精神学科，不具有自然科学式的客观规律，"它既不能完全用数学加以量化，也很难在实验室里得出规律性的结论。"①通常认为的文义解释、体系解释与目的解释等解释方法，无一不需要解释者将解释对象与其前见和解释环境进行整合。更何况本体论所强调的"读者中心论"已将民事中的法律解释切换为法官、原告与被告三方的"游戏"，解释被重新设定为通过两个相反过程的说服行为，即法庭辩论阶段当事人一方力图说服法官，裁判阶段法官说服当事人一方②。

可以说，作为逻辑三段论的大前提并非预先存在的、等待法官去查找的白纸黑字规则，而是法官综合了各种解释规则以及诸如原则、政策、道德、伦理之类的价值考虑对白纸黑字的规则进行个案解释而重新产生的规则，我们称之为"裁判规则"。其中，共性法律所体现的形式正义与个性案件所需要的实质正义在相互冲突中产生张力，需要法官在一般与特殊之间弥合缝隙。此外，法律中的开放性概念总是会随着社会的变化而变更或被注入新的内容，例如"诚实信用""公序良俗""公共利益"等，这种变化需要法官在其自由裁量权之内进行法律"续造"。换言之，规范本身没有概念，改变的只是法官依据当下的生活世界对规范的理解，裁判形成的过程是一个需要法官行走在法律解释的保守性与创造性之间的活动，所以，美国联邦最高法院在1896年的普勒斯案中判定黑人与白人"分离但平等"，而在1954年的布朗诉教育委员会一案中判决分离就构成不平等，而两个案件依据的却竟是同一条宪法规范③。人工智能裁判是根据预设好的算法，根据一个符号得出另一个符号，而个案中所涉及的利益、情感、道德、社会心理及社会观念无法在人工智能的知识图谱中精确匹配，"在案件事实曲

---

① 陈金钊：《哲学解释学与法律解释学——〈真理与方法〉对法学的启示》，《现代法学》2001年第1期。

② 参见朱庆育：《意思表示解释理论》，中国政法大学出版社2004年版。

③ William Read: *Legal Thinking*, University of Pennsylvania Press, 1986, pp.426-427.

折、人际关系复杂、掺杂人性和感情因素的场合，如何根据法理、常识以及对细微的洞察作出判断并拿捏分寸进行妥善处理其实是一件微妙的艺术，不得不诉诸适合法官的自由心证和睿智，即使人工智能嵌入了概率程序、具有深度学习能力也很难作出公正合理、稳当熨帖、让人心悦诚服的个案判断"①。因此，也许司法人工智能可以将形式正义的实现运用娴熟，但对需要法官裁判智慧的实质正义却仍是望尘莫及。

（三）裁判结论的获致

第三层面信息的输出与实现，为法律推理阶段。期间法官要反复思考，在法律文本与事实之间进行目光交互流转，权衡各种因素；在法律与事实之间建立有效的逻辑关系，以最终得出一个妥当合理的结论；在既有法律秩序之内，寻求法律依据，将结论予以正当化与合理化。如果将案件视为输入，裁判结论视为输出，那么在案件输入与判决输出之间还应存在着一个"加工通道"，而这种加工则是法官对案件的思维运作②。法官的裁判思维"既包括'发现'与'检测'案件答案的思维，也包括将思维结果予以说明的思维"，Wasserstrom则将此项过程分为"发现"的程序与"正当化"的程序③。前者往往受制于法官个体心境、个性、偏见、法律知识、司法经验及思维定式的影响，然而后者则以论证的方式将影响"发现"的心理因素控制在正当的范围之内，同时减少"发现"的任意性与盲目性，由此产生能够被当事人与公众接受的最佳结论。裁判的形成也是一个精神的心理历程，从认知层面看，它需经过主体的顿悟→反思→判断→决定，正是这一过程无法剥离法官的个体经验与直觉预判，方显法律论证通过一系列必要的方法对其进行正当化说明的不可或缺。

无论是弗兰克基于经验主义立场认为这仅作为解决问题的"装羞"门

---

① 季卫东：《人工智能时代的司法权之变》，《东方法学》2018年第1期。

② 李安：《裁判形成的思维过程》，《法制与社会发展》2007年第4期。

③ See. Bruce Anderson: *The Case for Re-Investigating The Process Discovery.* Oxford: Blackwell Publisher, 1995, pp.336-337.

面，是一种策略性选择，还是阿列克西从规范主义出发将其作为一个法律论证的程序规则，以此来达成司法裁判的证立目的，不可否认的事实是，裁判者是从个别的经验中产生理解、形成判断并最后作出抉择的，它是个体从一个过程进入另一个过程的认知历程，在这一认知历程中，问题的答案得以发现，相应的决策也得以落实①。在这一过程中，作为具有个体认知能力的法官需要处理案件事实、法律知识、直觉预判、个体经验、地方经验、时代信息及社会文化等一系列因素，这一方面需要推理计算来保证司法推理的形式正当性，另一方面亦需要通过更为复杂的价值判断来获得具有实质合理性的答案。恰是如此，法律从来就无法通过计算而达成一个"唯一正解"，虽然制度层面与实践层面的裁判必须要给出一个解决方案，但在法哲学层面它却永远保持着"可辩驳"的可能性。

也正是如此，法律不是自然科学，它无法用"技术话语"来主宰，更难以模仿自然科学的计算方法去探求一个数字化的、可验算的真理。作为拉德布鲁赫所言的"价值关联的科学"，司法与"价值无涉的科学"最大的区别便是，裁判者首先应将自己置身于法律评价活动中，采取一种参与者的立场，提出自己对于裁判的正当化见解，这也是众多法学者所称的"司法需具有亲历性"的原因所在。

人工智能系统所面对的直接对象不是证据和当事人，而是经过技术人员格式化之后的计算代码，人工智能首先需要判断哪些信息、以什么方式可以提交给解决事实争议的数据处理系统，再将所有与案情判断有关的信息换算成数字，来表示每一项证据和规则的推论含义，以及需要赋予的重要性，最后再通过某种加权计算公式得出最终的结果。它通过运算的方式完成对知识的生成，以算法来表现法官的思维，由各种字符和运算符号表达将裁判形成过程中具有主体性的内在心理历程进行了程式化，所指向的结论只能是"唯一正解"，除去这种努力本身已偏离了裁判的真实面目不

---

① 李安：《裁判形成的思维过程》，《法制与社会发展》2007年第4期。

说，其对于司法最大的误解之处便是，它以为只要数据足够充沛、算法足够强大就可以取代裁判形成过程中的价值判断，但问题在于，就法律的意义而言，"是"和"应当"从来就不是一回事。

因此，尽管在目前司法人工智能已有众多诸如消解原理、规则演绎系统、产生式系统、不确定性推理、非单调推理等先进的推理技术和专家系统、机器学习系统、规划系统高级的运算系统等来求解负责的问题，甚至也可以做到采取循环往复的路径进行复杂推理，而非仅仅单向度地沿着"大前提—小前提—结论"的演绎逻辑进行，但是，它仍然无法做到"以某个特定的，在历史中逐渐形成的法秩序为基础及界碑，借以探求法律问题之答案。"①也即在存在价值选择的空间中，法官在对已达成共识的双方理由都进行充分说明之后，对自己所做出的结论仍有充分论证的可能与必要。而这，正是一个裁判被认为是理性的、正当的以及可接受性的必由之路，也是司法过程的实质所在。

四、结论：人工智能介入司法的慎思与谨行

事实上，问题并未结束。本文所述人工智能在司法中的诸多"不能"也许只是眼下的技术障碍，但我们永远无法预测科技的走向与发展，就像AlphaGo与AlphaGo Zero的相继出现，每一次技术革新都不断突破人类对技术的想象。不管我们是喜闻乐见于人工智能又一次的出其不意，还是细思极恐后发现人类离灭亡又近了一步，不可否认的是，从技术史来看，人工智能正沿着弱人工智能—强人工智能—超人工智能的轨迹前进。尽管我们目前仍处于弱人工智能时代，并且目前还可以庆幸包罗人类万象的司法领域毕竟不如围棋规则那般简单，人工智能取代法官裁判的路程或许还很遥远，但技术派却从未放弃朝着强人工智能的努力，也从未断定AI"奇点"一定不会到来和超人工智能永远不可能实现，正如有人已经指出，既然人

---

① ［德］卡尔·拉伦茨：《法学方法论》，陈爱娥译，商务印书馆2003年版，第19页。

工智能有替代人类法官的能力，按照"墨菲定律"，它总有可能发生。目前进行得如火如荼的司法大数据允许人工智能识别法庭的语音记录，允许人工智能学习案件从立案到判决过程中的全部诉讼材料，实际上就是给了人工智能最初的感官体验，就像生物的祖先从一个感光细胞开始，终于进化出精密的、可以识别斑斓色彩的眼睛一样。当人工智能的发展让人们在各个细分领域变得依赖人工智能，造成人工智能实际上成为最有经验的那位，从而逐步获得了人类的信任，就可能得到法官角色[①]。

然而，这或许并非乐观。当人工智能被赋予情感、习惯、传统、常识、经验、伦理、道德之后，我们曾一切习以为常的情感、习惯、传统、常识、经验、伦理、道德可还复存在？当技术专家尝试将伦理构建进知识图谱中以使其模拟法官的意志和思维，这种做法本身便面临着是否违反伦理的质疑。人工智能介入司法的预期是消除法官恣意裁判的"暗箱"以期实现司法公正，但事实上，算法及其算法控制的生产性资源本身就是一个闭环的"暗箱"。一旦在司法决策中获得话语权，那么公平和正义将交付数据与算法，随之而来的必然是其背后的程序员、软件工程师、数据处理商、信息技术公司权力的介入及其对法官司法决定权的冲击，这也将无可避免地造就一个技术垄断和算法独裁的局面。

纪伯伦曾说："把手放在善恶交界之处，便可以触碰上帝的袍服。"作为手握天平和剑的正义化身，法官在司法过程中所进行的明辨善恶的工作本应是上帝的权柄，怎可随意将之托付他人？为此现代法治设计了一系列制度以使法官职业化、专业化、正规化，例如法官遴选、审判独立、问责机制、法官职责、职业保障等，而对人工智能的过度期待或者误解可能导致现代法治的制度设计分崩离析，引起社会结构出现矛盾、混乱乃至失控的事实，以毫无节制的"人工智能+"方式改造审判空间后，这样的法官定

---

① 李腾：《人工智能的法官职业之路》，载华宇元典法律人工智能研究院编著：《让法律人读懂人工智能》，法律出版社2019年版，第340页。

位势必发生极大的动摇，甚至造成审判系统乃至司法权的全面解构①。

所以本文认为，在"智能+"模式下，人工智能在裁判形成过程中最大的意义便是通过信息检索和其他辅助手段来减少法官机械性劳动的负荷，以提高裁量和数据等处理的质量和效率，也即只能发挥司法裁判中的辅助功能；而对其超越了辅助性范畴的法律预测、司法推理以及司法决策，我们则应持慎思和谨行的态度。

恰恰因为司法的权威不仅来自同案同判，更来自法官对他据以形成判断的法律方法的把握，以及他在裁判的过程中所体现出的公正可靠、人文情怀、社会责任；来自当事人在其说理之后的服判息诉与案结事了，以及民众基于此对于法律秩序的信赖服从。而在裁判形成的过程中，不仅需要确定的规则和确定的技术来完成确定的任务，更需要法官以其有限的"智能"和无限的"智慧"，向法律表达无限的忠诚。

［原文发表于《济南大学学报》（社会科学版）2019年第4期］

---

① 季卫东：《人工智能时代的司法权之变》，《东方法学》2018年第1期。

个案正义视角下司法人工智能的功能与限度

沈　寨[*]

一、引言

由于司法裁判"有相对稳定的对象（案件）、相对明确的前提（法律规则、法律事实）及严格的程序规则，且须得出确定的判决结论"[①]，从而容易被人工智能所模拟，因此人工智能自诞生不久便在司法裁判领域受到了极大的关注[②]。近几年，随着人工智能热的再度兴起，人工智能在司法裁判领域的应用研究更是达到了空前的广度和深度。学者们不仅从整体视角对人工智能在裁判领域的应用价值和局限进行了思考[③]，还对诸如辅助量刑

---

[*]　沈寨，江苏师范大学法学院副教授，法学博士。

[①]　张保生：《人工智能法律系统的法理学思考》，《法学评论》2001年第5期。

[②]　1956年达特茅斯会议标志着人工智能学科的诞生。1958年，Lucien就提出了法律科学信息化的处理，即建立法律文献和案例自动检索模型和法官裁量模型，但并未引起学界重视。1970年，Buchanan发表了《关于人工智能和法律推理若干问题的考察》一文，正式拉开了司法领域人工智能研究的序幕。参见张妮、杨遂全、蒲亦非：《国外人工智能与法律研究进展述评》，《法律方法》第16卷，山东人民出版社2014年版，第459页。

[③]　这方面的研究可参见罗维鹏：《人工智能裁判的问题归纳与前瞻》，《国家检察官学院学报》2018年第5期；李飞：《人工智能与司法的裁判及解释》，《法律科学》2018年第5期；（下转）

和裁判预测等各种司法人工智能技术在裁判领域应用的功能与限度、风险与防范等进行了深入分析[1]。从已有研究成果来看，学者们普遍认为虽然各种人工智能技术的应用大大提高了司法裁判的质效，但在其目前发展阶段，人工智能只适合用来对类型化案件要素信息的识别和转换等相对简单的工作，而对于涉及独特事实认定和价值评价的非类型化疑难案件，则难以作出公正合理的个案判断[2]。

不可否认，在目前人类对于人工智能的"认知"这一核心问题还没有任何方法论上突破的情况下[3]，单凭人工智能对关涉复杂价值判断的个案裁判作出妥当处理确实难以实现。但在大规模数据和大规模算力的基本方法已经成熟的当下[4]，利用大数据和人工智能强大的计算能力来帮助法官获取个案裁判的正义则具有非常相当程度的必要性和可行性。相对于个人直接经验及个人获取间接经验的有限性，大数据分析为法官提供了来自互联网的全量数据信息和海量"数据经验"归纳，让法官对案件情况有了更精准和更客观的认识，这对排除法官直觉和偏见，为个案裁判作出准确理性的判断具有十分重要的意义。当然，从根本上来说，类似于司法价值判断领域的主观不确定性问题是计算不可解决的[5]，因此以计算为基础的人工智能在解决司法价值

（上接）季卫东：《人工智能时代的司法权之变》，《东方法学》2018年第1期；吴习彧：《司法裁判人工智能化的可能性及问题》，《浙江社会科学》2017年第4期；潘庸鲁：《人工智能介入司法领域的价值与定位》，《探索与争鸣》2017年第10期等。

[1] 这方面的分析参见朱体正：《人工智能辅助刑事裁判的不确定性风险及其防范》，《浙江社会科学》2018年第6期；张富利、郑海山：《大数据时代人工智能辅助量刑问题研究》，《昆明理工大学学报》（社会科学版）2018年第6期；倪震：《量刑改革中"机械正义"之纠正——兼论人工智能运用的边界及前景》，《江西社会科学》2018年第2期；白建军：《法律大数据时代裁判预测的可能与限度》，《探索与争鸣》2017年第10期；周蔚：《大数据在事实认定中作用机制分析》，《中国政法大学学报》2015年第6期等。

[2] 李晨：《论类型化案件智能审判系统的建构——以J区法院为样本》，《东南司法评论》，厦门大学出版社2018年版，第342页。

[3][4] 参见《人工智能现在的发展前景如何？》，知乎2010年2月21日。

[5] 董佳蓉：《语境论视野下的人工智能范式发展趋势研究》，科学出版社2016年版，第126页。

判断问题上仍具有很大的局限性，它最多只能作为一种辅助性工具来使用。

个案正义问题源于案件的非类型化，相较于类型化案件审理而言，对于非类型化案件的处理则需要更为复杂的价值判断。如何让法官在进行复杂价值判断时保持最大程度的理性始终是裁判理论的一个中心议题。在人工智能大力介入司法裁判的当下，细致分析人工智能对于增加法官价值判断的理性程度有何裨益和局限就成为题中应有之义。缘于此，本文立足于人工智能的司法辅助性角色定位，在阐释个案正义的获取关键及其对裁判性质型塑的基础上探讨人工智能对于获取个案正义的功能，并对功能的限制性因素进行分析。

二、获取个案正义的关键及其对裁判性质的型塑

个案正义问题源自案件的非类型化。当一般的、抽象的法律规范能够满足案件公正判决的要求时，这就意味着待决案件事实与法律事实具有同质性，该待决案件属于类型化的案件。对于类型化的案件，法官裁判只需将法律事实与案件事实进行比照便能得出结论。在这种情况下，个案正义与普遍正义实现了统一，个案正义问题便无须提起。但当一般的、抽象的法律规范不能满足案件公正判决的要求时，这就意味着待决案件事实与法律事实具有异质性，该待决案件属于非类型化的案件。对于非类型化的案件，法官难以根据法律事实来比照案件事实得出裁判结论。在这种情况下，法官裁判必须通过获取个案正义来保障普遍正义的实现，如此，如何获致个案正义便成为法官裁判要面对的核心问题。

案件的非类型化导致了个案正义问题的产生。在裁判实践中，案件之所以被贴上"非类型化"的标签，是因为该案件具有强烈的独特性，难以比照法律事实对其进行归类。当法律文字不能照顾具体案件的特殊情况时，法官必须在法律赋予的自由裁量权限之内考虑案件的特别构成要素，这样才能使正义在个案中有实质的落实[①]。可见，获取个案正义的关键在于法官如何在遵

---

① 范文清：《试论个案正义原则》，载城仲模：《行政法之一般法律原则》（二），（台北）三民书局1997年版，第401页。

守法秩序的前提下对案件做出符合其特定情形的判决。在现代司法裁判理念下，对法秩序的遵守一般通过"体系的开放性"得到了解决，而对案件作出符合其特定情形的判决则需要法官在具体情境中通过对关涉案件的各种因素进行综合考虑和权衡才能获得。对涉及个案多种因素的考虑和权衡其实就是价值判断的过程，由此我们可以进一步得出，就裁判活动而言，获取个案正义的关键在于法官如何妥当地进行价值判断。法官的价值判断使得司法裁判不再仅仅是依据法律事实对案件事实进行简单的类型化处理，而是变成了一个复杂的慎思过程，从而使得司法裁判呈现出如下性质和特征：

其一，裁判活动具有强烈的问题导向性和情境性。所谓问题导向，是指所有行为都是围绕"问题"展开的，"问题"在整个过程中具有导向作用，而"问题"则是指"允许表面上看起来有不止一个答案的任一提问"①。个案正义虽然要求法官在现行法秩序内对案件寻求体系化的解决，但法官在寻求体系化解决时往往不能保证个案正义有实质的落实，原因在于案件的非类型化或独特性使得法官不能对个案进行"非黑即白"式的处理，而是在"黑白之间"进行理性考量和抉择。缘于此，法官只能从个案的特定情形入手，围绕个案来寻找最适合案件具体情况的答案。这种立足于个案特定情形并以解决个案问题为目标的裁判活动具有明显的问题导向性。而司法裁判的问题导向性决定了它必然同时又具有情境性。问题总是在情境理解之内发生②。因此，对于个案问题的处理离不开对个案发生时的情景或背景的考察，即离不开法官和当事人所处的具体文化环境或所享有的生活方式和价值观念。

其二，司法推理一般会采用到"决策—论证"模式。由于案件的非类型化或独特性，法官通常不能从既有法律规范中径直为案件寻找到一个明确的判决结论。为了获得公正的判决，法官不得不从案件具体情况出发，"对法

---

① ［德］特奥尔多·菲韦格：《论题学与法学——论法学的基础研究》，舒国滢译，法律出版社2012年版，第28页。

② 舒国滢：《走近论题学法学》，《现代法学》2011年第4期。

律问题从各种不同的方向，将全部由法律本身，或是由法律以外的领域所获得，对于问题的正当解决有所助益的观点都列入考量"①。这样，司法推理过程就变成了先是对与个案关联的各种因素和各种观点进行充分权衡和考量后做出决策，然后再对决策进行合法性和正当化的论证。这种"决策—论证"推理模式下所做出的判决能够最大化的满足有关当事人的需求，有利于有关当事人尽快达成合意，从而非常适合用来解决裁判领域的价值判断问题。

其三，司法裁判重视判决的可接受性。判决的可接受性是指当事人和公众对判决在心理上的接受和认同，它特别强调判决的正当性和合理性，而非关注法律的强制性，因而成为衡量判决是否公正的标准。相对于类型化案件的审理，非类型化案件的审理需要更为复杂的价值判断，而价值判断在本质上就是法官对当事人和公众进行的一种说服，说服当事人和公众认可和接受判决。在非类型化案件审理的过程中，法官不能简单依据法律对案件做出非对即错的判决，而是要全面考虑案件的特殊情况和判决的社会影响等多种因素。对这些因素无法只从法律逻辑角度来进行简单的合法与否的评价，而要从正当性和合理性视角来进行可接受性程度上的权衡和考量。

总之，个案正义要求法官在裁判过程中必须进行复杂的价值判断。而为了完成复杂的价值判断任务，司法裁判不再是将案件事实与法律规范简单地进行涵摄或等置就能得出明确的判决结论的过程，而是围绕个案问题，对关涉个案的事实因素、法律因素和社会因素等进行情境化考量及决策与论证的过程。如此一来，合法性就不能成为判决公正的唯一标准，在合法性之外，还得寻求判决的可接受性。

三、基于裁判性质看人工智能对于获取个案正义的辅助性功能

为了获取个案正义，司法裁判由简单的涵摄或等置过程变成了以判决可接受性为目标，以个案问题为导向的决策—论证过程。司法裁判过程的

---

① ［德］卡尔·拉伦茨：《法学方法论》，陈爱娥译，商务印书馆2004年版，第25页。

这一性质转变使得裁判过程确实能够更多地容纳价值判断：一方面，裁判过程的问题导向性和情境性让法外因素顺利地进入了案件审判之中，使得法官对关涉案件的社会、经济和道德等因素的考量具有了可行路径；另一方面，司法推理的决策—论证模式不仅使特定条件下的现实需求成为案件审理的依据，还认可了法官的司法前见和实践经验等对裁判的正当影响。然而，司法裁判在更多容纳价值判断的同时如何避免法官直觉和偏见的消极影响，以确保价值判断的理性作出，人们对此一直孜孜以求却始终未能找到最终解决的办法。人工智能时代的到来使人们对这一问题的解决向前迈进了一大步。

从总体层面来看，人工智能强大的数据搜索和计算能力能够扩展法官的认知能力，减少法官直觉和偏见等主观因素对价值判断的消极影响。审理非类型化案件需要法官更多地运用价值判断来处理裁判中的不确定性问题。对于裁判领域里不确定问题的处理，法官无法经由必然性推论得出确定性答案，只能基于经验、良心和理性得出或然性结论，因而价值判断属于或然性判断，通常被认为是法官个人确信的表达。而法官在表达个人确信时，有时难免会受到直觉和偏见等主观因素的影响，产生错误的"确信"。如美国康奈尔大学教授拉克林斯基通过实证研究[①]发现，直觉会对法官裁判产生很大影响，它不仅会让法官基于偏见作出情感上让人难以接受的结论，更为常见的是，它还会让法官因判断误差而致使判决结果出现偏差，比较典型的如"锚定效应"。所谓"锚定效应"是指"在不确定情境下，判断与决策的结果或目标值向初始信息或初始值即'锚'的方向接近而产生估计偏差的现象"[②]。拉克林斯基的实验研究表明，法官在裁判过程中会基于别人先前给定的信息即"锚"来作出判断，这个信息对法官判断产

---

① 关于拉克林斯基的实证研究内容，参见 Guthrie, Chris, Jeffrey J. Rachlinski, and Andrew J. Wistrch, Blinking on the Bench: How Judges Decide Cases, *Cornell L. Rev.* Vol.93, 2007.

② Tversky A, Kahneman D., Judgement under Uncertainty: Heuristics and Biases, *Science*, Vol.185, 1974.转引自郭春镇：《法律直觉与社科法教义学》，《人大法律评论》2015年第2期。

生了很大的影响，而它本来不应该有如此巨大的影响，如此就形成了偏差性的裁判结论。虽然法官直觉来自其长期的法律知识学习和司法经验积累，并非反理性的妄想，然而法官个人知识和经验的有限性使得直觉判断经常会忽略一些重要信息，从而会对案件做出不公正甚至错误的判决。与法官经验和理性有限性形成鲜明对比的是，人工智能对海量数据则具有强大的搜索和计算能力，它通过对互联网海量数据的分析和处理，为法官裁判提供了全量信息和"数据经验"，同时也弥补了法官对庞大信息处理能力的不足。详言之，大数据分析一方面能够瞬间对"全量数据进行分析而非抽样分析，以一种全量归纳逻辑形式对事件进行客观描述"[①]，有利于帮助法官形成客观认识；另一方面通过非结构化全量数据间的相关性分析，凝练出某种规律性的认识，从而能够帮助法官对主体行为或事件发展作出趋势性预测。此外，司法辅助性技术在适用于司法裁判时对优化裁判路径也产生了一定的作用，这在一定程度上也降低了法官直觉判断可能带来的风险。

以上所述是对人工智能的辅助功能所作的总体阐释，欲更清晰地了解人工智能对于获取个案正义的功能，还需围绕裁判性质来展开具体分析。首先，人工智能为法官掌握具体案件情况提供了全面的数据信息和背景知识，帮助法官对案件事实和当事人形成了客观准确的认识。个案正义要求法官对案件进行问题导向性和情境化处理，即要求法官围绕个案问题寻找最适合案件具体情形的判决。由此可见，案件具体情况是法官裁判的出发点和基础。案件具体情况虽然是一个包容性极强的概念，但若从案件要素的视角来看，法官对它的考虑主要包括案件事实认定和当事人具体情况两个方面。事实认定主要涉及对证据的判断，而对当事人具体情况的考虑则涉及当事人的年龄、性别、性格、行为习惯及案发时处境等。就事实认定而言，大数据分析不仅是一种新的证据手段，还在证据推理中发挥着巨大作用。随着互联网应用的普及，记录各种信息的大数据不断涌现，这为事

---

① 周蔚：《大数据在事实认定中作用机制分析》，《中国政法大学学报》2015年第6期。

实认定提供了丰富的证据来源，此外还将证据和待证事实之间的关系以诸如照片、图表和录像等数据可视化的方式进行实质化的展示。当证据对事实的证明关系不确定，需要法官进行盖然性判断时，大数据分析能够在证据推理过程中量化各个证据要素与证明结论之间的相关程度，弥补法官在不确定性条件下对事物认知能力的不足，从而对证据材料到证据实质关联程度作出更加客观的评价①。如贝叶斯公式能够对证据间的相关性程度进行量化，也能较好地描述出"初始证据事实在引入新证据之后盖然性估测的变化情况"②，这显然对排除法官直觉，对事实进行理性认定起到了巨大的帮助作用。就考虑当事人具体情况而言，在传统方式下，法官对当事人具体情况的了解主要来自具体案件事实中的描述或证人证言，这种了解是碎片化的和单维度的，但在人工智能时代，大数据能够把当事人在互联网上留下的各种信息呈现出来，让我们对当事人有了更精准的了解，并由此从趋势发展角度对当事人行为进行预测，从而使得法官能够对当事人情况进行全景式考量和理性判断。在国外司法实践中已经投入使用的COMPAS系统，就是根据犯罪者的多种信息对犯人再犯风险进行评估，以帮助法官作出司法决策，虽然被人诟病存在算法"暗箱"和算法歧视等缺陷，但其基于数据的决策无疑仍具有相当程度的客观性和精确性。

其次，在对特定案件事实进行评价时，人工智能不仅弥补了法官面对新颖案件"生活经验"的不足，还使法官遵从了整体理性。个案正义还需要法官对特定案件事实进行评价，这其实是要求法官对个案判决进行社会的、伦理的和功利的等整体考量，即采用政策方法③对案件进行裁判。用霍

---

① 周蔚：《大数据在事实认定中作用机制分析》，《中国政法大学学报》2015年第6期。

② 秦策：《诉讼证明的盖然性范畴：功能与限度》，《金陵法律评论》2013年第1期。

③ 法官裁判基本有两种标准：逻辑方法和政策方法，两种方法兼而有之，才能保证司法裁判的公正性和活力。政策是指作为实现经济、政治或者社会上的妥当目标而在法律适用上进行的适当变通或者有多种选择时的倾向性选择导向，政策方法就是以此种方式变通法律适用的方法。参见孔祥俊：《法官如何裁判》，中国法制出版社2017年版，第2—15页。

姆斯的话来说，政策就是生活经验的体验①，因此，采用政策方法来裁判其实就是法官依靠自己的"生活经验"来裁判。当然，这里的"生活经验"并非指法官个别的经验，而是指法官集体的共同的社会经验。那么面对个案裁判的法官如何获得法官集体的共同的"生活经验"，以及如何防止法官个人偏好和偏见不被当成"生活经验"？作为社会组成人员，法官的"生活经验"自然主要来自其长期的职业共同体生活和从业经历，而人工智能的出现不仅弥补了法官面对新颖案件"生活经验"的不足，还让法官遵从了整体理性，适度降低了法官偏见对司法判断的影响。法官可以从互联网公开的裁判文书中搜索出大量先前法官对类似案件的处理信息，从中获取先前法官裁判的经验和方法，为自己个案裁判寻求启发。此外，大数据分析技术通过对法律规定、大量以往案件信息及判决结果之间相关关系的分析，可以对未决案件进行裁判预测。这种裁判预测反映的是过往审判实践中的法官集体经验或"平均理性"，它虽不能替代当下案件的审理结果，但可以对裁判实践提供参考信息②。这种对法官集体经验的获得不是来自个别法官的臆想，而是基于全量"数据经验"的分析和归纳，对它们的参考，意味着法官对整体理性的遵从，这在一定程度上也限制了法官偏见对司法判断的影响。

最后，人工智能为司法裁判提供了辅助决策和检测的工具，排除了"决策—论证"过程中直觉主义的影响。当审理非类型化案件时，法官在使用演绎推理的基础上往往会采用到决策—论证的推理模式，即先做出决定，然后再对决定的合法性和合理性进行论证。决策—论证的推理模式使法官决策看起来充满理性和慎思，但仍不免会受到直觉偏见的影响。法官在对自我决策进行论证时，往往会出现自我合理化的倾向，从而导致偏见对裁

---

① Roy L. Brooks, *Structures of Judicial Decision Making from Legal Formalism to Critical Theory (2nd ed)*, Carolina Academic Press, 2005, p.14.转引自孔祥俊：《法官如何裁判》，中国法制出版社2017年版，第14页。

② 白建军：《法律大数据时代裁判预测的可能与限度》，《探索与争鸣》2017年第10期。

判的涉入。对于此种问题的解决，只需在裁判过程中发挥人工智能的辅助决策功能和检测功能便可收到事半功倍的效果。一方面，人工智能通过自动识别提取法律事实和情节、自动推送关联法条、争议点自动整理以及裁判文书自动生成等来辅助法官进行部分司法决策，当法官部分司法决策被人工智能辅助时，直接压缩了法官直觉判断运用的空间，从而相应地也减少了产生偏见的可能性；另一方面，人工智能还可以通过偏离预警和裁判预测等司法辅助系统为法官决策提供便捷有效的检测工具，从而能够有效地防范和控制法官自由裁判的风险。例如，偏离预警把基于人工智能算法推测的量刑幅度、判决结论或裁判流程等与法官裁判的量刑幅度、判决结论或流程进行比较，计算两者之间的偏离程度，并对偏离程度进行不同程度的警告，如果偏离程度特别高，则意味着法官裁判的结果可能存在合法性和合理性问题[1]。由此可见，偏离预警就是将法官裁判放入与海量已决类案的比照和检测中，通过测算它们之间的偏离度来提示和促使法官对个案裁判进行反思和检讨。裁判预测也能够为法官判决提供检测工具，促使法官在心理上对个案裁判进行对照性分析和反思。质言之，人工智能的辅助决策功能和检测功能其实就是让法官裁判从对自我决策的论证转向了对他者决策的论证，削弱了自我合理化论证中产生偏见的基础，"当我们在没有辅助系统的情况下有时是在论证自我，而当辅助系统提供了决策前提时，我们是在论证他者，从而可以避免了偏见的产生"[2]。

综上可知，在当前发展水平下，人工智能赋能个案正义的途径主要有两种：一是基于互联网海量样本复杂数据的大规模分析，对事件之间的相关性和相关性趋势作出量化评价，然后通过量化评价达到改变主体对事件性质的看法，换言之，就是通过全量信息归纳得出客观结论，以此来排除

---

[1] 王禄生：《司法大数据与人工智能开发的技术障碍》，《中国法律评论》2018年第2期。

[2] 葛翔：《司法实践中人工智能运用的现实与前瞻——以上海法院行政案件智能辅助办案系统为参照》，《华东政法大学学报》2018年第5期。

主体囿于理性不足而导致的认识上的错误；二是通过大数据技术适度改变裁判推理模式和规范法官行为，以优化裁判路径的方式限制和防范法官恣意，从而达到增强判决可接受性的最终目的。与常规做法在价值层面上倾向于修辞说服不同，人工智能更擅长从全量经验归纳推理和裁判过程上来寻求和保障说服的效果。从这个角度来讲，人工智能在提升判决可接受性上显然比人类做得更好。

四、人工智能对于获取个案正义的功能限制性因素分析

人工智能通过对海量非结构化数据间相关关系的分析凝练出规律性的认识，为人们提供了政策结果或决策依据。这种基于互联网海量样本信息分析的"数据经验"归纳法，是"排除和肃清困扰人类心灵假象的'对症良药'"[①]，因而当被运用于司法裁判时，能够帮助法官对特定案件情况形成客观认识和评价，减少直觉、偏见甚至个人偏好对裁判的消极影响。然而，人工智能在司法裁判中的功能发挥在实践中受到了诸多因素的限制，从而使得它在获取个案正义方面具有一定程度的局限性。

第一，人工智能对大数据的分析和处理只能按照事先输入的形式化指令来进行，无法满足法官价值判断时的语境化需求。由于计算机表征的高度形式化和计算的闭合性，司法人工智能在目前发展阶段只能按照预先编制的裁判系统对案件进行处理，无法跟随语境变化作出适应性改变，即使引入了深度学习和神经网络算法等人工智能新技术，它对语境变化的适应能力也是很有限的。总的来说，司法人工智能只是基于计算机算法而对具有特定意义的符号所进行的"形式裁判"而已[②]。然而，审理非类型化案件需要法官作出更多的判断和权衡，而判断和权衡多是个案式的，通常要根据案件特定情况来展开，这就使得司法人工智能难以满足司法裁判中法官

---

① ［英］培根：《新工具》，许宝骙译，商务印书馆2017年版，第19页。
② 罗维鹏：《人工智能裁判的问题和归纳》，《国家检察官学院学报》2018年第5期。

在理解和评价案情上的语境化需求。以司法决策辅助系统都会用到的类案识别技术为例，目前类案识别的技术思路一般是依据已经构建好的知识图谱，通过自然语义识别技术从海量文书中提取情节，将每个案件结构化和标签化，然后将具备相似情节的案件进行整合分类，形成"类案"，用户在使用时，只需勾选情节选择，系统就能从已经标签化的案件大数据库中匹配符合情节的案例进行推送①。尽管类案识别技术已经尽量照顾到了案件情节的多样性，但在针对非类型化案件的裁判适用时仍然存在一些问题。一方面，类案识别的情节提取即使再全方位化和多样化，也不可能做到完备无缺，然而系统只能根据预先确定的案情画像进行比对和推送。非类型化案件的典型特征就是具有特殊性，其存在预先未被系统确定的情节要素情形的可能性极大，这样，依照数据库中既有的案情画像很难找到与其匹配的类案。另一方面，目前的类案识别技术主要还是建立在对案件情节分析的基础上，以情节相同或相似为类案标准，然而案件的相似性并不总是以情节相同或相似为基础，它有时还与对案件要素的法律评价有关。两个案件即使有再多相同和相似的情节，但如果都不具有法律评价上的决定意义，就不属于法官所要寻找的类案；反之，如果两个案件情节相同点或相似点很少甚至没有，但只要具备法律评价上有决定意义的共同要素，那它们就属于类案。而对案件要素的法律评价通常是根据案件具体情形来作出的，具有主观化、差异化和复杂化的特征，很难用一套形式化的语言归纳和表达出来，不易被人工智能所表征和识别。因此，系统对类案的识别只能按照预先输入的案情画像来操作，这样就很难满足法官价值评价时的需求。换言之，对于非类型化案件裁判，法官有时也无法通过大数据运用获取到合适的知识、经验或答案，或者说，大数据有时也会为司法裁判提供大量无用的信息。

---

① 王禄生：《司法大数据与人工智能开发的技术障碍》，《中国法律评论》2018年第2期。

第二，人工智能对于获取个案正义的功能发挥高度依赖于数据的真实性和完整性，然而无论是实践上还是理论上，获取真实的和完整的数据都存在一定的难度。数据是人工智能存在的基础，但人工智能一般只对数据之间的相关性进行分析，无法对数据之间的因果关系进行阐释，因此，当输入不真实不完整的数据时，得出的就是无用片面的结论。人工智能的这一特性使得它的功能发挥必须以真实和完整的数据为前提。目前，我国司法人工智能的来源数据主要包括法律法规、司法解释和网上公开的海量裁判文书等，其中网上公开的裁判文书是绝大多数司法辅助系统开发和运用的基础。且不论数据来源比较单一，单就网上公开的裁判文书而言，通常就会遭遇以下几个方面的真实性和完整性问题：从实践上看，一方面，网上公布的裁判文书在数据整体上并不完全具备全样本性，公布文书数量与实际结案数量相差较大，数据缺失问题比较严重，公开的裁判文书所涉及的案件类型也不全面[①]；另一方面，虽然各个裁判文书因撰写者不同而风格各异，但因受制度和实践等方面的规范限制而表现出一定程度的格式化问题，裁判信息不能得到充分显示。从理论层面来看，即使是制作得再好的裁判文书也不可能是案例的镜像，它虽然记录了案件处理的过程和结果，但不可能展示出司法裁判的整体样貌。一些诸如司法前见、结果导向、经验参与、事实裁剪、观念辐射等司法隐性知识广泛地存在于案件裁判的各个环节之中，并在司法判案中有它特定的位置[②]，甚至有时会对判决起着决定性作用，但它们无法被语言文字表达出来，因而不可能被裁判文书所记录。因此，从裁判文书中并不能获取裁判的完整信息，就算能够获取，也无法被人工智能语言所表征。此外，对于一些新颖案件，当法官不能从既有法律规范中找到判决答案时，便会从公开的裁判文书中搜索类似案例，但若裁判文书中只记录了很小数量的类似案例，此时，法官便有可能会受

---

① 左卫民：《迈向大数据法律研究》，《法学研究》2018年第4期。
② 胡学军、涂书田：《司法裁判中的隐性知识论纲》，《现代法学》2010年第5期。

到"小数定律"这一直觉偏见的影响，对小样本的数据统计结果产生偏信，从而依照小样本案例对新颖案件进行裁判。当直觉偏见经由大数据进入司法裁判时，人工智能对于获取个案正义的功能便在一定程度上被消解了。

第三，人工智能面临着算法黑箱窘境。虽然算法黑箱并非总是发挥负面功能，如果运用合理，如将大学生食堂消费情况作为贫困生评定标准的算法，也可以起到弥补社会裂痕、维持社会共识的作用①。但总体而言，人们一直在试图努力破解黑箱问题，以避免人工智能的消极影响，比如2018年5月25日欧盟正式出台的《通用数据保护条例》（GDPR），规定了数据主体的知情权、更正权、反对权和自动化个人决策相关权利，意图加强算法问责和智能决策的透明度。从裁判角度来看，算法黑箱与司法公开原则直接相违背，忽视了决策过程的论辩性和交互性。个案正义要求裁判过程容纳更多的价值判断，而价值判断不是计算就能处理的，它还需要通过主体间的交流、对话和论辩来解决，但算法黑箱致使裁判决策变成了自动封闭过程，缺乏论辩性和交互性，因此无法容纳更多的价值判断。此外，算法黑箱也可能导致算法歧视。"可能由于编程者下意识地把自己的偏见编进了程序，也有可能由于数据本身就反映了相应的社会偏见"②，算法的不透明性及专业性又使得这种偏见不能被及时发现，最后导致出现歧视性结论。当算法歧视通过司法辅助系统出现在裁判过程中时，很难说它不会对法官判断产生影响。如上文提及的COMPAS系统，虽经独立机构测试存在对黑人的算法歧视，但在美国威斯康星州诉艾瑞克·卢米斯（Eric Ioomis）案中仍被采用对被告人进行量刑预测，且预测结果被法官所采纳，从而引发了热议③。

---

① 丁晓东：《算法与歧视：从美国教育平权案看算法伦理与法律解释》，《中外法学》2017年第6期。

② 於兴中：《算法社会与人的秉性》，《中国法律评论》2018年第2期。

③ 参见朱体正：《人工智能辅助刑事裁判的不确定性风险及其防范——美国威斯康星州诉卢米斯案的启示》，《浙江社会科学》2018年第6期。

五、结语

由于人工智能的"认知"缺陷，价值判断一直被认为是人工智能适用于司法的短板。然而，价值判断是司法裁判不可回避的问题，特别是非类型化案件的审理。由此，司法人工智能研究必须围绕价值判断来展开。价值判断在本质上是一种基于信息和经验的选择或决策。传统的做法一般是法官只能基于自己所掌握的有限经验和信息来作出选择或决策，大数据分析则通过对互联网海量数据间的相关性分析为法官提供了全量样本信息和"数据经验"，从而扩展了法官的认知水平，提升了法官理性判断的能力。然而，价值判断还关涉主体情感，尽管人工智能出现了诸如概率论和贝叶斯定理等计算工具，主体的情感选择仍然是大数据分析所无法解决的问题。因此，当把主体的主观性问题作为大数据分析的对象时，便会产生各种问题。

［原文发表于《济南大学学报》（社会科学版）2019年第4期］

面对人工智能时代的法律史研究

刘顺峰*

一、问题的提出

近些年来，随着人工智能技术的应用与推广，一系列新的、带有挑战性的问题不断涌现于从事法学研究的学者面前：人工智能对法学研究是利还是弊？人工智能的技术理性是否会替代法学（律）人的思维理性？人工智能是否会"割断"法学内部各部门法学与理论法学的既有知识关联？对于诸如此类问题的思索与回应，似乎构成了生活在人工智能时代的法学（律）人的"应然性"义务。就目前学界公开发表的有关"人工智能与法学研究"问题的著作与论文来看，人工智能时代的法学研究大致呈现出三种不同立场：一是肯定性立场，认为以大数据、区块链、算法等为表现形式的人工智能技术会对中国法学研究产生"颠覆性"影响，且这种影响是不可阻挡的，研究者由此应对"人工智能法学"秉持积极主义态度，在理念、知识与方法等层面紧紧围绕人工智能时代法学研究的目的与价值等予以相应更新[①]；二是

---

* 刘顺峰，湖南师范大学法学院副教授，法学博士。

① 参见马长山：《智能互联网时代的法律变革》，《法学研究》2018年第4期。

否定性立场，认为大数据分析不假思索地便被视为一种科学的方法论工具是值得认真反思的，因为通过观察其在部门法学领域的运用过程，发现效果并不理想，法学研究若要获得深入发展，就应竭力避免人工智能时代法学研究的"技术崇拜"①；三是模糊性立场，认为目前虽然人工智能技术对法学实践的影响已经客观呈现，但基于人工智能还处于初级阶段的历史事实，法学研究未来到底如何面对人工智能，答案是不确定的，人工智能技术于法学研究是利还是弊，还需要时间来做检验②。如上三种学术立场虽所持视角不同，却为我们理解与思考"人工智能时代法学研究向何处去"提供了参考。

那么，面对人工智能时代的社会发展及正在不断形塑的新的技术文明谱系，法学研究者可以怎样做呢？法学研究到底是坚持技术思维、人的理性思维，还是两种思维并用？换言之，人工智能时代，我们到底需要怎样的法学研究？凡此问题，牵连甚广却尤为关键。职是之故，笔者拟尝试以法学学科体系中的基础理论学科法律史为考察对象，就其如何面对人工智能这一新的技术文明现象展开探究，以期获得有关人工智能时代法学研究向何处去的理解。

二、法律史研究目的的重新审视

自法律史作为一门专业知识体系诞生以来③，其研究目的一直围绕着历史意义上的法律文明能为现世意义层面的法律实践与理论、未来科学的法律与法治文明体系建构做什么而展开。在传统法学界有关法律史研

---

① 参见王登辉：《大数据研究方法应用于刑事法学的冷思考》，《西南政法大学学报》2016年第6期。

② 参见白建军：《大数据对法学研究的些许影响》，《中外法学》2015年第1期。

③ 法律史作为一门专业知识体系，或者说学科体系的具体时间，国内外学界一直存在广泛争论。但从近三十年国内法律史学界有关法律史学科发展史问题公开发表的论著来看，大都将法律史的诞生时间确定为1904年，即梁启超《中国法理学发达史论》初次发表的时间。参见周会蕾：《中国近代法制史学史研究》，上海人民出版社2013年版，第119页。

411

法
学

究目的的叙事中，历史语境与当下语境的差异性分析、历史法制（治）的现世启示意义、历史法制（治）的演进的一般规律、未来法制（治）可能性发展方向的科学预测等共同构成了法律史研究中最为重要的几个质素。尤其是对于历史法制（治）规律的归纳、总结，是所有从事法律史研究都绕不过去的"门坎"，是法律史研究能否创新的标志。无论如何归纳历史法制（治）发展过程，总结历史法制（治）发展经验，可以确信的是，传统法学界有关法律史研究目的的"确定"，是基于"人的理性（reason of man）"的演绎与实践为中心，关注的是人的理性的运用过程与逻辑。换言之，在传统法学界有关法律史研究目的的设计蓝图中，法律史研究虽然是以历史上的法律制度/文明为对象，但着眼的是当下法律制度/文明的科学化与理性化，且坚信人类学意义上的"进化论逻辑（the logic of evolution）"的展开是历史必然[①]。然而，人工智能时代的技术革命，不仅为我们有关法律史问题的认知带来了新的视角，还"迫使"我们在不否定技术性因素对法律史研究的影响之前提下，进一步认真思考法律史研究的目的。

众所周知，以大数据、区块链、算法等为表现形式的人工智能正在深切地影响着人们的生活[②]。法律史作为社会生活史的一部分[③]，也会受到人工智能的影响，但与其他法学分支学科，如民法、刑法、行政法等不同的是，法律史的时间维度与发生空间都具有历史性，人工智能则具有现世性与未

---

① 在法律史研究中，到底是秉持"进化论逻辑"，即法制发展水平的由低到高的线性发展，还是"传播论逻辑"，即法制发展不受任何既定发展水平模式影响，只受不同地域法律文明之间的交往深度影响，学界一直存在不同观点。不过，揆诸国内法律史研究实践，对于"进化论逻辑"的运用与认可明显大于"传播论逻辑"，有关这一点在当下国内法律史学界公开出版的各类中国法制史著作的知识叙事中表现得尤为清晰。

② ［加］让-路易·鲁瓦（Jean-Louis Roy）：《全球文化大变局》，袁粮钢译，海天出版社2016年版，第63页。

③ 张仁善：《一种法律社会史视角的考察——国民政府时期司法界不良社会关系剖析》，《南京大学法律评论》2003年第1期。

来性。如果单纯从时间维度来看,"人工智能时代的法律史研究"与"在人工智能时代借用人工智能技术研究法律史"这两个主题,并不存在同质性。但从研究目的视角来看,两个主题却有着内在的一致性,即技术如何"逼迫"法律史研究者修改其研究目的。既然人工智能的实质是如何让机器具有如人一样的智能行为①,那么,法律史研究就可能存在三种不同的展开进路,围绕三种不同进路展开的是不同的目的设计。

一是以人为主体的进路,即由具体的生物意义上的人来提出问题,智能机器人提供技术来帮助解决问题。在这种研究进路中,法律史的研究目的是"通过发现、揭示、分析历史上的法制/治来反思人类法治社会秩序的构建原理",目的是为人类未来美好的法治文明建设提供智力支持。只是法律史的研究主体虽是人,但人对历史上的法律/法学问题的发现并不全然依靠人脑的智慧。虽说很有可能的是,智能机器人在对历史上某一具体法律概念、规则、原则及制度进行分析的过程中,大数据的"相关性(relevance)"分析技术会自动整理出与其相关的问题或问题束,研究者只要循沿着由大数据技术分析出来的问题或问题束就能发现新的问题。但是,人还是发挥着主体作用,机器与技术无法深入法律史问题内部,就问题的性质、类型及解决方式提供可行性方案。

二是以人与机器同时为主体的进路,其以肯定机器人具有法律意义上的身份权与人格权为前提,围绕着生物人内部、机器人内部及生物人与机器人之间关系的建构而展开的法律史研究。虽说"机器人是人吗?""机器人是否具有法律意义上的人格?""机器人如果被确认为人,具有了法律人格,那么其是否具备自然人与法人所应有的各项法律权利?"等问题,至今尚未形成定论,却正在对法学界的既有学术共识形成挑战。一些从事民法、刑法与行政法等部门法研究的学者们已然意识到该问题的"严重性",只

---

① 〔英〕安德鲁:《人工智能》,刘新民译,陕西科学技术出版社1987年版,第1页。

是由于该问题不会直接关涉到本论文的议论主题，故在此不做申论①。但是，人工智能时代出现的机器人及由此引申出来的人格权、身份权等权利属性的争论，却让我们不得不对未来法律史研究目的予以新的审视。传统法律史研究只关注社会场域内的生物人及因其相互间交往、与社会发生关系等而展开的事实发现与分析，一旦机器人的人格权与身份权获得确认，法律史研究就自然而然地会去拓宽其既有范围，进一步关注生物意义上的人、机器意义上的人、社会关系、人机关系等"结构网"的"网络分析（network analysis）"②。换言之，在未来法律史研究目的中，还得进一步考虑机器人与生物人法律关系的变迁史、机器人与生物人在法治秩序中扮演角色的变迁史、生物人与机器人在立法与司法乃至行政法律制度建构过程中的合作史等。生物人与机器人都既是法律史研究的主体，也是法律史研究的客体。法律史研究的目的不仅是构建人类美好的社会秩序，同时还包括机器人世界的美好秩序设计。

三是以机器人为主体的进路，认为人工智能时代的到来，呈现出的不只是"人的理性有限性"被无限放大的清晰"图像"，还包括生物人是否会被机器人完全替代的现实"恐惧"③。在所有有关人机关系的讨论中，人机命运共同体、机器人超越生物人、生物人的自由联合体是三种最为认可的可能性关系模型④，其中"机器人超越生物人，继而替代生物人"如果真的实现了，那么，人类不断走向灭亡、机器人作为具有人格权与身份权的

---

① 具体讨论可参见张力、陈鹏：《机器人"人格"理论批判与人工智能物的法律规制》，《学术界》2018年第12期。

② "网络分析"是由格拉克曼（Max Gluckman）创设的曼彻斯特学派（Manchester School）所倡言的研究方法之一，具体可参见J. Clyde Mitchell. The Yao Village: *A Study in the Social Structure of a Nyasaland Tribe*, Manchester: Manchester University Press, 1956.

③ 庄忠正：《人工智能的人学反思——马克思机器观的一种考察》，《东南学术》2019年第2期。

④ 具体可参见常晋芳：《智能时代的人—机—人关系——基于马克思主义哲学的思考》，《东南学术》2019年第2期。

法律公民便开始登场。法律史研究的目的，便围绕机器人法律关系的形成、发展与消亡而展开，意在为机器人之间构建理性和谐的交往关系。当然，如果机器人完全替代了生物人，法律史研究是否还有存在的必要，亦将是值得讨论的议题。但在一个可以想见的未来，机器与人之间的关系，定然还是一个以人为主导的关系，机器人作为研究对象的可能性大于作为研究主体的可能性。

如上所述，人工智能时代生发出来的三种有关法律史研究目的的探究，乃是基于未来学界有关人工智能技术与法学学术研究之间的应然关系判断而展开的。无论大数据时代的数据采集与运用借用何种权属规则，算法规制如何为司法自由裁量权的理性运用与立法实践的顺利展开提供技术支撑，法律史的研究目的都是围绕着良好的生活秩序而展开。换言之，无论是机器时代、人的时代、人机共处时代，哲学意义上的"理性人（reasonable man）"的形塑始终是法律史研究的出发点，法律史着眼于历史，但其最终研究目的是多元意义上具有人格权与身份权的"人"的美好生活的实现。

三、法律史研究价值的转向

如果说人工智能时代法律史的研究目的可能会围绕着三种不同的进路展开，那么，人工智能时代法律史的研究价值也同样面临着"如何重新厘定"的问题。在过往有关法律史研究价值的各种论述中，学者们普遍是借由两个不同的视角——史学价值与法学价值、理论价值与现实价值——来展开讨论的①。比如，有学者认为，法律史研究的史学价值主要体现在恢复特定时代历史的真实样态，让后世得以把握过去的法律制度运行的逻辑与义理②；也有学者认为，法律史研究的价值是帮助重绘特定历史时段的法律版

---

① 参见孙健：《法律制度史与新法律史——美国学者马伯良宋代法律史研究的两种范式》，《国际汉学》2016年第4期。

② 王捷：《包山楚司法简考论》，上海人民出版社2015年版，第219—222页。

图①。法律史通过对历史上法律制度的分析，来为现实法律制度发展贡献智慧。然而，人工智能时代的到来，有关法律史研究价值问题的认知，将会面临着如下几个可能性转向，这些转向的发生与发展始终是与技术革命联系在一起的。

一是法律史研究价值的观念转向。在中国传统法律史的研究图谱中，无论是中国法制史研究、中国法律思想史研究，还是外国法制史研究、外国法律思想史研究，其学术意义的体现及学科属性的表达，都离不开对其研究价值的实现方式、过程、意义观念等的条分缕析。就目前国内外学界有关法律史知识生产的基本特质来看，无论人们基于何种视角——历史学的或法学的，乃至人类学的或社会学的——法律史的研究价值都是从"历史—当下—未来"结构中的人与人之关系、人与社会之关系出发的，指导人们从事法律史研究的观念是未来"人与人之关系"及"人与社会之关系"的理性建构。然而，人工智能时代的到来，必然会不断拓宽传统法律史理论、方法与框架的既有范围，由此也会相应地要求法律史研究者观念取向的与时俱进。众所周知，传统法律史关注以人为中心的人际关系与社会关系，强调以人为中心，是法律史研究价值实现的前提。这种"以人为本"的观念取向，反映了前人工智能时代以人为本的哲学立场②。一旦未来社会发展至中级或者高级智能时段，机器人广泛参与立法、司法与行政过程，对于法律的历史研究，其价值必然就要包括有关人—机关系、机—机关系的现实考量。甚至很有可能的是，在有关法律史研究价值的表述中，会出现

---

① 参见侯欣一：《学科定位、史料和议题——中国大陆法律史研究现状之反思》，《江苏社会科学》2016年第2期。

② "以人为本"的哲学立场，不仅是法律史研究乃至法学研究的基础与出发点，也是所有人文社会科学研究的价值判断工具。揆诸历史，在人类历史的长河中，"人是否应被解放"这一命题的争论是伴随着"神"是否可被"去魅（deenchanted）"的争论而展开的。只是近现代伦理学发展史表明，面对日益发展的技术文明，"以人为本"替代"神之本位"是历史演进的必然结果。有关此问题的详细讨论，可参见［日］堺屋太一：《知识价值革命》，金泰相译，东方出版社1986年版。

"为了更好地促进生物人与机器人、机器人与机器人之间的和平相处，特展开本研究……"换言之，在未来有关法律史研究价值的观念建构过程中，梳理、揭示、分析法律史意义上的法律/社会事实，着眼点不再仅仅是人，而是包含了人、机器及人与机器等不同类型的关系秩序。

二是法律史研究价值的技术转向。在过往有关法律史研究价值的分析中，对制度、事实、理论、知识与方法等的关注蔚为大观①，研究者借由作为史料的文字、图像、表格、数字等载体，努力呈现历史上的法律制度对于当前法律制度的启示意义。凡此过程，虽为人们认识历史上的法制/法治提供了清晰的图谱，却遮蔽了传统法律史发展过程中的技术性思维②，而此技术性思维恰恰是人工智能时代迫切需要的研究工具。之所以出现此种情况，一方面缘于法律史作为一门诞生相对较晚的学科，自诞生那一刻起，就将研究重心放在中国传统法律史研究领域，对于外国法律史的关注，无论是职业研究者还是研究机构、发表成果等均相对较少。中国传统法律文化的发展受经学研究的影响较大，注重道德、伦理的三段论演绎，不太关注立法、司法与行政过程的技术表达③；另一方面，在中国传统法律人与法学人的思维中，法与法律都是政治的组成部分，法律的意义实现以政治的现实需要为出发点。政治逻辑注重的是权力的自上而下，不需要对权力的运用技术做过多阐释。然而，人工智能时代的到来，对于法律史研究而言，定然被要求展开有关法律史技术层面的研究价值的分析，亦即在未来有关

---

① 通过对近百年来中国法律史学界知识生产成果的总体性分析后发现，将历史上的法律制度的研究等同于法律史研究的表述尤为常见。不过，随着近十多年来国内法律史研究对国外人文社会科学界最新研究范式的借鉴广度与深度日益加大，法律社会学史、法律人类学史、法律经济学史等研究开始受到学界广泛关注，并诞生了具有代表性的成果，其对法律史研究价值的重新厘定产生了一定的影响。

② 刘顺峰：《史料、技术与范式：迈向科学的中国法律史研究》，《江苏社会科学》2016年第2期。

③ 于语和：《试论"无讼"法律传统产生的历史根源和消极影响》，《法学家》2000年第1期。

法律史研究价值的预设中，应包含"此项研究，将会有利于生物人更好地认识与理解传统'法官'的司法技术""此项研究将为生物人如何运用机器人来展开具体法律史问题研究提供技术层面的指引""此项研究将会为未来机器人完善法律史问题的分析技术提供现实帮助"等。有关法律史技术层面的研究价值的实证分析，将会是未来法律史研究的重点与难点。

三是法律史研究价值的现实主义转向。在传统法律史知识体系的建构、法律史的习惯性叙事模式中，我们都可以较为清晰地感受到法律史研究对理论的呈现、梳理与分析甚于对现实法学问题解决路径的关注。"法律史是理论法学"的先验判断①，让人们不假思索地认为，法律史的知识生产是以理论法学体系的拓展为中心，法律史与现实的关系不太密切。对于一个法官而言，其学习法律史与否，对案件审理过程、审理结果及审理效率乃至审理评价等均不会产生直接影响。亦即法官在当下一起婚姻纠纷的审理过程中，可能会援引《中华人民共和国民事诉讼法》《中华人民共和国婚姻法》，但绝不会援引《唐律疏议·户婚律》作为裁判依据。但是，人工智能时代的到来，使得所有有关法学理论与经验关系的论证都面临着重新建构的挑战。通过大数据技术，法律史研究者可以更全面地获得历史上特定时代法律制度的理论内涵，对其变迁过程也会有更精准的把握。不过，如果只是仅仅满足于此，人工智能时代的法律史研究就失去了意义。在未来有关法律史研究价值的设计中，通过区块链、算法、翻译器等新技术可以让法律史理论与实践之间的联系更为密切，法律史理论也能够借助大数据技术更深入地为实践意义上的立法、司法与执法提供指导。在法律史研究价值中注入现实主义，并不意味着未来的法律史研究只是或全部表现为关注现实主义价值，其实质是强调理论为实践服务、以实践需要为导向的思维建构。

---

① 有关这种认识的合理性暂且不论，但之所以能作为一个"先验的"判断，则反映了学界长期以来关于此问题的思维定式。不过，需要注意的是，"法律史是理论法学"并不必然意味着其就无服务于实践的可能。

人工智能时代法律史研究价值的转向，是以信息技术为引领的一场认识论领域的"革命"。无论人与人的关系、人与机器的关系乃至机器与机器的关系未来会经历怎样的变迁，对于法律史研究而言，以契合时代的新观念为指引，科学合理地运用信息技术，服务新的现实需求都将是其研究价值展开的前提与保障。

四、法律史本体论问题的新认知

法律史研究的是历史上的法律[①]，法律史的本体论问题关涉的就是历史上的法律/法学本体论问题，其以古代、近代或现代的法律概念与术语、法律渊源、法律功能等为讨论中心。在以往有关法律史本体论问题的探究中，古代的法律概念与术语可否"翻译"为现代的法律概念与术语？如果可以，那么，如何才能将古代的法律概念与术语"翻译"为现代意义上的法律概念与术语？这成了学者们广泛争议的焦点。然而，这种争论将会随着人工智能时代大数据技术的发展与成熟而发生转向。与以往法律史研究关注生物人的语言与情感表达机制不同，人工智能时代将会加大对机器人语言的关注力度。机器人语言作为一种新的语言表达方式，虽来源于人的智慧设计，但其本身则远远超越于人的思维能力极限。未来有关法律史问题的研究，必然会涉及由机器发出的指令而形成的一系列新的法言法语体系。由此，哪些问题属于法律史的本体论问题，会面临着一个新的解读[②]。就笔者目前有限的阅读与经验来看，围绕人工智能时代法律史学科发展的可能性展开路径，如下几个本体论问题将会最先引起学界重新探讨。

一是法的概念。当前，无论是理论法学界，还是部门法学界，有关法

419

法
学

---

① 王志强：《"历史上的法律"如何书写》，《历史法学》2013年第1期。

② 需要申明的是，法律史的本体论问题并不等同于法律/法学的本体论问题，法律史的本体论问题关注的仅仅是历史意义上的法律/法学问题。由于不同历史时段、不同地域有关法律/法学问题的理解与分析进路存在很大差异，因此，法律史本体论问题的分析也呈现出明显的地域性特征。笔者此处所谈及的法律史本体论问题的理解场域仅限于我国法学界。

的理解大都习惯于借由良好的社会秩序、特定的司法机构、专门的法律命令发出者、职业的学术共同体的存在等展开。不过，从本质上来看，法的概念的确定强调的是"以人为中心"的逻辑，即法是由人来制定的，或以为人服务为目的。随着人工智能时代的技术发展，机器人可否参与立法？机器人可否参与司法审判？机器人可否参与行政执法？机器人可否参加听证？机器人可否作为陪审员？诸如此类的问题将会不断涌现出来，如果这些疑问的答案是肯定的，那么，未来世界有关法的概念的表述，借由社会法学的认识进路，可能就会变成"由人或机器制定的一系列旨在调整各种特殊社会关系的规范"。机器人制定的法——调整机器人与机器人、机器人与生物人关系的特殊规范——也是法。此外，由"法的概念"衍生出来的相关性问题，如"古代的法与习惯、习惯法之间的区别"完全可以借由人工智能的"定理证明（theorem proving）技术"来自动论证，且证明的逻辑性相较于生物人而言更为精准。

二是法的渊源。作为另一个古老的法哲学问题，法的渊源与法的概念问题一样，一直都是学界争论的焦点①。通过对既有的有关法的渊源的各种学说著述的梳理，大致可以清晰地看到两条不同的进路：一条进路强调的是立法意义上的渊源，即"法是由谁制定的（who made the law）"，制定机构的层级与性质直接决定了法的效力与等级；一条进路强调司法意义上的渊源，即在司法实践中，"法官可能将什么规则或原则视为法（what can be seen as the law）"，换言之，其是否属于法的渊源，由法官来决定。与传统学界有关法的渊源认识进路不同，人工智能时代有关法的渊源的探究，将会进一步凸显法的渊源的多样性。比如，由大数据技术自动整理与汇编出来的指导案例、典型案例将会帮助法官迅速获得有关法的渊源的实践性理解，对在司法过程中究竟哪些"渊源"被援引、某个或某类法律渊源被援引的频率、某个或某类法律渊源被援引的效果等也同时会有更全面的认识。

---

① 王夏昊：《论作为法的渊源的制定法》，《政法论坛》2017年第3期。

此外，借由大数据时代的智能分析模拟技术，古代"法官"在司法实践中对于某一法律渊源，如习惯、习惯法、风俗的观念、态度、情感及立场等也会被描绘出来，其为研究者分析古代法律渊源这一本体论问题提供了经验素材。

三是古代法的发展过程。在以往或当前有关古代法的研究中，借由各类史料展开法的历史学分析不仅尤为常见，同时也被视为最合理的研究"范式"。对古代法的解读，要求研究者浸入特定的历史情境，以学界普遍接受的语言来呈现研究者的个人知识、情感、态度与立场。虽说对于古代法的解读本身，意义较为重大，即可以让当前学界明了历史上的法律制度运作机理，以为未来社会秩序良性建构提供经验启示，但同时"风险"也较大：研究者史料搜集的多寡及对不同史料间关系的解读准确度，会直接影响对古代法分析的科学性与否的判断。然而，通过机器学习来构建应用程序的Apache Mahout的诞生，则会有效降低法律史研究者的研究"风险"，其会帮助研究者搜集古代法中相关概念、术语与意义的表达方式，收集研究者拟要搜集的特定时代法的其他相关信息，继而构建起一套契合研究者需要的古代法的文献图谱。只要研究者根据图谱呈现的提示，就可以找到古代法的具体信息。在此技术指引下，古代法的发展轨迹、古代法在历史发展过程中的特征与缺陷、古代法与现代法之间的内在关联等将表现得更为清晰。对于古代法的研究由此也可能不再是深谙考古学、社会学、历史学与人类学学者的"专利"，只要研究者熟练掌握了一些大数据分析技术与知识，就有可能展开较为系统的古代法研究。

综上所述，伴随着人工智能技术发展的是生物意义上的人、心理学意义上的大脑及技术革命意义上的机器关系的重新认识，传统借由人脑的有限理性来研究法律史的思维方式必然会被一种新的"技术性思维方式"所代替。由此，一系列横跨传统、现代与未来历史时段的法律史本体论问题的存在与浮现，将会"逼迫"着我们有意或无意地运用人工智能时代的技术工具予以积极解决。可以确信的是，在一个可以预见的未来，通过"人机合作"来共同分析法律史本体论问题的类型、实质，提出与之相关的有意义的新问题，并尝试找到这些问题的答案，将会变得更为便捷。法律史研究的深度与广度，也因此会获得很大改进。

五、结语

法律史学科的理论性特质，形塑了一个法学的特殊"事实"，即相较于从事部门法研究而言，从事法律史研究需要更为广阔的视野与更为长远的历史时间观念。面对人工智能时代不断涌现出来的技术"革命"，对法律史研究者而言，如何运用新技术来创新法律史研究方法，确定法律史学科属性，推进法律史研究的深度与广度，继而为法学的法律史与历史学的法律史研究同时有所贡献，是一个迫切需要思考与回应的现实问题。而学界不断涌现出来的有关人工智能法学研究的前沿理论成果，为我们重新讨论法律史乃至法学研究"向何处去"提供了知识与经验指引。可以确信的是，人工智能时代的法律史研究，技术将会是研究过程中最为重要的分析"工具"，"技术能为法律史研究做什么"将会是呈现在所有从事法律史研究的学者面前的新问题。由此，其必然会要求法律史研究者不断在"如何掌握人工智能时代的新技术""如何将新技术运用于法律史的理论与实践研究"等方面加大研究力度，从而为法律史的研究范式契合人工智能时代的发展提供前提保障。

［原文发表于《济南大学学报》（社会科学版）2019年第4期］

法治视野中的智慧治理

彭中礼　王　亮*

人类进入智慧社会，以AI（人工智能）为技术主导的新型社会模式开始进入人们的视野。在这种新型社会治理模式中，智能成为新的生产要素机体，在技术层面基本实现了事物共联共通，在社会层面基本实现了社会管理的智能化。智慧治理伴随智慧社会建设而流行，并随着大数据、人工智能和物联网等新兴技术的发展而强势兴起，已经成为当下世界各国学术界和实务界的一个流行词汇。世界上诸多国家先后开始了智慧治理模式的实践探索，并在部分地区获得了长足发展。

有关智慧治理的概念，学术界并没有达成一致意见。目前对智慧治理的定义主要从四个角度进行：一是主要从参与主体的角度来看，如有学者说智慧治理是指依托和运用智慧技术手段，在公共权力机关主导下，市场主体、社会主体和家庭个人积极参与，共同降低公共事务成本、提高公共

* 彭中礼，中南大学法学院教授、博士生导师，法学博士；王亮，中共湖南省委党校副教授。

事务效率、优化公共事务体验的持续状态和过程[①]，二是从科学技术角度来看，如有学者说智慧治理就是充分利用信息技术的互联互通、自动化和智能化特性，提升社会治理和公民服务的效能[②]。三是治理主体与技术并重型，如有学者说所谓智慧治理，是指以网络、大数据和云计算等新兴信息技术为基础平台，以公民广泛参与为基本特征，以科层官僚体系的逐步消解为基本趋势的扁平状网络化国家治理体系与运行机制，及其所衍生的新型社会组织和产业形态[③]。四是从城市视角来看待，如有学者说智慧治理是有关推进城市化进程的城市发展策略，制定符合智慧城市发展方向的智慧政策以及建设高效、系统性的公共服务体系[④]，并从城市公共服务体系来概括智慧治理的含义[⑤]。从上述界定中可以概括出智慧治理的几个特征：一是智慧治理与现代科学技术密切相关，如人工智能、大数据以及云计算等现代科技在社会治理中被广泛应用，从而实现了现代科技的生动实践；二是运用现代科技给社会治理带来的影响，包括对治理主体的影响、治理手段和方式的影响以及治理对象的影响；三是智慧治理强调公共服务的效率；四是对政策制定及其执行要求较高，既考虑合法性，也考虑合理性，更考虑执行过程的高效性。

法治是治理的首选模式[⑥]。但是如何通过智慧治理来实现法治，却鲜有思考。今天，智慧社会建设已经成为我国正在全力推进的战略。如何通过智慧建设推进法治中国建设也应当是学术界需要认真探究的重要话题。为

---

① 傅昌波：《全面推进智慧治理　开创善治新时代》，《国家行政学院学报》2018年第2期。

② 樊博：《智慧治理的内涵》，《智慧城市评论》第4辑，科学出版社2017年版。

③ 黄萃等：《智慧治理》，清华大学出版社2017年版，前言第III页。

④ Hodgkinson, S.. *Is Your City Smart Enough*? London: Ovum Consulting, 2011.

⑤ Gil-Garcia J. Ramon, Towards a smart State? Inter-agency collaboration, information integration, and beyond, *Information Polity*: *The International Journal of Government and Democracy in the Information Age*, Vol.17, 2012.

⑥ Christopher May, The Rule of Law and Technocratisation, *Hague Journal on the Rule of Law*, Vol.11, 2019, pp.321-326.

此，本文特从智慧治理蕴含法治因子、现代法治需要智慧治理以及智慧治理助力法治建设需从三个层面来进行阐释。

一、智慧治理蕴含法治因子

以人工智能驱动的社会革命，是人类社会发展史上真正全方位、系统性、深层次的变革。这场革命已经并将继续深刻改变人们的生产生活方式，颠覆传统社会治理模式和既有国际竞争格局，给人类社会的发展带来广泛、持续、深远的影响。这场深刻变革已经并将继续深度重构我国政府和企业、社会、家庭、个人之间的关系，塑造形成智慧社会[①]。作为新的社会治理模式，智慧治理是对传统治理模式的继承与发展。从技术的角度来看，智慧治理集结了现代技术的精华，又融合了社会治理的基本理念，从而把法治发展带到了一个新的发展阶段。作为治理模式，智慧治理并非仅仅只是"新概念"，而是一种将治理、法治与技术深度融合的现代趋势。一方面，"面对科学技术的双刃剑及由信息技术引发的风险社会，必须把互联网、大数据、人工智能等的开发运用置于法治的规制之中，使之在法治的轨道上运行，将其对人类有利的一面发挥到极限，而将其对人类有害的另一面及时拦截于外。"[②]另一方面，我们也应当将现代科技作为法治发展的重要因素，在智慧治理的基础上建构新的法治路径。可见，从理论上看，智慧治理本身就富含法治因子，具体而言可以概括为以下几个方面：

（一）智慧治理蕴含多元主体协同治理，充分反映法治的主体需求

法治源于主体的需求，法治建设也需要反映法治主体的各种合法需求。正是由于人这一原始的法治主体以及基于人的组合形成的其他社会主体需要法治，以法律的力量去规范人与人的交往行为，特别是规范公共机构的

---

① 傅昌波：《全面推进智慧治理　开创善治新时代》，《国家行政学院学报》2018年第2期。

② 张文显：《"未来法治"当为长远发展谋》，《新华日报》2018年12月4日。

权力行为，并将法律的规制以合理的程序性体现出来，从而形成平等性的、持续性的规制，以保证公正性。

在法治中，任何人都是法治的主体，任何通过人的组合形成的社会组合乃至于国家组织，都是法治的主体，他们在法律面前都是平等的。这就是以人民为中心的主体理念的法治表现。换言之，通过公开的正当程序，立法机关为法治主体设定了一系列的规则，保证各主体能够依法活动、合理活动。"参与治理的主体愈益多元化，各种社会组织、团体一方面通过自治参加公共治理；另一方面通过法律提供的途径和形式，或者通过国家向社会转移部分公权力而获得国家治理权进而成为公共治理主体。"[1]法治建设的最大难题就在于如何保证各法治主体能够实现平等发展，实现各主体之间的利益分配均等化，并具有合理性。在智慧治理模式出现之前，人们只是尽可能地通过制度来实现形式意义上的平等，并尽可能地保证资源的均等分配。

智慧治理模式的出现，改变了多元主体需求的矛盾冲突问题，并且以技术的形式实现主体之间的协同治理。正如一些学者所说，协调开放数据平台所需的治理类型可能不仅是公共政策和新技术，而且是公民规范和行为的改变[2]。因为智慧治理基于大数据平台，通过数据信息整合以及云计算方法，并且结合了现代人工智能技术，既实现了治理主体需求的数据，也满足了各种治理主体的需求。作为法律制度基础的社会力量具有易变性和不可预测性[3]。但是，大数据平台存储了社会力量的数据信息，并且根据主体的类型及其需求实现了信息类型化，保证主体需求能够最大限度地得到依法满足。从智慧治理促进法治建设的形式来看，网上投票、听证会、论证会、网上交流会、视频信息会、网上公开信、网络举报、网上公共服务，

---

① 黄萃等：《智慧治理》，清华大学出版社2017年版，第5页。

② Brandon A. Brooks, Alexis Schrubbe, The Need for a Digitally Inclusive Smart City Governance Framework, *UMKC Law Review*, Vol.85, Summer 2017, pp.943-952.

③ Lidia Rodak, From Rules of Life to Rules of Law. An Account of M. Krygier Approach to Sociological Jurisprudence, *Hague Journal on the Rule of Law*, Vol.11, 2019, pp.283-288.

等等，都表明人们参与国家治理的手段越来越多，参与方式越来越民主，直接参与国家治理的方式也越来越多，这就表明智慧治理直接促进了公共治理的发展，法治越来越成为人们所期待的治理方式。

（二）智慧治理主张有效规制公共权力，充分反映法治的核心内涵

法治与人治的最大区别不在于是否存在公共权力，而在于公共权力是否受到了法律的合理约束。正如一些学者所言，在某种程度上，权力分立意味着法治①。因此，在权力受到法律有效制约的国家，法治发展水平一定会很高。在法治国家，权力的行使受到各种法律的严格制约；在非法治国家，权力的行使畅通无阻。正如学者们所说："对法治信仰，并非要求对法律或者法律界，或者对法庭或法官崇拜得五体投地。……蔑视法治的政权的特征都非常相似：深更半夜的撞门、突然失踪、拖拖拉拉的审讯、用囚徒进行生物实验、屈打成招、古拉格式的集中营、毒气室、有计划的种族灭绝或者清洗、发动战争，等等。"②正是因为人们对公共权力（主要是指代表国家的政府权力）的不信任，才有了法治的诞生。

在理想中的法治国家，公共权力的行使者不仅受到道德的约束，更重要的是受到法律的约束，而且其行使遵循特定的法律程序。一切违反法律行使权力的行为，都应当追究法律责任。但是，如何规制公共权力，并非靠一纸法律所能实现的事情。智慧治理为如何更好地规制公共权力提供了有效的治理模式。

从理论上说，公共权力要得到有效规制需要几个条件：一是有明确的法律规定，即框定权力的行使主体和行使范围；二是有法律规定公共权力行使的正当程序；三是有外在的监督机制，包括制度监督、责任追究以及舆论监督。其中通过信息公开进行舆论监督是实现权力制约的最重要的形式。一切权力的行使都必须有严格的限度，而权力的行使既需要法律的规

427

法
学

---

① William C. Whitford. The Rule of Law, *Wisconsin Law Review*, No.3, 2000, pp.723-742.

② ［英］汤姆·宾汉姆：《法治》，毛国权译，中国政法大学出版社2012年版，第14页。

制，也需要"信息公开"、舆论监督等"阳光监督"。当所有权力的行使者必须冒着政治危险和法律危险行使权力，且这种风险并非偶发性的，而是随时可能成为现实的，他就会小心翼翼。智慧治理恰好契合信息公开、舆论监督，自然形成对公共权力的约束。

　　具体而言，智慧治理对公共权力的规制在如下几个方面可以体现出来：一是通过网络舆论制约公共权力。智慧治理充分发挥了互联网和物联网的作用，人人有手机，人人都可以在网络上发表对公共事务的看法。甚至还有一些网站和治理平台鼓励民众多提批评意见，从而关注民生。网络舆论平台声音越强，对公共权力就容易起到监督作用；而一些政府机关如果能够关注公共舆论，就容易与公共舆论形成互动，进一步实现权力的自我规范。二是通过信息公开制约公共权力。在智慧治理中，政府机关所有的信息都通过APP在网站上进行公开，哪怕是政府不愿意公开，网络上的意见表达形式非常繁多，也会在特定的框架范围倒逼政府公开。政府信息公开就是要把治理行为让民众去检验，接受各种质疑和评论。"政府信息公开提高了政府工作的公开性和透明性，打破了往常政府管理与决策过程中的'信息不对称'，极大地抑制了行政文化中的'保密基因'，便于公众对行政权力运行进行有效监督。政府通过政府网站、大众传媒、新闻发布会等平台公布政务信息和政府数据，接受社会的各种评论和监督，减少政策执行过程中的以权谋私、权钱交易等寻租活动。"[1]越是能够公开，就越能促进权力拥有者行使好权力。三是畅通意见表达机制。智慧治理促进政府形成扁平化的治理体系，从而压缩公共管理的层级，进而限制公共权力。社会治理的核心在于基层，基层治理的核心在于解决民众的各种问题。民众的问题能够在智慧治理平台上直接表达，并上报到县、市乃至省一级的治理中心，形成有效的意见表达机制，促使问题获得良好解决。可以说，智慧治理越是精准，对公共权力的规制就会越能到位。

---

　　① 黄萃等:《智慧治理》，清华大学出版社2017年版，第37页。

（三）智慧治理强调提升公共服务能力，充分反映法治的根本要求

公共服务是为了满足公众的需求和实现更加广泛的公共利益，由政府或公共部门向社会提供全部物质产品以及精神产品，表现为政府或公共部门与公众之间的权利、义务和责任关系。政府或公共部门以直接或者间接的方式生产公共服务，满足不同公众获取服务的需求[①]。而法国公法理论的重要代表人物狄骥认为，公共服务的概念正在（20世纪初期）逐渐取代主权概念而成为公法的基础。狄骥说，公共服务的内容始终是多种多样和处于流变状态之中的。唯一能够确定的是，随着文明的发展，与公共需求相关的政府活动呈数量上升趋势，而这所带来的一个后果是公共服务的数量也在不断增加[②]。所以，当法治有着公共需求的时候，那么政府就有了公共服务的义务，创立和组织某项公共服务就应当按照法律规定的正当程序实现。从这个层面来说，"法律始终是一种调整公共服务的法律"[③]。

在智慧治理时代，政府的公共服务能力已经大幅度提升，这得益于现代科技的广泛运用。为了推进智慧治理，大量基础设施和公共服务设施都在被广泛建设。对于市民和市政当局而言，拥有安全和有效的基础设施在21世纪至关重要[④]。政府通过建立政府大数据平台，基于网络线路建立视频线路，并根据人口数量等进行网格化治理，并在适当的时候可以配备人工智能飞机巡逻。这些数字设施建设就可以很快转变成公共服务的基础。

事实上，诸多地方的实践已经证明政府的公共服务能力在不断增强。比如湖南株洲推行政府服务最多跑一次，几乎所有的政务服务均可在网上进行

---

① 王学军：《价值共创：公共服务合作生产的新趋势》，《上海行政学院学报》2020年第1期。

②③ ［法］狄骥：《公法的变迁》，郑戈译，中国法制出版社2010年版，第43页、第47页。

④ Brandon A. Brooks, Alexis Schrubbe. The Need for a Digitally Inclusive Smart City Governance Framework, *UMKC Law Review*, Vol.85, Summer 2017, pp.943-952.

操作；还有一些民生服务事项，居民只要在网上申请或者呼吁，政府工作人员即可上门提供服务。在宁夏银川市金凤区有一个智能化的社会治理综合平台，居民通过手机软件，可对日常问题进行及时反映，在社区层面先解决。社区解决不了，就启动"大联动"执法，把下沉到基层的各领域行政工作人员、街道干部等力量整合起来，协同解决。平台还接入了大数据管理系统，用摄像头抓拍、无人机察看等形式进行智能化管理。而联通"触角"末端的，除了智能设备，既有各单位下沉到基层的行政工作人员，也有社区街道干部、网格管理员，还有手持专门APP的每一位市民①。政府的公共职能、公众的个人信息、经济的流通渠道都汇集在数字化平台上，政府需要与商界、公众和社会力量开展合作，以保证规则的公平正义、安全性和可靠性。社会不同主体之间协同能力越强，就越能发挥科技创新的潜力，推动智慧社会的进步②。智慧治理搞得越好，政府公共服务能力越强，法治的完善程度就越高。

二、现代法治需要智慧治理

世界各国对法治的关注程度越来越高。全世界似乎到处都在讨论法治，它的发展被作为应对多种多样的政策挑战的答案。这种显著的进步归功于法治在经济发展和政治转型的两个方面都取得了巨大成就。在20世纪90年代，经济和政治转型已成为许多发展中国家和后共产主义世界变革的决定性框架。也就是说，法治的发展将有助于在对市场经济运作至关重要的各个领域实现法律和体制上的可预见性和效率，从而促进经济过渡到市场模式。它还将通过巩固新宪法、选举制度、政治权利和公民权利，来帮助支持羽翼未丰的民主实验。此外，法治方面的进展将有助于减轻腐败和普通犯罪这两个严重问题，这两个问题在许多国家日益严重，似乎是许多试图

---

① 刘峰：《一张智能网 解了烦心事》，《人民日报》2019年6月20日。
② 吴楠：《智慧社会的治理模式探析》，《河海大学学报》（哲学社会科学版）2018年第5期。

进行的经济和政治过渡的主要负面影响。简而言之，法治发展之所以在国际政策圈中获得新的突出地位，是因为它显然有希望成为实现各国经济社会发展目标的"长生不老药"[1]。人类进入了21世纪以后，大数据和人工智能技术仿佛一夜之间成为热门技术，基于智慧城市建设的智慧治理也受到了前所未有的关注。在法治已经取得巨大成就的基础上，人们又深刻感受到智慧治理对法治的促进作用。换言之，无论是从理念上，还是从技术或者方法上，现代法治都需要智慧治理。

（一）现代法治理念的传播需要智慧治理

人类社会对治理的认识并不是很久的事情，但是有关治理的实践却历史悠久。从早期的绝对统治型的治理，到今天法治型的治理，不变的是人类的行为依然需要规制，而变化的是如何进行规制。无论是规制的理念，还是规制的方式，都从根本上发生了巨大变化。法治理念的形成，源于人类的法律生活实践，成于思想家们的不断总结与提升。

当前法治发达国家的基本经验表明，法治理念传播广泛的国家，法治发达程度就会高。而法治理念推广不甚普遍的国家，法治发达程度就会低。智慧治理为法治理念的传播提供了技术和方法。智慧治理可以建构赋予了人们深刻理解国家法治的意义，并可以深刻理解探求真理的能力。理念的传播需要传播主体、传播客体、传统内容、传播渠道和传播效果等五个要素的叠加。智慧治理手段采用了大数据平台，可以收集与治理相关的问题，凝练成法治理念的传播焦点，并使人们以手机等最常见的终端通信工具为手段接受这些信息，形成有效的法治理念传播链。换言之，从传播学的理论来看，智慧治理所建成的信息平台可以蕴含法治理念的相关信息，并通过通信工具进行传播，甚至可以做到点对点的传播。

智慧治理所赖以存在的信息数据可以根据各种目的进行收集和存储，因

---

① Thomas Carothers, Rule of Law Temptations, *Fletcher Forum of World Affairs*, Vol.33, 2009, pp.49-62.

而宣传法治当然是其应有内容。而且，对于个人来说，通过信息平台传播的法治信息还可以通过人工智能普法的形式一对一进行。比如，在纸质媒体时代，报纸等信息传播工具的传播范围虽然很广，但是相对于更为广泛的手机用户群体而言，报纸的传播范围还是有限。而智慧平台建成以后，鉴于人人都有智能手机的中国现实，可以通过手机来实现法律信息传播。现在有部分地方经常给百姓发一些警示信息，如防诈骗的信息、如何维护百姓权利的信息等，老百姓的警惕意识、维权意识就会比较强。越是人民群众的权利能够依法得到保障，人民就会越相信法治。法治理念的传播既是理念层面的深刻理解，也是实践层面的生动实践。将法治理念从理念到实践，以现代科技为重要手段和方式进行传播，寓教于"机"，能够增强法治教育的实效性。

（二）现代规范体系的建设需要智慧治理

现代法治既是理念的实践，也是规范的表达。要能够建成现代法治，首先就需要有完善的规范体系，从法律体系、自治规范体系等层面加强规范建设，实现法治、德治与自治等治理规范的多元融合共存。

多元规范共存，首要任务是完善多元规范体系，即要建立完备的法律规范体系，积极发挥道德规范体系、自治规范体系等社会规范的作用。上文已述，智慧治理的首要特征就是主体多元的治理，即要发挥政府、社会组织、自治组织以及人民群众在智慧治理中的作用。正如一些学者所说："现代治理主体的目标是为社会的较小部分或较大部分提供社会功能，它们是如此庞大和复杂，以至于可能无法对其范围和正式的主体间关系进行简要概述。"[1]换言之，在智慧治理中，每一个个体都可能是治理的主体，因为每一个个体都掌握了治理的部分权力，通过个体形成了各种治理主体，从而形成治理规范。

在智慧治理当中，通过治理主体影响多元规范的形成，其原理在于个人对权力的控制可以通过信息技术实现优化，从而构成智慧治理的重要组

---

[1] Alois Paulin, Informating Smart Cities Governance? Let Us First Understand the Atoms! *J. Knowl Econ*, Vol.7, 2016, pp.329-343.

成部分。可以说，政府职能的质量、成本和其他参数取决于提供这些职能的人的个人特征。如法官的个人素质决定了法庭的对外表现，教师的个人魅力和奉献精神决定了学校的产出质量，个人的正直和职业道德决定了一个受人尊敬的公职人员与一个腐败懒散的公职人员的区别。因此，控制施政行为是授权个人（或局/机构）在各级施政中承担各自的权力地位。权力的让与剥夺，以及对公共资源流向特定治理机构的调节，是控制和调整公共资源所提供的社会功能的最核心的杠杆①。我们生活在一个完全不同的元数据世界。更强大的计算、网络和数据存储的结合使我们几乎可以做任何事情来自动地、基本上不需要成本地生成和收集元数据。我们用来写地址的信封被我们发送的电子邮件盖过了。美国国家安全局的元数据收集项目揭示，我们过去经常拨打的模拟电话早已被转换成数字技术，从而能够创建固有的元数据，并更容易地共享这些数据。无论有意还是无意，每一次谷歌搜索，每一次Facebook帖子，甚至每一次我们只是打开智能手机（或继续使用），我们都会产生元数据②。而智慧治理就是基于每个个体所带来的元数据信息作出的判断。通过提供这些原子组件的信息，使利用信息通信技术实现优化治理成为可能。智慧政府研究的基本愿景，即利用技术使治理变得更好、更透明、更负责、更有参与性等，可以通过控制个人的法律地位的权力杠杆来实现。治理信息化的目标从研究技术转移，希望能使现有个人的社会功能发挥得更好，并着重于设计一个有效的杠杆，使后者能够得到控制。这样，社会职能的控制、质量、必要性和成本的控制可以建立和信息化，并且基于这样的信息基础，治理变革就可能发生③。

---

① Alois Paulin, Informating Smart Cities Governance? Let Us First Understand the Atoms! *J. Knowl Econ*, Vol.7,2016, pp.329-343.

② Neil M. Richards, and Jonathan H. King., Big Data Ethics, *Wake Forest Law Review*, Vol.49, 2014, pp.393-432.

③ Alois Paulin, Informating Smart Cities Governance? Let Us First Understand the Atoms! *J. Knowl Econ*, Vol.7, 2016, pp.329-343.

（三）现代法治实施的坚守需要智慧治理

法治实施对法治理念和法律规范的落实具有重要意义。人类社会赖以生存的法则，赖以生存的社会结构，赖以生存的文化和文明，并不是理论家或道德家们共同创造出来的。它们是在几百年、甚至几千年的时间里，在各种力量的相互作用和人类本性的作用下形成的。它们无疑是不完美的。它们当然有能力取得巨大的进步。但它们并不代表在不损害他人权利的范围内允许人类本性自由发挥和满足其原始要求。其基本原则是人身自由，如果他愿意的话，个人有权为自己做出最好的选择，也有权在有限的范围内做出最坏的选择。通过奖励企业、辛劳和节俭来刺激所有这些个人活动；通过法律实现和解是国家的一般职能①。基于上述原则所制定的法律规范体系，是巩固人类文明成果的重要措施。

如果说通过法律来巩固人类文明是人类文明进步的第一步的话，那么如何将保证人类文明的法律得到实施，则是人类文明发展进步的体现。无论是古今中外，还是理论与实践，都充分表明，制定法律或许相对来说要简单些，而执行和实施法律则是比较困难的问题。人类制定的法律如果得不到遵守和执行，哪怕是再完美的法律也形同虚设。为此，寻求有效的法律实施途径，一直都是法治理论的重要话题。

智慧治理虽然建立在技术之上，但是对法治实施却有着不同寻常的贡献。可以从两个方面来看通过智慧治理贯彻法律实施的重要价值：一是从法治实施的内部因素来看，法律实施得到了大数据平台、物联网和云计算的技术支持，使得法律实施的合理性和公正性空前加强。从合理性层面来看，智慧治理技术的运用可使法律实施活动的决策获得充分的数据支持和证据支持。换言之，作为法治实施的主体，法律实施机关能够充分利用现代化技术作用于法律决策，使得执法行为、司法决策活动更符合理性要求。其根本原因就在于，传统的法律实施活动主要依赖权力拥有者的行政能力

---

① E. H. Randolph Law Enforcement, *American Law Review*, Vol.60, No.1, 1926, pp.1–18.

和决策判断能力，而现代法律实施活动不只看权力拥有者的能力，还可以根据大数据平台上的各种数据信息，做出符合逻辑理性的决策，从而保证法律实施活动基本与现代法治理念要求相一致。二是从法律实施的外部因素来看，智慧治理建构起了公共治理机关与民众利益的畅通渠道、信息公开渠道等，一旦法律实施的结果严重违背了法律或者与事实相悖，当事人可以通过互联网等渠道公开法律实施结果，使得法律实施接受了更多社会舆论的监督。甚至，随着人工智能技术的迅速发展，司法人工智能等技术已经进入全面研究阶段，那么将来的法律实施活动虽然还会有法官、执法者的个人因素，但是人工智能的裁判意见可能会越来越重要，这也是对执法者权力的极大限制。正如一些学者所说，智慧治理中的"智慧"是指社会治理多元主体中的人和物化系统在现代新科技环境下发展得更加"智慧"。在物化系统方面，"智慧"可以是更智能地运行、更智能地监测、更智能地控制；在人的方面，"智慧"可以是更智慧地学习、更智慧地分享、更智慧地决策、更智慧地创新①。当人和程序系统都能够"智慧化"，那么对法律实施的智慧化将会永远智慧加强而不会衰落。

三、智慧治理助力法治建设

作为人类政治文明的核心成果，法治不仅在政治发展方面起到了核心价值引领作用，在经济发展领域也起到了规制作用。其在社会、经济和法律事务中起作用的力量，如同规范行星、太阳、恒星和星云有规则运行的那一种力量，即向心力—法律，离心力—非法力量。法律的伟大功能就在这里。它是一个静态的功能，保持到现在，直到我们在变化中得到安全②。对亚非拉等第三世界国家的一些贫困落后地区而言，如何实现更好的治理，

---

① 王操：《我国城市智慧社会治理的模式分析与系统实施建议》，《城市观察》2018年第5期。

② E. H. Randolph Law Enforcement, *American Law Review*, Vol.60, No.1, 1926, pp.1-18.

一直都是他们本国人们追求的目标，而联合国等世界组织给他们开出的药方依然是"法治"。那些赞成用一种更社会化的方式来实现良好治理的人表示，良好治理涉及国家应如何对待个人的思想和价值观。在他们看来，尊重人权被视为一个国家如何治理制定最低标准的一种方式。他们认为，良好的管理主要应由人权标准来界定，其次才是经济和管理标准①。而所谓的人权标准，在法治理念当中已经被充分讨论。但是，关于如何实现法治，人们并没有形成比较一致的看法。从经验的路径来看，世界各国基本上均采取民主发展路径——基于革命或者改良的民主，比如英国的"光荣革命"、日本的明治维新即是一种改革模式，美国的法治建设则基于武装建国模式。从技术的路径来看，人们可能在不经意之间通过智慧城市治理理念形成了有关法治发展的新路径，即通过智慧治理助力法治建设。

（一）智慧治理通过现代科技助力法治建设

任何国家的法治建设都不会是一个自动的推进过程，而是人们通过不断努力来实现的。其中，以技术为核心的推进模式随着新型科技的越来越发达，逐步进入人们的视野，智慧治理就是法治推进模式的一种重要成果展现。

现代科技之所以能够在法治建设中担当重任，根本原因在于它能够根据法治的特点，融合技术"特效"，从而使得依法治理水平能够比没有使用"技术特效"之前更体现法治特色。比如，如何改造管理层级，促进政府公共管理更加透明、行为决策更加科学，一直是法治建设的重点。现代科技的运用，可以大大促进政府管理透明、决策科学，从而助推法治建设。

马克斯·韦伯认为，完善的官僚制是理性的、高度专业化的、去个性化的、非政治性的。官僚为国家和社会服务，而不是为个人服务；他不应该是高级官员的仆人，有义务在案件利益的指引下工作，而不管权力的

---

① S. De la Harpe et al. Good Governance, *Potchefstroom Electronic Law Journal*, Vol.11, No.2, 2008, pp.1-15.

变化。所有这一切都应由若干因素和特别程序来确保，其目的是确保公务员是高度专业的专家并认同国家而不是特定的意识形态、政治家或游说团体①。但是韦伯的官僚管理层级理论在现代已经被极大修改。虽然法治国家的层级管理制度尚存，但对于人们而言，层级管理仅仅是官僚机构内部的形成流程，相对于人们而言，应当通过智慧治理，形成扁平化的治理结构。换言之，人们需要效率高、服务态度好、尊重公民权利且依法办事的政府，此时扁平化的治理结构完全符合民众视野中的法治政府形象。

对于民众而言，智慧治理就是通过现代技术，使得政府权力依法运作，改变拖拉、不作为等形象，实现管理体制的大变革，实现政府权力的合法制约，这主要体现在两个方面：

一是智慧治理可以有效制约政府行为。法治的理想已经意味着，政府的自由裁量权必须受到为行使这种自由裁量权设置有效限制的标准的约束。这些限制既禁止了自由裁量权行使中的某些选项（例如，禁止国会剥夺言论自由），也要求许多决策者证明自由裁量权的行使与预定的目标或价值观合理相关②。可见，通过技术的智慧治理实现法治，已经成为有效的实践途径。技术是智慧城市的必要组成部分。20世纪的基础设施正在被重新设计，以满足21世纪的需求。比如在整个纽约市，电话亭正在被改造成Wi-Fi热点，用小型平板电脑连接城市信息。这个项目既通过为公众提供获取通信技术的途径来服务于公共利益，也将一个不可用的空间变成了可以使用的东西③。之所以这样做，就是通过网络平台来实现治理，一方面将民众有效纳入治理主体当中，另一方面却可以使民众通过网络实现对政府的监督，

---

① Valery Sharin, Public Service Motivation in State Civil Service, Proceedings of the Ecological-Socio-Economic Systems: *Models of Competition and Cooperation*, ESES 2019, pp.401-405.

② William C. Whitford. The Rule of Law, *Wisconsin Law Review*, No.3, 2000, pp.723-742.

③ Brandon A. Brooks, Alexis Schrubbe, The Need for a Digitally Inclusive Smart City Governance Framework, *UMKC Law Review*, Vol.85, Summer 2017, pp.943-952.

实现政府行为的技术性制约。

二是智慧治理可以有效制约政府决策。影响法治建设的一个重要因素是政府决策的合法性与合理性问题。而政府决策本身又是权力掌控者通过拥有权力可以作为的事情。在没有法治规制的情况下，权力掌控者制定决策并不理性。不理性意味着任性，不理性意味着混乱，即根据权力掌控者的想法和注意力决策，而不是依法决策、科学决策和合理决策。智慧治理可以从根本上改变权力掌控者决策不理性的问题。任何决策都是根据现有信息和材料做出来的。从理论上说，信息越多、材料越全，决策就越科学。中国古人说"兼听则明，偏听则暗"，其中就包含有对材料和信息的占有问题："偏"是对信息占有的不全面，而"兼"就是对信息的全面掌握。在传统决策中，人们所占有的信息和材料是不可能全面的。但是，现代技术创造出来的大数据平台，为尽可能全面收集信息提供了技术基础。基于大数据平台，人们可收集的数据越来越大，再通过云计算以及人工智能技术，对信息材料进行整合分析，做出相应决策。通过智慧治理平台所作出的决策相比于单纯依靠人类思维做出的决策，其科学性、理性度等均会更为高端，合理性依据和合法性依据也更充足。决策越是依靠大数据等做出，权力掌控者的权力就越能得到合法限制，再辅之以完善的问责制度，就完全可能实现法治对权力的制约。

总之，通过现代科技助推法治建设，首先要找准现代技术的特性，然后找准现代科技能够在法治发展中的着力点。正如福柯所说："技术不仅仅是工具，或者不仅仅是达到目的的手段；相反，技术是政治行动者，手段与目的密不可分。"①技术（主要是现代信息技术）作为一种推动变革的力量，能够将其网络化、多元化、动态性、整体性等结构属性，移植到传统治理组织之中，并凭借其强大的结构刚性，反过来形塑并优化组织结构。概言之，智慧治理中技术支持的核心主要涉及数据技术、通信技术及网络

① Michel Foucoult, *Discipline and punish*, Penguin, 1991, p.12.

技术等，它们在与治理组织的双向互动中，逐渐嵌入社会治理结构中，进而让治理行动有了更全面、精准、细致的知识依据，治理的智慧性也得以凸显①。

（二）智慧治理通过整体统筹助力法治建设

传统社会的治理是"碎片化"的治理。从法治的角度来看，就是针对个人提出个人的问题以及法治对策，但是一旦发生大规模的社会矛盾，以及群体性事件，"碎片化"的治理模式就难以实现法治效果。如果仅仅将智慧治理看成是数据信息的危机，或者仅看到智慧治理是对隐私权等权利的保护，虽然暴露出了发展当中的一些问题，但是实际上却没有看到智慧治理的整体作用。从方法层面来看，智慧治理主要是实现了信息整合、需求整合以及力量统筹，从而推进法治建设。

一是通过智慧治理实现信息的整合。在人类的真实社会活动中，人类日常生活活动所留下的均是数据屑，或称为"面包屑"。这些数据均是人们在日常生活中通过点点滴滴的行为体现出来的。可以说，每一个人的日常生活的点点滴滴只要与视频、数据沾点边，都可以成为信息，从而成为可供利用的材料。人们的每一次电话、每一次搜索、每一次手机点击等等都是数据流行，都是信息材料。人们的每一次出行，都会被视频监控下来；或者人们的每一次商业行为，都会通过银行卡或者手机支付留下痕迹。这些数据可以清晰地记录人们出行时或者行为时的表情、神态、外表，进而可以分析他此时的内心；人们的每一次支付可以体现个人的支付能力和信用度，从而成为日后其他消费证明的基础，甚至通过购买行为购买的物品的种类、数量，可以推测个人的行为去向、身体状况或者其他需求。甚至，可以通过对特定人阅读手机信息、电子报刊、小说文章等的兴趣爱好，推测出他个人的兴趣爱好，从而推测出他的价值理念、政治观点以及其他可以关注的任何东西。但是，如果没有大数据，没有云计算，没

---

① 谭成华：《智慧治理的内涵、逻辑与基础探析》，《领导科学》2019年第24期。

有人工智能，这些数据信息并没有多大的意义和价值。而大数据和人工智能等技术的出现，则可以将这些数据屑转化成有价值的数据，用以分析人们的行为性质。"智慧社会是数字社会，人们对于数据的认识与使用是存在巨大差异的。掌握了数据的获取、使用、分析能力就掌握了在数字社会的支配力。"①

二是通过智慧治理实现需求的整合。法治源于人的需要。但是，作为个体的人的需要是完全不一样的。每一个人都因其独特性需求而凸显其真正的"个性"。在传统社会当中，个体需求的归纳和概括难以以科学的方法体现出来，主要依靠决策者的感觉和观察，这是一种经验的力量。然而，现代智慧治理为整合人们的需求提供了科学路径。虽然人们在很多方面都存在个性需求，但从整体而言，这些个性需求会表现为各种行为，这些行为又会表现为各种具体的细节，就如上文所说的阅读、外出、乘车、购票、购买物资等等，大数据、云计算和人工智能就能够通过对海量人群的各种细节进行整合、分析并作出判断。可以说，智慧治理为整合人类的需求提供了便捷、方便和相对科学合理的路径，从而提高了智慧治理措施对人类需求的理解水平。从这个方面来说，智慧治理既看重作为个人的"人"的个性，又科学地概括了作为整体的"人"的共性，实现了个性需求与共性需求的治理整合，消除了数据碎片的可能困惑，也从根本上避免了治理主体和治理对象的目标差异和价值差异。

三是通过智慧治理实现力量的统筹。现代科技并非一种科技，能够影响的领域也并非某个特定领域。可以说，每一种科学技术都可能影响一个特定的领域，并带来某个特定领域的变革，进而在特定领域推进法治的发展。但是，法治发展应当是全方位的推进，不可能是某个领域的法治实现就说全面实现了发展。因而，既需要技术的综合运用，也需要

---

① 吴楠：《智慧社会的治理模式探析》，《河海大学学报》（哲学社会科学版）2018年第5期。

技术运用领域的综合性变革，从而实现力量统筹。一方面要树立数字包容思想，即所有人都能够接近互联网，能够使用互联网，以及有数字素养。智慧城市将依赖于个人的能力来完成这三件事，因此需要有效地计划做什么、在哪里，以及在多大程度上进行数字包容的努力。数字包容是制定有效的智慧城市治理框架的必要组成部分。需要对数据和平台进行治理、保护，并让数据嵌入这些本地公众能够理解的系统。这些公民应该在概念层面上理解智慧城市的实践，但也应该在实践和技能层面上理解[1]。另一方面要有整体思维，将现代科学、领域治理与数据包容统筹推进，成为法治的核心助力。

（三）智慧治理通过制度创新助力法治建设

智慧治理模式的形成，与智慧社会形态的建构密切相关。智慧社会的建设应当具备四个层次：即技术、个体、组织、制度。相应地，智慧社会建设的制度框架创新理应同时聚焦四个层次的同步发展。具体而言，技术层聚焦于信息化的技术发展，尤其是自主核心技术的突破和网络基础设施的完善；行为层重点关注个体行为及其引发的社会影响，尤其是民众在网络空间的行为规范及引导；组织层则更多关注集体行为及其伴随的组织现象，这既表现为生产领域的经济发展模式调整，也表现为政治领域的组织模式变革，还表现为社会领域的治理模式创新等；制度层则落实到规范性规则及体系的建立，既包括一国之内制度框架的调整乃至重构，还包括全球范围的治理体制变革[2]。智慧治理是智慧社会建设的重点，也是法治建设的动力引擎，通过智慧治理实现制度创新，可以实现法治制度的不断革新。

---

[1]　Brandon A. Brooks, Alexis Schrubbe. The Need for a Digitally Inclusive Smart City Governance Framework, *UMKC Law Review*, Vol.85, Summer 2017, pp.943-952.

[2]　鲍静、贾开:《习近平新时代信息化建设重要思想研究与阐释》,《中国行政管理》2018年第4期。

　　科学技术是智慧治理的基础和核心，也是制度变革和创新的核心。"技术进步与制度变迁是人类社会经久不衰的命题。社会结构、生产生活方式都伴随着技术的不断革新而发生着日新月异的变化。技术的进步不仅使人类摆脱了自身生理条件的束缚，也推动了人类对文明社会的认知。"① 比如，蒸汽机技术的发明，彻底改变了人类社会的动力方式，也标志着第一次工业革命的开始。人类通过蒸汽机技术不仅改变了轮船、机器的动力方式，而且也发明了火车、汽车乃至飞机。蒸汽机等第一次工业革命期间的技术不仅导致了社会结构的急剧变化，而且也引起了人类制度文明的急剧进步和发展，特别是对于商事制度的促进更是十分明显，比如最典型的是蒸汽动力解放了劳动力，大量工人进入厂房，工厂制度自此风靡全球。同样如此，没有互联网、大数据、云计算以及人工智能技术，智慧治理就不可能兴起。现代信息科技与智能科技的结合创造了智慧社会，也开启了智慧治理之门。但可以毫不夸张地说，目前人类对智能科技的掌握还处于起步阶段。随着智能科技的不断发展和进步，智慧治理的智能化程度越高，对制度建构的影响也就越大。基于智能科技开启的制度创新必定会随着相关技术的不断推进而演化，此乃技术发展的基本规律。

　　发展科技技术是人类对自己需要的满足，与制度创新一样，契合了治理的实践性。因此，随着人类思维和社会实践活动的不断发展，制度创新也是必然之事。"技术系统是介于自然系统和人工系统之间的特殊中介系统，复杂技术系统也不例外。人在技术系统中起着主导作用，人的思维、判断、偏好、认识各有差异，致使技术系统具有明显的不确定性和模糊性。"② 这说明，一方面技术有着巨大的进步空间，而另一方面技术的应用本身也有着巨大的空间。人们的需要在不断变化中，治理的实践也在不断调整之中，制度创新也就不断诞生。在基于法治的治理当中，治理的目标不同、使命不同、任务不同、内容不同，那么所需要的制度也就不同。当

---

①②　黄萃等：《智慧治理》，清华大学出版社2017年版，第1页、第7页。

然，相同的是对于法治的追求始终一致。换言之，在法治这一具体的治理目标之下，智慧治理构成了法治的实践路径。人们应该针对不同的具体治理领域和内容，确立不同的治理模型。模型不同，制度体系不同，这是智慧治理的生命力所在。

[原文发表于《济南大学学报》(社会科学版) 2020年第6期]

基层协商民主与治理能力现代化及其程序规制

赵玉增　毕一玲*

　　基层协商民主是保障和实现基层人民群众切身利益的重要途径和实践载体，基层城乡社区（村）、企事业单位应当将涉及单位发展的重大问题和关涉民众切身利益的实际问题，坚持通过民主协商来解决。新时代推进国家治理体系和治理能力现代化建设，就基层而言尤其离不开协商民主的制度化和法治化。《中共中央关于加强社会主义协商民主建设的意见》指出，"要按照协商于民、协商为民的要求，建立健全基层协商民主建设协调联动机制"；《中共中央关于全面深化改革若干重大问题的决定》要求，"在全社会开展广泛协商，坚持协商于决策之前和决策实施之中，……开展形式多样的基层民主协商，推进基层协商制度化。"十九大报告明确指出，要"加强协商民主制度建设，形成完整的制度程序和参与实践，保证人民在日常政治生活中有广泛持续深入参与的权利。"中国共产党的第十九届四中全会通过的《中共中央关于坚持和完善中国特色社会主义制度　推进国家治理

---

　　* 赵玉增，青岛科技大学法学院教授、硕士生导师，法学博士；毕一玲，青岛科技大学法学院硕士研究生。

体系和治理能力现代化若干重大问题的决定》进一步提出，"坚持社会主义协商民主的独特优势，统筹推进……基层协商以及社会组织协商，构建程序合理、环节完整的协商民主体系。"如何实现党中央提出的战略目标？本文在分析基层协商民主内涵及其特殊性的基础上，探讨基层协商民主与基层治理体系和治理能力现代化之间的耦合性，提出构建基层协商民主程序性机制应当遵循的两项"基本原则"、三项"实质规则"和一个"具体参照"，以基层协商民主的制度化，推进基层治理体系和治理能力现代化，进而为国家治理体系和治理能力现代化建设做出基础性贡献。

一、基层协商民主的内涵与特殊性

协商民主是20世纪80年代兴起于西方的一种民主理论，由美国学者约瑟夫·毕塞特在《协商民主：共和政府的多数原则》一文中首次提出[①]。其后，协商民主及其理论受到学者们的关注，并逐步赋予其越来越广泛的内涵，诸如戴维·米勒把协商民主理解为民主的一种决策体制或模式；罗尔斯提出公共理性观念、宪政民主制度和具备协商能力的公民是协商民主的三个基本构成要素；乔舒亚·科恩则论证了协商主体自由理性且平等、协商目标以公共利益为导向和协商过程需要制度保障等协商民主的三项基本原则，等等。国内学者对协商民主的关注，始于2001年德国学者哈贝马斯在北京大学所作的"民主的三种规范模式：关于协商政治的概念"主题演讲，并逐步赋予协商民主鲜明的中国特色。学界普遍认为，协商民主是我国社会主义民主政治的特有形式和独特优势，是党的群众路线在政治领域的重要体现；中国特色的协商民主是在党的领导下各类协商主体参政议政、民主协商的社会主义民主政治的体现，它与西方自由民主政治的区别主要是：坚持中国共产党的领导，而不是两党制或多党制；坚持选举民主和协商民主有机统一，而不是代议制民主的替代补充；理论基础是马克思主义

---

① 秦绪娜：《国内外协商民主研究综述》，《中共云南省委党校学报》2008年第1期。

统一战线理论、政党理论和民主政治理论，而不是西方的民主政治理论。简言之，中国特色的协商民主是"公民通过自由而平等的对话、讨论、审议等方式，参与公共决策和政治生活"①；是"自由平等的公民基于权利和理性，在一种由民主宪法规范的权力相互制约的政治共同体中，通过对话、讨论、辩论等形式，形成合法决策的民主形式。"②中国特色的协商民主是一种新型的民主政治，强调协商主体通过公正透明的平等协商，实现民主决策、科学决策。

作为一种决策机制的协商民主可广泛适用于社会生活的各个层面和方面，大到国家的政治生活，中到省市一级、县区一级的重要决策，小到乡镇、城乡社区（村）、基层企事业单位的具体事务，都可通过协商民主广泛征询意见、实现民主决策。诸如中国共产党同各民主党派的政治协商、人民政协的政治协商、人民代表大会的立法协商、政府机关的决策协商、基层企事业单位的民主协商等都可归入协商民主的范畴。基层协商民主是协商民主在基层的体现和运用，是协商民主的一个层级或方面。有学者仔细梳理了"基层"概念的由来及其历史演变，认为"基层"是社会组织结构和行政管理组织中的最低层次，与群众联系最直接、最广泛，是构成各种组织的基础，主要包括：（1）中国共产党的基层组织（如党支部、党总支、基层党委等）；（2）基层政权机关（如乡、民族乡、镇一级政府机关，县、不设区的市、市辖区一级的政府机关）；（3）基层群众性自治组织（城市社区的居民委员会和农村的村民委员会）；（4）企事业单位，进而将基层协商民主的范围限定为党的基层组织、城乡社区、农村和企事业单位③。考虑到基层党组织的政治性、组织性，有不同于一般基层单位的特殊性，本文将基

---

① 俞可平：《协商民主：当代西方民主理论和实践的最新发展》，《学习时报》2006年11月6日。

② 陈家刚：《协商民主研究在东西方的兴起与发展》，《毛泽东邓小平理论研究》2008年第7期。

③ 陈丽：《基层协商民主：概念的界定及其解读》，《科学社会主义》2014年第5期。

层协商民主限定为城乡社区（村）和各类企事业单位。

城乡社区（村）、企事业单位协商民主与国家层面的政党协商、政治协商、政府协商以及省市、县区层级的协商民主相比，有着鲜明的特殊性：（1）从主体上看，基层协商民主的主体一般是城乡社区（村）或企事业单位的成员，不像政党协商、政治协商、政府协商，或省市、县区层级的协商民主那样来自各个不同的单位，这就决定了协商主体天然的同一性和平等性，这是基层协商民主与其他层级或类别的协商民主最大的不同。（2）从内容上看，基层协商民主不会涉及国家的大政方针，也不涉及宪法法律、地方性法规的制定与修改，不会是带有全局性或区域性的气候治理、环境污染防治、区域发展等重大问题，多是与基层社区（村）、企事业单位自身发展相关的问题，诸如公用设施建设、单位小区绿化、公用场地划定、奖金津贴发放、休假值班安排等，由此决定了基层协商民主的事项主要限于本城乡社区（村）、本单位，一般不会产生外溢性影响，实践中如果基层协商民主有可能产生外溢性影响，可通过扩大基层协商民主的范围来解决。（3）从协商实践上看，城乡社区（村）、企事业单位协商民主的形式多样，较有影响的如浙江温岭的"民主恳谈会"、四川彭州的"协商对话会"、云南盐津的"参与式预算"、吉林安图的"民意裁决团"等，其他还有各地的"民主议政会""民主听证会""民主议事会""民主评议会""居民说事""协商议事""居民论坛""小巷访事"等[①]，展现了基层协商民主的多样性和生命力。（4）从社会治理的角度看，城乡社区（村）、企事业单位是国家治理、社会治理的有机组成部分，国家治理体系和治理能力现代化建设需要城乡社区（村）、企事业单位的有效参与，很难设想没有城乡社区（村）、企事业单位参与的国家治理体系和治理能力现代化的建设。大量的实践表明，基层协商民主是提升基层治理能力的有效途径。尽管目前基层协商民主远不如政党协商、政治协商、人大协商、政府协商那样已经形成制度化的规范，实践中也存在这样

---

① 陈家刚：《城乡社区协商民主重在制度实践》，《国家治理》2015年第34期。

或那样的问题，面临诸多挑战，如基层民众参与意识不强，一些好的制度性规范还停留在文件规定或领导讲话中，重形式、走过场的协商仍普遍存在，协商平台不足、协商机制不健全、程序不规范等，这些问题恰恰说明基层协商民主更需要加强建设。基层协商民主是实现基层治理体系和治理能力现代化建设的有效途径和方式，这是因为基层协商民主与基层治理体系和治理能力现代化建设之间存在着紧密的耦合性关系。

二、基层协商民主与基层治理体系和治理能力现代化建设的耦合性

十八届三中全会把"完善和发展中国特色社会主义制度，推进国家治理体系和治理能力现代化"作为全面深化改革的总目标，将"国家治理体系和治理能力现代化"放到了与"完善和发展中国特色社会主义制度"同等重要的高度，足见国家治理体系和治理能力现代化在全面深化改革和新时代中国特色社会主义建设中的重要地位。十九届四中全会《决定》进一步提出，"坚持社会主义协商民主的独特优势，统筹推进……基层协商以及社会组织协商，构建程序合理、环节完整的协商民主体系"。国家治理体系和治理能力现代化建设是一个国家制度和制度执行力的集中体现，二者是相辅相成的关系。国家治理体系是包括治理主体、治理客体、治理目标、治理方式等要素在内的综合体系，单就治理主体而言，从类别上可分为"国家或政府（如国家制度、国家机器、国家计划安排、政府管理制度等）""市场力量（包括各类经济主体，如企业、商家以及各类经济主体互动所凭借的经济制度和经济秩序等）"和"社会主体（即从事社会事业运作的各种行动者以及它们所在的社会场域）"三大类，这三大类治理主体需要优势互补、互利互信、平等协商，才能在求同存异、化解矛盾和冲突的基础上达至"善治"[①]，提升治理能力。从治理主体层级上看，在我们这样一个幅员

---

① 任德新、楚永生、陆凯旋：《时空观视角：国家治理体系和治理能力现代化的阐释》，《江苏社会科学》2017年第4期。

辽阔的国家，结合行政区划大致可分为国家层级、省（自治区、直辖市）层级、地市（县）层级和乡镇（街道）层级的治理主体，根据《中华人民共和国村民委员会组织法》和《中华人民共和国城市居民委员会组织法》，村民委员会和居民委员会属于基层群众性自治组织，它们虽不是一级政府建制，但没有理由排除在国家治理体系的主体之外，相反却是国家治理体系中最基础的一个层级。"合抱之木，生于毫末；九层之台，起于累土。"国家治理体系和治理能力现代化建设不能将城乡社区（村）、企事业单位排除在外，城乡社区（村）、企事业单位在国家治理体系和治理能力现代化建设中起着基础性作用，是国家治理体系和治理能力现代化建设的基本构成单元。

协商民主与国家治理体系和治理能力现代化有着内在关联。国家治理体系和治理能力现代化建设不仅需要科学合理的制度架构，更需要稳固的社会基础，而作为一种治理方式的协商民主，能从社会基础的角度有效承接现代国家治理的基本需求，培育现代国家治理所需的参与主体，促进生成国家治理所需的社会秩序[1]，协商民主与国家治理能力现代化有着较强的耦合性，二者是相辅相成、互相建构的过程。国家治理的完善（"善治"）是发展协商民主的重要保障，协商民主又是实现国家治理文明善治的关键路径，两者都以公共利益为目标，以多元平等为原则，以协商合作为方式，具有内在的关联性[2]。这是因为，国家治理体系和治理能力现代化建设对协商民主提出了更高的要求，而协商民主是国家治理体系和治理能力现代化建设的重要内容和具体体现，也是民众有序政治参与的重要途径；协商民主有助于各种利益关系的沟通，能最大限度地增进各类利益关系协调的积极因素，减少有碍于各类利益关系协调的消极因素，实现各类利益关系间的理解与包容，协商民主有助于国家治理体系和治理能力现代化建设；协

---

① 齐卫平、陈明：《现代国家治理与协商民主的耦合及其共进发展》，《华东师范大学学报》（哲学社会科学版）2014年第4期。

② 李翔、许昌敏：《协商民主与国家治理的内在关联与互动建构》，《江汉论坛》2015年第6期。

商民主所蕴含的主导与多元、公平与效率、自由与秩序、权利与义务的多重辩证统一，对国家治理体系和治理能力现代化建设有方法论上的启示意义。特别是基层协商民主，对基层治理体系和治理能力现代化建设有着更强的耦合性，这是因为城乡社区（村）、企事业单位民众有着共同的社会联系和相近的价值取向，有着天然的开展协商民主的优势和特殊性，更容易通过协商民主凝聚共识，实现决策的科学化和民主化，能有效提升基层治理体系和治理能力现代化建设水平。

特别是在"善治"视野下，基层治理主体与治理对象之间不再是"管控""管制""管理"的二元对立关系，而是一种"主体间性"的协商共治关系，"善治"本质上要求多元主体的"自我共治"①，这就更离不开（基层）协商民主。基层协商民主的价值理念、内生禀赋、运行特色与基层社会治理是高度契合的，有着推进基层社会治理现代化的比较优势和适用价值②。基层协商民主是推进基层社会治理现代化建设的必由之路。前已述及，基层协商民主在推进国家治理体系和治理能力现代化建设方面有着基础性作用，基层协商民主有助于基层社会治理能力的提升，而基层社会治理能力的提升和治理体系的完善，又有助于国家治理体系和治理能力现代化建设。特别是基层协商民主在新的时代背景下被赋予了新的价值内涵，回应着推进基层社会治理能力现代化的时代命题，有助于激发社会的"自我治理"活力③。可以说，城乡社区（村）、企事业单位是法治中国建设的最小载体，是推进国家治理体系和治理能力现代化建设的基本支点，也最易于搭建民众参政议政的平台，最易于推进协商民主。基层协商民主呼应了基层社会治理的现实需要，既可以为基层公共决策提供理由支持，也可以为基层矛盾

---

① 魏治勋、李安国：《当代中国的政府治理转型及其进路》，《行政论坛》2015年第5期。

② 谭东华、刘光明：《发展基层协商民主　推进社会治理现代化》，《理论视野》2015年第7期。

③ 李德虎：《基层协商民主的制度性追求与制度化路径》，《探索》2019年第4期。

纠纷的化解提供新的视角,让基层民众有效参与基层治理、行使治理权利,特别是通过基层协商民主的制度化建设,有效提升基层社会治理能力。发展基层协商民主既是基层社会治理转型的现实需要,也是国家治理体系和治理能力现代化建设的有机组成部分。"基础不牢,地动山摇。"基层社会的运作状况直接关系民生福祉、政治稳定和社会和谐,是国家长治久安的根本,也是社会治乱兴衰的关键。这其中,至为关键的是构建科学合理的基层协商民主的程序性机制。

三、基层协商民主的程序规制

程序是各种社会理想状态制度化最重要的基石①。程序具有普遍性,做任何事情都需要程序。程序不仅指日所常见的诉讼程序、选举程序、立法程序,所有按照某种标准和条件整理争论点,公平地听取各方意见,在使当事人可以理解或认可的情况下作出决定的过程,都可称之为程序②。同时,程序也不是一个简单作出决定的过程,程序本身包含着决定成立的前提,存在着左右当事人行为态度的契机,保留着客观评价程序的可能性。更为重要的是,程序一般不预设真理标准,而是通过促进意见疏通、加强理性思考、扩大选择范围、排除外部干扰来保证决定的成立和正确性③。程序所具有的这些本质、特征,高度契合协商民主的过程要求。质言之,基层协商民主的制度化关键是基层协商民主"程序"的制度化。好的基层协商民主的程序设置,有助于基层协商民主过程的实体性展开,"改进和完善城乡社区的协商民主,必须以程序和技术来保障制度实践,使协商民主运转起来。"④当前我国的协商民主,特别是基层协商民主还缺乏完备性,其程序性建制相对阙如,在推进协商民主制度化的过程中,在注重实体性制度

---

①②③　季卫东:《程序比较论》,《比较法研究》1993年第1期。

④　陈家刚:《城乡社区协商民主重在制度实践》,《国家治理》2015年第34期。

建构的同时，应更加注重程序性制度的构建①。概观前文提及的浙江温岭的"民主恳谈会"、四川彭州的"协商对话会"、云南盐津的"参与式预算"、吉林安图的"民意裁决团"等，其更多注重的是民主协商的形式和结果，还没有关注到或没有真正关注到协商民主本身的程序性设置。发展基层协商民主，实现基层协商民主的制度化，推进基层治理体系和治理能力现代化建设，必须构建科学合理的基层协商民主的程序性机制。笔者主要依据现代程序理论，结合各地开展基层协商民主的实践，提出构建基层协商民主程序机制的"两项基本原则""三项实质规则"和"一个具体参照"。

（一）两项基本原则

1.协商公开原则

协商民主与一般性的讨论、对话和交流不同，具有很强的目的指向性，一般是围绕着解决某个具体问题而展开。本文所言的基层协商民主主要指城乡社区（村）、企事业单位的协商民主，通过协商民主解决的主要是城乡社区（村）、企事业单位的基础设施建设、公共区域绿化、社区（村）道路通行、垃圾处置、停车位规划、单位生活福利、津贴发放等大大小小的具体问题，不涉及国家、区域性的大政方针或重大问题，也不涉及国家机密，一般也不涉及个人隐私，协商议题大都是涉及大家的公共性议题，这就决定了基层协商民主应遵循协商公开的原则。

协商公开是基层协商民主的必然要求，也是程序正义的应有之义。任何公共性的程序设置，都以公开为原则，"没有公开性，其他一切制约都无能力。和公开性相比，其他各种制约都是小巫见大巫。"②基层协商民主协商的是公共性议题，公共性议题需要公开进行，这也是现代法治的基本要求。罗尔斯说："有规律地、公平地实施公开的规则，在被适用于法律制

---

① 王学俭、杨昌华：《协商民主制度化的价值、问题及路径探析——以国家治理现代化为视角》，《湖南师范大学社会科学学报》2014年第5期。

② 王名扬：《美国行政法》，中国法制出版社1995年版，第433页。

度时就成为法治。"①前文提及的各地推进基层协商民主的"议政会""听证会""议事会""评议会""居民说事""协商议事""小巷访事"等实践，都遵循了协商公开的原则，得到了基层民众的理解支持和积极参与。当前基层协商民主制度化实践大致可区分为制度建构主义和技术操作主义两种路径倾向，前者强调基层协商民主的制度建构，注重基层协商制度文本供给、协商规范化和协商机制的建构；后者把基层协商直接作为一种治理技术，强调处理基层事务的现实操作性，如在征地拆迁、城区治理、乡村建设等事务中引入协商程序，形塑"技术性"的组织动员机制和矛盾调处机制②两种路径倾向的基层协商民主，都应遵循协商公开的原则，而且这种公开应是全方位、全过程的公开，具体包括协商议题的公开、与协商议题有关信息的公开、协商时间地点的公开、协商过程的公开、协商规则的公开、协商结果的公开等。如果协商不公开，就无法保证参与者是平等的、实质性的参与，也就无法向参与者和公众展示过程是"协商"的。只有协商公开，才能增强基层协商民主的公正性和可接受性，也才能有助于提升基层治理能力。

2.程序中立原则

"中立是程序的基础。"③程序中立的核心价值在于，承认所有程序参与者都是具有同样价值并值得尊重的平等的道德主体，必须给予同等对待，否则就意味着存在偏私④。程序中立是程序正义的基本要求，如果程序不是中立的，比如在协商过程中主持者故意让一方充分表达而限制另一方的表达，就会使人感到协商没有给予参与者同样对待，就很难保证协商过程的公正性和协商结果的可接受性。在协商民主程序设置上，程序中立可以让

---

① J. Rawls. *A Theory of Justice (Revised Edition)*. Boston: Harvard University Press, 1999. p.206.

② 李德虎：《基层协商民主的制度性追求与制度化路径》，《探索》2019年第4期。

③ 季卫东：《程序比较论》，《比较法研究》1993年第1期。

④ 程洁：《行政程序法中的程序中立原则》，《行政法学研究》1999年第3期。

程序参与者真实地感受到得到了客观、公正的对待，确信通过中立的程序能够获得公正的结果，这反过来又会进一步提升参与者参与协商民主的信心和积极性。相反，如果协商民主的程序不中立，人们就很难在协商过程中感受到公平、正义，长此以往人们就会失去对协商民主的信心和热情，甚至会拒绝参加，即使在外力的压迫下参与到协商民主中来，也很难从内心接受协商的过程和结果。

程序中立的价值追求是程序正义，也就是罗尔斯所言的"作为规则的正义"（Justice as Regularity）。"作为规则的正义"是一种过程正义，是评价程序本身正义与否的价值标准。罗尔斯把程序正义作为一个独立的范畴，进一步区分为"纯粹的程序正义、完全的程序正义和不完全的程序正义"三种类型，所谓纯粹的程序正义，即不存在结果正当与否的独立标准，但存在一个公认的或正确的程序，只要严格遵循程序的规定，其所导出的结果都是正确的或公平的，典型事例如各种游戏规则；所谓完全的程序正义，是指在程序之外存在着决定结果是否合乎正义的某种标准，且同时存在着满足这个标准结果得以实现的程序，典型事例就是著名的蛋糕切分问题，只要设定切蛋糕的人最后一个取蛋糕，就不用担心蛋糕分配不均问题；所谓不完全的程序正义，即虽然在程序之外存在着衡量什么是正义的客观标准，但是不存在满足这一标准结果得以实现的程序，即无论如何设置程序总是不能百分之百地保证结果公正，如刑事诉讼程序，无论怎样设置总是不能完全避免错误结果的发生[①]。罗尔斯关于程序正义的分类及思考对基层协商民主的程序设置是有启发意义的。尽管基层协商民主不涉及国家、地区性的重大问题，但协商民主的议题大都与基层民众的切身利益相关，很难做到让参与者置身其外，因此，基层协商民主不可能如游戏一般实现纯粹的程序正义，甚至也很难做到完全的程序正义，更多的是尽可能地达至不完全的程序正义。也就是说，实践中人们很难设计出让所有参与者都能

---

① ［美］罗尔斯：《正义论》，何怀宏等译，中国社会科学出版社 1988 年版，第 82 页。

满意的协商民主的程序，但这不成为阻却协商民主追求程序正义的理由，相反更应该促使人们尽可能设计出达至不完全的程序正义的协商民主程序。如此，程序中立就是达至基层协商民主程序正义的重要遵循。

现实中，基层协商民主很难做到完全的程序中立，甚至人们很难达成判断程序中立与否的一致标准，但不可否认的是，基层协商民主相较于其他协商民主，更容易经由程序中立增强协商民主的正当性、合理性和可接受性。总结各地基层协商民主的程序实践，还是能够得出一些有助于实现基层协商民主程序中立的制度化设置，比较重要的有：（1）程序要预先设定。基层协商民主总是围绕着具体议题而展开，要保障协商民主有秩序地进行，人们就需要在协商开始之前先设定协商的具体程序。由于程序设置不涉及具体的协商议题和结果，或者相对于协商议题和结果人们更容易达成对协商程序的一致意见，这就使得基层协商民主程序的预先设定成为可能。同时，协商程序的预先设定，要比"临事而治"更具合理性。以城乡社区（村）、企事业单位经常遇到的推选各种代表为例，如果推选一个代表城乡社区（村）、企事业单位就制定一个推选程序，推选另一个代表又制定另一个推选程序，人们很容易认为这样的推选程序是针对某个"代表"制定的，而如果城乡社区（村）、企事业单位预先制定了推选各种代表共用的协商民主程序，人们就不会认为这种程序是专为某人制定的。经由共用的协商民主程序推选出的代表也更容易得到大家的认可和接受。推选代表的协商民主程序如此，其他的基层协商民主程序也如此，实践中人们对基层协商民主颇有微词，一个重要的原因就是没有做到协商程序的预先制定，总给人一种"临事而治"的感觉。（2）程序主持者要保持中立。任何协商民主程序的进行都离不开主持人，而主持人是否客观、中立，直接影响着协商程序是否客观、中立。相对于其他协商民主，基层协商民主应更容易、也更应该做到主持者中立，这是因为实践中很难遇到基层协商民主的事项关涉本城乡社区（村）、企事业单位每个人，只要不是关涉每一个人，就能推选与协商民主事项无关的人作主持人；即使基层协商民主事项关涉单位每一个人，也可以很容易地通过委托第三方（人）作主持人，实现主持者保持中立。以常见的城乡社区（村）回迁楼分配为例，目前多数城乡社区（村）通过俗称的"抓阄"来分配，如果抓阄程序的主持人是不参与回迁安置的第三人，民众接受、认可的程度就高，或者即便程序主持者是本单位的人，但规定程序主持人最后一个抓阄，民众也会接受、认可程序的公正性。实践中如果不能做到基层协商民主的主持人与协商民主事项的无关性，也可以通过程序的设置改进主持人的客观中立性，如要求主持人在协商过程中不发表自己的意见，也不能对发言人的发言表达意见或倾向；主持人若要发言，则应辞去或委托他人代行主持人等。（3）程序规则自身中立。即程序本身的规则设置应当是中立的，尽可能做到不偏不倚，比如应给予所有参与协商民主的人以平等对待、同样对待，在协商过程中任何人都不享有区别于他人的差别对待，同等地给予每位发言者发言机会和时间等。

（二）三项实质规则

1.理性交涉规则

现如今的城乡社区（村）、企事业单位已不再是以"地缘"或"血缘"为纽带的单一构成，而是一个以多元、复杂、异质为特征的生产生活共同体。在城乡社区（村）、企事业单位共同体中，充满着复杂的政治、经济、文化、社会等多重利益结构关系，人们在其中相互交往的过程中追求自我利益的最大化，当然这种最大化的自我利益诉求，一般不以突破共同体的整体性利益为圭臬，这既使得基层协商民主有其必要，也使得基层协商民主成为可能。基层协商民主是基层民众广泛、平等、理性参与基层社会治理的一种新方式，这种新方式基于民众的公民意识而展开，承认民众个人的权利意识和理性意识，通过集体的或个人的沟通、交流、讨论、辩论、反思、回馈等方式，形成基于协商的民主决策。这样一个基于协商的民主决策过程，离不开人们基于公共理性而设定的交涉规则。由此，理性交涉规则就成为设置基层协商民主程序机制首先要遵循的一项实质性规则。

公共理性是协商民主的理论基石，基层协商民主的有序进行离不开民众的公共理性。公共理性是公众的理性表达,"是各种社会行为主体基于契约的公共精神,在批判与和谐博弈的过程中所形成的关注社会公共权力、公共利益、公共行为和公共之善的理性。"①体现为国家、政党、利益集团、大众、个人及其相互之间在利益整合过程中实现共治的能力。公共理性表达公正理念、倡导社会协作、运用共赢思维、发展共治逻辑。公共理性既是一个实体性概念,又是一个蕴含着丰富方法论意义的范畴,公共理性要求基层协商民主应以共同体利益为导向,在协商过程中积极引导参与者通过广泛、有序、理性交涉服务于城乡社区(村)、企事业单位的公共事务和公益事业,实现基层社会治理与基层自治的有效衔接和良性互动,提升基层治理能力和水平。基于公共理性的协商民主从意见和意志的形成"过程"出发,依赖于沟通、交流,通过"主体间性",得到合理性的结果。因此,协商民主的现实化不依赖于能够采取集体行动的某个阶层,而是依赖于与之相应的"进程的制度化"②。在实现基层协商民主"进程的制度化"的过程中,如何保证协商过程是理性交涉的就显得尤为重要。

　　基于公共理性的协商民主也可归于商谈理论。按照德国学者阿列克西的分析,商谈理论的基本理念是商谈能够理性地进行,如果在商谈中满足了理性实践论证的诸多条件,则实践商谈就是理性的。而如果商谈满足了理性商谈的诸多条件,则商谈结论就是正确的。因此,商谈理论是关于实践正确性的程序理论。在此基础上,阿列克西给出了理性商谈的两组规则体系:第一组规则体系是直接涉及论述结构的规则,主要包括:言语无矛盾、主张一致且可普遍化、语言概念清晰、前提真实可靠、论证演绎完整等,第一组规则各自是独白性的,但理性的实践论证不能缺少它们;第二组规则是涉及商谈程序的规则,主要包括:(1)任何人都得参与商谈;(2)①任何人都可质疑

---

　　① 史云贵:《中国现代国家构建进程中的社会治理研究》,上海人民出版社2010年版,第50页。

　　② [德]哈贝马斯:《民主的三种规范模式:关于协商政治的概念》,http://www.aisixiang.com/data/1857.html, 2001.4.20/2018.9.12。

任何主张，②任何人都可将任何主张引入商谈，③任何人都可表达其观点、愿望和需要；（3）言说者不得被在商谈内或商谈外存在的强制阻止行使其在（1）和（2）中的权利，这些规则保障了任何人参与商谈的权利以及在商谈中的自由和平等①。上述理性商谈的两组规则体系，是阿列克西提出的"理想的"理性商谈应当遵循的规则，这些规则在基层协商民主中或许很难做到百分之百的落实，但这些规则是保证基层协商民主理性交涉的基础，我们可进一步将之细化为基层协商民主的具体规则，如：

（1）任何协商民主的参与者只能借助语言表达其观点，不能诉诸语言之外的其他手段（如武力、沉默等）来表达其意愿；

（2）参与协商民主的言谈者至少在本议题的协商过程中的发言不能前后矛盾；

（3）任何参与协商民主的言谈者要对自己的发言负责，并受自己发言内容的约束；

（4）任何参与协商民主的言谈者都不能说假话；

（5）任何参与协商民主的言谈者都可质疑或被质疑。一旦质疑或被质疑，对方则需要作进一步的解释；

（6）任何参与协商民主的言谈者都不能打断别人的发言，以保持言谈者发言的完整。

如此，基层协商民主才可有序进行，达至理性交涉。理性交涉是基层协商民主的实质性规则要求，建立在理性交涉基础上的基层协商民主才能保障大家以理性的方式论证自己的主张，相互澄清各自的疑点，尽可能理性地达成协商共识，这样的基层协商民主才能推进基层治理体系和治理能力现代化建设。

---

① ［德］罗伯特·阿列克西：《作为理性商谈的法律论证》，载郑永流：《法哲学与法社会学论丛》，北京大学出版社2008年版，第20—29页。

2.平等且实质性参与规则

程序是交涉过程的制度化。程序的本质既不是它的形式性，也不是它的实质性，而是它的过程性和交涉性①。程序限制恣意，但不排除选择，甚至程序总是与选择紧密地联系在一起。程序的重点不是最后导出的结果和内容，而是哪些人按照什么手续来作出选择或决定的过程。按照季卫东的分析，现代程序的功能意义在于：（1）过滤各种主张和选择的可能性，以便找出最佳方案；（2）通过平等且实质性参与，疏导人们的不满和矛盾；（3）排除决定者的恣意，保留各种可能性；（4）减轻决定者的责任风险；（5）让有可能受到程序不利影响的参与者接受程序决定等②。对基层协商民主而言，如何保证参与者平等且实质性参与是其程序设置的关键所在。这是因为在城乡社区（村）、企事业单位协商民主实践中，由于诸如教育水平、收入差距、信息技术利用等方面的差异，导致基层协商主体运用协商政治的能力不平等，甚至存在影响协商主体有效参与协商过程和平等维护自身需求、利益的障碍③。提高协商主体运用协商政治的能力，一方面靠教育、培训提高他们的协商意识和协商能力，另一方面也需要基层协商程序的自我完善，这其中至为关键的就是基层协商民主程序本身如何能保证参与者平等且实质性参与。下面，以某社区车库建设议题的民主协商过程为例说明之。

扬州市广陵区汶河街道荷花池社区是20世纪90年代建成的老旧小区，小区一直没有物业管理，小区居民的自行车、电动车经常被盗，居民多次强烈要求建车库未果。期间社区居委会曾就小区整治请教专家，政府也曾出面提出建车库，但因众口难调而始终没有结果。最后小区决定"问专家不如问大家"，让所有住户参与协商共同解决建车库的问题，前后历时三个月，先后召开6次听证会、60余次车库建设协调会，最终决定在小区公用地及绿化带上改扩建车库。这其中一位王姓居民从起初反对到最后同意的

459

法
学

---

① ② 季卫东：《程序比较论》，《比较法研究》1993年第1期。

③ 吴兴智：《协商民主与中国乡村治理》，《湖北社会科学》2010年第10期。

经历很有代表性，他说他之所以反对是因为空地可以用来活动、锻炼身体，每次协商他都去，就是为了表达反对，而且很执着，协商了十余次，反对了十余次，后来经同意建车库的人家不厌其烦地做工作，最终在路上他碰到其他不同意建车库的居民（约占5%），就说"算了吧"（意思是劝说其他不同意建车库的人别反对了），最终小区建成了车库①。这样一个基层民主协商建车库的事例，生动地说明了反对者王姓居民尽管是极少数（占全体居民的5%），但他与其他居民是一样的，实质性参与了整个协商过程，这让王姓居民感受到了真的是在"协商"——十余次协商、十余次反对，但也正是这十余次的协商过程，让王姓居民不经意间发生了态度的转变。这样一个基层协商民主的生动事例也验证了"机会和偏好"会在协商过程中发生转变，这正是协商民主的优势所在。

基层协商民主保证参与者平等且实质性参与有两方面的要求：一是参与者相互间是平等的，即便是诉求或主张是极为少数的那一方（人），也能与多数方（人）一样平等地表达意见，相互间互不影响和制约，不存在具有权威性、优势地位的特殊成员，人人都具有平等的协商机会、协商权利和协商能力。要避免任何参与者具有任何的优势地位和机会，人人在政见和意愿表达上享有同等的分量，在涉及公共利益决策或自身利害决定作出过程中拥有与他人平等的尊严和发言权。二是参与者的实质性参与，这就要求参与者的参与是有制度保障的，参与不仅仅是在履行作为单位一员的义务，也是参与者作为单位一员的权利，这种参与权不因任何事由而被剥夺。更为重要的是，基层协商民主要能做到参与者的参与能实质性地影响协商民主的过程和结果，而不是走过场、走形式、走程序，协商民主的最终结果是从协商程序中生成的。同时，"平等"与"实质性"参与两方面要求是相互证立的，只有参与者相互间是平等的，才能真正做到实质性参与；也

---

① 阙为、洪波：《协商民主如何嵌入中国民主治理场域——公民参与的视角》，《浙江学刊》2015年第1期。

只有参与者的实质性参与，才能说明参与者相互间是平等的。基层协商民主若能保障参与者平等且实质性参与，就能提升民众参与协商民主的意识和能力，也才能提升城乡社区（村）、基层企业事业单位的治理能力。

3.兼顾多方利益规则

协商民主通俗地说就是"协商"＋"民主"，是协商基础上的民主，也是民主指导下的协商，平等、理性、包容是协商民主的价值基础。在当下的中国语境，基层协商民主既是一种制度，也是一种调解矛盾、化解纠纷和解决问题的措施。从治理措施的角度看，基层协商民主所具有的平等、理性和包容的内在特质，有利于化解基层社会治理的困境，实现法治、共治和善治的目标[①]。同时，基层协商民主是建立在多元主体广泛参与基础上的民主决策机制，其理想状态是经过充分地协商，达成解决议题的普遍共识，参与者意见完全一致，无须再通过少数服从多数的表决方式作出决定或安排。但更多的情况可能是，即便经过了充分的协商，仍不能达成一致意见，在协商无果的情况下，需要通过"表决"作出最终的决定。

当基层协商民主最终需要通过表决来作出决定时，如何保护少数方（人）利益的问题就凸显出来。民主决策说到底是一种少数服从多数的机制，是通过多数表决的选择方式作出决定的制度安排。就基层协商民主而言，当通过协商不能达成决策共识而又不得不对协商议题作出决定时，诉诸少数服从多数的决策机制就成为相对理想的选择。但这种决策机制无法排除多数方（人）利用其多数地位损害少数方（人）的可能性，这种损害常常被人们认为是理所当然的。但随着现代民主理念的传播，人们认识到基层协商民主也会因参与者经济地位的不平等、知识资源丰富程度的各不相同、信息掌握和处理能力的差异，以及协商中各自分析和表达能力的不同等因素，导致协商未必能取得完全一致的结果，这就需要将协商和民主有机地结合起来，充分发挥协商基础上民主的积极作用，尽可能有效降低民主的

① 王岩、潘友星：《协商民主视域下基层政府治理研究》，《思想战线》2016年第2期。

消极影响，使协商民主制度趋于完善①。这就要求我们要注意到：多数选择的结果不一定就是最好的和可行的，需要运用程序让大家来自由地、理性地进行交涉，在程序运行中排除强力的干涉，"合理而公正的程序是区别健全的民主制度与偏执的群众专政的分水岭。因为民主的真正价值显然不是取决于多数人的偏好，而是取决于多数人的理性。"②那基层协商民主如何尽可能地避免"多数人说了算"呢？这就要求基层协商民主经过充分的协商在运用"多数决"作出决策时要兼顾多方利益。

一是要认识到城乡社区（村）、企事业单位本身作为一个利益共同体，相互间并不存在根本利益上的冲突，所谓的不同意见表达多数情况下都是根本利益一致基础上的分歧，这为决策兼顾多方利益提供了基础。二是即便存在利益分歧，也可以通过均衡照顾各方利益、遵循轮流原则等方式获得解决。以社区公共休闲场所开放为例，如果让大家表决是否开放公共休闲场所，除了公共休闲场所附近休息受到影响的少数住户外，绝大多数住户都会表决同意开放，但又确实存在着休闲场所人声嘈杂影响附近住户休息的客观现实，那是否我们在决策开放的同时，规定一个可行的开放时间呢？如12：00—14：00、晚上10：00以后关闭公共休闲场所，这就是"多数决"时兼顾少数方（人）利益的一个事例。三是基层协商民主要充分地展开公共讨论，化解分歧，消除不满，增强决策的可接受性。如前文提及的荷花池社区建车库的事例，车库建成后社区又主动建了老年人日间照护中心，解决老年人因建车库占用绿地没有活动场地的问题，做到了均衡照顾各方的利益。现代社会是一个多元的社会，一个人可能在这个事项上属于少数派，但在另一个事项上又属于多数派，因此个体权益一般不会永久地受到压抑，即便可能存在某个少数方（人）群体始终处于少数的地位，也可

① ［澳］何包钢：《协商民主：理论、方法和实践》，中国社会科学出版社2008年版，第7页。

② 季卫东：《程序比较论》，《比较法研究》1993年第1期。

以通过"轮流原则"（principle of taking turns）获得解决，即多数方（人）多获得一些权益，或次序靠前；少数方（人）少获得一些权益，或次序靠后，这样的"轮流原则"优于"多数决"赢者通吃的做法，更符合现代基层协商民主的治理理念。

（三）一个具体参照：罗伯特议事规则

"罗伯特议事规则"是以其创始人亨利·马丁·罗伯特（1837—1923年）命名的有关会议议事的规则。罗伯特议事规则虽是有关会议议事的规则，但其规则设计体现了谨慎仔细地平衡组织和会议中个人和群体权利，包括多数者的权利、少数者的权利、每个组织成员的权利、缺席者的权利以及上述人员组成为一个整体的权利①。以会议动议为例，就分成了"主动议、附属动议、优先动议、偶发动议、动议的重提和不良动议"五章，其中"偶发动议"又分为"搁置、修改、委托、改期、调整辩论限制、结束辩论、暂停"等七节的内容，足见其会议议事规则之详尽。基层协商民主本质上也是一种会议议事程序，可以借鉴罗伯特议事规则构建城乡社区（村）、基层企事业单位各自的协商民主程序。留学美国的袁天鹏回国后，在安徽阜阳南塘村推介罗伯特议事规则，将罗伯特议事规则简化成了"南塘十三条"②，这说明罗伯特议事规则对基层协商民主有借鉴意义。

借鉴罗伯特议事规则，在设置基层协商民主的具体程序时，要注意保护各参与人的权利，既要保护意见占多数的人的权利，也要保护意见占少数的人的权利，甚至给予坚持己见的人充分发言的机会，包括对那些没有参加协商议事的人，也给予充分的尊重；如果可能，在基层协商民主中可以只赋予主持人议事程序进行的主持权利，保留大家共同决定议题的权利，防止主持人代替大家决策；坚持议题必须在经过充分且自由的辩论协商后才能做出，辩论要文明表达，禁止人身攻击，辩论要围绕议题展开，不偏

---

①②　新文：《南塘村农民用罗伯特议事规则开会》，《山西农业（村委主任）》2009年第5期。

离议题、不重复已有发言，如果参与人员众多，可以预先设定每个人的发言次数、每次发言的时间限制，不得随意打断别人的发言，主持人应给予意见相左的双方轮流发言的机会等。当然，各城乡社区（村）、基层企事业单位在具体构建各自的协商民主程序时，可结合本单位实际情况制定切实可行的、得到大家认可的协商民主的议事规则，罗伯特议事规则只是提供一个可资借鉴的参照。

基层协商民主与国家治理体系和治理能力现代化建设有着内在关联，坚持社会主义协商民主的独特优势，推进基层协商民主建设，构建程序合理、环节完整的基层协商民主，是落实十九届四中全会《决定》精神的要求。本文提出的构建基层协商民主程序机制的两项"基本原则"、三项"实质规则"和一个"具体参照"，也是相互联系、相互支撑的。例如，没有协商公开，就很难做到参与者的理性交涉，而参与者不能理性交涉，也就谈不上参与者的平等且实质性参与；再比如程序不中立，也就很难做到兼顾各方的利益，而兼顾各方的利益，又以平等且实质性参与为前提等等，这些程序"原则"或"规则"是相互支撑的。进而，各个城乡社区（村）、企事业单位各有不同，协商民主的议题也千差万别，很难制定"放之四海而皆准"的基层协商民主程序，这就要求各城乡社区（村）、企事业单位应当从本单位实际出发，制定符合本单位实际的协商民主程序。本文提出的基层协商民主程序设置应遵循的原则或规则，也有进一步具体化之必要，期待笔者对基层协商民主与治理能力现代化建设及其程序规制的思考，有助于新时代坚持社会主义协商民主的制度优势，通过构建程序合理、环节完整的基层协商民主，推进基层协商民主制度化建设，提升基层治理能力现代化建设。

［原文发表于《济南大学学报》（社会科学版）2020年第6期］

司法的社会功能及其实现

宋保振*

处理社会矛盾包括规范处理与非规范处理两种方式。作为正义的"最后一道防线",司法治理不仅是现代国家治理体系的重要组成部分,而且从民主国家治理的历程来看,国家治理大致会经历从以立法为中心的治理到以行政为中心的治理转化,并最终转向以司法为中心的社会治理①。这也符合国家的权力结构体系,并以司法功能的形式得以呈现。当下社会,司法的功能已不仅仅是辨别是非和定分止争,伴随社会交往手段和范围的拓展,司法活动日益影响一国公民和社会的行为已是不争的事实,我们一般将此称为司法的社会功能。不同于裁判功能对权利的评判,司法的社会功能直接贴近生活,促使我们形成有关司法的"第一印象"。这种"第一印象"通常会借助发达的自媒体迅速传播,衍化为评价一国法治水平的重要舆论因素。与此同时,司法权与行政权界限不清、"信访不信法"等现象也就自然

---

* 宋保振,华东政法大学政治学与公共管理学院博士后,硕士生导师。

① 陈星儒、周海源:《司法参与社会治理的正当性进路分析》,《湖北社会科学》2018年第4期。

地成为司法社会功能未能有效发挥的直观反映。

此时，能否基于当下社会司法需求，清晰界定司法的功能并积极探索其实现路径，将是实现有效司法治理的关键。作为约束权力和保障权利的重要手段，司法的社会功能间接反映特定时代的政治和经济需求，而且在每一历史阶段都有其侧重点。不容否认，围绕司法的功能和作用，学界已经开展了相应的研究，如通过界定司法权的性质和价值属性，初步完成司法功能的理论体系构建。这些有关司法功能的"法理学模式"分析意义重大，能为司法社会功能的深入分析提供理论根基。但同时我们也要看到，能否在社会转型背景下充分把握社会主体对司法的需求并以合理合法的方式在裁判中予以呈现，将是司法公信力产生的关键。一直以来，我国学界对于司法功能的讨论关注的重心在于静态的司法功能及其内容，没有将司法功能置于司法作为社会系统的要素以及司法与其他社会关系的交互关系中进行探讨，其结果就是导致司法功能成为理论性的、精致的和形而上的，这些缺憾使得我们对司法的功能缺乏系统性认识，降低了司法功能理论的学理意义和制度价值。因此，在一种纯法学的分析模式外，我们也许还要注重从社会结构、社会行为等"社会学模式"来观察和描述。本文正是以社会结构转型理论为基础，结合改革开放40年来的司法实践，从历史角度分析新时代司法的主要社会功能，并在此基础上，尽可能清晰地梳理司法社会功能的实现难题，并针对问题提出对策。

一、司法的社会功能是进行有效司法治理的核心

作为一种规范方式，司法活动一直是国家和社会治理体系的重要环节。加速发展的国家治理现代化进程，同时赋予了司法功能以全新内涵。为了维护现有社会秩序和法律权威，实现社会的治理性整合结果，司法社会功能早已突破定分止争的范围。但同时我们也要看到，由于司法社会功能本身的复杂性，加之以学者分散的研究视角，至今仍未能较为清晰的界定其内涵和外延。比如司法社会功能所包含的主要方面、具体影响因素、各种

功能之间的位阶，以及功能的时代演进等。在此思路下，我们以近年来《最高人民法院工作报告》（以下简称《法院报告》）中的相关内容为分析素材，重点分析在什么样因素的影响下产生什么样的司法社会功能诉求，从现实角度探讨司法活动与社会治理之间的关系问题。

（一）司法的法理功能与社会功能

法院作为最主要的司法机关，它主动或被动、积极或消极地参与到社会关系中，由此形成以司法为主体的价值观和方法论。此时，以法院及其司法权为中心，就形成了司法的一系列功能。该功能运行的过程应当始终立足于维护社会的公平与正义，致力于保障权利和制约权力，着眼于促进法律的完善，从而促使社会和谐有序地发展。一直以来，尽管我们承认司法活动对公民和社会所产生的重要影响，但限于对司法功能本身解读角度混乱[1]，一直未能形成有关司法社会功能的清晰定位。体现在历年《法院报告》和学者成果中，虽然"定分止争""案结事了""权利救济""公权制约""惩恶扬善""疏律注法""化解矛盾""维护稳定""服务经济""引领风气"等均被或多或少提及，但鲜有有关该多元司法功能排序和归类的系统研究[2]。该功能混乱通常会造成两种后果：一是功能泛化，二是重要功能缺失和错位。其实，此功能定位可回溯到一个原初命题——司法权到底是裁判权还是行政权？新中国成立以来，我们对此问题莫衷一是，学者也伴随时代特点左右摇摆。改革开放之后，伴随社会转型和法制完善，尽管仍有一

---

① 当下对司法功能的解读主要存在两种角度：一种从司法本身出发，认为司法的基础功能是裁判，其他功能如权利保护、权力制约、促进经济、引领风气等都是该基础功能的衍生。代表成果如蒋红珍、李学尧：《论司法的原初与衍生功能》，《法学论坛》2004年第2期；胡玉桃、江国华：《论现代社会中的司法功能》，《云南大学学报》（法学版）2014年第3期等。另一种从司法的权力结构出发，认为司法本身就具有政治、民主和法律功能，因此构成社会治理的手段。代表成果如姚莉：《功能与结构：法院制度比较研究》，《法商研究》2003年第2期；陈琦华：《当代中国司法政治功能内涵及其价值》，《政治与法律》2013年第1期；蒋银华：《论司法的功能体系及其优化》，《法学论坛》2017年第3期等。

② 参见孙笑侠：《论司法多元功能的逻辑关系——兼论司法功能有限主义》，《清华法学》2016年第6期。

些学者坚持司法的政治属性①，但主流观点都是将司法权定位为一种裁判权，只不过在裁判过程中，为了迎合国家和社会治理的需要，将执行公共政策作为一项基本功能，如陈瑞华、徐汉明等教授的深刻反思②。根据此性质定位，我们就可以将混乱的司法功能大体分为两类：裁判功能和社会功能。其中裁判功能主要是审理和裁决，该功能针对案件当事人，是司法活动的内核；社会功能主要是化解、影响和预期，是司法活动对其他公民和社会所产生的客观影响。对于前者，我们可称之为法理功能，后者则可称之为社会功能。

司法的社会功能，指司法通过司法权的运行，形成的法院对社会的主动强化和社会对法院的理性认知，以及司法内化于社会系统所形成的以法院为主体的价值观和社会观。该功能是司法改革的重要理论基础之一，我们必须将其准确界定并有效运用，才能在新时代发挥司法的价值。司法的社会功能实现严格秉持司法规律，是基于特定因素而产生。这些因素有很多，但是根据司法社会功能的内在和外在两个展现方面，可概述为如下四要素：第一，政治因素。这和自20世纪50年代以来我国司法的"专政论"直接相关。虽然今日我们已明确指出司法权的非行政权属性，但是不能否认我国司法一直在扮演某些政治功能③。第二，利益因素。此利益因素主要指司法所服务社会主体的利益诉求，且包含秩序安定、经济繁荣、社会和谐等多方面。第三，时代因素。每个时代都有其基本任务和主流特点，司法作为社会治理的手段必须有所针对。但是这一因素通常为研究者所忽略。第四，法院自身因素。该因素主要包括法院独立审判的保障、法官制度与管理模式，以及裁判者个人的能力和素质问题等。

---

① 参见卢上需、王佳：《论我国司法权的政治属性和基本功能》，《法学评论》2013年第2期。

② 参见徐汉明：《论司法权和司法行政事务管理权的分离》，《中国法学》2015年第4期。

③ 体现在《法院报告》中有关法院的性质界定部分，直到1990年仍强调司法的专政功能，坚持认为"人民法院是人民民主专政国家机器的重要组成部分"。

（二）司法社会功能的时代完善

通过以上影响因素分析可知，该司法的社会功能并非单一，也不是一成不变，而是深深镶嵌在现代国家建构和社会转型的框架中与背景里，是社会需求在司法上的反映。司法功能有着时代烙印是一个不争的事实，比如在原始社会，"司法"是奴隶主镇压奴隶和维护国家统治的工具。在封建社会，除了镇压被统治者之外，又增添维护封建王朝基本利益的职能。新中国成立之后，司法的功能主要包括维护人民利益、惩治犯罪、保障权利、化解纠纷、促进经济发展、维护社会安定等。当然，我们还可以从不同角度对司法的社会功能进行分类，如依据层次不同分为基本功能和衍生功能，依据内容不同分为政治功能、经济功能和社会控制功能等。这里，我们以社会转型为背景，通过总结每一历史阶段司法活动的主要任务，对当下司法的社会功能做出更为全面的梳理。

第一阶段，从改革开放到中共十四大，维护社会稳定是司法的主要社会功能。1978年改革开放以来，一场全方位的社会转型在我国展开，主要表现为经济体制从计划经济向市场经济转轨，治国方略从人治向法治转变，社会环境由封闭向开放发展，以及治理方式从国家社会高度统一向国家和社会二元结构过渡等①。此时，新的社会矛盾层出不穷，破坏社会主义政治秩序和经济秩序的案件不断上升，社会治安亟待维护，这些都迫切要求国家司法机关必须做出相应行为，具体表现就是有关"严打"的一系列规范性文件不断发布，司法裁判重心直接转移到维护社会治安和经济秩序方面来，并体现出明显的"从快"和"从重"倾向②。体现在自1978起及之后14年的《法院报告》中，化解社会矛盾每年都被列为主要工作任务，而"稳定"主题也在报告中出现多达12次。此后大量维护社会稳定的判决不断涌现，这

---

① 参见罗豪才：《社会转型中的我国行政法制》，《国家行政学院学报》2003年第1期。

② 参见孟融：《中国法院如何通过司法裁判执行公共政策——以法院贯彻"社会主义核心价值观"的案例为分析对象》，《法学评论》2018年第3期。

也被认为是司法的首要社会功能。

第二阶段，从中共十四大到中共十七大，促进经济发展又成为一种重要的司法社会功能。改革开放后，1992年的十四大正式提出"建设社会主义市场经济"改革目标，各种经济活动逐步纳入法治轨道。为顺应此大趋势，司法活动又增添一新的主要社会功能——促进经济发展。虽然自20世纪80年代，法院就开始强调"审判要服务于经济建设"的基本职能，但该阶段司法的主要社会功能仍然是维护稳定[①]。此时，单一的司法功能开始向多元性和开放性转化，内容主要涉及各种市场主体之间的冲突，以及政府与市场之间的关系等。而主要的手段是"鼓励交易原则"被广泛运用到司法裁判中，特别是在一些新型民商事疑难案件中体现得尤为典型。

第三阶段，中共十七大以后，司法的主要社会功能在前两种基础上，又转向如何维护公平正义。如果说前两个阶段司法所形成的"维护社会稳定"和"促进经济发展"是司法社会功能的主要方面，当社会转型到一定程度，司法注定会被赋予一种更高的要求——彰显公正。其实在党的十六届三中全会、四中全会提出"以人为本"和"和谐社会"理念之后，司法机关在工作任务上就作了相应调整。如在第十届全国人大第四次会议上，时任最高人民法院院长肖扬在做《法院报告》时明确强调"2006年法院工作的首要安排就是通过审判执行活动，为构建社会主义和谐社会提供司法保障"[②]。而十七大以来，党的领导人更加注重通过法治实现社会公正，制约公权力。2013年，习近平主席在阐释法治中国建设时也提出，"努力让人民群众在每一个司法案件中都能感受到公平正义"。最高司法机关也高度重视裁判的公正性和社会效果，并通过司法裁判引领社会主义核心价值观。

综上，司法的社会功能并没有一个确定范围，其内涵因时代发展而逐

---

① 任建新：《努力开创经济审判工作的新局面　为社会主义现代化经济建设服务——在第一次全国经济审判工作会议上的报告》，《人民司法》1984年第5期。

② 参见《人民日报》2006年4月7日。

步完善。对此我们既不能界定"过宽"，把司法的社会功能等同于社会效果；也不能界定"过窄"，仅从司法本身出发而忽视法律与社会的直接关系。结合当下研究成果及改革开放以来司法活动的主要任务，我们可以将司法之社会功能归纳为"维护社会稳定""促进经济发展"和"引领公平正义"三方面。除此之外，"权力制约""社会控制""执行公共政策"等其他功能都可被这三种功能所包含。但是，这些司法的社会功能并不能自然实现，特别是在社会转型期，伴随公民法治意识和社会参与度提升、新型社会矛盾不断涌现，司法的社会功能必然存在更多、更大亟须解决的实现难题。

二、当下司法社会功能的实现难题

司法社会功能产生于法律、社会与公民交界地带，并同时与政治政策、道德风俗、社会舆论等诸多要素发生交织，这就注定其实现并非一件易事。加之当下社会急剧转型，新型社会矛盾不断涌现、更多的公民权利需要保护，尤其是40年来中国法治转型所形成的独特法治现代化方式的影响，司法与其他社会治理方式交融混杂，司法的社会功能也被泛化和滥用，并成为制约司法参与社会治理的重大难题。

（一）从社会效果出发泛化理解司法的功能

实现司法社会功能的前提是准确界定司法功能。从当前的司法实践来看，首先面对的问题就是忽视司法基本规律来讨论司法功能，将司法的社会功能扩张理解为司法的社会效果。该错误理解导致公众对裁判的评价和案件的社会影响被当然认定为案件裁判是否"正当"的标准，忽视了除此之外的诉讼程序和实体权利才是衡量司法是否公正的重要指标。通常，不同主体在对司法活动和法院行为的理解上，难免夹杂各自的角色定位和立场选择，此时受制于评价标准的多样出现对司法功能的不同认知是再常有不过的事情。特别是在法律、政治与道德要素共存的案件中，此种情形尤其明显。在此类案件裁断中，我们尤其要注重司法的社会效果。这一方面是因为，这些案件具有强烈的价值指向性，相对其他案件具有更强的参考价值和社会影响，如彭宇案、许云鹤案、佘祥林案等一系列影响很大的诉讼；另一方面是因为这些案件也多发生在法律、道德、政策、习惯等多规范争夺"主动权"的场域，特别是当人们还不习惯从法律角度来思考问题时尤其如此。如果为了片面追求裁判的社会效果而偏离法律的规定，就会使人们过于自信并理所当然地认为这就是、也应该是案件的"真相"，因为他们有一个强有力的理由——法官就是这么判的。此时，这些案件裁判所衍生的不当价值导向就很容易迫使裁判者过于迁就公众诉求而牺牲法律权威，扭曲的民意就自然披上了"社会公德"的外衣，被政治舆论或网络媒体所利用，从而充当抗衡法律的"排头兵"。当然，除此"过宽"问题外，司法社会功能的定位不当问题还存在理解"过窄"的可能，主要表现为过于强调司法的裁判职能，未能用发展的眼光立足整个社会背景理解司法职能，其结果只能是对司法功能采取相应的"限缩"理解。此时，面对新的社会矛盾和社会需求，越来越多的新型权利和社会利益需要司法保护，却不能通过司法构建社会秩序，并进而进行社会控制①。其实这正反映了改革开放以来我国法律范式所发生的转型，即从形式法范式向实质法范式和程序法范式的转换，而这也被认为是司法改革的重要向度②。

（二）案外因素干预司法的方式更加隐蔽

如果说定位不当是制约司法社会功能实现的内部原因，那么该功能实现同样存在一外部制约——司法传统问题。司法环境主要是指司法制度形成和运用的政治、社会等外观条件，包括司法公正、司法公开、司法独立和司法廉洁几个主要方面，是衡量一国法治水平的重要指标，也是司法功能实现的重要保障。具体表现就是，在司法的裁判功能实现上，司法的公

---

① 参见［美］罗斯科·庞德：《通过法律的社会控制》，沈宗灵译，商务印书馆2011年版。

② 韩德明：《风险社会中的司法权能——司法改革的现代化向度》，《现代法学》2005年第5期。

正和司法环境优劣直接相关。而在司法的社会功能上，产生影响的主要媒介是司法公信力。改革开放以来，国家领导人高度重视司法对社会的影响，尽可能保证司法的公正和独立，通过改善司法环境实现司法的社会功能。但是从当下的司法实践来看，政治因素干预司法的隐蔽性主要体现在手段更加多样和界限更加模糊两个方面。

第一，手段更加多样。不同于改革开放前赤裸裸地将司法视为阶级统治工具，改革开放后司法独立性被高度重视，最大可能减小行政对司法的干预和影响。但是司法机关并非生活在价值真空中，为了维护单位利益或符合上级"指示精神"，借助行政手段解决问题就是一件在所难免的事情。该隐蔽性主要体现为在"社会效果"的外衣掩饰下，将行政角色和行政利益作为司法的评判标准，其中最为典型的就是行政裁判中对"比例原则"的滥用①。此时，行政权和司法权之间的界限变得模糊，我们在"讲政治"的时候就可以义正词严地说是在"讲法律"。第二，界限更加模糊。对社会舆论、司法直觉和当事人情形等非规范性因素不应过多地考虑，进以避免"道德影响裁判"或"舆论干预司法"。所谓社会舆论等尽管代表了一定的利益诉求，但其最主要的特征仍然是主观价值中立。在此意义上，虽然法社会学、法经济学和认知心理学者认为"后果导向"才是司法裁判的实质，并以此攻击规范法学中的教义学思维，但是他们所使用的"武器"本身就"攻击性不强"，因为其所依据的诸多标准根本就上不了法律解释的台面②。那种认为"一个社会的正义观念正是由主流的公众意见来界定的。法律如果冲撞了主流的公众意见就几乎等于被定在了正义的十字架上"③的说教只是站在道德至高点上对法律赤裸裸的绑架。典型的如"彭宇案""许霆案""许云鹤案"等，在强大的舆论压力下，裁判者不得不作出"顺应"民

---

① 参见陈景辉：《比例原则的普遍化与基本权利的性质》，《中国法学》2017年第5期。

② 宋保振：《后果导向裁判的认定、运行及其限度——基于公报案例和司法调研数据的考察》，《法学》2017年第1期。

③ 桑本谦：《法律解释的困境》，《法学研究》2004年第5期。

意的裁决，否则很容易被贴上"司法不公"的标签。此时，司法的社会效果
自然就被扭曲了。

（三）社会变革带来传统司法治理方式运行障碍

从人类社会治理演进规律和中国社会迅速发展现实来看，司法治理的
现代化样态并不存在终极模式，而应该是开放和多样的，这也是司法实现
其社会功能的基础[①]。结合我国司法裁判实践，我们可把司法治理的方式基
本概况如下：第一，提供司法产品。这也是最主要的司法治理。即通过调
解、裁判、司法建议、司法批复等化解社会纠纷；第二，创新司法机制。
即在法律效果和社会效果要求下完善司法体制机制，进而形成与行政治理
相对的司法治理体系；第三，执行公共政策。该治理方式产生于法的作用
与政治治理的交融，具体操作中主要通过司法政策、司法审查和法律解释
来实现；第四，引领时代价值。该方式通过公布典型案例或指导案例方式
实现，核心是司法的价值指引功能。

在当下时代，随着互联网、大数据、人工智能等科技的加速融合创新
与聚变发展，人类社会正日益逼近新一轮变革的临界点，社会治理呈现出
信息化、智能化和数字化特点。与此同时，司法所面对的社会结构悄然发
生变化，双层空间－虚实同构、人机共处－智慧互动、算法主导－数字生
态的时代特征使得既有的司法解纷机制遭遇了明显障碍[②]。此时，法院如何
面对智慧社会中不断涌现的新问题，并结合科技发展进行司法治理理念与
方式革新，将成为司法有效参与社会治理的时代课题。这也是提升当代司
法权威和司法公信力的有效方式。该变化对进行司法治理、实现司法社会
功能的挑战主要有如下几个方面：第一，新型社会矛盾彰显法律规范供给
不足。面对社会变革带来的数据权保护、人工智能主体认定、无人驾驶责

---

① 参见陈星儒、周海源：《司法参与社会治理的正当性进路分析》，《湖北社会科学》
2018年第4期。

② 马长山：《智能互联网时代的法律变革》，《法学研究》2018年第4期。

任界分问题，已有法律体系的裁判依据阙如直接影响法的作用和司法公信力。第二，数据算法依赖限制司法者的价值判断与选择。这不仅体现为数据独裁和算法黑箱风险，还有因数据算法运用不能客观还原司法活动中的价值判断，进而无法兼顾程序正义与实质正义。第三，扁平化社会结构引发司法政策效力式微。社会普遍互联和去中心化淡化司法机关的行政地位，影响司法机制权威和司法政策实效。第四，信息流通便易加大司法舆论失控风险。如公众群体极化导致的舆论干预司法，实用主义和机会主义下的司法权不当前置或司法自主性缺失等。此时，如何解决这四点难题，则是在当下社会转型中有效发挥司法社会功能的重要内容。

三、提升司法社会功能的基本路径

由上可知，制约司法社会功能实现的原因既有司法体制和司法理念等传统内容，而且还有社会转型期的鲜明时代特色，这也为对策建构提供靶向。综合司法治理的主要方式与任务以及我国当下司法裁判现实，我们可将提升司法社会功能的基本路径概述如下：

（一）坚持司法社会功能"有限主义"

现实裁判中，法官所面对的环境并非价值真空，一旦涉及价值判断，就难以避免地具有主观和恣意。此时裁判者需要做的就是如何尽量可能地将此过程规范化，进而符合法的确定性要求。不可否认，在当下快速的法治化进程中，法学的一个思潮是强调司法的社会功能，通过宣传和影响效应，强化公众的法治思维和法治认同。但我们不要忽略，法治的核心是一种规则之治，法治做到最后，就是一个标准化的问题，所有宏大的法治理念和法治战略，终究都将会以某种标准的形式予以呈现[1]。而司法的社会功能正是由于过强的主观性导致边界难以确定，继而使得法律的安定性受到

---

[1]　宋保振：《法律解释的实践标准：以法律解释规则为中心》，《扬州大学学报》（人文社会科学版）2019年第4期。

损害。即使是一贯坚持实用主义法学的卡多佐在讨论法官按照理性和正义来做出判决时，也照样指出面对制定法的合法性问题，法院的标准必须是一种客观的标准，我们必须保持在普通法的空隙界限之内来进行法官实施的创新①。在此问题上，孙笑侠教授指出在社会矛盾多发的转型期，我们要用一种审慎的方式来兼顾司法的社会功能，将此方式具体化为"实用主义的法条主义立场""协作理想型"和"适度的司法能动主义姿态"，并要积极实现司法法理功能与社会功能的互补②。

（二）通过法律方法将公共政策融入司法

司法的社会功能同裁判功能有所不同，它必须与同时代的社会生活相联系，并以追求对社会的积极影响为最佳效果。当下中国的司法——无论是程序的运行还是裁判结果的生成抑或经由全流程展现出的整个司法场景，都不仅要服务于纠纷解决这一公共目的，也要确保国家政策的公共实施③。此时，司法的社会功能就和通过裁判所执行的公共政策密切相关。西方国家主要着眼司法视角来审视裁判活动，认为司法功能的合目的性是司法过程的最重要的价值。受诉讼体制和司法模式影响，我国和西方有很大不同。司法在很大程度上扮演了公共政策的角色。司法作用侧重实际效果，司法功能侧重带有方向性的活动。改革开放以来，尽管我们告别了新中国成立后长期形成的政法思维，但并不意味着司法和政治政策之间已严格划分，公共政策进入司法并影响裁判业已成为司法的常态。也正因此，法院通过判决来执行公共政策，就被作为是司法社会功能实现的直接方式。此功能实现主要表现在两个方面：第一，通过公共政策所蕴含的利益关系在具体

---

① 参见［美］本杰明·N.卡多佐：《法律的成长　法律科学的悖论》，董炯、彭冰译，中国法制出版社2002年版，第53—63页。

② 孙笑侠：《论司法多元功能的逻辑关系——兼论司法功能有限主义》，《清华法学》2016年第6期。

③ ［美］达玛什卡：《司法和国家权力的多种面孔：比较视野中的法律程序》，郑戈译，中国政法大学出版社2015年版，第114页。

案件裁判过程中进行司法的"二次分配"，完成公共政策对于社会规制的同时，实现司法的自我公共性形塑；另一方面，通过这种"二次分配"并以司法政策的形式展现出来，司法也就相应地完成了其外部的公共性建构[①]。此时，我们就能通过司法行为来帮助实现某些公共目标或公共利益，进而实现"社会的某些经济、政治或者社会问题的改善"[②]。从此公共政策实现角度来看，所谓司法的社会功能正是用所要求的价值的综合画面和规划与分配价值的实质活动，把社会期望和社会成就之间的距离减至最小[③]。

体现到具体的功能上，通过公共政策所实现的司法社会功能主要表现为"影响"和"预期"两种，即法院通过裁判活动将某种公共政策蕴涵在裁判结果中，以之作为裁判说理的内容，从而形成一种约束其他主体的"默认规则"。正如卡尔·孙斯坦在讨论司法行为时所认为，"法律体系最重要的任务之一就是建立默认规则，……当人们经受'决策疲劳'或特别忙碌负担较大时，就会倾向于遵守这种默认规则。"[④]这种通过执行公共政策来实现司法社会功能的例子在现实裁判中很多，其中涉及宽严相济刑事标准、鼓励交易的原则、维护消费者权益、保护劳动者利益等政策的案例也被确定为指导性案例以指引后案裁判。

（三）结合智慧社会建设目标完善司法治理方式

不同于传统工业和信息社会，智慧社会转型呈现为社会结构扁平化和去中心化，社会关系公开化和协同化，社会运行虚实化和网络数字化，推行精细化数字治理。面对这些变革，已有司法治理或司法的社会功能实现

---

① 方乐：《司法参与公共治理的方式、风险与规避——以公共政策司法为例》，《浙江社会科学》2018年第1期。

② ［美］罗纳德·德沃金：《认真对待权利》，信春鹰、吴玉章译，中国大百科全书出版社1998年版，第41页。

③ Harold D. lasswell, Myres S. Mcdougal, *Jurisprudence for a Free Society: Studies in Law, Science and Policy*, American journal of international law, 1992, p.87.

④ ［美］卡斯·桑斯坦：《选择的价值：如何做出更自由的决策》，贺京同等译，中信出版社2017年版，第37—39页。

路径不再只是司法机关依附权力、单向运行的过程，基于新型社会矛盾和社会关系变化转变治理理念，完善法院体系和改革诉讼体制，以及依靠科学技术提升治理能力都将成为保障司法治理实效的重要举措。

首先，转变司法治理理念。结合当下司法改革及法治建设要求，该理念转变可概述为从"经验治理"转向"经验技术相结合"，从"维稳""解纷"转向"保障人权"，从司法部门"一元主导"转向多主体"共同参与"，并基于数据正义探求新的司法正义观。其次，进行司法治理方式的宏观变革。该宏观变革包括法院体系完善和诉讼制度革新两个方面。前者体现为专门法院和智慧法院建设，如设立互联网法院（法庭）、金融法院和知识产权法庭等，为解决新兴社会矛盾提供裁判规则和诉讼规则，以及完善智能辅助办案系统、法院语音识别模型、类案推送平台和诉讼服务平台，通过效率促进司法公正，提升司法治理权威；后者主要为基于信息共享和主体互联的多元纠纷解决机制、新型诉调机制、法律文书送达机制、电子卷宗生成和归档机制、执行信息共享机制，以及司法舆论监督评价机制等。再次，进行司法治理方式的微观变革。如借助网络社会的信息便捷优势搜集案例，以便展开某司法治理方式的案例分析，依靠大数据技术带来的"数据红利"完善调查问卷，提升定量分析的科学性；以及评估通过司法执行公共政策的实效，使得作为裁判依据之"公共政策"必须符合公共性和民主性特征；再如完善案例发布与传播的司法平台，借助线上线下多平台发布典型案例，通过社会关注度提升案例影响，并结合分析结果指引典型案例的遴选和公布，辅助完善法律资源服务系统和诉讼分析评估系统等。

四、结语

中国当前的法治建设，远不止一场单纯发生在社会内部、且主要局限于法律层面的制度变革，而是存在法治体制机制完善和话语意识形态引导双向路径。有关司法功能的分析也要逐渐告别"法理学模式"的解释，更加注重从社会结构、行为、变量等"社会学模式"来观察和描述。本文通过界定司法治理与司法社会功能的关系，考量社会变革对司法社会功能实现的影响及有效解决办法，必将提升司法治理实效，化解新时代社会发展的不平衡、不充分矛盾，进而从司法方面推进国家治理体系和治理能力现代化。除此之外，结合当下的智慧社会建设目标，司法的社会功能研究还将产生创新裁判规则，完善法律关系，以有效化解纠纷，实现司法对社会的积极回应，以及健全顺应时代进步和科技发展的诉讼制度体系和智慧法院应用体系的时代效果。

［原文发表于《济南大学学报》（社会科学版）2020年第6期］

后　记

　　当这部汇集了我们《济南大学学报》（社会科学版）两年栏目文章的论著呈现在广大读者面前时，我们禁不住要回顾一下这部书稿的成书过程。

　　2016年10月初，《济南大学学报》（社会科学版）编辑部召开了2017年度选题座谈会。编辑部邀请本刊编委、全国学术界和期刊界的知名专家三十余人围绕贯彻落实习近平总书记2016年"5·17"讲话精神，深入探讨了2017年的选题，专家们提出了"本土化与中国学术转型""学术批评""海外中国学研究"等诸多问题应设置专栏进行探讨，会后，编辑部同仁经过反复酝酿讨论，并呈学校分管领导批准，决定从2017年第一期起开设《本土化与中国学术转型》专栏。此后，我们在济南、北京、上海多次邀请不同学科的专家学者召开座谈会，集思广益，拓展思路，组稿约稿。

　　自2017年第一期起至2020年第六期，《本土化与中国学术转型》专栏已连续开设24期，刊文70余篇。内容涵盖人文社会科学各领域，在学术界引起强烈反响。来自北京、上海、天津、四川、山东的众多著名学者纷纷加入了这个栏目的讨论。《新华文摘》《中国社会科学文摘》《高等学校文科学术文摘》和《人大复印报刊资料》等著名文摘报刊纷纷给予大力支持，全文转载、论点摘编近二十篇，《中华读书报》《清华大学学报》等做了重点推介评论。

本土化就是中国化，本土化就是现代化。建立中国特色的哲学社会科学学术体系、学科体系、话语体系任重而道远。我们推出这部汇集了众多学者心血的论著，期望更多学术界、期刊界同仁也能积极响应，一起为这个光荣而重大的使命而共同努力。学术期刊是具有学术引领责任的公共交流平台。《济南大学学报》（社会科学版）虽然学术影响力还有待提高，但只要我们不断努力，开设本土化学术讨论的专栏一定会为落实习近平总书记"加快建设中国特色的哲学社会科学体系"的指示贡献我们的力量。

在举国庆祝中国共产党成立100周年之际，为全面展现本专栏的成果，使学界朋友比较完整全面地把握了解本专栏的研讨概况，我们特将2019—2020年刊发的专题论文结集出版，以之献礼，亦飨读者。理所当然，当大家看到这部著作之时，我们不能不对本书的专家学者致以真诚的感谢，对为本书出版做出了辛勤努力的山东人民出版社同仁，尤其是对为本书作序的王学典先生致以崇高的敬礼！

《济南大学学报》（社会科学版）编辑部

2021年10月